헤겔 철학

— 정신현상학·논리학·법철학 —

최 환 열

머 리 말

　헤겔 철학은 그 후대에 미친 영향이 긍정적인 면에서도 지대하고, 부정적인 측면에서도 지대하다. 그의 큰 기여는 우리 정신이 어떻게 운동하는 지를 추적하여 "정-반-합"의 변증법적 원리를 철학사에 뿌리내리게 하였다. 이것이 『정신현상학』의 기여이다. 그는 『논리학』에서 창조자인 절대정신의 사유에 대해서도 이 변증법적으로 접근하여, 절대자의 사유의 내용을 열거하였다. 그것의 옳고 그름을 떠나서, 그 시도 자체가 철학사에서 드문 일이었다. 또 그의 큰 기여는 『법철학』에서 인간 정신의 본질로서 '자유'의 발견이었다. 그에 의하면 가장 본질적인 자유는 '소유의 자유'이다.

정신현상학

　헤겔의 『정신현상학』은 그의 사상 전체의 출발점이다. 이 책은 "의식이 어떻게 절대적 지식에 이르는가"를 보여주는 변증법적 서사라고 할 수 있다.
　먼저, 오성에서 '대상의식'이 출현한다. 무엇을 경험하면, 가장 먼저 감각적 확신이 들어오면서 '이것', '지금', '여기'라는 직접적이고 개별적인 것을 진리라고 믿는다. 하지만 '이것'을 말로 표현하는 순간, 보편성(언어)이 개입하여 '이것'이 '개념'이 되면서 진리의 전환이 일어나는데, 의식은 감각적 확신의 허구를 부정하고 '지각'으로 나아간다. 지각은 개별 사물을 '속성들의 통일체'로 인식하며 지각한다. 여기에서 진리의 전환이 일어나며, 우리 의식은 지각된 사물의 배후에 있는 '보편적 법칙'을 찾으려 하며 '오성'의 기능으로 이행한다. 오성은 자신이 대상을 구성하고 있음을 깨닫는다. 여기에서 진리의 전환이 일어나는데, 우리 안에서 경험은 '대상의식'으로 형성된다.
　두 번째, 대상의식은 이제 자기의식으로 이행한다. 의식은 이렇게 성립된 '대상의식'에 대해 '주관적 표상'을 출현시킨다. 이 주관적 표상이 '대타존재'가 되어 '대상의식'을 부정한다. 그러자 '대상의식'이 부정을 당하되, 그 안에 '대상(본질)'은 '진리'이므로 사라질 수 없고, 도리어 '의식 그 자체(의식 본체)' 속으로 내면화 된다. 그 내면화된 의식을 '즉자적 자기' 혹은 '생명'이라고 하는데, '대상'이 '의식'을 입었기 때문이다. 이 '즉자적 자기'에 의해 또 다시 '주관적 표상'이 부정을 당하며, '자기의식'이 출현한다. 즉, '대상의식'의 '대상'이 '즉자적 자기'가 되면서 동시에 '주관적 표상'을 구축하는 '대자존재'로 발전하면서 '자기의식'으로 출현한 것이다.

끝으로, 자기의식 이후의 논리 전개는 우리의 의식이 세상을 깨달아가는 과정인데, 위에서 언급한 '자기의식'의 출현과 동일한 변증법적 패턴으로 발전한다. "즉자존재-대타존재-즉자적 자기-대자존재 출현"의 패턴에서 '대상'이 '세계'로 확산해 가며 계속된다. 자기의식 출현의 원리와 동일한 원리가 반복적으로 세계에 까지 확산되는 것이다. 궁극적으로 우리의 의식은 '이성-정신-절대지식(절대정신)'에 이른다.

헤겔철학에 대한 비판적 고찰이 필요하다. 가장 중요한 것은 헤겔은 '의식본체'와 '의식'을 구별하지 않는다. 이로 인해 헤겔의 '정신'은 온통 '물질(대상, 본질)'을 위한 도구로 바뀌어 버린다. '대상의식'에서 중심은 '대상'이다. 그리고 '자기의식'에서 중심도 '대상'이다. '절대정신'의 본질도 '세계'이다. '물질과 세계'로 꽉찬 것이 '절대정신'이다. 유물론에 빠지는 것이다.

그런데, 기독교의 분류에 따르면, 인간은 '정신(의식본체)과 의식'으로 구성되어 있다. 우리는 헤겔의 '의식'의 발전과정을 다음과 같이 재구성해 볼 수 있다. 오성의 작용으로 '대상의식'이 '즉자존재'로서 출현하였는데, 이것은 이미 '의식본체'가 선재해 있기 때문에 출현한 것이다. 이 '대상의식'에 대해 '차이'를 발생하며 '주관적 표상'이 등장을 하는데, 이것도 또한 '의식본체'에서 출현한 것이다. 이 나중에 출현한 '주관적 표상'에 의해 '대상의식'이 부정을 당하는데, 이때 '대상의식' 중에서 '대상'은 거의 '진리'이자 '본질'에 속하므로 '의식본체'에 내면화 된다. 그래서 '즉자적 자기'를 출현시킨다. 이때 '즉자적 자기'는 '대상'에 '의식'이 덧입혀진 것이므로 '생명'이라 불리운다. 이 '즉자적 자기'가 이제 '주관적 표상'을 부정하며, '대자존재'로 드러나면서 자기의식의 출현을 가져온다. 정신과 의식을 분리하여 판단할 경우, 의식본체는 여전히 변하지 않는 존재로 살아있고, 진정한 유신론이 된다.

논 리 학

헤겔의 논리학은 사유의 형식이 아닌, 사유의 내용 그 자체를 다루고 있다. 이때 헤겔에게 사유와 존재는 분리되지 않는다. 사유는 곧 존재이다. 그래서 헤겔의 『논리학』은 헤겔의 창조론이다.

먼저, 헤겔은 그의 존재론을 둘로 나누어서 서술한다. 헤겔은 존재론의 첫 번째 국면으로서, "①존재-②무-③생성-④현존"이다. 이때 절대자는 ①'순수존재'로서 '단순한 있음'일 뿐인데, 이 '순수존재'는 사유하는 자이다. 결국, 헤겔은 "태초에 '사유'가 존재한다"라고 말한 셈이다. 이것은 기독교 삼위일체론의 "태초에 '말씀(로고스=사유)'이 계시니라"와 같은 의미이다. ②이 '순수존재'는 '무'이다. 이 존재는 처음에 아무것도 없으며, 생각도 없다. 그래서 '무'이다. 그래서 존재와 무는 같다. ③ '존재'와 '무'의 상호이행이 곧 '생성'이다. 이 동일성은 정지된 동일성이 아니라, 운동적 동일성이다. '존재'와 '무'는 서로로 변해가며 사라진다. 이 상호이행의 운동이 '생성'이다. 이 운동은 끊임없이 자기를 넘어선다. ④끝으로, '생성'의 결과, '현존'이 드러난다. 그러면서 존재가 자기 안에서 규정성을 얻은 상태, '규정된 존재' 혹은 '질'의 시작이다. 즉, '생성'이 안정되어 '규정된 있음'이 생겨난다. 이것이 바로 '질'로서, '질-량-질량'의 존재의 두 번째 국면으로 이어진다.

두 번째, 헤겔 '존재론'의 두 번째 국면이 곧 '①질-②량-③질량'이다. 그런데, 여기에서의 '질-량-질량'은 물질적인 것으로의 창조가 아니라, 물질적인 것을 포함한 변화로 보아야 한다. 그의 『논리학』의 내용은 모두 창조자의 내적 사유이기 때문이다. ①먼저, 질은 존재가 처음으로 규정성을 얻는 단계이다. 존재는 규정됨으로서 질이다. 규정된 존재는 어떤 것이다. 즉, '질'은 존재가 그 자체로서 '무엇인가'가 되는 근본 형식이다. 최초의 존재인 셈이다. ②두 번째는 양인데, 존재가 외적 관계 속에서 양적으로 비교되는 단계이다. 이 부분은 '질'에서 발전된 존재의 두 번째 규정성, 즉 "존재가 외적으로 비교 가능한 상태"로 전환되는 과정을 다룬다. 질이 "무엇으로 있음"이었다면, 양은 "얼마나 있음"이다. ③끝으로, 질량인데, '질량'이란, 질과 양의 통일이다. 즉, 질은 존재의 '본질적 규정성'이며, 양은 존재의 '외적 크기'이고, 질량은 "질이 양적 변화 속에서 한계를 갖는 상태"를 말한다. 존재가 자기의 질적 성격을 유지할 수 있는 양적 한계의 체계이다. 이 지점에서 논리학은 존재의 단순한 층위를 벗어나, 본질의 탐구 -"무엇이 그것을 그렇게 있게 하는가"- 로 넘어간다.

한편, 우리는 여기에서 기독교의 삼위일체론과의 관계를 잠깐 살펴보아야 한다. 삼위일체론에서는 헤겔의 "존재로서의 사유가 있었다"에 추가하여 "이 말씀이 하나님과 함께 계셨다"가 더 있다. 헤겔은 '말씀, 로고스, 사유'라는 한 존재만 있는데, 삼위일체론에서는 '하나님'과 '말씀' 두 존재가 동시에 있었던 것이다. 그래서 위의 모든 내용을 1위 하나님의 사유로 파악한다.
이 '존재자'는 맨 처음에 '스스로 존재'한다. 그래서 하나님의 이름을 '여호와'(스스로 있는 자)라고 불렀다. 이 모습이 헤겔의 '존재'이다. 이때 이 존재자의 사유가 처음에는 '무'이다. 처음에는 아무런 생각이 없이 출발했다는 것이다. 그래서 이제 "존재=무"가 된다. 그런데, 이제 존재자 안에서 '사유'가 나타나는 것이다. 즉 사유가 '생성' 되는 것이다. 이것이 위에서 말하는 '생성'이다. 그런데, 어떤 생성인가? '질-량-질량'의 생성이다. 여기에서 '질-량-질량'은 온전히 사물과 같은 개념의 서술이다. 이것은 존재자의 계획으로 보여진다. 세계 창조를 향한 절대자의 계획인 것이다. 그리고 이 계획이 이미 하나의 세계를 이루고 있는데, 그것을 셋째 하늘로 본다.

세 번째, 헤겔은 논리학의 2부로서 '본질론'을 전개한다. 이 본질은 "①본질자체-②현상-③현실성"의 세 부분으로 구성되어 있다. "본질은 존재의 내면회된 사유, 근거를 찾는 반성적 사유"를 뜻한다.
①먼저, '본질 그 자체(근거)'는 '존재'가 자기 자신 속으로 반성하여 내면화된 상태를 말한다. 이때 반성하는 존재가 '대자적 존재'로서, 존재는 단순한 '있음'이지만, 그 '있음' 속에는 이미 '근거'를 찾는 힘이 들어 있다. 본질

은 바로 그 "근거를 찾는 사유" 자체이다. 존재는 '그저 있음'이지만, 본질은 '왜 있음'을 묻는다. 즉, 존재가 본질로 발전을 한 것이다. 헤겔식 개념에 의하면, 이때 원초적 존재는 본질 속으로 모두 흡수되어 사라져 버린다. 본질 속에 존재가 있다. 왜냐면, 헤겔 철학은 일원론적 변증법이기 때문이다.

②'본질'은 자기 안에 머물 수 없고, 밖으로 '현상'으로 드러난다. 본질은 단지 내면이 아니라, 자신을 현상으로 표현한다. 하지만 이 '현상'은 단순한 겉모습이 아니라, 본질이 자기 자신을 외적으로 드러내는 방식이다. "본질은 현상한다." 즉, '겉'은 단순히 속을 감추는 것이 아니라, 그 속이 외적으로 자기 자신을 드러내는 장(場)이 된다.

③'본질'이 자기 자신을 완전히 '현상' 속에서 실현한 상태에서, 본질과 현상이 완전히 일치할 때 '현실성'이 된다. 즉, '내적 근거'가 '외적 현상' 속에 완전히 실현된 것이다. 여기서 가능성, 필연성, 실체 개념이 등장한다. 현실성은 "근거가 자신을 드러낸 것"이다.

네 번째, 이 "본질-현상-현실성"의 '본질'이 '개념'으로 발전한다. 또 '본질'이 '개념'으로 고양될 때 본질의 그 모든 것이 개념 속에 흡수된다. 이 개념은 "①주관적 개념-②객관-③이념"으로 구성되어 있다. 나중에 이 개념이 창조로 꽃피어날 때에는 그것이 이제 이 개념도 사라지고 세계 속에 반영된다. 그래서 헤겔 철학을 범신론이라고 말할 수 있다.

①먼지, '주관적 개념'은 개념이 아직 자기 안에 머무르고 있는 내적 자기운동의 국면이다. 이것은 사유가 자기 자신을 내석으로 형성하고 규정하는 단계를 말한다. 즉, 개념은 외부에서 규정되는 게 아니라, "보편성→특수성→개별성"의 운동 속에서 스스로 규정되고 통일되는 자기운동적 구조이다. 이것이 절대정신의 자기의식을 의미하는 '주관'이다. 이 '주관'이 이제 '개념'으로 정립되었다. 따라서 이 명제에는 아무런 논리적 하자가 없으므로 이것은 '진리'이다. 그것이 '진리'라면 그것은 '실재화'로 나타난다.

② 이러한 '개념의 실재화'를 헤겔은 '객관'이라고 한다. 철학에서 객관이란 "인식하는 주관에 대해서 나타나는 상대"를 의미하며, '대상(對象)'으로

번역되기도 한다. 관념론으로는 "주관이 있는 뒤에 객관"이 따라오며, 객관은 '자립적인 것이 아니라 주관의 작용으로써 만들어진 2차적인 것'이다. 따라서, "주관적 개념의 실재화가 객관"인데, 이것이 '세계일반 전체'를 의미한다. 헤겔의 '객관'은 칸트의 '물자체'와 유사하며, 스피노자의 '실체'와도 유사성을 지니고 있고, 라이프니츠의 '단자'와도 유사성을 지니고 있다. 헤겔에게 있어서 '개념'은 스피노자의 실체와 같은 큰 덩어리이지만 동시에 인격적 실체로서의 자기의식이 있으며, 이 인격적 실체의 자유가 곧 '주관'이다. 그리고 이에 대한 즉자적 관계로서의 '객관'이 출현한다.

③ 끝으로, 또 다시 이 '객관'은 대자로서의 '주관, 혹은 개념'에 의해 '매개'되어 '부정되고 고양'되어서 절대적 통일로서의 '이념'으로 등장한다. 따라서 이 '이념'은 '개념'이 '객관'에 매개되고 부정되어 지양된 모습이다. 헤겔에 의하면 이와 같이 '진리'란 이러한 "객관성이 개념에 대응하는 데에서 성립"한다. 이때 진리는 '순수의식의 표상'이며, '자기의식의 표상'으로서의 '외적사물'이 나타난다. 따라서 이러한 "현실적인 모든 것"이 참다운 것인 한에 있어서는 모두 이념이다. 따라서 오직 이념을 통하여서만, 또 오직 이념의 힘에 의해서만 개별적인 사물들은 제자신의 진리를 획득하는 것이다. 그러므로 모든 개별적인 사물들은 '이념'의 일면이다. 이러한 판단에서 이념은 첫째 유일한 보편적 실체라는 결론이 나온다.

헤겔의 이 '이념'은 그리스 철학의 '이념(이데아, 형상)'과 비교해 볼 수 있다. 이것이 기독교의 성경에서는 태초의 그 '말씀(로고스)'이다. 헤라클레이토스의 '로고스(말씀)'을 플라톤은 '형상(이데아)'라고 불렀다. 아리스토텔레스는 이 '형상'이 '질료'와 결합하여 사물을 이룬다. 이것이 기독교의 창조론에 대한 헤겔식의 "태초에 말씀(사유)이 있으니라"의 해설이다.

법 철 학

헤겔의 『법철학』은 그의 전체 철학 체계 속에서 '정신의 객관화', 즉 자유의 현실적 실현을 다룬 정치철학적 주저이다. 헤겔은 인간 정신의 본질을 '자유'로 본다. 헤겔은 칸트의 '자유'의 개념을 고스란히 승계한 후, 여기에 더 하여서 이 '자유'는 자신을 외화하여 이 세계 속에 자신을 펼쳐낸다고 하였다. 우리의 "추상법(소유)-도덕-인륜(국가)"은 모두 인간 정신의 자유가 자신을 펼쳐낸 산물이다는 것이다.

 헤겔에 의하면, 인간 정신의 자유가 외적으로 표현될 때, 소유로 표현된다. 즉 어떤 것에 대한 소유를 통해 자신의 인격이 그 안에 실현되는 것이다. '소유'는 자유의 최초의 객관적 현실화이다. 즉, "자유로운 의지가 외부 세계 속에서 자신을 현실화하는 첫 단계"가 바로 소유이다. 인간 정신의 본질이 자유이다. 우리에게는 "소유, 사상, 종교, 등"의 자유의 구성요소가 있다. 그런데, 이 중에서 최우선적 자유가 '소유의 자유'인 것이다.
 이 소유는 계약을 통해 "상호인정의 매개"와 "자유의 상호성"에 의해 그것이 보장된다. 이 소유는 단순히 "나의 것"을 확립하는 게 아니라, 타인으로부터 인정받을 때 비로소 완전한 법적 의미를 얻는다. 나의 소유가 타인의 소유와 대립하게 되면, 상호 인정이 필요하다. 이 상호 인정을 제도화한 것이 바로 계약이다. 즉, "소유→계약→법"이라는 순서는 개인의 자유가 보편적 법질서로 확장되는 변증법적 과정이다.

 헤겔은 추상법의 결과 도덕이 출현한다. 도덕성은 내적 자유의 형식(의도, 목적, 선, 양심)으로서 "자유에 대한 반성"의 결과 내면에 나타나는 현상이다. 즉, 도덕성은 자유가 '외적 행위'에서 '내적 의지'로 되돌아오는 단계이다. 이 도덕성은 '세 하위 구조', 즉 "의도와 책임-목직과 선-양심"으로 구성되어 있다.

 도덕성과 현실의 통일, 즉 주관적 자유와 객관적 제도의 화해가 이루어지는 단계이다. 이 단계에서 비로소 "자유의 실체적 현실화"가 완성된다. 윤리적 삶은 "가족 - 시민사회 - 국가"의 세 요소로 구성된다. 헤겔『법철학』에서 '윤리적 삶'은 전체 구조의 마지막 단계이자, 헤겔이 말하는 "자유의 현실적 완성"을 뜻한다. 여기서 자유는 더 이상 추상적인 권리나 내적 의식이 아니라, 법·제도·관습·국가 속에서 실질적으로 살아 있는 형태로 실현된다. 즉, 윤리적 삶은 "자유의 주관적 내면성과 객관적 제도성이 일치하는 단계"이다. 이 윤리적 삶의 세 하위 구조는 "가족-시민사회-국가"이다.

헤겔 철학의 부작용

헤겔 철학의 긍정적인 면은 그의 "즉자(정립)-대자(부정)-즉자대자(종합)"으로 이루어지는 정신의 변증법이었다. 정신의 움직임을 포착한 것이다. 이것은 그후 현대철학에서 중요한 방법론으로 자리 잡았다. 언어구조주의 철학과 신화구조주의철학에서 이항대립의 원리로 자리잡았다.

한편, 헤겔의 철학은 너무 사변에 치우친 철학이었다. 사유와 존재를 같은 선상에 놓았다. 그래서 생각에서 삼단논법으로 펼쳐지는 대로 그것을 존재로 간주하였다. 이에 대해 실존주의 철학의 대표자인 키에르케고어는 인간의 죄성으로 인한 한계를 지적하였다. 인간은 신과 같은 존재가 아니다.

삼위일체론에서는 '정신과 의식'을 구분한다. 그러나 헤겔 철학에서는 '정신과 의식'을 구분하지 않는다. 그의 변증법적 철학전통을 고수하기 위해서였다. 그럴 경우 혼돈스러운 현상들이 발생한다. 그로인해 정신현상학은 유물론에 이용을 당하였으며, 논리학은 범신론으로 오해를 받는다. 그래서 그의 이러한 신학은 결국 헤겔 좌파의 출현을 초래하였다.

헤겔의 부정적인 영향은 헤겔 좌파의 출현이었는데, 그 대표격인 포이엘바하는 헤겔 철학을 이용하여 기독교의 신은 만들어진 신이라는 논리를 정립하였다. 그리고, 그 신학을 고스란히 승계한 자가 마르크스이다. 그리고 이 마르크스에 의해 대표적인 유물론 철학으로서의 유물사관이 출현하게 되었으며, 그것이 공산주의의 이론적 기반이 되었다.

2025. 10. 28

신학박사 최 환 열 書

⟨제목 차례⟩

1부 생애와 사상

1장 헤겔의 생애(1770-1831)
  1. 헤겔의 청소년기와 학업(1770-1793년) 3
  2. 베른과 프랑크푸르트에서의 사강사생활(1794-1800년) 5
  3. 예나대학 강사 시기(1800-1807년) 8
  4. 뉘른베르크, 김나지움 교장 시기(1808-1816년) 11
  5. 하이델베르크와 베를린대학 교수 시기(1816-1831년) 13

2장 헤겔의 사상
  1. 독일 관념론의 발전도 17
  2. 『정신현상학』 27
  3. 『논 리 학』 34
  4. 『법 철 학』 42
  5. 헤겔 철학의 부작용 46

2부 정신현상학

1장 학문적 인식에 관하여
  1. 서설 : '주체'로서의 '실체(전체)' 51
  2. 서설 : "의식의 발달과정"으로서의 『정신현상학』 62
  3. 서론 : '지의 길'로서의 『정신현상학』 68

2장 대 상 의 식
  1. 감각적 확신 83
  2. 지각 ; 사물과 착각 95
  3. 힘과 오성, 현상계와 초감각적 세계 106

3장 자기의식 : 자기 확신의 진리

- 1. 자기의식 ………………………………………………………… 125
- 2. 생명과 욕망 …………………………………………………… 139
- 3. 자기의식의 자립성과 비자립성 : 지배와 예속 …………… 149
- 4. 자기의식의 자유 ……………………………………………… 153

4장 이성·정신·종교·절대지
- 1. 이성 : 이성의 확신과 진리 ………………………………… 162
- 2. 정신 …………………………………………………………… 175
- 3. 종교 …………………………………………………………… 189
- 4. 절대지 ………………………………………………………… 201

3부 논 리 학

1장 논리학 서론
- 1. 『논리학』 서문 ………………………………………………… 213
- 2. 『논리학』 서론 ………………………………………………… 219
- 3. 예비개념 ……………………………………………………… 227

2장 존 재 론
- 1. 도입부 : 존재-무-생성-현존 ……………………………… 231
- 2. 질 ……………………………………………………………… 245
- 3. '양' - '질'의 지양 …………………………………………… 253
- 4. '질량' - 완성된 유 ………………………………………… 260

3장 본질론
- 1. '본질론'에 대한 개략 ……………………………………… 266
- 2. 본 질 ………………………………………………………… 279
- 3. 현 상 ………………………………………………………… 292
- 4. 현 실 ………………………………………………………… 301

4장 개 념 론
- 1. 개념론 일반 ………………………………………………… 319
- 2. 주관적 개념 ………………………………………………… 325

3. 객 관 353
  4. 이 념 363

4부 법철학

1장 법의 지반 : 자유와 자유의지
  1. 『법철학』의 주제 등 377
  2. 의지의 세 계기 383
  3. 의지의 세 형태 390
  4. 자유이념의 발전단계 : 법, 도덕, 인륜, 국가 396
2장 추상법 : 소유
  1. 재산(소유) : 소유의 자유 399
  2. 계 약 408
  3. 불법 등 409
3장 도덕과 인륜성
  1. 도 덕 411
  2. 인 륜 성 419
  3. 가족, 시민사회, 국가 424

1부 헤겔의 생애와 사상

1장   헤겔의 생애(1770-1831)

1. 헤겔의 청소년기와 학업(1770-1793년)

가. 1770-1788년(18세), 슈투트가르트(뷔르템베르크 공국)에서 청소년기

  헤겔은 1770년 궁전 하급 공무원(재무청 관료) 게오르크 루드비히 헤겔의 장남으로 태어났다. 부모님의 교육열은 대단하여 헤겔을 3살 때 독일어 학교에 보냈고, 5살 때는 라틴어 학교에 보냈다. 또한 10살 때는 아버지가 지역의 유명한 수학자를 데려와 헤겔에게 기하학 개인 교습을 시키기도 했다. 11세때 당시 유행하던 말라리아로 그의 모친이 사망하였는데, 이때 큰 충격을 받았으며, 아버지와도 멀어졌다. 대학입학전 18세까지 김나지움에서 학업에 열중하였고, 줄곧 수석을 차지했다.

① 출생
게오르크 빌헬름 프리드리히 헤겔은 1770년 8월 27일 독일 남부의 작은 공국 뷔르템베르크의 궁전에서 일하는 하급 공무원인 게오르크 루드비히 헤겔과 그의 아내 마리아 막달레나 루이자 헤겔의 맏이로 태어났다.
② 3세-10세, 부모의 교육열
부모님은 교육과 문화를 중요시 여겨, 헤겔을 3살 때 독일어 학교에 보냈고, 5살 때는 라틴어 학교에 보냈다. 또한 헤겔은 동시에 여러 과목의 개인 교습을 받았는데, 10살 때는 아버지가 지역의 유명한 수학자를 데려와 헤겔에게 기하학 개인 교습을 시키기도 했다.
③ 1781년(11세), 모친 사망
하지만 11살이 되던 1781년, 당시 유행하던 말라리아 열병으로 헤겔은 어머니를 잃게 된다. 헤겔과 아버지도 말라리아 열병에 걸렸으나 죽을 고비를 간신히 넘겼고, 어머니를 잃은 충격으로 헤겔은 아버지와 멀어졌다. 이때부터 말을 더듬는 습관도 생겨났다.

④ 18세까지, 김나지움에서 학업
헤겔은 집이 점차 불편해졌고, 집 밖에서 많은 시간을 보냈다. 집에도 읽을 거리가 많았음에도 불구하고, 헤겔은 매주 수요일과 토요일이면 공립 도서관에 가서 하루를 지내곤 했다. 때문에 아버지 말은 잘 안 들었지만 학교에선 다행히 모범생이었고, 대학 입학을 위해 고향을 떠난 18살 때까지 줄곧 반에서 수석을 차지했다.(나무위키, 헤겔의 생애, 2025.10.5.)

나. 1788-1793년(18-23세), 튀빙겐 대학에서의 학업
헤겔은 1788년 18세 되던 해에 튀빙겐 대학 신학부에 입학을 하였다. 이곳에서 휠덜린과 셰링과 함께 친구가 되었다. 이들은 칸트류의 철학에 깊은 흥미를 느끼고 철학자가 되기로 결심을 하였다.

① 1788년(18세), 튀빙겐 대학 신학부 입학
1788년, 18살의 헤겔은 신학 공부를 하기 위해 집을 떠나 튀빙겐 대학에 입학했다. 그러나 개신교 신학부의 엄격한 규율과 낮은 수준의 강의는 헤겔로 하여금 수업에 흥미를 잃게 만들었다.
② 휠덜린과의 만남
위로가 되는 건, 그와 마찬가지로 높은 성적으로 입학했으며 훗날 독일의 가장 위대한 시인이 되는 휠덜린과 친구가 되었다는 것이었다.
③ 셰링과의 만남
2년 뒤엔 5살 어린 천재 셸링이 입학했고, 셋은 기숙사에서 한 방을 쓰면서 금세 절친한 친구가 되었다.
④ 신학보다 칸트류의 철학에 몰두하기 시작
이들은 신학보다는 철학에 몰두하기 시작하면서, 자유와 자발성을 강조하는 칸트류의 철학에 마음을 뺏겼다. 이윽고 이들은 목사를 포기하고, 서로 철학자가 되기로 결심한다.(나무위키, 헤겔의 생애, 2025.10.5.)
⑤ 대학생활

동료 학생들이 그를 '늙은이'라고 불렀지만 친구와 술을 좋아해 '바커스의 제물'이 되기를 즐겨 했다. 그의 주요한 친구는 동년배로 범신론적 시인 J.C.F. 횔덜린과 5세 아래인 자연철학자 셸링이었다. 그들은 서로 어울려 그리스 비극작품을 읽었고 프랑스 혁명에 환호했다.(다음백과, 헤겔, 2025.10.5.)

다. 1789년(19세), 프랑스 혁명과 왕정폐지
이 시기에 1789년 프랑스 혁명이 있었고, 신학생들도 여기에 관심을 가지고, 혁명을 토론하는 정치 모임까지 만들었다. 그러나 탄압이 들어오자 이내 그 열기는 사라졌다.

① 1789-1792년, 프랑스 혁명과 왕정폐지
1789년에 프랑스 혁명이 일어나고 1792년에는 마침내 프랑스에서 왕정이 폐지되자, 소식을 들은 셋은 놀람과 기쁨에 가득차서, 근처 들판에 혁명을 기념하는 "자유의 나무"를 세우고는, 그 주위를 돌면서 프랑스 혁명의 춤인 카르모뇰을 추고 〈마르세예즈〉를 불렀다고 전해진다.
② 혁명 토론하는 정치모임
혁명에 고무된 신학생들은 혁명을 공부하고 토론하는 정치 모임을 만들었고, 신학교는 곧 왕정에 반대하는 혁명가들의 양성소가 되었다. 헤겔도 그 정치 모임의 회원이었다. 하지만 당국이 탄압하자 정치 모임은 언제 있었느냐는 듯이 사라졌고, 헤겔은 자유를 얻기 위해서는 단지 "계몽되는 것" 이상의 사회적 실천이 필요함을 깨닫게 되었다.(나무위키, 헤겔의 생애, 2025.10.5.)

2. 베른과 프랑크푸르트에서의 사강사생활(1794-1800년)
가. 1794-1796년(24-26세), 졸업후 베른에서의 사강사(가정교사) 생활
헤겔은 튀빙겐 대학을 졸업한 후, 성직자가 되지 않고, 철학과 그리스 문

헤겔철학

학을 공부하기 위해 베른에서 사강사(개인 교사) 생활을 시작하였다. 베른에 있는 3년 동안 그리스 로마 고전들을 탐독하였다. 이 시기에 칸트의 비판철학을 연구하면서, 그의 종교에 관한 논문에 깊은 영향을 받았다. 그리고 그도 또한 복음을 재해석한 두 편의 논문을 썼다.

① 1800-1803년(30-33세), 대학 졸업후 베른에서의 사강사 생활
헤겔은 대학을 마치고 성직자가 되지 않고 철학과 그리스 문학을 공부할 수 있는 여유를 갖기 위해 사강사가 되길 원했다.
② 그리스 로마 고전들 탐독
그뒤 3년간 베른에 있으면서 에드워드 기번의 〈로마 제국 쇠망사〉, 몽테스키외의 〈법의 정신〉, 그리스·로마 고전들을 읽었다.
③ 칸트 비판철학 연구 : 종교에 관한 논문
또 비판철학자 이마누엘 칸트를 연구하면서 종교에 관한 그의 논문에 자극을 받았다. 칸트는 정통파들이 역사적 사실과 교의에 대한 믿음을 요구하고 자의적인 명령들로 이루어진 도덕체계를 강요하는 데 반대했다. 그리스도가 처음부터 이성적 도덕을 가르쳤다고 보았으며 이 도덕이 자신의 윤리저작들과 화해할 수 있으며 종교가 모든 사람의 이성에 어울린다고 생각했다. 헤겔은 이런 가르침을 받아들였다.
④ 헤겔의 두 논문 : 복음을 재해석한 그리스도의 생애 등
그러나 헤겔은 칸트보다 더 역사적인 성격의 두 논문을 썼는데, 하나는 칸트의 맥락에서 복음을 재해석한 그리스도의 생애이며, 또 하나는 그리스도의 가르침이 실제로 권위주의적인 것이 아니라 이성주의적인 것이었다면 어떻게 해서 그리스도교가 권위주의적인 종교가 되었는가에 답하는 것이다. (다음백과, 헤겔의 생애, 2025. 10. 5.)

나. 1796-1799년(26-29세), 프랑크푸르트에서 사강사(가정교사) 생활
1796년 26세때 횔덜린이 얻어준 강사자리를 따라 프랑크푸르트 암마인으로 갔다. 그곳에서 그리스 철학, 근대사, 정치학, 경제학을 공부하였다. 이

러한 시기가 헤겔에게는 그후 방대한 철학적 작업을 할 수 있는 기반이 되었다.

① 1796년, 프랑크푸르트 암마인
베른에서 혼자 지내던 헤겔은 1796년말 휠덜린이 강사자리를 얻어준 프랑크푸르트 암마인으로 갔다. 그곳에서 더 폭넓은 교제를 바랐으나 휠덜린은 불륜의 애정관계에 휘말려 이성을 잃어버렸다.
② 그리스 철학, 근대사, 정치학, 경제학을 공부
헤겔은 감상에 시달렸으나 열심히 공부함으로써 자신을 치유했다. 그리스 철학, 근대사, 정치학을 공부했고 신문을 읽고 스크랩했으며 고향 뷔르템베르크의 정치에 관한 논평을 쓰고 경제학을 공부했다. 그는 칸트의 영향을 벗어날 수 있었고 그리스도교의 기원에 관해 새로운 안목을 가질 수 있었다.(다음백과, 헤겔의 생애, 2025.10.5.)

다. 1798년(28세), 〈그리스도교 정신과 그 운명〉 저술
초기 신학 저작들은 그리스도교와 교회에 관한 강한 주장들을 담고 있다. 그는 신학 자체가 아니라 정통파를 공격했다. 그리고 이 시기에 기독교에 대한 재 이해를 하였고, 칸트의 정신과도 차별화된 이해를 하게 되었다.

① 초기 신학저작들 : 정통파 공격
초기 신학 저작들은 그리스도교와 교회에 관한 강한 주장들을 담고 있다. 그는 신학 자체가 아니라 정통파를 공격했다. 그는 인간의 정신·이성은 주(主)의 촛불이므로 칸트가 부과한 한계에 예속될 수 없다고 보았다. 이성에 대한 이러한 신뢰는 헤겔의 전 저작에 넘쳐 흐른다.
② 1798년, 〈그리스도교 정신과 그 운명〉 저술
1798년 그는 이전에 쓴 신학적 글들을 새로운 관점에서 바라보면서 가장 주목할 만한 저작의 하나인 〈그리스도교 정신과 그 운명〉(1907)을 썼다. 이 논문에서 유대인들이 고대 그리스인과 달리 삶을 사랑하지 않

는 모세 율법의 노예들이며, 젖과 꿀이 흐르는 땅의 물질적 충족에 만족한다고 주장했다.

③ 신의 사랑과 왕국

그런데 인간은 객관적 명령(율법)의 노예가 아니며 법(도덕)은 인간을 위해 만들어진 것이고 신의 사랑으로 '충만'해야 한다고 설명했다. 또한 신의 의지를 충심으로 받아들이는 신앙인의 공동체가 신의 왕국이며 바로 그리스도가 가르친 왕국인데, 이 왕국은 신성한 것과 인간적인 것의 일치에 대한 믿음 위에 세워지지만 인간이 영혼뿐만 아니라 육체를 지니고 있기 때문에 결코 인간세계에 세워질 수 없다는 내용이다.

④ 정신에 대한 이해에 있어서의 칸트와의 차이

이 논문에는 헤겔 체계의 중요한 개념이 들어 있다. 칸트는 인간이 현상의 유한한 세계에 관한 지식만을 가질 수 있다고 주장했다. 그리고 인간의 오성(悟性)이 이 영역을 넘어서서 무한하고 궁극적인 실재를 파악하려 하면 해결될 수 없는 모순에 빠진다고 보았다. 그러나 헤겔은 사랑을 대립물의 통일, 이를테면 무한자와 유한자의 모순이 포괄되고 종합되는 통일체로서 정신의 원형으로 보았다.

그는 이 사랑을 '정신'으로 표현했다. 칸트의 오성은 사고상의 모순을 피할 수 없지만, '정신'이나 '이성'의 활동으로서 사고는 그 모순을 해소하는 종합을 만들 수 있다.(다음백과, 헤겔의 생애, 2025.10.5.)

3. 예나대학 강사 시기 (1800-1807년)

가. 1800-1807년(30-37세), 예나대학에서 임시 강사

헤겔은 1800년 셸링의 추천으로 예나 대학의 강사가 되었다. 헤겔은 첫해에 『피히테와 셸링의 철학 체계의 차이』를 출간하면서 학문적으로 셸링과 함께 하였으며, 1802년에는 셸링과 함께 《철학 비판 저널》이라는 학술지 편집을 맡기도 했다. 셸링이 뷔르츠부르크 대학으로 떠나자 그와도 멀어지게 되었다.

① 1800년, 예나대학의 강사
그러므로 이제 헤겔은 강단 철학자로서 대학의 교수가 되는 길을 모색한다. 이를 위해 1800년에는 용기를 내어 연락이 끊겼던 옛 친구 셸링에게 교수 임용을 도와달라는 편지를 보냈다. 그 사이 셸링은 철학계의 유명 인사가 되어 있었는데, 셸링은 무명의 가정교사에 불과했던 옛 친구 헤겔의 제안을 흔쾌히 받아들였다. 헤겔은 곧장 셸링이 있는 예나로 가기 위해 짐을 꾸렸다. 셸링의 추천을 받아 예나 대학의 교수 임용 시험에 도전한 헤겔은 「행성들의 궤도에 관하여」라는 교수 자격 논문을 제출하여 합격했다. 그리고 겨울 학기부터 임시 강사 자격으로 강의를 시작했다.

② 셸링과 함께 한 시기
헤겔은 첫 해에 『피히테와 셸링의 철학 체계의 차이』를 출간하면서 학문적으로 셸링의 추종자가 되었으며, 1년 뒤인 1802년에는 셸링과 함께 《철학 비판 저널》이라는 학술지 편집을 맡기도 했다.

③ 뷔르츠부르크 대학으로 간 셸링
하지만 그 무렵 셸링은 동료 아우구스트 슐레겔의 아내 카롤리네와 연애 끝에 결혼하면서, 이를 역겹게 지켜보았던 주위 동료들에게 배척당했다. 셸링은 도망치듯이 뷔르츠부르크 대학으로 떠났고, 이렇게 됨으로써 헤겔과도 멀어졌다. (나무위키, 헤겔의 생애, 2025.10.5.)

나. 1807년(37세), 『정신현상학』 발표
헤겔이 예나대학에서 강사생활을 하면서 1807년에 『정신현상학』을 발표하였다. 이것은 그의 출세작이 되었으며 대표적인 저술이 되었다. 이 『정신현상학』의 가장 중요한 장을 저술할 때, 예나의 시내에는 나폴레옹과 함께 프랑스군이 들어오고 있었다. 그는 이때 그 나폴레옹을 '그 세계영혼'이라고 지칭하였다.

① 1807년, 『정신현상학』 발표

이제 홀로 서게 된 헤겔은 자신의 미래 전체를 걸고 자기 자신의 책을 써서 지식인들의 사회에 우뚝 서야 했다. 그리고 헤겔은 철학사에 길이 남을 책, 『정신현상학』을 1807년에 발표한다. 『정신현상학』은 그를 위대한 철학자로 만들어 준 출세작이자 이후 그를 대표하는 책이 된다. 하지만 이 책이 나오기까지 참으로 많은 우여곡절을 겪었다. 쓰면 쓸수록 원고가 걷잡을 수 없이 길어지는 바람에, 출판사에 원고를 전달하기로 한 날짜를 번번히 어길 수밖에 없었고,

② 예나로 들어온 프랑스군과 나폴레옹

설상가상으로 헤겔이 『정신현상학』의 가장 중요한 장을 저술하고 있을 때, 예나 중심가는 프랑스 군이 일으킨 전쟁으로 포격을 당하고 있었다. 헤겔은 자신의 집 창문 밖으로 나폴레옹을 바라보면서, 다음과 같은 유명한 말을 남겼다. "나는 황제가 -그 세계영혼이- 도시 외곽에서 말을 타고 정찰하는 모습을 보았네."(나무위키, 헤겔의 생애, 2025.10.5.)

다. 사생아 루드비히 피셔의 출생

전쟁은 예나를 쑥대밭으로 만들었다. 대학의 신입생은 줄어들었고 그만큼 헤겔의 급여도 줄어들었다. 그러는 와중에 가정부 요한나 부르크하르트와의 사이에서 사생아 루드비히 피셔가 태어났다.(나무위키, 헤겔의 생애, 2025.10.5.)

라. 1807년(37세), 밤베르크의 신문사 편집자

전쟁으로 예나대학이 궁핍해지자 헤겔도 새로운 일자리를 찾아야 했다. 그래서 밤베르크에 있는 신문 편집자 자리를 받아들였다. 1년 동안 신문사 편집자의 직무를 수행하였다.

돈이 부족해진 헤겔은 어떤 형태의 일자리든 얻어야 했다. 헤겔은 다른 대학의 교수자리를 절실하게 찾아다녔으나 구하지 못했고, 그가 택할 수 있는 유일한 가능성은 밤베르크에 있는 신문 편집자 자리를 받아들이는

것이었다. 신문 편집자로서의 생활은 수입도 괜찮고 사회적 지위도 보장해 주었지만, 그래도 헤겔이 원하는 삶은 아니었다. 그는 여전히 대학을 자신의 천성적인 고향으로 여겼다.(나무위키, 헤겔의 생애, 2025.10.5.)

4. 뉘른베르크, 김나지움 교장 시기(1808-1816년)

가. 1808-1816년(38-46세), 뉘른베르크시의 김나지움 교장

헤겔은 1808년부터 1816년까지 상당 기간을 뉘른베르크에 있는 한 김나지움의 교장직을 수행하였다. 그는 철학 수업 교사의 역할도 병행하였다. 이때 그는 가난한 학생들의 배려 등에 관하여 정부가 도와주어야 한다고 건의하기도 하였다.

① 1808년, 뉘른베르크에 있는 한 김나지움의 교장
헤겔은 바이에른의 교육부 장관이었던 친구 니트하머에게 대학 임용에 관해 끊임없이 편지를 보냈고, 1808년에 니트하머는 헤겔에게 뉘른베르크에 있는 한 김나지움의 교장직을 맡는 것이 어떻겠냐고 제안했다. 헤겔은 비록 원하던 대학 교수 자리가 아니지만, 신문 편집자로 있는 것보다는 더 낫다고 생각하고 그 제안을 기쁘게 수락했다.
② 철학 수업 교사역할도 병행
헤겔은 김나지움의 교장직을 맡으면서, 학생들에게 예비적인 철학 수업을 가르치는 교사 역할도 담당했다. 그는 학교가 특정 직업을 수행하기 위한 실용적인 훈련 기관이 되어선 안 되며, 학교는 학생들이 스스로 방향을 잡고 자율적으로 행동할 수 있는 능력을 키워주어, 그들이 보편적 교양인이 될 수 있게끔 유도해야 된다고 생각했다.
③ 가난한 학생들의 학업에 대한 배려
또한 가난한 학생들의 학업을 정부가 도와줘야 된다고 주장했고 이를 위해 노력했다. 하지만 뉘른베르크의 김나지움은 학교의 기능을 거의 상실할 정도로 낙후되어 있었고 재정 상태는 엉망이었으며, 정부는 학교를

운영하는 데 필요한 자금을 지원하는 데 인색했다. 심지어 학교 건물에는 화장실이 없었는데, 헤겔은 니트하머에게 학교 상황을 보고하면서 화장실 문제에 관해 다음과 같이 냉소적으로 말했다. "이것은 공공 교육의 새로운 차원이며, 나는 그 중요성을 이제야 깨달았네. 이를테면 교육에 있어서 엉덩이의 중요성을 말일세."(나무위키, 헤겔의 생애, 2025.10.5.)

나. 1811년(41세), 폰 투허와 결혼
헤겔은 성공적으로 김나지움을 이끌었으며, 1811년에 폰 투허와 결혼을 하였다.

그러나 이 모든 현실적인 장애물들에도 불구하고 헤겔은 김나지움을 성공적으로 궤도에 올려놓아 주변 사람들의 신뢰를 얻었다. 그리고 교장으로서의 성공은 헤겔에게 고위층 사회로 접근하는 기회를 마련했다. 그는 고위층 사람들만 가입할 수 있는 '박물관Museum'이라는 이름의 사교 모임에 참석할 수 있게 되었다. 그 모임에서 헤겔은 명망 높은 귀족가문인 폰 투허 가문의 사람을 만났고, 그 인연으로 만난 마리 엘레나 수잔나 폰 투허와 1811년 9월 15일에 결혼했다.(나무위키, 헤겔의 생애, 2025.10.5.)

다. 1812-1816년(42-46세), 『논리의 학』 출간
뉘른베르크에서 김나지움을 운영하면서, 그리고 철학을 가르치면서 1812-1816년 사이에 『논리의 학』 제1권, 제2권, 제3권을 차례대로 출간하였다.

① 철학수업에서 논리학을 가르친 헤겔
이 시기의 헤겔은 자신이 맡은 철학 수업에서 김나지움 학생들에게 논리학을 가르쳤다.
② 『논리의 학』 제1권, 제2권, 제3권을 차례대로 출간

1장 헤겔의 생애

그리고 수업 내용과 그 동안의 생각들을 바탕으로 『논리의 학』 제1권을 1812년에, 제2권을 1813년에, 제3권을 1816년에 차례대로 출간했다.
헤겔에 따르면, 논리학은 모든 철학을 작동시키는 기초이면서 자기 자신을 자율적인 방식으로 생각하게 만드는 기획이다. 그러므로 그의 철학 체계의 핵심은 더 이상 『정신현상학』이 아니라 『논리의 학』이 차지하게 된다.(나무위키, 헤겔의 생애, 2025.10.5.)

5. 하이델베르크와 베를린대학 교수 시기(1816-1831년)

가. 1816-1817년(46-47세), 하이델베르크 대학 교수

1816년 마침내 하이델베르크 대학이 헤겔에게 교수 자리를 제안했다. 그리고 늦은 나이이기는 하지만 이때부터 정식 교수의 생활이 시작되었다.

헤겔의 높아진 평판과 지속적인 그의 노력 덕분에 1816년 마침내 하이델베르크 대학이 헤겔에게 교수 자리를 제안했다. 보수에 관해 잠시 협상을 한 후 헤겔은 그 제안을 받아들였다. 어느덧 46살의 중년이 된 헤겔은, 하이델베르크에서 화목한 가정과 직장에서의 교수 생활을 즐기고 자신의 처지에 만족하는 법을 배우기 시작했다. 헤겔을 둘러싼 세계는 변했고, 그에 상응하여 헤겔의 생각과 체계도 변했다. 이제 헤겔은 자신이 혁명을 밀하는 철학자라기보다는, 이미 일어난 혁명을 어떻게 지속하고 유지하는 데 관심을 가지는 철학자라고 생각하기 시삭했다.『철학대계 (엔치클로페디)』

나. 1817년(47세), 『철학대계(엔치클로페디)』

그런 의미에서 1817년에 발표한 『철학대계 (엔치클로페디)』는 프랑스 혁명 이후에 정립된 근대적 이념을 아우르는 총체적인 철학 '체계'를 구축하려는 시도였다. 이 시절에 헤겔은 헌법에 관한 논쟁에 뛰어들게 되면서, 스스로 '객관 정신'이라고 말했던 사회 제도와 법에 대해 관심을 가진다.『철학대계

헤겔철학

(엔치클로페디)』

다. 1818년(48세), 베를린 대학 교수

그러는 와중에 프로이센 문화부 장관으로 막 임명된 알텐슈타인이 베를린으로 헤겔을 부르자, 헤겔은 1818년 베를린 대학으로 자리를 옮겼다.(나무위키, 헤겔의 생애, 2025.10.5.)

라. 1820년(50세), 『법철학』 발표

그리고 헤겔은 베를린 대학에 있으면서, 독일 국가들이 어떤 헌법을 가져야 되는지를 철학적으로 해석한 『법철학』을 1820년 발표한다. 이 책에서 헤겔은 '자유' 자체에 대한 우리의 신념이 어떻게 국가와 법에 의해 조건지어질 수 있는지를 보여 주고자 했다.(나무위키, 헤겔의 생애, 2025.10.5.)

마. 역사철학과 예술철학 강의

역사철학, 예술철학 등의 강의는 성공적이었고, 헤겔의 명성은 점점 높아져 갔다. 그의 유명세를 다음과 같이 소개된다.

헤겔이 강의실에 들어서면 웅성거리던 소리는 갑자기 멈추었고, 심지어 너무나 조용해졌기 때문에 사람들은 "바늘 떨어지는 소리까지 들을 수 있을" 정도였다. 헤겔 고유의 이해하기 힘든 용어와 농담들은 도시 전역에 빠르게 퍼져서, 실제로 거의 모든 곳에서 그의 사변적인 표현들이 쓰여졌다. 대학의 건물 벽이나 담장에는 분필이나 연필로 헤겔의 말들이 적혀 있곤 했다. "당신, 헤겔이 한 말 들어 보았소?"는 베를린 사회의 일상적인 말이 되었다. 헤겔을 만나려고 하는 사람들이 쇄도했고, 자신의 작품을 읽고 대학에서 좋은 말을 해 달라거나 한번 만나 달라고 하는 등의 편지를 헤겔은 정기적으로 받았다. 이 무렵 헤겔은 책을 펴내지 않고 오직 강의를 통해서만 자신의 체계를 세워 나가고 있었는데, 그래서 헤겔의 강의를 받아 적은 노트의 사본은 사람들이 늘 찾는 품목이었다. 1826년에는 제자들이 마련한 헤겔의 깜짝 생일파티가 지역 신문에 실렸다. 프로이센 국왕 프리드리히 빌헬름 3세는 헤겔의 생일을 보도한 신문 기사를 읽고 화를 냈다. 자신의 생일파티에 대한 보도와 비교할 때 헤겔의 생일파티가 너무 많은 지면을 차지했다는 이유였다. 그리하여 왕은 내각령을 공표해서 이 시점 이후 '개인의' 생일에 대한 신문 보도를 금지했다.(나무위키, 헤겔의 생애, 2025.10.5.)

바. 1830년(50세), 베를린 대학 총장 선출
1830년에는 드디어 베를린 대학의 최고 행정직인 총장으로 선출되었다. 더군다나 대학을 감독하는 정부의 전권대사로도 임명되었다.

사. 1831년(51세), 사망
헤겔은 1829년 들어 나빠진 건강은 위장관 질병으로 인해 가슴 통증은 심해졌다. 그럼에도 강의는 꾸준히 진행했다. 그러던 어느날 심각한 통증이 몰려와 하루종일 가슴 경련과 복통을 호소하다가, 그 다음날인 1831년 11월 14일 오후 다섯 시경에 세상을 떠났다. 당시 베를린은 콜레라가 유행하고 있었고, 의사들은 헤겔이 콜레라로 사망했다고 진단했으나, 다른 질병이었던 것으로 보인다.

① 1831년, 위장관 질병으로 사망
그러나 1829년 들어 나빠진 건강은 점점 악화되고 있었다. 상부 위장관 질병으로 인해 가슴 통증은 심해졌고 빈혈로 인해 얼굴은 창백해졌다. 그럼에도 강의는 꾸준히 진행했다. 그러던 어느날 심각한 통증이 몰려와 하루종일 가슴 경련과 복통을 호소하다가, 그 다음날인 1831년 11월 14일 오후 다섯 시경에 세상을 떠났다.
② 콜레라 사망설
당시 베를린은 콜레라가 유행하고 있었고, 의사들은 헤겔이 콜레라로 사망했다고 진단했다. 그렇지만 죽음의 원인은 사실상 콜레라가 아닌 것이

확실하다. 헤겔은 설사나 발열, 혹은 그 밖에 어떤 콜레라 증상도 보이지 않았기 때문이다.

③ 거대한 장례식 행렬

이틀 뒤 치러진(11월 16일) 장례식은 거대한 행렬을 이루었다. 헤겔의 시신을 실은 마차 뒤를 학생들과 도시 전역에서 모인 수많은 애도자들이 뒤따랐다. 심지어 헤겔의 반대자들도 그의 갑작스럽고 예기치 않은 죽음에 충격을 받았다. 헤겔 자신의 소망에 따라 도로테아 공동묘지에 있는 피히테 옆에 묻혔다. …(나무위키, 헤겔의 생애, 2025.10.5.)

2장 헤겔의 사상

1. 독일 관념론의 발전도

가. 데카르트 합리론

근세철학은 당시 르네상스 이후 출현한 과학적 발견에 자극을 받아서 일어난 사상적 현상이었다. 그 과학적 발견의 가능성에 대한 기원을 탐구하는 것이었다. 갈릴레이에 의해서 최초의 물리학이 출현하였다. 갈릴레이에 의해서 움직임의 원리로서 "운동의 제1법칙"이 발견되었다. 그리고 나중에는 급기야 뉴턴에 의해서 "만유인력의 법칙"이 나오기까지 한다. 이러한 시대적인 조류 속에서 데카르트의 회의(懷疑)가 시작되었다. 이 회의는 인간의 과학적 발견 가능성을 위한 적극적이고 능동적인 회의였다.

데카르트의 첫 번째 회의는 변하지 않는 실체, 어떤 지식의 기초가 되어서 그 위에 다음의 지식을 쌓을 수 있는 그 실체가 무엇이냐 하는 것이었다. 데카르트는 변하지 않는 실체, 곧 진정으로 존재하는 것이 무엇인가에 몰두하였다. 그것이 있어야 그 위에 무엇인가의 방법을 동원하기 때문이었다. 데카르트는 그 변하지 않는 실체에 수학의 원리를 적용하고자 하였던 것 같다. 그러면서 그는 감각물에 대해서는 신뢰할 수 없었고, "회의를 하고 있는 자기 자신은 진정으로 존재한다"는 것을 알게 되었다. 그의 명제 "나는 생각한다. 그러므로 나는 존새한다"라고 그는 말할 수 있었던 것이다.

두 번째 회의는 "우리 마음이 감각적 주관성을 넘어서서 존재하는 세계에 대한 지식에 도달할 수 있는가" 하는 것이었다. 데카르트는 생각하는 자기 자신을 실체라고 믿고, 이 위에 무엇인가를 세우고자 하였다. 그러한 가운데에서 그는 자신의 관념을 분별하는 중에 자신의 관념 속에서 신의 존재를 발견하였다. 그는 신이 우리 안에 심어 놓았다고 볼 수밖에 없는 관념을 발견하였는데, 그는 이것을 '본유관념'이라고 불렀다. 이 '본유관념'을 '지력의 충실성'을 보전하기 위한 근거로 삼았다. 즉, "신이 존재하고, 세계는 신의 세계이며, 나의 마음을 신이 주었다면, 이제 나의 마음은 세계의 진리를 발견하기에 적합하다"고 믿었던 것이다.

이제 그는 "수학을 통해서 이 발견이 가능할 것으로 보인다"고 한다. 즉 "자연물 등의 존재들에 관한 지식에 도달할 수 있다"고 믿게 되었던 것이다. 위와 같은 확신이 이제 데카르트로 하여금 "진리 탐구에 있어서 이제 순전히 주관적인 자아의 의식을 그 출발점으로 삼게 하였다." 이것이 데카르트의 합리론이다.

데카르트를 중심으로 한 합리론자들은 자신의 사유와 자신 안에 있는 관념을 통하여 세상의 이법과 같은 진리를 발견할 수 있다고 믿게 되었다. 우리의 관념 속에 우주의 법칙이 존재한다고 믿은 것이다. 칸트의 코페르니쿠스적 전회가 여기서부터 출발한 것이다.

나. 영국 경험론

근세철학자들을 자극한 것은 르네상스의 후반부를 장식했던 과학혁명으로 인한 것이었다. 그런데, 이때의 과학적 업적들이 모두 관찰의 결과 탄생하였다. 코페르니쿠스, 케플러, 갈릴레이 모두 관찰을 통하여서 자신들의 과학적 업적의 진보를 이루었던 것이다. 진정한 지식의 취득과 관련하여 이러한 경험을 좇아 나아간 자들이 영국의 경험론자들이다. 이에 반하여 합리론자들은 기존의 지식에 대한 전통을 좇아서 이 과학을 관념 속에서부터 찾아갔다.

영국의 경험론자들은 진리 탐구를 위해 관찰과 실험을 통해서 어떤 법칙과 규칙을 발견하려고 하였다. 합리론자들은 물체와 관련한 감각의 경험들에게서 온 지식은 지식이라고도 간주하지 않았는데, 이들은 감각을 통한 경험에서 귀납법적으로 어떤 규칙성 있는 원리를 찾으려 한다.

베이컨은 이러한 경험론에 대한 선각자였다면, 경험론에 대한 이론적인 기반은 로크가 놓았다. 로크는 우리의 관념을 백지상태라고 말함을 통해서, 합리론적인 지식습득을 공격하였으며, 경험론적인 지식습득의 타당성을 최초로 조직화한 사람이기 때문이다.

2장 헤겔의 사상

이 경험을 통한 과학적지식의 발견이 칸트에게 범주론으로 자리를 잡았다. 이 경험이 우리의 오성 속에 있는 범주를 통과할 때, 그곳에서 과학적 법칙으로 산출되어 나왔던 것이다. 칸트는 그의 범주 중에서 '인과율'이라는 선험적 기능을 발견해 내었던 것이다. 이 '인과율'에서 과학이 산출되어 나온다.

다. 칸트

특히 칸트의 순수이성비판은 어떻게 경험을 통해 사물에 대한 인식이 이루어지며, 이것이 우리 안에서 개념을 산출하고, 더 나아가 자연법칙을 산출하는 지를 구체적으로 서술하여 밝혀낸 것이다. 여기에서 근세철학은 정점에 이르렀다. 이때 칸트는 "순수이성의 인식론적 한계"를 설정하였다.

칸트는 "나의 인식이 사물을 규정한다" 인식의 형식(오성, 범주)을 중심으로 한 '비판철학'을 전개하였다. 이것은 〈순수이성비판〉의 핵심 전환점, 즉 "인식론적 코페르니쿠스적 전회"를 말한다. 이에 대해 일반화된 정리(챗GPT)는 다음과 같다.

① 기존의 인식관 : 합리론과 경험론
기존의 인식관은 "사물이 인식을 규정한다"였다. 경험론과 합리론에서는 대체로 "대상이 우리의 인식에 영향을 준다"는 전제가 지배적이었다. 합리론(데카르트, 라이프니츠 등)에서는 "인식의 근거는 이성 안에 있지만, 여전히 사물의 실재가 그 진리를 결정한다"는 것이있다. 영국의 경험론은 인식은 감각적 인상에서 비롯되어서, '사물(대상)'이 인식을 만든다. 이 구조에서는 "인식이 사물에 맞추어진다"는 전제가 깔려 있었다. 즉, 인식은 '객관적 실재'를 수동적으로 받아들이는 것처럼 여겨졌다.
② 칸트 : 인식에 대한 코페르니쿠스적 전회
칸트는 여기서 방향을 완전히 뒤집었다. "사물이 인식에 맞추어지는 것이 아니라, 인식이 사물에 맞추어진다."(『순수이성비판』 서설 Bxvi). 이게 바로 '코페르니쿠스적 전회'이다. 코페르니쿠스가 "태양이 도는 게 아

니라 지구가 돈다"고 했듯, 칸트는 "인식이 대상에 맞추는 게 아니라, 대상이 인식의 형식에 맞추어진다"고 한 것이다.
③ 감성-오성-이성에 대한 이해 :

구 분	설 명
감성	우리는 사물을 공간과 시간이라는 선험적 형식 안에서만 지각할 수 있다. 즉, "대상이 주어질 수 있는 조건"은 이미 우리의 인식 형식에 의해 규정된다.
오성: 범주	오성은 '범주(Kategorien)'를 통해 현상을 개념적으로 통일한다. 즉, '인과성', '실체' 같은 개념이 사물을 인식 가능한 대상으로 만든다.
이성: 종합 판단	우리가 경험을 구성할 때, 단순히 감각자료를 받는 게 아니라 인식의 형식(시간·공간·범주)을 적용하여 '현상'을 구성한다.

결국, 우리가 인식하는 "대상"은 그 자체로 독립한 "물자체(Ding an sich)"가 아니라, 인식능력의 형식이 적용된 '현상(Erscheinung)'이다.
④ 핵심 정리
"나의 인식이 사물을 규정한다."는 명제의 철학적 의미는 "인식 주체가 수동적 관찰자가 아니라, 경험 세계를 구성하는 능동적 형식의 주체이다."는 것이다. 결과적으로 '현상 세계'는 인간 인식의 형식에 따라 구성된다. 그러나 '물자체(Ding an sich)'는 여전히 불가지(불가인식)하다. 칸트의 말을 감각적으로 비유하자면, 세계는 '그대로' 보이는 것이 아니라, 내 눈의 렌즈(=공간·시간·범주)를 통과해 구성된 것이다. 즉, "사물을 있는 그대로 보는 것"이 아니라, "사물이 나의 인식 구조에 맞게 주어지는 것"이다. 요약하자면, "나의 인식이 사물을 규정한다"는 말은, 인간의 인식 능력이 경험 세계의 구조를 능동적으로 형성한다는 뜻이다. 그리고 이것이 칸트의 근본적 혁신 '선험적 이상주의'의 출발점이다. (챗GPT, 칸트, 2025.10.6.)

칸트의 '선험적 이상주의'는 상당한 신중을 요구한다. 인간의 정신에 주어진 선험성은 대단한 것이었다. 그런데 칸트는 인간인식의 한계라는 선을 제시하였으며, 후대의 관념론은 이것을 넘어섰다.

라. 피히테 (Fichte)

"사물(비아, Nicht-Ich)은 자아(Ich)가 스스로 설정한 한계이다"는 피히테의 『전지식학』(1794)의 근본 명제 중 하나이다. 이 한 문장 안에 칸트의 인식론을 주체 중심의 관념론으로 급진화한 전체 구조가 들어 있다. 이에 대해 일반화된 정리(챗GPT)는 다음과 같다.

① 칸트로부터의 출발점
칸트는 "인식은 사물을 규정하지만, 그 규정은 현상에 한정된다. '물자체(Ding an sich)'는 인식할 수 없다"라고 말한다. 즉, 인식 주체(자아)는 경험 세계를 구성하지만, 그 구성은 '현상계' 한정이며, '물자체'는 인식의 한계 밖에 있다고 봤다. 칸트의 순수이성은 이 단계에 이르면 이율배반의 현상 속에 빠져 버린다.
피히테는 바로 이 "물자체의 잔여물"을 철저히 비판했다. 피히테는 "왜 우리가 '자아' 바깥에 어떤 물자체가 있다고 가정해야 하는가?" "그것이 설명되지 않는다면, 철저한 이론적 일관성이 없지 않은가?"라고 말했다. 그리고 피히테는 한 발 더 나아가, "모든 것은 자아에서 비롯된다"는 입장으로 나아가게 된다. 이것이 바로 "주관적 관념론", 혹은 "절대적 자아철학"의 출발이다.

② 피히테의 세 기본 명제 (세 가지 근본 법칙)
『전지식학』의 도입부에서 피히테는 세 가지 근본 명제를 제시한다.

단계	명제	의미
1단계	자아는 자아를 설정한다.	의식의 자기의식성: "나는 나이다." 주체는 스스로를 의식함으로써 존재한다.
2단계	비아(非我)를 설정한다.	자아는 자기 활동의 한계를 의식하기 위해, 자기 외부로 '비아'를 설정한다.
3단계	자아와 비아를 상호 제약 속에 둔다.	현실적 경험은 자아와 비아의 상호 제약 속에서 성립한다.

③ "비아는 자아가 스스로 설정한 한계다"의 뜻

피히테의 핵심 문장, "비아(Nicht-Ich)는 자아(Ich)가 스스로 설정한 한계다"는 다음과 같은 뜻이다.

먼저, 인식 조건으로서의 한계이다. 자아는 무한한 활동성(즉, 스스로를 규정하는 능동성)을 지니지만, 자신이 무한히 활동하려면 '저항', 즉 한계가 필요하다. 비아는 그 한계를 제공하는 "자기 내부의 타자성"이다.

두 번째, '타자'도 자아의 자기설정 속에서 생긴다. '나 아닌 것(비아)'은 '나'를 규정하기 위해 자아가 스스로 만들어낸 외부성이다. 즉, 타자는 "진짜 외부에 있는 실체"가 아니라, 자아의 자기한정(Self-limitation) 속에서 생기는 구성적 결과이다.

세 번째, 현실 세계는 자아의 활동의 결과이다. 세계(사물, 대상)는 자아가 자기 의식을 현실화하는 과정에서 "나에게 저항하는 어떤 것"으로 경험될 뿐, 존재론적으로는 자아의 활동이 낳은 산물이다.

④ 정리

항목	내 용
명제	"사물(비아)은 자아가 스스로 설정한 한계이다."
뜻	외부 세계(비아)는 자아의 무한한 자기 활동이 스스로 제한한 결과이다.
철학적 의미	주체와 객체의 이원론을 없애고, 모든 존재를 자아의 자기 규정 활동으로 환원한다.
결과	인식론이 곧 존재론(즉, '의식의 활동'이 곧 '존재의 근거')이 된다.

요약하자면, 피히테에게 '비아(사물)'는 외부의 독립적 실체가 아니라, 자아가 자기 자신을 규정하기 위해 스스로 세운 한계(경계)다. 따라서 "세계는 나로부터 나온다" — 이것이 그의 철학의 요체이다. (챗GPT, 피히테, 2025. 10. 6.)

칸트 이후의 독일 관념론은 자꾸 칸트가 설정한 한계를 넘어서고 있었다. 이러한 이성의 절대정신의 발돋움은 한편으로는 인간의 가능성을 말해 주었

2장 헤겔의 사상

지만, 한편으로는 많은 위험성을 내포하고 있었다.

마. 셸링 (Schelling)

셸링의 "자연도 정신과 같은 근원적 절대자의 표현이다"는 명제는 '자연철학'과 '예술철학' 전개로서, 주관(정신)과 객관(자연)의 동일성 주장이다. 셸링의 철학 전체, 특히 『자연철학』(1797-1799)과 『자아철학과 자연철학의 통일』(1801 이후) 시기의 핵심 명제이다. 이 말은 피히테의 "모든 것이 자아에서 비롯된다"는 주관적 관념론을 넘어, 자연 자체를 정신과 동등한 근원적 실재, 즉 절대자의 한 표현으로 본다는 의미이다. 이에 대해 일반화된 정리(챗GPT)는 다음과 같다.

① 피히테로부터의 출발: "모든 것은 자아다"
피히테는 "자아(Ich)가 비아(Nicht-Ich)를 설정한다"고 했다. 즉, 자연(비아)은 자아의 자기한정으로 생겨난 자아의 산물이다. 이 구조에서 자연은 정신보다 종속적이었고, '주체(자아)'만이 진정한 철학적 근거였다.
② 셸링의 문제의식: 자연의 종속화에 대한 반발
셸링은 이렇게 반문했다. "만약 자연이 단지 자아의 한정이라면, 왜 인간은 자연 속에서 자기 자신을 발견하는가?" "자연이 단순한 외부가 아니라, 내적 생명을 가진다면, 그것은 자아와 같은 근원에서 나온 것이 아닌가?" 즉, 그는 자연을 단순한 '비자아'로 보기엔 그 안에도 정신적 질서, 목적성, 자기조직성이 있다고 봤다. 그래서 그는 피히테적 주관주의를 넘어서 "자연 그 자체가 이미 정신적이다"라는 사유로 나아갔다.
③ 셸링의 핵심 명제: "자연은 정신의 가시적 형태, 정신은 자연의 비가시적 형태"로서, 이것이 셸링의 가장 유명한 대칭 명제이다. "자연은 보이지 않는 정신이고, 정신은 보이는 자연이다." 즉, 자연과 정신은 서로 다른 두 실체가 아니라, 하나의 근원적 실재(절대자)가 두 가지 방식으로 자기 자신을 표현한 것이다.
④ "근원적 절대자(Absolutes)"란 무엇인가

셸링에게 절대자는 헤겔 이전의 의미에서 "주체-객체의 구별이 아직 생기지 않은 근원적 통일체"이다. 그는 이를 '무차별적 동일자'라고 불렀다. 이 절대자는 어떤 이원성(주체/객체, 정신/자연) 이전의 원초적 존재(Ground)이다. 여기서부터 두 방향의 전개가 일어난다. 먼저, 외향적 전개인데, 자연이 바로 "형상화된 정신, 객관화된 절대자"이다. 다음, 내향적 전개인데, 그것은 정신으로서 자기의식으로 회귀한 절대자이다.

⑤ 명제의 구체적 의미: "자연도 정신과 같은 근원적 절대자의 표현이다"

층위	설 명
① 존재론적 의미	자연과 정신은 동일한 근원(절대자)의 두 표현 방식이다. 절대자는 '자연 속에 자신을 외화'하고, '정신 속에서 자신을 내면화'한다.
② 인식론적 의미	우리가 자연을 탐구할 때, 사실은 절대자의 자기전개를 읽어내는 것이다. 과학은 곧 절대자의 자기인식 과정이다.
③ 미학적 의미	예술(특히 미)은 정신과 자연이 다시 통일되는 지점이다. 예술가는 자연을 통해 절대자를 '감각적으로 드러내는 자'다.

⑥ 피히테-셸링-헤겔 비교

구분	피히테	셸링	헤겔
근본원리	자연은 자아의 자기설정	절대자(자연=정신)	자연과 세계는 절대정신의 자기전개
자연	자아가 설정한 비아(한계)	절대자의 표현, 잠재적 정신	정신의 자기소외단계
정신	능동적 주체	자연과 동일한 본체의 내면적 측면	절대자의 자기인식
철학적 목표	실천적 자아의 자기근거	자연과 정신의 통일철학	절대자의 변증법적 자기전개

⑦ 비유로 표현하자면

칸트에게서 자연은 인식의 형식 안에 주어진 현상이며, 피히테에게서 자연은 자아가 만든 한계이고, 그런데 셸링에게서 자연은 정신이 자기 자신을 드러낸 모습, 즉 "정신의 외적 얼굴"이다. 자연은 생각하지 않지만, 그 안의 질서와 목적성은 이미 '사유하는 구조'를 담고 있다. 그래서 자연은 "의식 이전의 정신(vorbewusster Geist)"이다.(챗GPT, 셸링,

2장 헤겔의 사상

2025.10.6.)

바. 헤겔

"정신(Geist)은 자기부정을 통해 스스로를 발전시킨다"는 명제는 헤겔철학의 핵심 원리이자, 그의 변증법 전체를 가장 압축적으로 표현한 명제이다. 이 말은 단순히 "모순을 통해 발전한다"는 수준이 아니라, 정신이 자기 자신을 부정하면서도 그 부정 속에서 자신을 보존하고 심화시킨다는 것을 뜻한다. 이에 대해 일반화된 정리(챗GPT)는 다음과 같다.

① "정신(Geist)"이란 무엇인가
헤겔에게 정신(Geist)은 단순한 '의식(mind)'이나 '혼(soul)'이 아니다. 그는 Geist를 이렇게 정의한다. "정신은 자기 자신을 의식하는 존재이다." 즉, 정신은 "자기 자신을 아는 존재"이다. 다시 말해 자기 인식적 활동 그 자체이다. 그리고 이 정신은 자연(물질) 속에 내재해 있다가, 점차 의식, 자기의식, 이성, 사회, 역사, 예술·종교·철학을 거쳐 결국 절대정신으로 완성되어 간다고 봤다.

② "자기부정(negatio sui)"의 의미
헤겔의 변증법에서 "부정(negation)"은 단순한 "거부"가 아니다. 그는 '부정'을 자기발전의 내적 원리로 봤다. "부정은 정신의 움직임이며, 이 움직임을 통해 정신은 자신을 드러내고 완성한다."(『논리학』) 여기서 '자기부정'이란 다음과 같은 과정을 말한다. 먼저, 정신은 자기 자신을 어떤 규정된 상태(정립, These)로 둔다. 그러나 곧 자기 한계나 모순을 인식하게 되고, 이를 부정(Antithese)이라 한다. 그 부정은 단순 소멸이 아니라, 정립과 부정을 모두 통합(Aufheben)하여 더 높은 수준의 자기 인식으로 나아간다. 이것이 바로 유명한 "정립-반정립-종합(These-Antithese-Synthese)구조", 즉 변증법적 자기운동이다.

③ "정신은 자기부정을 통해 스스로를 발전시킨다"의 뜻
이 문장은 위 과정을 요약한 말로, 이렇게 해석할 수 있다. 정신은 자신

이 규정한 한계를 스스로 부정하면서, 그 부정 속에서 새로운 자기 규정을 세워서, 한층 더 높은 자기의식으로 나아간다. 즉, 정신은 외부의 힘에 의해 발전하는 게 아니라, 자기 안의 모순을 스스로 부정하고 통합하는 내적 운동으로 발전한다는 것이다.

④ 『정신현상학』에서의 "의식의 발전 과정"

단계	정신의 상태	자기부정의 내용	결과
1st 의식	외부 대상을 인식함	'나'와 '대상'의 분리 → 모순	자기의식의 발생
2nd 자기의식	'나'를 인식함	타자와의 대립(주인-노예 변증법)	보편적 이성으로 발전
3rd 이성	세계 속에서 자기 동일성 추구	현실의 비합리성과의 충돌	도덕·사회·역사 속 정신으로 확장
4th 정신 (객관정신)	제도·도덕·국가	제도적 한계, 타자화된 규범	예술·종교·철학으로 상승
5th 절대정신	예술, 종교, 철학의 통합	모든 한계를 자기 안에 통합	완전한 자기인식 (절대자)

⑤ "부정적 운동"의 창조적 의미

헤겔은 "부정적인 것은 정신의 생명이다."(『정신현상학』)고 말한다. 이 말의 뜻은, 모순이나 한계, 충돌은 정신을 파괴하지 않고 오히려 성숙시킨다는 것이다. 즉, 정신은 자기모순을 제거함으로써 죽지 않고, 그 모순을 통하여 스스로를 고양시킨다.

비유로 설명하자면, 정신의 운동은 마치 씨앗이 자신을 부정하면서 성장하는 과정과 같다. 씨앗은 싹을 틔우기 위해 자기 껍질(자기 동일성)을 깨뜨린다. 하지만 그 부정(파괴)이 바로 새로운 생명의 시작이다. 이처럼 정신도 자기의 한계를 깨뜨리고 부정함으로써, 자기 자신을 더 높은 차원에서 다시 긍정하는 존재가 된다.

⑥ 요약정리

항목	내용
명제	"정신은 자기부정을 통해 스스로를 발전시킨다."
핵심 개념	부정 → 지양 → 발전
철학적	정신은 외적 원인이 아니라 내적 모순과 부정을 통해 자

의미	기 자신을 고양시킨다.
결과	역사는 곧 정신의 자기부정과 자기인식의 과정, 즉 자유의 실현사이다.

요약하자면, 헤겔에게 '정신'은 정지된 실체가 아니라, 자기부정을 통해 자기 자신을 끊임없이 넘어서고 완성하는 살아 있는 자기운동(=역사)이다. 부정은 파괴가 아니라, 정신이 자신을 더 높은 차원에서 긍정하기 위한 통과의식이다.(챗GPT, 헤겔, 2025.10.6.)

2. 『정신현상학』

가. 『정신현상학』의 개략

헤겔의 『정신현상학』(1807)은 그의 사상 전체의 출발점이자, "정신이 자기 자신을 인식해 가는 여정"을 그린 내용이다. 이 책은 단순히 '의식의 심리학'이 아니라, "의식이 어떻게 절대적 지식에 이르는가"를 보여주는 변증법적 서사라고 할 수 있다. 이에 대해 일반화된 정리(챗GPT)는 다음과 같다.

① 전체 개요: 『정신현상학』의 목적
서문에서 "이 책은 의식이 진리를 인식하는 과정을 따라가는 길이다."고 말하고 있다. 헤겔은 '정신(Geist)'이 스스로를 인식하는 과정을 탐구하려 했다. 즉, "나는 무엇인가?"를 묻는 정신이 "감각적 의식→자기의식→이성→정신→종교→철학의 단계를 거쳐 최종적으로 절대적 자기인식에 도달하는 과정"을 보여준다. 이 여정은 개별 인간의 의식의 성징시이자 동시에 인류 전체의 역사이기도 하다. 헤겔은 『정신현상학』은 "정신의 자서전이자 인류 정신의 역사서"라고 말한다.

② 정신의 각 단계
1st. 의식 : "정신은 먼저 외부 세계를 의식하는 존재로 시작한다."
감각적 확신은 "나는 이것을 본다"인데, 이것은 가장 단순한 인식이다. 그러나 불안정하다. 이때 지각은 대상을 보편적 성질로 파악하려 하지만, 여전히 외적 대상에 의존한다. 오성은 대상의 내적 법칙(인과성 등)

을 찾지만, 인식과 대상의 분리가 여전하다. 결론적으로, 의식은 "대상은 외부에 있다"는 한계를 깨닫고, 자기 자신을 향하게 된다.

2nd. 자기의식 : "나는 나 자신을 의식한다."
정신은 자기를 대상으로 삼는다. 하지만 자기는 "타자와의 관계" 속에서만 확인될 수 있다. 여기서 주인과 노예의 변증법이 등장한다. 주인은 노예를 지배하지만, 노동하는 노예가 현실을 변화시켜 오히려 의식의 진정한 주체로 성장한다. 결론적으로, 자기의식은 타자의 인정을 통해서만 완성된다. 인간의 사회적 본질, 역사적 노동의 의미가 드러난다.

3rd. 이성 : "나는 나와 세계가 본질적으로 하나임을 깨닫는다."
이성은 세계를 외부로 보지 않고, 자신과 동일한 것으로 본다. 그러나 구체적 현실에서는 이성의 이상과 현실의 괴리가 나타난다. 예컨대, 계몽주의적 이성의 한계, 프랑스 혁명기의 혼란 등이다. 결론적으로 이성은 스스로를 역사적·사회적 맥락 속에서 구체화해야 한다. 여기에서 정신 단계로 이행한다.

4th. 정신 : "정신은 개인이 아니라 사회적·역사적 존재다."
이 부분이 『정신현상학』의 중심부이다. 객관적 정신은 도덕, 법, 제도, 국가 등에서 자기 자신을 객관화한다. 도덕적 세계관은 "개인의 양심 vs 사회의 규범"의 충돌에서 비극적 긴장이 나타난다. 여기에서 윤리적 공동체가 나타나는데, 자유가 법과 제도를 통해 실현되는 단계이다. 결론적으로, 정신은 사회적 삶 속에서 자기 자신을 구체적으로 실현한다.

5th. 종교 : "정신은 예배와 상징을 통해 자신을 의식한다."
정신은 이제 자기 자신을 신적 형상 속에서 직관한다. 자연종교는 자연 현상을 신으로 삼는다.(예: 이집트). 예술종교는 예술적 형상 속에서 신 (예: 그리스 신화)으로 삼는다. 계시종교는 절대정신의 자기계시 (기독교의 '성육신'으로 상징됨)이다. 결론적으로, 신(절대자)은 인간 정신의 자기표현이며, 철학은 그 의미를 개념으로 이해한다.

6th. 절대지식 : "정신은 자신이 곧 전체임을 앎으로써 완성된다."
여기서 정신은 자신이 모든 과정을 스스로 거쳐왔음을 깨닫는다. 진리란

2장 헤겔의 사상

완성된 상태가 아니라, 스스로를 전개하는 과정임이 드러난다. 철학은 그 과정 전체를 개념으로 파악한 정신의 자기의식이다. 결론적으로 "정신의 여정은 곧 진리 자체의 자기운동이다.", 즉 철학은 절대정신의 자기지식이다.

③ 『정신현상학』의 방법론

『정신현상학』은 의식이 감각적 단계에서 출발하여, 자기부정과 지양을 거쳐, 절대적 자기인식(절대지식)에 이르는 과정을 그린 책이다. 이 과정은 곧 정신의 역사, 그리고 자유의 실현사이다.(챗GPT, 정신현상학, 2025.10.6.)

나. 『정신현상학』의 원리에 대한 해설

헤겔은 『정신현상학』에서 우리 정신의 변증법적 발전과정을 말하고 있다. 우리의 정신이 경험을 통하여 "의식→자기의식→이성 등"의 형태로 발전할 수 있는데, 이때 변증법적으로 발전한다. 그 변증법적 원리를 소개하자면 다음과 같다.

① 대상의식

우리가 사물을 경험할 때, 우리 안에 있는 오성(지성)의 기능(힘)에 의해 외부의 사물이 우리 안에 대상의식으로 자리잡는다.

(a) 감각적 확신 : 의식은 처음에는 '이것', '지금', '여기'라는 직접적이고 개별적인 것을 진리라고 믿는다. 하지만 '이것'을 말로 표현하는 순간, 보편성(언어)이 개입하여 '이것'이 '개념'이 되면서 진리의 전환이 일어나는데, 의식은 감각적 확신의 허구를 부정하고 '지각'으로 나아간다.

(b) 지각 : 의식은 이제 개별 사물을 '속성들의 통일체'로 인식하며 지각한다. 즉, 사물 안에는 통일과 다수성의 대립이 공존한다. 여기에서 진리의 전환이 또 일어나는데, 의식은 지각된 사물의 배후에 있는 '보편적 법칙'을 찾으려 하며 '오성'의 기능으로 이행한다.

(c) 오성 / 힘과 법칙 : 의식은 현상 뒤에 작용하는 '보이지 않는 힘'을

탐구하며, 자신이 대상을 구성하고 있음을, 즉 대상의 진리는 의식의 활동에 있음을 깨닫는다. 여기에서 진리의 전환이 일어나는데, "대상 속의 힘은 곧 의식 자신의 활동이다"로서, 이때 '대상의식'이 형성된다.

② 자기의식

(a) 자기의식 : 우리의 의식은 우리 안에 이렇게 성립된 '대상의식'에 대해 '주관적 표상'을 출현시킨다. 그리고 이 주관적 표상이 '대타존재'가 되어 '대상의식'을 부정한다. 그러자 '대상의식'이 부정을 당하되, 그 안에 '대상(본질)'은 '진리'이므로 사라질 수 없고, 도리어 '의식 그 자체(의식 본체)' 속으로 내면화 된다. 이때의 그 내면화된 의식을 '즉자적 자기' 혹은 '생명'이라고 한다. '대상'이 '의식'을 입었기 때문에 '생명'이라고 한다. 이제 이 '즉자적 자기'에 의해 또 다시 '주관적 표상'이 부정을 당하며, '자기의식'의 출현을 야기한다. 즉, '대상의식'의 '대상'이 '즉자적 자기'가 되면서 동시에 '주관적 표상'을 구축하는 '대자존재'로 발전하며, '자기의식'의 출현을 가져온 것이다.

(b) 생명 : '자기의식' 내에 있는 '의식을 입은 대상(본질)'으로서의 '생명'은 이제 '차이'에 대해 외화운동을 하여 또 다시 '대타존재'로 출현한다. 자기의식이 이렇게 드러난 것이다.

(c) 욕망 : 그러나 자기의식은 단순히 생명을 관조하지 않는다. 그는 그것을 부정하고, 소멸시키고, 자기 안으로 동화시키려는 충동, 즉 욕망을 느낀다. "자기의식은 자기 자신을 확신하기 위하여, 생명을 소멸시켜야 한다." 이때 욕망은 타자를 부정함으로써 "나는 나 자신이다"라는 확신을 얻으려 한다. 이것이 '자기의식의 욕망'이다.

③ 자기의식 이후

자기의식 이후의 논리 전개는 우리의 의식이 세상을 깨달아가는 과정인데, 자신과 동일한 것으로 본다. 앞에서 "대상의식-주관적표상(대타존재)-대상의 내면화(즉자적 자기)-자기의식(대자존재)의 출현"의 패턴이 대상을 사물에서 세계로 확산해 가며 계속된다. 자기의식 출현의 원리와 동일한 원리가 반복적으로 세계에 까지 확산되는 것이다. (필자)

2장 헤겔의 사상

다. 『정신현상학』의 원리에 대한 비판

우리는 헤겔의 철학적 방법론에서 한계를 찾을 필요가 있다. 헤겔 철학의 원리는 자기의식의 출현과정을 통해서 살펴볼 수 있다. 그리고 이것이 전체에 확장되어 적용된다.

오성의 작용으로 '대상의식'이 '즉자존재'로서 출현하였는데, 이것은 이미 '의식본체'가 선재해 있기 때문에 출현한 것이다. 이 '대상의식'에 대해 '차이'를 발생하며 '주관적 표상'이 등장을 하는데, 이것도 또한 '의식본체'에서 출현한 것이다. 이 나중에 출현한 '주관적 표상'에 의해 '대상의식'이 부정을 당하는데(헤겔이 그 이유를 설명하지는 않음), 이때 '대상의식' 중에서 '대상'은 거의 '진리'이자 '본질'에 속하므로 '의식본체'에 내면화 된다. 그래서 '즉자적 자기'를 출현시킨다. 이때 '즉자적 자기'는 '대상'에 '의식'이 덧입혀진 것이므로 '생명'이라 불리운다. 이 '즉자적 자기'가 이제 '주관적 표상'을 부정하며, '대자존재'로 드러나면서 자기의식의 출현을 가져온다.

우리는 위의 헤겔철학의 원리에서 다음의 문제점들을 발견하게 된다.

① 의식본체와 의식의 구분을 하지 않음
먼저, 헤겔철학의 한계는 그가 '의식본체'와 '의식의 표상'을 구분하지 않고 있다는 것이다. 예컨대, 인간은 '영(정신, 의식본체)과 혼(마음,의식)'으로 구성되어 있다. 그런데, 이때 헤겔은 이 양자를 구분하지 않고, '영혼'을 한 실체로 본다. 그래서 의식에는 항상 정신도 그 안에서 함께 붙어 다닌다. 그러다보니 본문을 이해하기가 매우 혼란스럽다. 그런데, 위의 본문을 보면 알 수 있듯이 의식본체에서 대상의식이 출현하고, 주관적표상이 나오며, 즉자적 자기가 출현한다.
② 쪼개어지고, 죽음을 당하는 정신

두 번째, 헤겔은 의식에 의식본체와 의식을 모두 포함시켜 버리기 때문에 대상의식이 부정을 당할 때, 그 이면의 의식본체까지 부정을 당한다. 정신이 쪼개어져서 죽음을 당한다. 헤겔은 이러한 현상을 죽음이라고 까지 표현하고, 다시 의식본체 속에서 내면화되어 나타나므로 부활이라는 표현도 한다. 헤겔의 변증법이 이러한 이유는 헤겔이 그의 철학적 방법론으로 헤라클레이토스의 본질까지 스스로의 힘으로 바뀌는 만물유전의 변증법을 택했기 때문이다.

③ 대상(물질)의 내면화와 물질의 생명으로의 승화

세 번째, 대상의식에서 '대상'은 본질로서 의식본체에 내면화된다. 그래서 그 대상이 생명으로 승화한다. 이것을 보면 의식은 대상의 껍데기에 불과하다. 그 생명의 본질은 대상 곧 물질이다. 그래서 헤겔철학은 유물론이라는 오해를 받는데, 실제로 유물론 혹은 범신론이라고 말해도 과언이 아니다. 물질로서의 대상이 의식을 입고 부활한 것이기 때문이다. 이것이 절대지까지 연결되어 확장된다. 그래서 헤겔철학은 물질 혹은 대상 혹은 사건이 우리의 의식 속에 들어와서 의식을 입은 것이다. 그래서 그것이 생명으로 등장한 것이다. 나중에는 만물이 내 안에 모두 들어와 있다. 헤겔은 이것을 지(知)라고 하며 학문적 체계라고 한다. (필자)

『정신현상학』의 본문들을 고찰하면서, 헤겔은 이 지점을 유심히 고찰하여야 한다. 헤겔은 분명히 '정신'과 '의식'을 구별하면서도, 어느 지점에서는 이 양자의 구분을 하지 않고, '정신' 혹은 '의식' 대상도 없이 스스로 발전하는 양태를 띤다. 이것은 헤겔철학의 중대한 오류이다.

라. [참조] 헤겔의 '자기의식'과 헤라클레이토스의 '로고스'

헤겔은 그리스 철학에 깊은 조예를 가지고 있었다. 원래 헤겔의 변증법은 그리스 철학자 헤라클레이토스의 '로고스' 사상에서 출발하였다. 이 '로고스' 사상은 기독교의 삼위일체론으로 자리를 잡았다. 그 과정을 설명하면 다음과 같다.

① 헤라클레이토스의 '로고스'론 : "만물은 유전한다."
헤라클레이토스의 '로고스'는 끝없는 '변화'를 한다. 그래서 그는 "만물은 유전한다"라고 말하였다. 이 '변화의 법칙'이 '아르케'이다. 이것이 세상의 원리이며, 자연법칙이다.
② 파르메니데스의 '일자'론
그런데, 이때 파르메니데스라는 철학자가 있었는데, 일자를 말한다. 이 '일자'는 변함없는 최초의 존재자이다. 기독교의 '하나님'이라는 용어는 이 '일자'에서 나왔다. 헤라클레이토스의 '로고스'는 파르메니데스의 '일자(하나)'론과 상충을 일으킨다.
③ 오리게네스의 삼위일체론 : '유출론'
다음에 이 양자는 후대에 신플라톤 학파의 창시자인 플로티누스와 그의 제자 오리게네스를 통해서 정립되었는데, 오리게네스는 그의 '유출론'을 통해 '일자'가 있으며, 이 '일자'의 '마음·사유·관조'로서의 '로고스'를 말하였다. 그리고 이 일자와 로고스를 통해서 영이 만물 속에 흐른다.
④ 오리게네스의 삼위일체론과 기독교의 삼위일체론
이 오리게네스의 삼위일체론은 어느 정도의 조정(유출론이 상호침투론으로)을 거쳐 기독교에 고스란히 흡수되면서 오늘날의 삼위일체론을 형성하게 되었다. 여기에서 '일자'가 곧 '1위 하나님'으로, '로고스'가 '2위 하나님'으로 규명된다. (필자)

헤겔은 온통 변화로만 설명하는 헤라클레이토스의 로고스 사상을 고집하면서 중요한 것을 놓친 것이다. 변하지 않는 정신적 실체가 있는데, 이 정신적 실체를 간과한 것이다.
우리는 여기에서 한 가지를 기억하고 있어야 하는데, 헤겔도 정신과 의식과 의식을 구분하고 있다. 그래서 정신은 외부대상으로부터 들어온 의식에 의해 변증법적 발전을 한다. 이 대상의식에 의해 정신이 자기의식에서 이성으로, 절대정신으로 발전을 한다. 헤겔은 정신과 의식을 구분하지 않고 있다. 이 국면에서 헤겔 철학의 오류가 존재하는데, 이것을 간과할 경우, 헤겔 철학이 난해해 지게 된다.

3. 『논리학』

헤겔은 서론의 첫머리에서 "논리학은 사유의 형식들에 관한 학문이 아니라, 사유의 내용 그 자체의 학문이다."고 한다. 또 헤겔은 사유와 존재는 분리되지 않으며, 서로 철저히 결합되어 있으므로 "사유=존재"라는 관념이 강하며, 거의 전제처럼 깔고 있다. 그의 철학적 배경은 헤라클레이토스의 '만물유전 변증법'의 '로고스'론이다. 이 '로고스'가 '사유'이며 '존재'이다.

헤겔을 이해하기 위해서는 이에 반하는 이론을 함께 알아야 하는데, 그것은 기독교의 삼위일체론이다. 이 기독교의 삼위일체론은 파르메니데스의 일자(존재)론과 헤라클레이토스의 로고스(사유)론이 결합한 것이다. 이때 어떤 원리에 의해서 존재와 사유를 설명하느냐가 큰 차이를 드러낸다. 우리는 이 양자를 함께 살펴보아야 이해가 도리어 수월하다.

가. 존재1 : 존재-무-생성-현존

헤겔에 의하면, '논리학'은 사유에 대한 학문인데, 특히 그의 『논리학』은 절대자의 사유에 대한 학문이다. 그래서 그의 논리학은 "어떠한 외부의 토대도 갖지 않는다. 그것은 오직 자기 자신에서 시작해야 한다"고 말한다. 헤겔은 이 논리학을 "단순한 사고의 도구"가 아니라, "사유 그 자체의 자기 운동을 드러내는 형이상학"으로 세운다. 즉, 이 사유가 발전하여 점차 존재로 드러나기 때문이다. 그것은 외적 전제 없이 자기 자신에서 출발하며, 자기부정을 통해 스스로를 발전시키는 변증법적 운동이다.

먼저, 절대자는 '순수존재'이다. 따라서 논리학의 출발은 감각적 존재가 아니라, "사유의 자기내용으로서의 순수한 존재(Sein)"이다. 순수존재는 논리학의 절대적 출발점이다. 이 '순수사유'의 첫 내용은 순수한 있음(Sein) 이

2장 헤겔의 사상

다. 완전히 불규정적이고, 단순하고 직접성이 있다. 결국 헤겔의 『논리학』은 헤겔식의 창조론이다. 헤겔은 "태초에 '사유'가 존재한다"라고 말한 셈이다. 즉 "생각하는 자가 존재한다"라고 말할 수 있을 것이다. 이것이 헤겔의 창조론의 태초의 모습이다. 이것은 기독교 삼위일체론의 "태초에 '말씀(로고스=사유)'이 계시니라"와 같은 의미이다. 그런데, 삼위일체론에서는 여기에 하나 더 추가하여 "이 말씀이 하나님과 함께 계셨다"이다. 헤겔은 한 존재만 있는데, 삼위일체론에서는 두 존재가 동시에 있었던 것이다.

두 번째, 이 '순수존재'는 '무'이다. 이 존재는 처음에 아무것도 없으며, 생각도 없다. 그래서 '무'이다. 이 시작에는 어떤 전제도 있어서는 안 된다. 따라서 시작은 절대적으로 불규정적이며, 단순한 직접성이다. 논리학은 외적 대상 없이 사유 그 자체로 시작해야 한다. 이 '시작'의 내용이 곧 '순수존재(Sein)'이다. 그러나 "아무 규정이 없으므로", 이 존재는 "아무것도 아닌 것"과 같다. 그래서 존재와 무는 같다.

세 번째, '존재'와 '무'의 상호이행이 곧 '생성'이다. 이 동일성은 정지된 동일성이 아니라, 운동적 동일성이다. '존재'와 '무'는 서로로 변해가며 사라진다. 이 상호이행의 운동이 '생성'이다. 생성의 두 계기이다. 존재가 무로 사라지는 '소멸'과, 무에서 존재로 나타나는 '발생'이 상호 내재적이다. 이 운동은 끊임없이 자기를 넘어선다.

끝으로, '생성'의 결과, '현존'이 드러난다. "생성은 그 결과 안에서 사라진다(부정의 변증법)." 그러면서 존재가 자기 안에서 규정성을 얻은 상태 — '규정된 존재' 혹은 '질'의 시작이다. '생성'의 결과는 규정된 존재, 즉 현존이다. '생성'이 안정되어 '규정된 있음'이 생겨난다. 존재가 이제 '어떤 것'으로 드러난다. 이것이 바로 '질'로서, '질-량-질량'의 두 번째 국면으로 이어진다.

[참조] 기독교 삼위일체론에서의 존재

우리는 여기에서 기독교의 삼위일체론에서는 위의 내용을 어떻게 이해하고 있는 지를 살펴보아야 한다. 기독교에서는 존재와 사유가 각각 존재한다. 그래서 위의 내용을 '존재자'의 '사유'로 파악한다. 즉, 존재자의 사유인 것이다.

이 '존재자'는 맨 처음에 '스스로 존재'한다. 그래서 하나님의 이름을 '여호와'(스스로 있는 자)라고 불렀다. 이 모습이 헤겔의 '존재'이다. 이때 이 존재자의 사유가 처음에는 '무'이다. 처음에는 아무런 생각이 없이 출발했다는 것이다. 그래서 이제 "존재=무"가 된다. 그런데, 이제 존재자 안에서 '사유'가 나타나는 것이다. 즉 사유가 '생성' 되는 것이다. 이것이 위에서 말하는 '생성'이다.

그런데, 어떤 생성인가? '질-량-질량'의 생성이다. 여기에서 '질-량-질량'은 온전히 사물과 같은 개념의 서술이다. 이것은 존재자의 계획으로 보여진다. 세계 창조를 향한 절대자의 계획인 것이다.

[비판] 일원론의 귀결은 범신론 또는 유물론

헤겔은 위의 내용을 '사유'로만 파악한다. 즉 '존재'로서의 '사유'인 것이다. 그래서 '질-량-질량'이 출현할 때에는 이 '사유'가 지양되어 없어지고, '질-량-질량'의 무형의 존재로 발전한다. 이것이 일원론의 변증법이다.

즉. '신의 사유'가 이제는 '질-량-질량'의 '자연법칙'이 된 것이다. 이때 '존재'로서의 '신의 사유'는 사라진다. 모두 '질-량-질량' 속으로 흡수되어 들어 온다. 태초가 사라진다. 이것이 헤겔의 '존재론'이다.

즉, 이렇게 '사유'가 '존재의 질량'으로 발전하고, 이것이 다시 '본질'로 발전하는데, 이때 '존재의 질량'은 본질 속으로 모두 흡수되어 없어진다.

또 '본질'은 '개념'으로 발전을 한 후, 이 세계 속의 창조로 나타난다. 이때도 결국은 '본질'은 모두 사라지고, '개념'으로 흡수되어 나타나는 것이다.

결국 이것은 '범신론'이 되는 것이다. 심지어 헤겔은 그의 '존재론'에서 '질-량-질량'을 그 제목으로 내세우고, 그 앞에 있는 '존재-무-생성-현존'은 도입부로 처리한다. 그래서 혹자는 헤겔 철학은 '유물론'이라고도 말한다.

나. 존재2 : 질-량-질량

2장 헤겔의 사상

'존재론'은 세 부분으로 되어 있는데, 곧 '질-량-질량'이다. 먼저, 질은 존재가 처음으로 규정성을 얻는 단계이다. "존재는 규정됨으로서 질이다. 규정된 존재(Dasein)는 어떤 것(Etwas)이며, 그 규정은 그 존재의 본질적인 한정이다." 즉, '질'은 존재가 그 자체로서 '무엇인가'가 되는 근본 형식이다. '질'은 존재가 단순한 '있음'에서 벗어나, 자기 한계와 부정성을 통해 '규정된 있음', 즉 '무엇인가'로 되는 과정을 보여준다. 이 질적 규정은 존재의 본질적 성격이며, 부정성을 내포함으로써 운동과 변화, 나아가 무한성의 가능성을 낳는다. 따라서 '질'은 존재의 자기규정, 부정의 내재, 그리고 변증법적 운동의 최초의 계기이다. 최초의 존재인 셈이다.

두 번째는 양인데, 존재가 외적 관계 속에서 양적으로 비교되는 단계이다. 이 부분은 '질'에서 발전된 존재의 두 번째 규정성, 즉 "존재가 외적으로 비교 가능한 상태"로 전환되는 과정을 다룬다. 질이 "무엇으로 있음"이었다면, 양은 "얼마나 있음"이다. 여기에 신화적 메타포인 '분유'개념이 포함될 수도 있다. 어떤 신적인 존재는 자신을 나누어준다.

끝으로, 질량인데, '질량'이란, 질과 양의 통일이다. 즉, 질은 존재의 '본질적 규정성'이며, 양은 존재의 '외적 크기'이고, 질량(Maß)은 "질이 양적 변화 속에서 한계를 갖는 상태"를 말한다. 따라서 '질량'은 단순히 물리적 mass가 아니라, 존재가 자기의 질적 성격을 유지할 수 있는 양적 한계의 체계이다. 『소논리학』 존재론의 '질량(Maß)'은 질(내적 규정)과 양(외적 규정)의 통일로서, 존재가 자기 한계 안에서 변화하며 스스로를 유지하는 구체적 현실성(Realität)의 첫 형식이다. 즉, "양이 질을 넘어 질량이 되는 순간", 존재는 단순한 있음이 아니라 자기 안의 법칙적 체계로 성립한다. 이 지점에서 논리학은 존재의 단순한 층위를 벗어나, 본질(Wesen)의 탐구 -"무엇이 그것을 그렇게 있게 하는가"- 로 넘어간다.

[참조] 삼위일체론, '존재의 세계'로서의 '하나님의 경륜'

헤겔의 '질-량-질량'을 기독교 관점에서 보자면, 이것은 '존재자의 사유'가 활동을 시작하여 '존재자의 계획' 혹은 '신의 계획'이 수립되는 것을 말한

헤겔철학

다. 삼위일체론의 기독교세계에서는 이 국면이 "하나님이 창세전에 모든 것을 예정하시었다"는 것을 말한다. 하나님이 '무'에서 '유'를 이렇게 이끌어낸 것이다. 심지어는 기독교 세계에서는 이때 "창조-역사-성육신-종말-새하늘과 새땅"까지 모두 설계되었으며, 그 세계가 '셋째 하늘'로서 존재의 세계에 지금 존재한다고 말한다. 그리고 로고스는 이 존재자의 계획을 보고, 말씀을 발한다.

다. 본질 : 본질자체 - 현상 - 현실성

본질론도 또한 세 부분으로 구성되어 있는데, '본질(Wesen)'은 "사유의 내면화 단계", 즉 "사유가 자기 자신을 되돌아보는 단계"를 뜻한다. 헤겔은 "본질은 존재의 진리이다." "본질은 자기 자신으로의 반성이다." 즉, 존재(Sein)는 단순히 "그냥 있음"이다. 하지만 사유가 발전하면서 "그냥 있음"이 아니라, "왜 그런가?"의 "그 근거는 무엇인가?"를 묻게 된다. 그 "이유(Grund)"를 찾으려는 운동 — 그것이 곧 본질이다. 따라서 "본질은 존재의 내면화된 사유, 근거를 찾는 반성적 사유"를 뜻한다. 이 본질은 "본질 그 자체(근거)-현상-현실성"으로 변증법적 발전을 한다.

먼저, '본질 그 자체(근거)'는 '존재'가 자기 자신 속으로 반성하여 내면화된 상태를 말한다. 이때 반성하는 존재가 '대자적 존재'로서, 존재는 단순한 '있음'이지만, 그 '있음' 속에는 이미 '근거'를 찾는 힘이 들어 있다. 본질은 바로 그 "근거를 찾는 사유" 자체이다. 이때 사유는 '직접적'이 아니라 '매개적(Reflektiert)'이 된다. 존재가 직접적이라면, 본질은 간접적이다. 존재는 '그저 있음'이지만, 본질은 '왜 있음'을 묻는다. 즉, 존재가 본질로 발전을 한 것이다. 헤겔식 개념에 의하면, 이때 원초적 존재는 본질 속으로 모두 흡수되어 사라져 버린다. 본질 속에 존재가 있다. 왜냐면, 헤겔 철학은 일원론적 변증법이기 때문이다.

두 번째, '본질'은 자기 안에 머물 수 없고, 밖으로 '현상(appearance)'으로 드러난다. 본질은 단지 내면이 아니라, 자신을 현상으로 표현한다. 헤겔은 이것을 '현상세계'라고도 표현한다. 하지만 이 "현상"은 단순한 겉모습이 아니라, 본질이 자기 자신을 외적으로 드러내는 방식이다. "본질은 현상한다." 즉, '겉'은 단순히 속을 감추는 것이 아니라, 그 속이 외적으로 자기 자신을 드러내는 장(場)이 된다.

세 번째, '본질'이 자기 자신을 완전히 '현상' 속에서 실현한 상태에서, 본질과 현상이 완전히 일치할 때 '현실성'이 된다. 즉, '내적 근거'가 '외적 현상' 속에 완전히 실현된 것이다. 여기서 가능성, 필연성, 실체 개념이 등장한다. 현실성은 "근거가 자신을 드러낸 것"이다.

그리고 이 '본질-현상-현실성'의 '본질'이 '개념'으로 발전한다. 또 '본질'이 '개념'으로 고양될 때 본질의 그 모든 것이 개념 속에 흡수된다. 나중에 이 개념이 창조로 꽃피어날 때에는 그것이 이제 이 개념도 사라지고 세계 속에 반영된다. 그래서 헤겔 철학을 범신론이라고 말할 수 있다는 것이다. 최초의 존재자는 이제 자연 속에 찾을 수 있다. 그곳으로 모두 외화하여 있기 때문이다.

[참조] 삼위일체론, '존재의 세계'로서의 '하나님의 경륜'

기독교는 이 본질이 2위 말씀(로고스) 하나님이다. 1위 하나님은 여호와로서 존재자이다. 여호와는 그 자신의 이름이 존재이다. 그래서 존재자는 존재를 마음껏 창조한다. 그래서 그의 '사유'가 '계획'이 되어 '질-량-질량'으로 끝없이 펼쳐나간다. 그래서 하늘에 이미 존재의 세계가 세워져 있다. 이것이 앞에서 언급한 에베소서 1장의 하나님의 계획 혹은 경륜이다.

이제 2위 말씀(로고스) 하나님은 마음·사유의 하나님으로서, 1위 하나님의 본질이다. 이 말씀 하나님은 1위 존재 하나님의 아들로서, 존재자의 모든 계획에 합당한 마음들을 창조해 낸다. 창세기 1장의 말씀 하시는 하나님이 바로 이 로고스이다. 이 로고스가 하나님의 계획을 바라보며, 끝없이 본질로서의 마음들을 창조한다. 이것이 하늘나라이다. 헤겔의 "본질 그 자체-현상세계-현실성"은 바로 이 하늘 세계를 의미한다. 여기서 헤겔은 '현상'을

'현상세계'라고도 부르며, '현실성'을 '존재'라고도 부른다. 여기서의 '존재'는 맨 처음의 그 '존재자'와는 다른 '개별적 존재(들)'이다. 일찍이 플라톤은 이 세계를 예지계라고 불렀다. 이곳에 이 세계의 씨앗이 되는 '형상들'이 존재한다고 말하였다.

라. 개념 : 주관적 개념-객관성-이념

헤겔에 의하면, 존재론은 '질-량-질량'의 '세계의 외적 구조'를 말하는데, 여기서의 '외적구조'란 "아직 자기 내에서 반성하거나 개념화되지 않은 단계"라는 의미이다. 그리고 본질론은 이제 '세계의 내적 근거'이다. 이제 개념론은 "본질로서의 사유가 대자존재가 되어 자기 자신 속에서 세계를 재구성하는 단계"이다. "개념은 존재와 본질의 통일이다." 본질이 존재를 흡수하고 개념으로 출현하는 것이다. 이때 본질은 부정을 당하고 개념 속으로 고양된다. 여기에서 '개념'은 '이념(이데아·형상)'으로 귀착된다. 이 '이데아'는 헤겔이 플라톤의 '형상'을 염두에 둔 것으로 보인다. 여기에서 이제 '형상'이 물질의 '질료'속에 반영되면서 창조가 시작된다. 이때도 헤겔의 개념은 자신을 부정하고 물질세계로 고양되어 나타난다. 맨 처음의 그 무형의 존재가 이렇게 유형의 존재로 나타나는데, 앞에 있는 모든 것이 최종적인 것으로 모두 부정되고 흡수된다는 것이다. 그래서 헤겔의 논리학은 명백한 범신론이며, 유물론일 수도 있다. 이것이 바로 '개념론'이 다루는 영역이다. 이 '개념론'은 세 부분으로 구성되는데, "주관적 개념-객관성-이념"이다.

먼저, '주관적 개념'은 개념이 아직 자기 안에 머무르고 있는 내적 자기운동의 국면이다. 이것은 "사유가 자기 자신을 내적으로 형성하고 규정하는 단계"를 말한다. '존재(Sein)'는 외적인 즉자성(그냥 있음)이었고, '본질(Wesen)'은 그 존재의 내면적 근거였으며, '개념(Begriff)'은 그 근거와 현상을 모두 자기 안으로 통일한 사유의 구조이다. 따라서 '주관적 개념'은 "사유가 더 이상 외부의 근거를 찾지 않고, 자기 자신을 내용으로 삼아 규정하는 자유로운 구조"라고 할 수 있다. 즉, 개념은 외부에서 규정되는 게

2장 헤겔의 사상

아니라, "보편성→특수성→개별성"의 운동 속에서 스스로 규정되고 통일되는 자기운동적 구조이다. 이것이 순수의식 혹은 절대정신의 자기의식을 의미하는 '주관'이다. 그리고 이 '주관'이 이제 '개념'으로 정립되었다. 따라서 이 명제에는 아무런 논리적 하자가 없으므로 이것은 '진리'이다. 그리고 헤겔의 경우, 그것이 '진리'라면 그것은 '실재화'로 나타난다.

두 번째, 이러한 '개념의 실재화'를 헤겔은 '객관'이라고 한다. 철학에서 객관이란 "인식하는 주관에 대해서 나타나는 상대"를 의미하며, '대상(對象)'으로 번역되기도 한다. 관념론으로는 "주관이 있는 뒤에 객관"이 따라오며, 객관은 '자립적인 것이 아니라 주관의 작용으로써 만들어진 2차적(二次的)인 것'이다. 따라서, "주관적 개념의 실재화가 객관"인데, 이것이 '세계일반 전체'를 의미한다. 헤겔의 '객관'은 칸트의 '물자체'와 유사하며, 스피노자의 '실체'와도 유사성을 지니고 있고, 라이프니츠의 '단자'와도 유사성을 지니고 있다. 헤겔에게 있어서 '개념'은 스피노자의 실체와 같은 큰 덩어리이지만 동시에 인격적 실체로서의 자기의식이 있으며, 이 인격적 실체의 자유가 곧 '주관'이다. 그리고 이에 대한 즉자적 관계로서의 '객관'이 출현한다.

끝으로, 또 다시 이 '객관'은 대자로서의 '주관, 혹은 개념'에 의해 '매개'되어 '부정되고 고양'되어서 절대적 통일로서의 '이념'으로 등장한다. 따라서 이 '이념'은 '개념'이 '객관'에 매개되고 부정되어 지양된 모습이다. 헤겔에 의하면 이와 같이 '진리'란 이러한 "객관성이 개념에 대응하는 데에서 성립"한다. 이때 진리는 '순수의식의 표상'이며, '자기의식의 표상'으로서의 '외적 사물'이 나타난다. 따라서, 이러한 "현실적인 모든 것"이 참다운 것인 한에 있어서는 모두 이념이다. 따라서, 오직 이념을 통하여서만, 또 오직 이념의 힘에 의해서만 개별적인 사물들은 제자신의 진리를 획득하는 것이다. 그러므로, 모든 개별적인 사물들은 '이념'의 일면이다. 이러한 판단에서 이념은 첫째 유일한 보편적 실체라는 결론이 나온다.

'이념(이데아, 형상)화'된 '개념'이 곧 기독교의 성경에서는 태초의 그 '말씀(로고스)'이다. 헤라클레이토스의 '로고스(말씀)'을 플라톤은 '형상(이데아)'

라고 불렀다. 아리스토텔레스는 이 '형상'이 '질료'와 결합하여 사물을 이룬다. 이것이 기독교의 창조론에 대한 헤겔식의 "태초에 말씀(사유)이 있으니라"의 해설이다.

[참조] 삼위일체론, "태초에 '말씀(개념-이데아-말·언어)'이 계시니라"
　플라톤의 형이상학적 구조는 "이데아(원형, Form) → 개별자(모상, copy)"라는 '분유'의 관계를 근간으로 한다. 헤겔의 개념은 이제 존재와 본질의 통일 속에서 개별적 실체로 드러나기 직전에 단계이다. 이 '개념'은 언어이다. 기독교 성경에서 유사한 흐름을 찾자면, "말씀의 발화", 곧 "하나님의 말씀"이다. 창세기 1장에 의하면, "하나님이 말씀으로 천지를 창조하시니라"이며, 요한복음 1장의 "태초에 말씀이 계시니라"이다. 이 말씀으로 사물 하나하나의 개념이 수립되며, 창조가 진행된다. 말씀이 발화되자, 이 말씀이 만물의 이법이 되고, 여기에 성령이 이에 따른 생명을 주어, 그것이 개념 따른 개별적 사물들이 되게 한다.
　성경에서는 이 개념의 내용, 혹은 말씀의 내용을 "빛-궁창-땅과 바다-해·달·별-동식물"로 말한다. 이것이 먼저 '형상(이데아)'로 존재했고, 이 '형상'이 '질료'에 반영되자 천지창조의 서막이 열린 것이다. 이때 '빛'은 생명이다. '궁창'은 공간의 창조이다. 그리고 '해와 달'이 나올 때, 시간이 함께 출현한다. 그후 인간의 존재가 나타난다.
　이때 성경에서는 하나님의 존재는 이 세계 위에 여전히 초월자로서 존재한다. 하나님의 말씀은 하늘에도 있고, 땅에도 있다. 하나님의 신은 이 세계 속의 사물 속에서 생명을 준다. 그런데, 헤겔의 로고스는 오직 사물 속에만 존재한다. 그래서 헤겔의 논리를 범신론 혹은 유물론이라고 한다.

4. 『법철학』

　헤겔의 『법철학』은 그의 전체 철학 체계 속에서 '정신의 객관화', 즉 자유의 현실적 실현을 다룬 정치철학적 주저이다. 이 책은 단순히 법학 이론서가 아니라, "법-도덕-윤리적 삶"을 통해 자유가 어떻게 제도적으로 실현되는가를 논리적으로 전개한 작품이다. 특히 헤겔은 우리 인간 정신의 본질을 '자유'로 본다. 그래서 이 인간의 정신에 '의지'가 결합하여 밖으로 외화되어 나타나는데, 그것이 곧 "추상법(소유의 자유)-도덕-인륜"이다. 이 세 단계는 헤겔『논리학』의 "존재-본질-개념"의 삼단 구조를 따르고 있다. 즉, 자유의 개념이 "외적 형식(법)→내적 자각(도덕)→사회적 제도(윤리적 삶)"로 구체화되는 과정을 보여준다.

가. 추상법 : 소유의 자유

헤겔은 인간 정신의 본질을 '자유'로 본다. 여기에서의 '자유'의 발견자는 사실은 칸트이다. 칸트는 우리의 정신은 '세상의 인과율'에 지배를 받지 않는다는 것을 그의 『실천이성비판』에서 논증하였던 것이다. 헤겔은 이 '자유'를 고스란히 승계한 후, 여기에 더 하여서 이 '자유'는 자신을 외화하여 이 세계 속에 자신을 펼쳐낸다고 하였다. 우리의 "추상법(소유)-도덕-인륜(국가)"은 모두 인간 정신의 자유가 자신을 펼쳐낸 산물이다는 것이다.

헤겔에 의하면, 인간 정신의 자유가 외적으로 표현될 때, 소유로 표현된다. 즉 어떤 것에 대한 소유를 통해 자신의 인격이 그 안에 실현되는 것이다. '소유'는 자유의 최초의 객관적 현실화이다. 즉, "자유로운 의지가 외부 세계 속에서 자신을 현실화하는 첫 단계"가 바로 소유이다.

인간 정신의 본질이 자유이다. 그리고 이 자유는 외화 되면서 소유행위로 자신을 나타내는데, 이것이 제재를 받으면 인간의 가장 중요한 자유가 제재를 받은 것이다. 우리에게는 "소유, 사상, 종교, 등"의 자유의 구성요소가 있다. 그런데, 이 중에서 최우선적 자유가 '소유의 자유'인 것이다. 이런 관점에서 헤겔의『법철학』은 자유의 기원으로서 '공산주의'를 배격하고 있다.

이 소유는 계약을 통해 "상호인정의 매개"와 "자유의 상호성"에 의해 그것이 보장된다. 이 소유는 단순히 "나의 것"을 확립하는 게 아니라, 타인으로부터 인정받을 때 비로소 완전한 법적 의미를 얻는다. 나의 소유가 타인의 소유와 대립하게 되면, 상호 인정이 필요하다. 이 상호 인정을 제도화한 것이 바로 계약이다. 즉, "소유 → 계약 → 법"이라는 순서는 개인의 자유가 보편적 법질서로 확장되는 변증법적 과정이다.

나. 도덕성

칸트는 도덕성에서 법이 출현한다. 그런데, 헤겔은 추상법의 결과 도덕이 출현한다. 도덕성은 내적 자유의 형식(의도, 목적, 선, 양심)으로서 "자유에 대한 반성"의 결과 내면에 나타나는 현상이다. 즉, 도덕성은 자유가 '외적 행위'에서 '내적 의지'로 되돌아오는 단계이다. 헤겔은 이 단계를 "주관적 자유의 확립"으로 규정한다. "도덕적 세계는 의지의 주관적 측면, 즉 자기 안에서의 자유이다."(§ 105)

이것이 도덕을 사회의 산물로 오해를 하면 안 된다. 사회의 현상들을 보고 내 정신이 그것에 대한 도덕적 행위를 선험적으로 추론한 것이기 때문이다. 즉, 도덕성은 선험적인 양심의 산물이다.

도덕성의 기본 개념을 보면, 도덕성은 한마디로 "의지의 내면화된 자유"이다. 추상법에서 자유는 "외부 세계 속의 내 것(소유)"으로 나타나지만, 도덕성에서는 자유가 내 안의 의지로 돌아와 스스로를 평가한다. 따라서 이 단계의 핵심은 "내적 동기와 책임"이다. 헤겔은 칸트의 도덕철학(의지의 자율, 도덕법칙)을 적극 수용하면서도, 그 '형식적·주관적' 한계를 비판한다.

이 도덕성은 '세 하위 구조', 즉 "의도와 책임-목적과 선-양심"으로 구성되어 있다. '의도와 책임'에 대해 살펴보면, 어떤 행위가 도덕적으로 평가되려면, 단순한 결과가 아니라 그 의도가 중요하다. 인간은 자신이 한 행위의 의도를 통해 책임을 진다. 그러나 이 단계의 자유는 여전히 주관적이고, 보편적 기준이 결여되어 있다.

두 번째, '목적과 선'은 개인의 의지는 단순히 '좋다고 느끼는 것'이 아니라, '보편적 선(Das Gute)'을 추구해야 한다. "선은 의지의 본질이자 보편적 목적이다. 그러나 주관적 선의식만으로는 현실적 선이 성립하지 않는다." 즉, "도덕적 선"은 현실적 제도 속에서만 완성될 수 있다는 것이 헤겔의 입장이다.

세 번째, '양심'은 주관적 자유의 최고 표현이다. 즉, "나는 스스로 판단한다. 나의 내면이 옳다." 그러나 동시에, 양심이 절대화되면 주관적 독단으로 변질될 수 있다. 이것이 도덕성의 내적 한계이다. 그래서 도덕성이 '윤리적 삶'으로 넘어가야 한다. 즉, 주관적 선의식이 객관적 제도 속의 보편적 자유로 상승해야 한다.

다. 윤리적 삶

도덕성과 현실의 통일, 즉 주관적 자유와 객관적 제도의 화해가 이루어지는 단계이다. 이 단계에서 비로소 "자유의 실체적 현실화"가 완성된다. 윤리적 삶은 "가족 - 시민사회 - 국가"의 세 요소로 구성된다. 헤겔『법철학』에서 '윤리적 삶'은 전체 구조의 마지막 단계이자, 헤겔이 말하는 "자유의 현실적 완성"을 뜻한다. 여기서 자유는 더 이상 추상적인 권리나 내적 의식이 아니라, 법·제도·관습·국가 속에서 실질적으로 살아 있는 형태로 실현된다. 즉, 윤리적 삶은 "자유의 주관적 내면성과 객관적 제도성이 일치하는 단계"이다. 이 윤리적 삶의 세 하위 구조는 "가족-시민사회-국가"이다.

먼저, 가족은 사랑과 신뢰의 자연적 공동체이다. 가족은 윤리적 삶의 기초로, 사랑과 정서적 유대로 결합된 공동체이다. 구성원은 개별적 자아가 아니라, "하나의 인격적 전체"의 일부로 존재한다. 하지만 가족은 자연적·정서적 단결에 머물기 때문에, 구성원(자녀)의 자립과 함께 해체되고 시민사회로 이행한다.

두 번째, 시민사회는 특수성의 체계이다. 가족의 자연적 단결이 해체되면, 개인은 자립적인 존재로 등장한다. 시민사회는 개인의 특수이익이 서로 매개되는 경제적·법적 체계다. 이곳에서 자유는 사적 욕구의 상호의존 형태로 나타난다. "시민사회는 욕구의 체계이며, 외적 법과 제도를 통해 보편성을 획득한다." 하지만 시민사회는 빈부격차·범죄·도덕적 해체 등의 모순을 낳는다. 따라서 이 특수성은 국가라는 보편성 속에서 통일되어야 한다.

세 번째, 국가는 윤리적 삶의 완성이다. 국가는 윤리적 정신의 현실태, 즉 자유가 제도 속에서 완전히 실현된 단계이다. 국가는 단순한 권력기구나 계약체가 아니라, 이성적 의지가 제도화된 전체체(全體體)이다. "국가는 윤리적 정신의 현실이며, 자유의 실체적 의지이다." 국가는 "입법권(보편성) – 행정권(특수성) – 군주권(개별성)"의 유기적 통일체이다. 국가를 통해 개인은 더 이상 '주관적 양심' 속에 머물지 않고, 자신의 자유를 제도 속에서 객관적으로 살아간다. 헤겔은 국가를 '절대정신의 현실체', '국가는 신의 행진' 등으로 본다. 그래서 헤겔의 국가관은 자칫 전체주의의 오해를 받는다.

5. 헤겔 철학의 부작용

당시 헤겔의 철학은 독일의 학계를 진동시켰으며, 그의 인기가 하늘을 찔렀다. 심지어 어떤 이는 헤겔의 국가에 대한 묘사를 보고, 그를 국가철학자라고 부르기까지 하였다. 그리고 헤겔이후 헤겔 철학은 독일 학계의 주류를 이루었는데, 이들이 1차 세계대전에 찬성서명을 하는 결과를 초래하였다.

가. 정신의 변증법적 운동 : 이항대립의 원리로 발전

헤겔 철학의 긍정적인 면은 그의 "즉자(정립)-대자(부정)-즉자대자(종합)"으로 이루어지는 정신의 변증법이었다. 정신의 움직임을 포착한 것이다. 이것은 그후 현대철학에서 중요한 방법론으로 자리 잡았다.

먼저, 구조주의 철학에서이다. 언어구조주의 철학에서 이것은 소쉬르 등에 의해 이항대립의 원리로 자리잡았다. 그리고 레비-스트로스 등의 신화 구조주의에서도 이 이항대립의 원리를 따라 신화가 만들어진 것을 알게 되었다. 헤겔의 "즉자(정립)-대자(부정)-즉자대자(종합)"의 변증법은 이항대립의 원리로 자리잡게 되었다. 이것이 헤겔 철학의 커다란 공헌이다.

나. 사유와 존재를 동일시하여 철학전개

한편, 헤겔의 철학은 너무 사변에 치우친 철학이었다. 사유와 존재를 같은 선상에 놓았다. 그래서 생각에서 삼단논법으로 펼쳐지는 대로 그것을 존재로 간주하였다. 그리고 그 다음의 사변을 전개하였는데, 그 중간단계의 추정된 것이 다 이루어진 것인 양 무차별적으로 사변적 논리전개를 하였다. 우리의 사유는 항상 존재로 반영된다. 그런데, 여기에는 많은 갭이 존재한다. 그 중에 가장 대표적인 갭으로 시간이다. 어떤 사유가 존재로 드러나기에는 많은 우여곡절과 시간이 소요되므로 사유를 곧바로 존재로 간주하면 안 된다. 그것은 신에게나 가능한 것이다. 사유의 대표적인 것이 삼단논법인데, 대전제와 중간전제가 맞는다는 단서하에 결론을 도출한다. 그런데 헤겔에는 그렇지 않다. 신의 정신이나 인간의 정신이 그 속성이 같으므로 인간의 정신의 현상을 신과 동일하게 간주하였다.

이에 대해 실존주의 철학의 대표자인 키에르케고어는 인간의 죄성으로 인한 한계를 지적하였다. 인간은 신과 같은 존재가 아니다. 그런데, 헤겔은 신과 인간의 정신에 차별을 두지 않았다. 그래서 『정신현상학』에서는 사유와 존재를 동시간대로 간주하고 논리전개를 하는 행위에 대한 반대를 한다.

그리고 또한 『대논리학』의 경우 신의 사유이므로 곧바로 존재에 적용할 수는 있을 것이다. 그러나 어떻게 신의 사유를 우리 정신의 사유를 빗대어서 평행에 놓을 수 있을까? 너무 무분별한 추정을 낳을 수 있다.

다. 형이상학적 오류 논쟁

삼위일체론에서는 '정신과 의식'을 구분한다. 그러나 헤겔 철학에서는 '정신과 의식'을 구분하지 않는다. 그의 변증법적 철학전통을 고수하기 위해서였다. 그럴 경우 혼돈스러운 현상들이 발생한다.

『정신현상학』의 경우, 어떤 '대상'이 존재하며, 이 대상이 우리의 정신 속에 '대상의식'으로 들어온다. 이때 '정신과 의식'이 구별되면, '정신'은 고스란히 존재하고, 우리 안의 공백 상태의 '의식'이 '대상의식'으로 변한 것이다. 그리고 이것이 '자기의식'으로, '이성'으로, '정신'으로 발전을 하는 것으로 이해하면 된다. 그런데, 헤겔의 경우 '정신과 의식'이 결합되어 있다. 그래서 외부의 '대상'이 우리 안에 '대상의식'으로 들어오며, 이때 우리의 '정신'은 이 '대상의식' 안에 함께 존재한다. 이 '대상의식'이 주관에 의해 출현한 '대타존재'에 의해 부정을 당하면, '대상의식'과 함께 그 안에 '정신'도 함께 부정(죽음)을 당한다. 이때 이 '대상의식' 속의 '대상'은 '본질'이므로 사라지지 않고 의식 속에서 내면화 되면서 '생명'으로 나타나고, 또 다시 '대타존재'를 부정함을 통해서 '자기의식'으로 되살아난다. 그래서 결국은 '대상'이 '본질'이므로 '의식'의 본질이 되고, '이성'과 '정신'과 '절대의식'의 본질이 되어 버린다. 이것은 유물론이다.

이런 현상은 그의 『논리학』에서도 되풀이 된다. 『논리학』에서는 '존재'가 '본질'로 바뀌고, '본질'이 '개념'으로 발전한 후, '개념'은 모든 '사물' 속으로 들어간다. 그 '사물' 안에 '존재, 본질, 개념'이 모두 들어와 있다. 그래서 결국은 범신론이 된다.

헤겔의 위의 논리전개에 '정신'이라는 존재를 '의식'과 별도로 놓으면 안 된다. 이 양자는 늘 결합되어 있기 때문이다. 그런데, 그렇게 해석을 하면, 위와 같이 유물론이나 범신론으로 빠지고, 각 단계마다에서도 해석의 앞뒤가 잘 부합하지 않는다. 그래서 사람들이 헤겔 철학을 난해하다고 말한다.

결국 이렇게 일원론으로 해결을 하려다 보니 그의 관념론 철학은 유물론과 범신론에 빠질 수밖에 없었다. 그래서 그의 이러한 신학은 결국 헤겔 좌파의 출현을 초래하였다.

라. 헤겔 좌파의 출현

헤겔의 부정적인 영향은 헤겔 좌파의 출현이었는데, 이들에 의해서 철학계는 큰 혼돈에 빠져 버렸다. 헤겔 좌파의 대표격인 포이엘바하는 헤겔 철학을 이용하여 기독교의 신은 만들어진 신이라는 논리를 정립하였다. 그리고, 그 신학을 고스란히 승계한 자가 마르크스이다. 그리고 이 마르크스에 의해 대표적인 유물론 철학으로서의 유물사관이 출현하게 되었으며, 그것이 공산주의의 이론적 기반이 되었다.

2부   정신현상학

1장   학문적 인식에 관하여

1. 서설 : '주체'로서의 '실체(전체)'

가. "서설 : 학문적 인식에 관하여"의 개략

헤겔 『정신현상학』의 "서설: 학문적 인식에 관하여"를 절별로 구조화하면서, 철학적 쟁점을 정리하면 다음과 같다. 이에 대한 일반화된 정리(챗GPT)는 다음과 같다.

① 서문 일반의 한계

헤겔은 "철학에서 '서문'을 쓴다는 것은 모순적이다. 일반 서문은 저자의 목적·동기·결과를 미리 제시하지만, 철학의 진리는 결과나 목적이 아니라 전개 자체 속에만 드러난다"고 말한다.

이것을 해설하자면: 서문은 독자에게 '요약된 설명'을 주지만, 철학은 그런 식의 '요약된 설명'을 허용하지 않는다. 진리(Wahrheit)는 단순한 결과(Resultat)가 아니라, 그것이 도달되는 길(Weg) 자체 속에 있다. 철학은 결과와 과정을 분리할 수 없는 자기 운동이다.

이 말의 핵심 쟁점은, "진리는 '결과 그 자체로서' 존재하지 않으며, '운동의 전체성 속에서만' 존재한다"는 것이다. 이것이 후에 말하는 "진리는 체계로서만 존재한다"는 명제의 전조다.

② 철학 체계들 간의 차이와 모순

헤겔은 "철학의 역사에서 체계들의 차이는 단순한 '오류'나 '대립'이 아니다. 각 체계는 전체 진리의 한 계기로 이해되어야 한다."고 말한다. 즉, 서로 다른 철학 체계는 각각 진리의 한 '단계적 형식'이다. 진리는 단일한 교리로 고정된 것이 아니라, 각 단계들이 변증법적으로 전개되며 통일되는 과정이다. 따라서 어떤 철학도 단순히 틀린 것이 아니라, 전체 진리의 한 필수적 요소로 작용한다.

이 말을 해설하자면, "철학사는 '진리의 발전사'이며, 각 체계는 '진리의 형상'이다"는 것이다. 이것이 훗날 『논리학』의 "개념의 자기전개" 구조를

미리 암시하고 있다.(필자: 헤겔은 논리학에서 그동안의 모든 철학적 이슈들을 단계별로 삽입한다)

③ 진리는 체계로서만 존재한다

헤겔은 "진리는 개별적 명제나 판단이 아니라, 전체적 체계 속에서만 파악될 수 있다"고 말한다. 이것을 해설하자면, '참된 것'은 완성된 전체, 즉 "자기 안에서의 운동을 마친 것"이다. 부분적 인식, 단편적 확신은 진리가 아니다. 진리는 '결과'와 '과정'의 통일로서만 존재한다. 이것은 헤겔 철학의 핵심 테제 중 하나이다. '전체'는 정적인 집합이 아니라, 자기 매개의 전체 운동이다.

④ 실체(Substanz)에서 주체(Subjekt)로

헤겔은 "진리는 실체이자 동시에 주체이다"고 말한다. 이 말은 "절대자는 단순한 '실체'가 아니라, 자기 자신을 운동시키는 '주체'이다"는 것이다. 헤겔은 스피노자적 '실체'개념(정태적 존재)을 넘어서, 그것을 '주체'로 재해석한다. 즉, 절대자는 고정된 존재가 아니라 자기 안에서 자기 자신을 타자화하고 복귀하는 운동체이다. 실체가 '주체'가 된다는 것은, 진리가 살아 있는 자기 운동임을 뜻한다.

이 구절은 서설 전체의 정점인데, "실체는 주체이다"는 헤겔 체계 전체의 근본 명제이며, 『논리학』과 『정신철학』의 출발점이 된다.

⑤ 사유의 운동과 부정성

헤겔은 "정신의 삶은 죽음을 두려워하지 않고, 오히려 부정을 통하여 자신을 유지하는 삶이다고 말한다. 즉 정신은 단순한 긍정적 존재가 아니라, 자신의 부정을 견뎌내는 존재이다는 것이다. 부정적 계기(부정성)가 정신의 본질적 운동이다. 즉, 진리는 단순한 조화가 아니라, 모순과 대립을 통과하면서 스스로를 성립시키는 운동이다.

이 "죽음과 부정성"의 구절은 마르크스, 코제브, 라캉, 아도르노 등에게 깊은 영향을 미쳤다. "정신은 죽음을 견디며 자기 자신을 보존한다." 그래서 자기부정이 자기긍정의 조건이다.

⑥ 인식의 길: '현상학'의 과제

헤겔은 "익숙한 것은, 익숙하기 때문에 인식되지 않는다."고 말한다. 즉, 현상학의 임무는 우리가 '안다고 생각하는 것'을 다시 인식의 대상으로 돌려놓는 것이다. "익숙함의 환상"이 진정한 인식을 방해한다. 현상학은 인간의 의식이 어떻게 진리를 경험 속에서 통과하며 형성되는가를 추적한다. 따라서 현상학은 '의식의 길'이다.

헤겔은 여기서 '상식적 확신'을 의식의 첫 형태로 보고, 그것이 자기부정의 과정을 통해 '학문적 인식'으로 상승하는 과정을 예고한다.

⑦ 학문(Wissenschaft)의 요구

헤겔은 "진정한 학문적 인식은 '개념(Begriff)'의 필연적 전개에 따라야 한다"고 말한다. 즉, 사유는 단순한 직관이나 신념이 아니라, 개념의 내적 필연성에 의해 움직여야 한다. 개념은 외부에서 주어진 형식이 아니라, 자기 내적 근거로부터 자신을 산출하는 운동이다. 학문이란, 이 운동의 필연성을 이해하고 따라가는 것이다. '개념(Begriff)'은 『논리학』의 중심 범주이며, 여기서는 "진리의 유기적 자기전개"를 뜻한다. 즉, 학문적 인식은 개념의 필연적 자기생성 과정을 체험하는 것이다.

⑧ 철학자의 태도: 신념·직관·신비주의의 비판

헤겔은 "철학은 계시나 직관이 아니라 '파악(Begriff)'이다"고 말한다. 헤겔에 의하면, 철학자는 신비적 영감이나 열광적 신앙에 의존해서는 안 된다. 철학은 정신의 냉정한 노동(Arbeit des Begriffs)이다. 철학의 길은 '내적 확신'이 아니라 '필연적 이해'로 향해야 한다.

이것은 헤겔이 '신비적 직관주의'(특히 셸링의 '지적 직관')를 비판하는 대목이다. 철학은 계시나 느낌이 아니라, 개념적 노동의 결과이다.

⑨ 현상학과 체계의 관계

『정신현상학』은 의식이 진리를 경험하는 과정을 학문적으로 전개한 것이다. '현상학'은 단순한 심리학이 아니라, 의식이 진리로 나아가는 경험의 변증법적 경로를 보여주는 '학문'이다. 즉, 이 책 전체가 '서설'에서 말한 학문적 인식의 자기 정당화를 실현하는 실험장이 된다.(챗GPT, 학문적 인식에 관하여, 2025.10.18.)

헤겔철학

헤겔 철학의 특성을 먼저 이해하고 검토할 필요가 있다. 위의 내용은 다음과 같이 표로 도식화 될 수 있다.

서설의 절별 주제	해 설
진리≠결과 진리=과정전체(운동) ↓	진리는 과정이라고 말한다. 헤라클레이토스는 만물은 유전하고 변화한다고 말한다. 과정 중에 있다. 결국, 하나님도 변하는 존재이다는 것이다.
진리=전체 ↓	그래서, 진리는 그 전체로 파악해야 한다. 의식도 "의식-자기의식-이성-정신-절대의식"이 하나이다.
진리=실체이자 주체 ↓	실체가 곧 주체이다. 스피노자에 의하면, 한 정신이 만물의 실체를 이루었는데, 이 전체가 주체이다.
정신=부정성을 견디는 자기 운동 ↓	맨 처음 주체가 자신을 부정하는 변증법적 운동을 통해서 자기 자신을 확장시켜 낸 것이다. 의식은 절대지식에 이르고, 이 절대지식은 창조에 이른다.
인식=의식의 경험 ↓	무엇을 인식한다는 것은 그것을 경험한다는 의미이다. 정신이 그곳에 가 있고 지식을 획득한 것이다.
학문=개념의 필연적 자기전개	개념의 전개를 통해서 그 전체가 하나로 통일된다. 이 개념이 모두 변증법적 운동으로 연결되어 있다.

(챗GPT, 학문적 인식에 관하여, 2025.10.18.)

[참조] 변증법적 일원론에 경도된 헤겔 철학의 특징

한편, 헤겔 철학은 헤라클레이토스의 '만물유전'과 '변증법'의 '로고스 이론'에 경도되어 있는데, 이 헤라클레이토스의 철학은 그리스 철학의 시기에는 파르메니데스의 '불변하고 영원한' '일자'의 '존재 이론'과 충돌을 하기 때문이다. 나중에 이 두 철학은 기독교에 흡수되었는데, 파르메니데스의 '일자(하나)'가 '하나님'으로, 헤라클레이토스의 '로고스'가 흡수되면서, 삼위일체론을 형성하기 때문이다. 이 양자가 동시적으로 충족되어야 한다.

그런데, 헤겔은 '만물유전'과 '변증법'의 '로고스 이론'으로 모든 철학적 문제를 해석해 버린다. 여기에서 헤겔철학의 오류로 보이는 요소가 등장하는데, 그 문제로 인해서 난해함 속에 빠져 버린다.

나. '진리의 참다운 형태'로서의 '학문적 체계'

　헤겔이 볼 때, 이전의 학문체계(특히, 형이상학)는 최상의 절대적인 것만을 형이상학적 실체로서 언급하였다. 이에 따라 기존의 형이상학적 체계는 일정한 모순이 발생하였을 때, 찬반양론으로 극단화되기 일쑤였다. 물론 부정신학 등이 존재하였으나 이 그릇으로는 절대자를 담아내지 못하였다. 따라서 이제는 이것 전체를 담아낼 학문적 체계가 참된 진리의 그릇이며, 참된 진리에 대한 묘사라는 것이다.

　① 철학체계의 차이 : 진리의 점진적인 발전
　그릇된 사람은 결국 철학체계의 차이를 진리의 점진적인 발전으로 보지 않고 차이를 빚는 것이면 단지 서로가 모순된 것이라고만 생각을 한다.… 그런데, 철학체계가 서로 모순되는 경우, 해당 철학자들조차도 모순을 전체의 틀 속에서 파악하려 하지 않는 것이 통례가 되어 있다.…(헤겔, 『정신현상학』, 36)[1]
　② 학문적 체계를 통한 진리 이해
　진리가 존재하는 참다운 형태로는 오직 학문적 체계만이 있을 뿐이다. 철학이 학문의 형식에 가까워지도록 기여하는 것, 말하자면 철학의 진의라고 할 지(知)에 대한 사랑이라는 이름을 떨쳐버리고 현실적인 지를 목표로 하여 나아가는 것, 이것이 바로 내가 지향하는 것이다. 지가 학문으로 승화하여야만 할 내적 필연성은 지의 본성 속에 깃들어 있는데, 이에 대한 만족할 만한 설명은 오직 철학 그 자체의 서술을 통해서만 이루어질 수 있다.…(헤겔, 『정신현상학』, 38)
　③ 학문의 통합적 이해
　철학이 충실해지도록 하려면 사태 자체에서 솟아나는 풍부함을 받아들이고 오직 자발적인 힘으로 온갖 상이한 형태를 스스로가 꾸며 나가야

---
[1] G.W.F. 헤겔, 『정신현상학1』, 임석진 역 (서울: 한길사, 2014), 36. 이하 인용시 본문에 페이지만 표기함.

만 한다.… 그러나 (기존의) 형식주의는 (기존의 형이상학적인) 단조로움과 추상적 보편성을 절대적이라고 주장하는 나머지, 그런 형식에 만족하지 못하는 이유는 절대적인 입장을 자기 것으로 하여 거기에 굳건히 자리잡고 있지 못하기 때문이라는 식으로 강변한다.…(헤겔, 『정신현상학』, 49)

[평가] '체계'를 '절대'로 보는 것에 대한 비판

헤겔은 신 혹은 절대자를 살아있는 유기체로 보기 때문에 어떤 측면에서는 점진적인 발전을 한다고도 볼 수 있으며, 어떤 경우에는 상황에 따라 자신의 다양성이 변화되어 나타난다. 사실 이러한 모든 절대자의 속성 혹은 양태를 담기 위해서 신은 체계를 통해서 서술되어야만 한다.

그런데, 여기에 문제가 나타나는데, 체계를 강조하다보니 맨 처음의 출발자가 사라져 버린다. 그래서 헤겔 철학에는 기독교에서 말하는 "창조주 하나님으로서 존재자"가 없다. 이 맨 처음 '존재'는 '본질'로 변증법적 발전을 한다. 즉, '본질'이 이 '존재'를 부정하여 폐기해 버린다. 그리고 다시 '새로운 존재'로 나타나게 하는데, 이 '존재'가 결국 '만물'로 나타난다. 그래서 '만물' 혹은 그 이면에 흐르는 '자연법칙'과 같은 '절대정신'으로 보는 것은 이해가 되는데, 맨 처음의 그 존재자가 사라져 버린다. 그런데, 기독교의 하나님은 지금도 여전히 요한계시록 4장에 의하면, "보좌에 앉으신 이"로서 만물을 통치하고 계신다. 이 하나님이 존재하지 않는다는 것이다.

결국 고대 기독교인들은 파르메니데스의 일자론의 다음으로 헤라클레이토스의 로고스론을 위치시켰다. 그것이 곧 삼위일체론이다. 헤겔의 신 개념은 기독교의 신 개념 안에 위치해야 온전해 질 것으로 보인다. 한편, 다음에 나타나는 '실체'를 '주체'로 보는 것, 즉 "실체이며 주체인 것으로서의 참 존재"도 이러한 측면에서 검토되어야 한다. (필자)

다. '실체'이며 '주체'인 것으로서의 '참 존재' (혹은 진리)

헤겔의 신 혹은 절대자 개념은 '실체'일 뿐만 아니라, 이 '실체'가 '주체'

혹은 '살아 있는 현실적인 존재자'이다. 여기에서 '실체'는 스피노자의 '실체'로서 모든 만물은 '정신'이 자신을 전개한 '실체'이다.

　헤겔에 의하면, 신은 현존재자들과의 지적인 교류가 있고, 여기에 맞추어서 자신을 세계 속에 전개 해 나간다. 그에게는 지향하는 목표가 있으며, 이 지향점은 원환운동을 한다. 진리는 이것 전체를 모두 포함한다. 따라서 신은 정형화된 단어로 표시될 수 없다. 그 단어가 아무리 절대적이라 할지라도 그것은 공허한 이름일 뿐이다. 신을 이러한 형태로 서술하는 것은 맞지 않다. 신의 이름 자체에서 이러한 술어를 도출하여야 하는데, 신과 술어가 따로 언급되는 것은 공허한 외침일 뿐이다. 이러한 이유로 인해서 진리 혹은 신은 학문의 체계를 통해서만 설명되어야 마땅하다. 헤겔은 이러한 것을 다음과 같이 말하고 있다.

① 실체를 주체로 파악하는 것 : 전체의 주체화
물론 이것은 체계의 서술을 통해서만 제대로 판단이 내려질 수 있는 문제이긴 하다. 하지만 어쨌든 내가 이해하기로는 모든 철학적 진리의 탐구를 위한 선결문제는 진리를 '실체'로서 뿐만 아니라 '주체'로서도 파악하고 표현해야 한다는 것이다.
② 신을 유일한 실체로 파악하는 것의 한계
동시에 여기서 지적해 둘 것은 실체성이라는 것이 지 그 자체의 보편적이고 직접적인 양식인 것 못지않게 또한 지의 대상이 되는 존재의 직접적인 양식도 함께 내포한다는 것이다. 신을 유일한 실체로서 파악하려는 생각이 확연히 언명되었을 때, 당대인들이 무척이나 분노해 마지않았던 이유는 그러한 규정이 내려지고 나면 자기의식이 설 땅을 잃고 소멸될 수밖에 없지 않을까 하는 생각을 본능적으로 떠올렸기 때문이다.…
③ 생동하는 실체 : 변증법적 운동을 하는 실체
생동하는 실체야말로 참으로 주체적인, 다시 말하면 참으로 현실적인 존재이다. 그것은 실체가 자기 자신을 정립하는 운동이며 나아가서는 스스로 자기를 타자화 하는 가운데 자기와의 매개[2]를 행하기 때문이다. 실

체가 곧 주체라고 하는 것은 바로 이 실체에 순수하고도 단순한 부정성이 작용하면서 바로 이로 인하여 단일한 것이 분열됨을 뜻한다. 그러나 이렇듯 분열되는 데서 오는 대립이 이중화됨으로써 분열된 양자가 서로 아무런 관계도 없이 차이와 대립을 빚는 그런 상태는 부정된다.

이렇게 해서 회복된 동일성, 다시 말하면 밖으로 향하면서 곧 다시 자기 자체 내로 반성·복귀하는 움직임, 즉 최초에 있던 직접적인 통일과는 다른 이 두 번째의 동일성이 바로 진리이다. 진리는 자체적으로 생성되는 것으로서, 이는 자기의 종착점을 사전에 목적으로 설정하고 이 지점을 출발점으로 하여 중간의 전개과정을 거쳐 종착점에 다다를 때라야 비로소 현실적인 것이 되는 원환과 같은 것이다. (헤겔, 『정신현상학』, 52-53)

④ 전체로서의 진리

진리는 곧 전체이다. 그러나 전체는 본질이 스스로 전개되어 완성된 것이다. 절대적인 것에 대해서 얘기한다면, 이는 본질상 결과로서 나타나는 것이며 종국에 가서야 비로소 그의 참모습을 드러낸다고 해야만 하겠다. 바로 이 표현 속에는 절대적인 것의 본성은 현실적인 주체로서 그 스스로 생성되는 것이라는 사실이 명시되어 있다. 절대적인 것은 본질적으로 결과로서 파악되어야만 한다는 것이 비록 이상하게 들린다 하더라도 조금 더 생각을 기울여보면 그 헷갈리는 느낌은 곧 해소된다.… (헤겔, 『정신현상학』, 56)

⑤ 순환과 복귀

결과가 시초와 동일해 지는 것은 시초가 목적이기 때문이다. 다시 말해 현실적인 것이 그의 개념과 일치하는 이유는 목적으로서 최초에 있는 결과로 나타나는 현실존재를 가능성으로서 잉태하고 있기 때문이다. 목적이 전개되어 현실의 존재로 나아가는 것이 운동이며, 외적으로 발양되는 생성으로서 이렇듯 쉼 없이 움직이는 것이 바로 자기(das Selbst)이

---

2) 매개란 변증법적 사유 전개를 위한 필수적인 용어로서, 직접성과 대치되는 개념이다. 매개(媒介)를 순수한 우리말로 곡절(曲折, 굽어서 꺾어짐)인데, '정'에 대한 '반'을 일으키는 요소를 의미한다.

다. 그런가 하면 시초에 있는 직접적이며 단순한 것과 자기가 일치하는 것은 자기가 곧 자체 내로 복귀한 결과이기도 한 때문이다. 이렇듯 자체 내로 복귀하는 것이 곧 자기이며, 이 자기란 오직 자기와 관계하는 동일한 단순체이다. (헤겔, 『정신현상학』, 59)

절대적인 것을 주체(또는 주어)로 상정할 필요가 있음으로 해서 사람들은 '신'을 주어의 위치에 놓고 "신은 영원하다" "신은 도덕적 세계질서이다" 또는 "신은 사랑이다"라는 등의 명제를 내놓기도 하였다. 그런데 이런 명제 속에서 진리는 주어로 된 단 한마디로 불쑥 제시될 뿐 자체 내로 복귀하는 운동으로 제시되는 일이 없으니, 이런 명제의 특징은 바로 '신'이라는 낱말이 그 첫 머리에 내세워진다는 것이다. 그런데 신이라는 낱말만 따로 떼어놓고 보면 한낱 무의미한 소리로서의 이름일 뿐이며, 정작 그것이 무엇인가를 말해주고 그 의미를 채워주는 것은 술어의 몫이 된다. 첫머리에 오는 공허한 것이 마지막 술어에 와서야 비로소 현실적인 지(知)가 되는 것이다. (헤겔, 『정신현상학』, 59)

⑥ 영원과 순수개념

이렇게 본다면 술어의 자리에 오는 '영원' 또는 '도덕적 세계질서'라는 등, 고대에는 '순수개념' '존재' 또는 '일자'라는 등에 해당하는 것을 그 범위 안에서만 얘기하면 될 것을 무엇 때문에 의미도 없는 소리를 구태여 주어 구실을 하도록 다그치는 것인지 납득되지 않는다. … (헤겔, 『정신현상학』, 60)

⑦ 원칙과 변화

상술한 데 따라서 갖가지 귀결이 도출되지만 여기서 특히 강조되어야 할 것은 지는 오직 학문 또는 체계로서만 현실적이고 또 현실적인 표현일 수 있다는 것, 나아가 이른바 철학의 원칙이나 원리라는 것은 아무리 옳은 것이라고 하더라도 원칙이나 원리에 머물러 있는 한은 바로 그런 이유로 인하여 이미 잘못된 것이라는 귀결이다. … (헤겔, 『정신현상학』, 60)

헤겔철학

헤겔은 하나님과 하나님의 자기 전개로서의 실체, 곧 이 세계전체를 하나의 존재로 보아야 한다는 것이다. 이러한 내용이 다음에 『논리학』의 주제로 등장한다. 이러한 내용은 맞는 말이지만, 그의 철학에는 몇 가지 한계가 존재한다.

라. '정신이며 성령'으로서의 '절대자'

따라서, 헤겔에게 있어서의 신 혹은 절대자는 실체 혹은 주체로서의 절대자인데, 이것을 가장 잘 묘사하는 단어는 '정신 혹은 성령'이다. 헤겔의 신은 기독교에서 3위 하나님으로 불리우는 '정신 혹은 성령'이 헤겔의 절대자이다. 어떤 면에서 보면, 전통적 기독교의 존재자로서의 1위 하나님과, 말씀(로고스)로서의 2위 하나님은 3위 하나님인 성령 안에서 그 기능을 수행한다. 그리고 더 나아가서 헤겔에게 있어서는 바로 이 성령 혹은 정신의 모습이 곧 학문이다. "학문이란 정신 그 스스로가 현실성을 띤 가운데 자기의 고유한 터전 위에 쌓아올린 정신의 왕국"이다.

① 실체로서의 성령
오직 체계로서의 진리만이 현실적이라는 것, 또는 실체는 본질적으로 주체라는 것, 이것을 나타내려는 뜻에서 절대자는 정신이며 성령이라는 표명을 하게 되는데, 실로 정신이야말로 근대 또는 근대종교에 특유한 숭고한 개념이다. 오직 정신적인 것만이 현실적인 것이다. 그것은 본래 그 자체로 있는 본질이며, 갖가지 관계를 자아내는 가운데 스스로의 위치도 명확히 드러내는 외타적이면서 동시에 독자적인 존재로서, 결국은 자기를 벗어나 있는 상태에서 자기 본연의 모습을 명확히 하고 자기를 놓치는 일이 없는 절대적이고 완전무결한 존재이다. (헤겔, 『정신현상학』, 61)
② 정신 자체에서 이루어지는 변증법적 활동
그러나 완전무결하다는 것은 우선은 그의 진상을 다루고 있는 우리에게 그렇게 비쳐질 뿐이고, 다만 정신적인 실체로서 있을 뿐이다. 따라서 완전무결한 것이라면 당연히 정신에게도 자각되어야 하는데, 여기에 정신

1장 학문적 인식에 관하여

적인 것의 지와 자기가 정신이라는 것을 아는 지가 나타나야만 한다. 다시 말하면 정신적인 것이 정신 자신에게 대상으로 나타나야만 하고, 그것도 더욱이 직접 나타나 보이는 대로의 모습과 반성적으로 내면화된 모습을 함께 지닌 이중의 대상으로 나타나야만 한다. 그야말로 정신에 의해서 정신적 내용이 산출된다고 할진대, 정신이 이렇듯 자기와 관계하는 모습은 우리만이 알아볼 수 있는 것이다.(헤겔, 『정신현상학』, 62)
③ 정신의 자기 전개가 곧 실체
마침내 정신이 이런 관계 속에 있는 자기의 실상을 자각하기에 이르면 지금까지 자기가 자기를 산출한다고 하는 순수한 개념이 동시에 대상적인 모습을 갖춘 경지로서 정신 앞에 드러나면서 자각적인 현존재로서의 정신은 자체 내로 복귀한 대상이 된다. 이렇게 전개되어가는 자기가 곧 정신이라는 것을 알게 될 때의 이 정신의 모습이 바로 학문이다. 학문이란 정신 그 스스로가 현실성을 띤 가운데 자기의 고유한 터전 위에 쌓아올린 정신의 왕국이다.(헤겔, 『정신현상학』, 63)
④ 성령, 순수한 정신의 세계
절대적인 타자존재로 있으면서 순수하게 자기를 인식하는 이 에테르(Ather, 精氣) 그 자체야말로 학문의 근본바탕이며 지의 보편적인 모습이다. 철학의 시초는 의식이 이러한 바탕이며 터전 위에 자리 잡고 있다는 것을 전제조건으로 한다. 그러나 이러한 터전은 스스로가 생성되어 가는 운동을 통해 비로소 투명한 장으로서 완성된다. 그것은 보편적 원리가 다수히 있는 그대로 존재하는 순수한 정신의 세계이다.…(헤겔, 『정신현상학』, 63)

[평가] 기독교의 성령과 헤겔의 성령의 차이

성령이라는 용어는 기독교의 삼위일체 하나님의 3위에 해당하며, 정신과 영은 거의 한 개념이고, 성령은 모든 영(정신)들에 대한 창조·보존·유지의 역할을 한다. 성령은 실제 사물들 속에 흘러들어온 하나님의 영이다. 헤겔은 이 성령을 '절대정신' 혹은 '절대의지'의 신의 모습으로 묘사한 것이다.

기독교에서의 3위 하나님으로서의 성령은 1위 존재와 2위 로고스(말씀)를 그 내용물로 하고 있으며, 그의 구체적인 역할은 세상 만물에 생명과 호흡을 주며, 이 세계 속의 모든 영들에게 직접적인 관여를 한다. 기독교에서는 3위 성령 하나님은 1위 성부 하나님, 2위 말씀 하나님과의 교통 속에서 창조를 전개한다. 파르메니데스의 일자 개념과 유사하며, 아리스토텔레스의 부동의 원동자와 유사하며, 전통적인 절대자이다. 따라서 헤겔의 절대자는 3위 성령 하나님에 대한 지칭과 밀접하다.
  그런데, 헤겔에게 삼위일체론은 존재하지 않으며, 성령에 모든 기능을 부여하다보니, 『논리학』에 이르러서는 1위 하나님인 '존재'가 2위 하나님인 '본질'에 종속되고, 궁극적으로 최초의 그 존재자는 사라져 버리고, 나중에는 물질이면의 그 존재가 1위 하나님으로서의 '존재'를 대체하게 된다. 그래서 기독교의 "하늘보좌에 앉으신 1위 하나님"이 사라져 버린다. 헤겔이 일원론적으로 변증법을 전개한 결과였다.(필자)

2. 서설 : "의식의 발달과정"으로서의 『정신현상학』

가. '정신'과 '개별적인 자기의식'과의 관계 속에서 본 '학문의 역할'
  헤겔은 정신 혹은 성령과 개별적인 정신들 혹은 자기의식들의 관계를 그 본성상 서로 일치하는 것으로 본다. 그리고 학문의 역할은 이 자기의식들을 정신의 상태로 고양시키는 역할이라고 한다. 그리고 헤겔은 이러한 우리 개별적 의식들과 정신과의 일치되는 근거로서, 우리 개별적 자기의식 안에 갖추어져 있는 "지에 대한 직접적 자기 확신이라는 절대형식"을 내세운다.

  ① 학문 : 자기의식의 고양
  학문이 개인의 자기의식에게 요구하는 것은 자기의식이 이렇듯 정기가 넘치는 경지로 상승하여 여기서 획득한 생명의 힘으로 살아 움직여야만 한다는 것이다. 그런가 하면 또 개인으로서 학문이 그런 입장에까지 올라갈 수 있는 사다리만큼은 건네줄 것과 개인의 내면에 그런 입장이 자

② 지의 상승
이렇게 요구할 수 있는 권리의 근거가 되는 것은 개인이 어떤 형태의 지를 갖추고 있건 간에 이 지와 맞닥뜨려 있는 개인은 절대적 자립성을 띤 존재라는 데 있다.
③ 무조건적 존재로서의 정신
그것이 학문적으로 인정된 것이건 아니건 또는 그 내용이 어떤 것이건 간에 지에는 직접적 자기 확신이라는 절대의 형식이 갖추어져 있으니, 달리 표현한다면 이는 무조건적 존재라고 해도 무방할 것이다.(헤겔, 『정신현상학』, 64)

[평가] 키에르케고르 : 절대자와의 단절
  한편, 헤겔의 이러한 입장에 대해 키에르케고르는 인간의 영혼의 죄로 인한 보편자와의 단절을 말한다. 인간 정신이 헤겔이 말하는 바와 같이 무조건적으로 도약할 수는 없다는 것이다. 이와 같은 헤겔의 정신의 절대지에까지 이르는 무차별적인 상승에 반대하여 실존주의가 나타나게 된다.

  나. 의식의 발달과정으로서의 『정신현상학』
  헤겔이 실질적으로 『정신현상학』에서 목표로 하는 것은 개별적인 자기의식들을 정신의 상태로 고양시키기 위함이었다. 어떻게 보면 중세의 신학자들이 절대자와의 합일의 통로를 마련하기 위해서 신비주의적 도약을 시도하는 것과 비슷한 시도라고도 볼 수 있다. 헤겔에게 있어서 학문이란 지를 의미하고(헤겔,『정신현상학』, 65), 이것은 정신의 왕국이며(헤겔,『정신현상학』, 63), 자기의식이 다다라야 할 목적지인데, 학문 혹은 지와 자기의식이 변증법적으로 서로 작용을 하면서 서로 혼연일체 됨을 통해서 이루어진다. 이때의 자기의식이 지를 습득하는 과정에서 헤겔은 근세의 기존 철학자들과는 다른데, 당시의 근세 철학자들은 우리의 인식이 단순한 경험을 통해서 관념과 더 나아가서 지식을 획득한다고 보았는데 반하여, 헤겔은 자기의식이 학문

(즉자 존재)과의 관계에서 죽음과 같은 대립의 경험(대자 존재)을 통해서 의식이 새롭게 탄생(대타 존재)하면서 지가 획득된다고 한다. 그러면서 교양이라는 지에 대한 예를 든다. 이것이 곧 변증법적 관계이며, 이렇게 하여 자기의식이 절대지로서의 정신의 위치로 나아가는 것이다. 이러한 '의식의 경험의 학'이 곧 『정신현상학』의 내용이다.

① 의식 : 대상적 사물과 학문으로 인한 지의 전개
의식의 입장에서는 대상적 사물이 자기와 대립하고 자기는 대상적 사물과 대립한다는 것이 지의 전개가 된다. 그러므로 이는 학문과는 별도의 입장, 즉 자기를 고집하는 것이 오히려 정신의 상실을 자초한다는 그런 입장과 같은 것이어서, 이럴 경우 학문의 장이란 의식으로서는 더 이상 발붙일 수 없는 먼 피안과도 같은 것으로 보인다. 의식과 학문은 서로가 각기 상대방이 진리라고 주장하는 것은 전도된 진리라고 여기게 된다. 자연적 의식이 아무 거리낌 없이 학문을 신뢰하려 하는 소박한 태도는 의식으로서는 분명하게 가늠하기란 힘들지만, 아무튼 이는 머리를 땅에 대고 거꾸로 가려는 것과도 같은 짓이다.
② 자기의식으로 전도된 학문 : 학문이 우리 의식이 됨
…학문 그 자체야 어떤 것이건 그것이 직접적인 자기의식에는 전도된 것으로 보인다. 달리 말하면 자기가 몸담고 있는 세계야말로 현실의 원리를 이룬다고 확신하고 있는 자기의식으로서는 스스로가 학문의 경외(境外)에 놓여 있다고 생각되는 이상, 학문은 비현실적인 형식의 것이 된다. (헤겔, 『정신현상학』, 65)
③ 학문과 자기의식의 혼연일체
이런 까닭에 학문은 자기 확신에 젖어 있는 의식의 세계와 스스로를 통일시켜야 하는 바, 더 분명히 말하면 자기의식의 세계가 학문에 포섭되는 것을 드러내 보여야만 한다. 그 이전의 현실성을 결여한 학문의 경우는 단지 잠재적인 추상적 내용이나 내면에 잠겨 있는 목적만 지닐 뿐이어서 활동하는 정신이 아닌 정신의 실체에 지나지 않는다. 결국 잠재

1장 학문적 인식에 관하여

적인 학문은 밖으로 드러나 자각적으로 현재화(顯在化)해야만 하는데,[3] 이는 곧 학문과 자기의식이 혼연일체를 이루어야만 한다는 것이다. (헤겔, 『정신현상학』, 65)

④ 지의 생성과정 서술이『정신현상학』

이러한 학문 또는 지의 생성과정을 서술하는 것이『정신현상학』이다. 최초에 등장하는 지, 즉 직접적인 정신은 정신이 비어 있는 감각적인 의식이다. 의식이 본래적인 지에 이르러서 순수한 개념의 세계인 학문의 경지를 구축하기까지는 장구한 도정을 헤쳐나가기 위한 노고를 기울여야만 한다.…(헤겔, 『정신현상학』, 65)

⑤ 지와 교양

교양이 미비한 상태에 있는 개인에게 지를 갖추도록 해준다는 과제를 일반적인 견지에서 보면 이는 자각적 정신과 함께 보편적인 안목을 지닌 개인의 형성과정을 고찰하는 것이 된다. 먼저 교양을 갖추지 않은 개인과 보편적인 안목을 지닌 개인과의 관계를 살펴보자. 보편적인 안목을 지닌 개인에게서는 교양이 스며있는 온갖 요소가 구체적이고 독특한 형태를 띠고 나타난다. 이에 반하여 특수성에 얽매인 채 불완전한 정신을 지니고 있는 개인의 실제 모습을 보면 여건이 삶의 전체를 지배함으로써 그 이외의 면은 뚜렷이 드러나 있지 않다.…(헤겔, 『정신현상학』, 66)

⑥ 고차적인 정신으로의 발전

개인은 이러한 과거를 더듬어 가면서 더욱 고차적인 정신을 몸소 익혀 나가는 셈인데, 이는 마치 고도의 학문을 터득하려는 사람이 일찍이 머릿속에 담아 두었던 기본적인 지식을 되살리며 그 내용을 새삼 더듬어 가는 것과 흡사하다.…(헤겔, 『정신현상학』, 67)

---

[3] 헤겔에게 있어서 학문은 지(지식, 혹은 진리)를 의미하며, 지의 정점에는 정신 혹은 영이 있다. 따라서 헤겔은 마치 '학문=영, 정신'의 개념이 있다. 그래서, 학문도 진리라는 실체만 존재하는 것이 아니라, 생명체처럼 자신의 인격과 주체가 있는 것으로 묘사된다. 따라서 이것을 습득하려면, 내 자아 혹은 의식이 이 정신과 유기적으로 혼연일체가 되어야 한다.

⑦ 절대적인 분열과 부정 속에서 진리를 획득하는 정신
(이때) 정신이란 그 자신이 절대적인 분열 속에서 몸담고 있음을 알아차리는 가운데 진리를 획득하는 것이다. 정신은 부정적인 것에서 눈길을 돌려 긍정적인 쪽으로 쏠림으로써 힘을 발휘하는 것이 아니다.… 참으로 정신이 힘을 발휘하는 이유는 바로 부정적인 것을 직시하며 그 곁에 머물러 있기 때문이다. 그것을 따돌리지 않고 그 곁에 함께 머무르는 바로 그 때, 여기에 부정적인 것을 존재로 전화되게 하는 마력이 생겨나는 것이다.…(헤겔, 『정신현상학』, 71)

⑧ 표상의 자기의식화는 기존학문 아닌 변증법에 따라 이루어짐
표상으로 떠오른 것이 그대로 순수한 자기의식의 소유물이 되게 함으로써 개인이 보편성을 갖추는 것은 교양의 일면을 이룰 뿐, 그것으로 교양이 완성될 리는 없다. 여기에 바로 고대와 근대의 학습방법의 차이가 있다.…(헤겔, 『정신현상학』, 72)

『정신현상학』은 자기의식이 지식을 획득하여 변증법적으로 고양되는 과정을 묘사한 것이다.

다. 정신 혹은 의식의 발달과정

『정신현상학』은 크게 8개의 장으로 구성이 되어 있는데, 이것이 곧 의식의 발달과정을 다룬다. 이들은 8개의 장은 또 다시 넷으로 구분된다. 그리고 이 중에서 셋(의식, 자기의식, 및 이성)은 '학문의 1부'에 속하며, 마지막 하나로서 정신은 '학문의 2부'에 속한다. 이때 '학문의 1부'는 '지의 개념이 획득되기까지의 도정'을 말하며, 2부는 '그 이후'를 말한다. 그 목차의 내용을 간략히 소개하면 다음과 같다.

1. 의식
의식은 "1)감각적 확신(이것과 사념), 2)지각(사물과 착각), 3)힘과 오성, 현상계와 초감각적 세계"로 구성되어 있고,

1장 학문적 인식에 관하여

2. 자기의식
자기의식은 "4)자기확신의 진리"로 구성되어 있으며, 그 세부내용은 "자기의식의 자립성, 자기의식의 자유"로 되어 있다.
3. 이성
이성은 "5)이성의 확신과 진리"로 구성되어 있으며, 그 세부내용은 "관찰하는 이성, 이성적인 자기의식의 자기실현, 절대적인 실재성을 획득한 개인"으로 구성되어 있다.
4. 정신
정신은 "6)정신, 7)종교, 8)절대지"로 구성되어 있으며, 세부내용으로 6)정신은 "참다운 정신, 소외된 정신, 및 자기를 확신하는 정신"으로 구성되어 있으며, 7)종교는 "자연종교와 예술종교"로 구성 되어 있다.(필자)

헤겔은 정신의 운동이 학문이라고 말한다. 그리고 정신이 살아 있는 유기체라면, 이젠 학문의 습득 과정 또한 이러한 유기체적인 관계 속에서 일어난다. 단순한 논변과 추리와 추론으로 진리를 습득할 수 없다. 이에 헤겔은 '학문 1부'의 내용도 이러한 맥락에서 서술된 것이다고 말한다.

이렇듯 순수한 정신의 운동이 학문이라는 것의 본성을 이룬다. 이를 내용과 관련시켜본다면 내용이 그의 필연성에 따라 확대되면서 유기적인 전체를 형성하는 것이 곧 학문이다. 이런 점에서 지의 개념에 획득되기까지의 도정 역시 필연직인 완성을 향해 가는 생성과정이라고 하겠다. 이 예비적인 단계도 결코 일상적인 불완전한 의식이 우연히 마주치는 이러저러한 대상이나 상황이나 사상에 얽혀들거나 특정한 사상을 바탕으로 한 논변, 추리 또는 추론에 의해 진리를 근거 지으려는 것과 같은 우연한 발상에서 나온 철학일 수는 없게 된다. 그보다도 오히려 학문에 이르는 도정 역시 개념의 운동을 통하여 의식이 세계 속에 드러나는 모든 국면을 필연적인 연관으로서 포괄하는 것이다.(헤겔, 『정신현상학』, 73-74)

3. 서론 : '지의 길'로서의 『정신현상학』

가. 『정신현상학』 '서론'의 주제

헤겔『정신현상학』은 '서설(서문)'과 '서론'이 있는데, '서설'은 앞에서 다룬 내용들이다. 그리고 이제 '서론'에 대해 고찰해 본다면, 그 '서론'의 주제는 다음과 같다: "의식이 자기 자신 속에서 진리의 기준을 발견하고, 그 자기 운동을 통해 참된 지(知)에 이르는 과정, 곧 '지의 길'로서의 현상학"이다. 이에 대해 일반화된 정리(챗GPT)는 다음과 같다.

① 〈서론〉의 주제
지의 참됨은 외부에서 주어지는 기준에 의해가 아니라, 의식이 자기 자신과 대상을 경험하고 비교하는 자기운동 속에서 드러난다. 즉, 철학적 인식(지식)은 외부에서 '진리의 척도'를 끌어와 검증하는 것이 아니라, 의식이 스스로를 검증하고 변형하는 경험 과정 속에서 확립된다는 것이다.

② 배경적 맥락 - "진리의 척도 문제"
헤겔은 먼저 이런 고전적 문제에서 출발한다: "지(知)가 참된가?" "그렇다면 무엇을 '진리'의 기준으로 삼을 것인가?" 이건 고대 이래 인식론의 핵심 난제였다. 하지만 그는 이 질문이 순환적 모순에 빠진다고 지적한다. 진리를 판정하려면 기준이 필요하고, 그 기준이 참인지 판정하려면 또 다른 기준이 필요하다. 결국 무한 퇴행 또는 순환 논리가 생긴다. 그래서 헤겔은 외부 기준을 버리고, 의식 그 자체 안에서 기준을 찾아야 한다고 선언한다.

③ 해결 원리 - "의식의 자기검증"
의식(a)은 항상 두 항을 가지고 있다. 그것은 '자기 자신(지, Wissen)'(b)과 '대상(진리, Wahrheit)'(c)이다. 의식은 이 둘의 일치 여부를 '경험'(d) 속에서 확인하며, 그 불일치를 부정(지양)하고 새로운 일치를 만들어간다. 이 '의식의 경험'이 바로 현상학의 방법이자 주제이다. 즉, 의식은 자기 자신을 시험하는 주체이자 시험의 장(場)이 된다.

1장 학문적 인식에 관하여

④ 『정신현상학』 전체에서의 위치

〈서론〉은 『정신현상학』의 방법론적 선언이자, "철학이 어떻게 시작해야 하는가"를 다루는 입구의 철학이다.

구분	역할	대응되는 내용
〈서설〉	철학의 시대적 의미와 과제	"우리 시대의 철학은 과학이어야 한다."
〈서론〉	인식의 출발과 방법의 정당화	"지의 길은 의식의 경험이다."

그래서 〈서론〉은 방법론적·인식론적 주제를 담당하고, 그 뒤의 '감각적 확신'부터가 실제 의식의 경험 전개이다.

⑤ 결론 요약

핵심 질문	핵심 답변
"지의 참됨은 어떻게 검증되는가?"	외부 기준이 아니라 의식의 자기운동 속에서.
"철학의 출발점은 무엇인가?"	'의식' 자체의 경험.
"현상학의 과제는?"	의식이 스스로 진리를 체험하며 지를 완성하는 길을 서술하는 것.

『정신현상학』〈서론〉의 주제는 "지의 참됨을 외부 기준이 아니라 의식 자체의 경험 속에서 탐구하는 것", 즉 의식이 진리를 향해 나아가는 자기운동의 논리적 근거를 밝히는 것이다.(챗GPT, 『정신현상학』 '서론'의 주제, 2025.10.18.)

나. 헤겔의 '의식'

헤겔에게서 '의식(Bewußtsein)'은 단순히 '정신활동'이나 '심리적 자각'이 아니라, "자기와 타자의 관계 속에서 자기 자신을 매개적으로 아는 지(知)의 형식", 즉 "자기 자신과 대상의 관계를 포함한 앎의 구조 전체"를 뜻한다. 이에 대해 일반화된 정리(챗GPT)는 다음과 같다.

① 헤겔이 말하는 '의식'의 기본 정의

『정신현상학』 제1부 "의식(Bewußtsein)"의 첫 문단에서 헤겔은 이렇게

말한다: "의식은 어떤 대상을 지닌 앎이며, 그 대상과 함께 자기 자신을 포함한다." 즉, 의식은 "어떤 대상을 아는 지식이면서, 동시에 그 앎 속에서 자기 자신을 아는 지식"이다. 즉, 의식은 '나와 대상'의 단순한 관계가 아니라, 그 관계 자체를 자기 안에 반성적으로 포함한 구조이다.

② 구조적으로 보면,

헤겔에게 의식은 항상 세 항(項)으로 구성돼 있다.

항	내 용	역 할
의식 자체(나)	아는 주체, '지'의 주체적 측면	'나'로서의 자기
대상(즉자존재)	의식이 외부로 마주하는 존재	'타자'로서의 세계
의식의 관계 (지식)	주체와 대상을 매개하는 앎의 행위	'나-대상'의 일치 혹은 불일치의 경험

따라서 '의식'은 자기 안에 이미 대립(주체-객체)을 품고 있는 전체 구조이다. 이 대립이 의식의 운동을 만들어내고, 그 운동이 바로 『정신현상학』이 서술하는 "지의 길(Weg des Wissens)"이다.

③ 의식의 변증법적 성격

의식은 단순히 존재하는 상태(sein)가 아니라, 운동(Werden)이다. 의식은 자기와 대상이 일치한다고 '생각'하지만, 실제로는 불일치가 드러나고, 그 불일치를 인식하고 지양하면서 더 높은 일치를 향해 나아간다. 이 운동이 바로 '의식의 경험'이고, 헤겔이 말하는 '현상학'의 주된 내용이다. 즉, 의식이란 "자기-타자 관계의 변증법적 운동" 그 자체이다.

④ '자기의식'과의 구분

구분	의식	자기의식
대상	자기 바깥의 것(즉자존재)	자기 자신
관계	'나-대상'의 외적 관계	'나-나'의 내적 반성 관계
운동목표	대상과의 일치	자기의 진리의 확증
단계예시	감각적 확신→지각→오성	욕망→인정→주인-노예

즉, '의식'은 '자기의식'으로 발전하기 위한 전제단계이다. 의식이 자기의 대상을 지양하면서, 그 대상의 본질이 자기 자신이라는 걸 깨달을 때,

1장 학문적 인식에 관하여

비로소 "자기의식"으로 전환된다.

⑤ 한 줄로 요약하면

"의식이란, 자기 자신과 대상의 관계 속에서 자신을 아는 지(知)의 운동이다." 또는 헤겔식으로 표현하면, "의식이란, 타자 속에서 자기 자신을 아는 지식이다."

[보충] 의식 본체와 의식의 관계

인간의 영혼에 대해 '영(정신)'과 '혼(의식)'의 이분법을 취하는 경우와 '영혼'의 일원론을 취하는 경우가 있다. 이때 헤겔은 '의식' 속에 '의식자체(정신)'가 포함되어 있다. 그래서 후자의 일원론을 취한다. 헤겔에게 있어서 이 '의식'이나 '이성'이나 '정신'은 모두 같은 실체의 다른 나타남이다. 의식이 고양되면서 자기의식으로 이성으로 정신으로 발전을 하기 때문이다.

한편, 칸트나 실존주의 철학자들은 이분법을 취한다. 만일 '영(정신)과 혼(의식)'을 구분한다면, '정신'이 곧 '의식의 본체'이다. 그래서 이에 의하면, '의식'은 "의식의 본체 + 의식"으로 구성된다. 이것은 매우 중요한 차이인데, 헤겔이 일원론으로 자꾸 이론을 전개하면서 그의 철학을 난해하게 만든다. 그 난해함은 그의 오류 때문일 수있다.

헤겔은 주로 일원론을 택하기 때문에 '의식의 본체'라는 말을 거의 사용하지 않고, '의식' 안에 그 '의식의 본체'가 포함되어 있다. 헤겔이 '의식의 본체'라는 표현을 직접적으로 쓰진 않지만, '의식의 진리'나 '의식의 즉자적 실체'라는 개념으로 이와 비슷한 사유를 전개한다. 한편, 헤겔은 '의식 그 자체'라는 표현을 사용하는데, 이것이 '의식의 본체'와 유사하다. 필자는 이해의 편의를 위해서 '의식의 본체'라는 용어를 사용하고자 한다.

다. 지와 대상 : 즉자적인 것의 현상으로서의 지(知)

우리 안에는 '의식에 대하여 있는 그 무엇'이 존재한다. 이것이 곧 '知'이다. 이 '지'는 의식 내에 있으면서도 의식자체와는 어떤 측면에서는 구별이 된다. 이 '지'는 실상은 의식 속에 있으면서, 의식 밖에 있는 대상과 관계되어 있다. 그리고 그 '대상'이 실질적으로는 '즉자적인 것'이며, 곧 '진리'인 것이다. 이것이 우리 안에 연이어 현상을 하는 지(知)인데, 이것을 가리켜 헤겔은 '대상의식'이라고 한다. 이때 이 '대상'이 학문탐구의 대상이 되므로, 이것을 '본체' 혹은 '본질'이라고 하며, '진리'라고 한다.

① 점진적으로 현상화하는 지(知)와 학문의 관계
지금 논술하려는 것은 점진적으로 현상화하는 지(知)와 학문의 관계를 다루면서 인식의 실재성을 탐구하고 음미하는 것이 되겠는데, 이때 뭔가를 전제로 하여 이를 기준이 되는 척도로 삼지 않는 한 소기의 목적을 달성할 수는 없을 것으로 보인다. 음미한다는 것은 적용하기로 한 자를 갖다 대보고 나서 음미된 대상이 그것에 맞는지 어떤지에 따라 그 가부를 결정하는 것이기 때문이다.

② 학문의 척도 : (대상의) 본질 또는 본체
척도가 되는 것으로는 여러 가지가 있는데, 이를테면 학문이 척도가 되는 경우, 그의 척도가 되는 것은 본질 또는 본체로 여겨진다. 그러나 여기서는 아직 학문은 갓 등장했을 뿐이므로, 학문이건 그 무엇이건 간에 본질이나 본체에 합당한 자격을 갖추고 있지는 않다. 그러면서도 또 문제가 되는 것은 본질 또는 본체가 없이는 음미는 이루어질 수 없을 듯이 보인다는 것이다.

③ 지와 진리가 '의식'에 어떻게 규정되는가?
이런 실상을 명확히 드러내기 위해서는 무엇보다 먼저 지와 진리가 의식에서 어떻게 추상적으로 규정되는가를 살펴봐야만 하겠다.

④ 의식 건너편에 있는 대상의 지
먼저, 의식의 건너편에 의식과는 구별되는 뭔가가 있는데, 의식은 동시에 그것과 관계해 있다. 다시 말하면 의식에 대해서 뭔가가 있는데 이렇게 이루어진 관계의 측면, 즉 뭔가가 의식에 대해서 있는 측면이 바로 '지'이다.

⑤ 그 자체 즉자적인 것, 진리

1장 학문적 인식에 관하여

그런데 이렇듯 뭔가가 타자에 대해서 있는 것과는 별도로 그 자체대로 있는 측면이 생각될 수 있다. 즉 지가 관계하는 것을 보면 그것은 관계하는 동시에 지로부터 구별되어 이 관계의 바깥에 존재하는 것으로도 생각될 수 있는데, 바로 이 '그 자체, 즉자적인 것'이 '진리'라는 것이다. 과연 이러한 규정이 의미하는 것이 무엇이고, 어떤 함축을 지닌 것인가는 지금은 상관할 바가 아니다.

ⓖ 연이어서 현상화하는 지

왜냐하면 연이어서 현상화하는 지가 우리의 대상이므로 지에 대한 규정도 일단은 직접 우리에게 나타나 있는 대로 받아들일 수 밖에 없기 때문이다. 즉 규정적으로 파악된 것을 그대로 사태 자체의 규정으로 보면 되는 것이다. (헤겔, 『정신현상학』, 123-124)

라. '지(주관적 표상)'에 대한 진위탐구

헤겔에 의하면, 대상의식(즉자존재)이 들어오면서, 우리의 의식도 또한 대상 혹은 대상의식에 대한 자신의 지를 산출한다고 말한다. 이것을 주관적 표상이라고 한다. 이때 이렇게 나타난 자신의 지(주관적 표상)의 진위를 탐구하는 것이 학문이다. 이렇게 탐구를 시작하게 되면, 우리 안에 이렇게 생성된 지는 곧 '우리에 대해서' 존재하는 것, 곧 대타존재가 된다. 이렇게 나타난 것은 전자의 '대상의식'에 관한 '우리의 지'에 지나지 않는 것이 된다.

다시 말하면, 의식 그 자체(대상의식)가 지라는 성질을 지니는데, 그것은 동시에 또 하나의 타자(바깥에 있는 대상)가 의식에 대해서 있다. 이렇게 이 관계의 바깥에 의식이 그 자체로도 있게 되므로, 이것이 곧 진리의 요소이다. 즉 대상의식이 진리의 기준이라는 것이다.

따라서 의식이 자기 안에 깃들어 있는 본체 또는 진리로 간주하는 것(대상의식)이 곧 우리가 말하는 척도이다. 이것은 의식이 '자기의 지'(주관적 표상)를 재기 위하여 스스로 설정한 것이다. 여기서 '우리의 지'(주관적 표상)를 '개념'이라 부르고 '본질 또는 진리'를 존재 또는 대상(대상의식)이라고 부른다면, 이때 진위의 음미는 개념이 대상과 일치하는 지의 여부를 따져보는 것이 될 것이다. 그렇게 따져보는 것이 '경험'에서 다루어진다.

① 지의 진위 탐구
지의 진위를 탐구하려고 하면 본래 지 그 자체가 무엇인가를 탐구해야 할 것으로 보인다.
② 우리에 대하여 존재하는 것, 우리의 지 : 주관적 표상
이렇게 탐구를 시작하게 되면 '지'는 곧 우리의 대상이 되어, 우리에 대해서(for us) 존재하는 것이 된다. 그리고 이렇게 나타난 지의 본체란 오히려 우리에 대해서 있는 존재가 됨으로써 이제는 지의 본질이라고 내세워졌던 것이 지의 진리이기보다는 오히려 지에 관한 우리의 지에 지나지 않는 것이 된다. … (헤겔, 『정신현상학』, 124)
③ 의식 속의 어떤 것(주관적표상)이 타자(대상, 진리)에 대해 있는 것
이제 의식 속에 어떤 것이 타자에 대해서 있는 그런 관계가 성립되기에 이르렀다. 다시 말하면 의식 그 자체가 지라는 성질을 지니며 동시에 또 하나의 타자가 의식에 대해서 있으면서 이와 더불어 또한 이 관계의 바깥에 의식이 그 자체로도 있게 되는데, 이것이 곧 진리의 요소이다.
④ 의식이 자기의 지를 재기 위해 스스로 설정한 것
따라서 의식이 자기 안에 깃들어 있는 본체 또는 진리로 간주하는 것이 곧 우리가 말하는 척도로서, 이는 의식이 자기의 지를 재기 위하여 스스로 설정한 것이다. 여기서 지를 개념이라 부르고 본질 또는 진리를 존재 또는 대상이라고 부른다면 이때 진위의 음미는 개념이 대상과 일치하는 지의 여부를 따져보는 것이 될 것이다. (헤겔, 『정신현상학』, 125)

마. 경 험 : '의식(의식본체)'의 '두 대상'에 대한 '음미'
헤겔은 '경험'을 말하면서 경험은 "대상을 나타내는 지(대상의식)"와 "의식이 산출한 앎(주관적 표상)"의 두 대상을 의식(의식본체) 속에 산출한다. 헤겔에 의하면, 이 두 대상에 대한 차이로 인해 '음미'가 행해진다. 헤겔은 "의식(의식본체)은 그의 지(주관적 표상)를 변경하여 대상(대상의식)에 합치

1장 학문적 인식에 관하여

되도록 해야 할 것으로 생각된다"고 말한다. 여기서 음미의 주체를 '의식'이라고 하는데, 좀더 정치하게 말한다면 '의식의 본체'일 것이다.

이때 이 '대상의식'이 진리에 가까우므로 '주관적 표상(의식)'이 부정을 당한다. 그런데, 아래의 본문에는 그 과정이 생략되어 있는데, 그것을 설명하면 다음과 같다: '주관적 표상'이 '대타존재'가 되어 '대상의식'이 먼저 부정을 당한다. 그러자 '대상의식' 속의 '대상(본질)'이 '의식 본체(의식 그 자체)' 속으로 내면화 된다. 이때의 그 내면화된 의식을 '즉자적 자기' 혹은 '생명'이라고 한다. '대상'이 '의식'을 입었기 때문에 '생명'이라고 한다. 이제 이 '즉자적 자기'에 의해 '주관적 표상'이 부정을 당하며, '자기의식'의 출현을 야기한다.

그렇게 해서 '대상의식'의 '대상'이 '즉자적 자기'가 되면서 동시에 '주관적 표상'을 구축하는 '대자존재'로 발전하게 된다.

더 나아가, 헤겔은 "의식(정신)의 음미"를 통해 "지가 변화"되면, "대상 그 자체의 변화"가 나타난다고 말한다. 이렇게 하여 음미하는 잣대로서의 대상이 변화하게 된다. 그래서 헤겔에게 경험은 의식이 지와 대상 양면에 펼쳐나가는 변증법적 운동이다. 그 내용은 다음과 같다.

① 대상을 나타내는 지(대상의식) vs 의식이 산출한 앎(주관적 표상)
의식이 대상에 대해서 안다고 하는 바로 이 작용 속에 이미 의식에 뭔가가 그 자체로 존재하고, 또 이와는 별도로 의식에 대한 대상의 존재양식을 나타내는 지가 있다는 구별이 존재하게 된다.
② 음미의 진행 : 대상(대상의식)에 합치되도록 진행
그리하여 지금 있는 이 구별을 바탕으로 음미가 행해지는데, 이렇게 비교해보고 나서 양자가 일치하지 않을 때는 의식은 그의 지를 변경하여 대상에 합치되도록 해야 할 것으로 생각된다.
③ 지의 변화 : 대상 자체의 변화를 수반
그러나 지의 변화는 사실은 대상 그 자체의 변화를 수반하게 마련인데, 왜냐하면 지금까지 있어온 지는 본질적으로 대상에 관한 지이기 때문이

다. 이렇듯 대상이 대상의 지와 불가분하게 결부되어 있는 이상은 지가 변하면 동시에 대상도 변하지 않을 수가 없다. 그리하여 이전에 그 자체로 있다던 것이 실은 그 자체로 있는 것이 아니라 어디까지나 의식에 대해서 그 자체로 있는 것이 아니라 어디까지나 의식에 대해서 그 자체로 있는 데 지나지 않았던 것으로 의식된다.

④ 음미에 의한 대상의 변화

이렇게 해서 의식이 대상의 곁에 자기의 지를 맞대어보고 이 양자가 서로 일치하지 않는다는 것이 알려지면 대상 그 자체도 지탱될 수 없게 되는 바, 다시 말하면 음미되어야 할 대상이 음미된 결과와 일치하지 않을 경우에는 음미하는 잣대 자체가 변한다는 것이다. 이로써 음미란 단지 지의 음미에 그치는 것이 아니라 잣대의 음미이기도 한 것이 된다.

⑤ 경험 : 의식이 지와 대상 양면에 펼쳐나가는 변증법적 운동

의식이 지와 대상의 양면에서 펼쳐나가는 이상과 같은 변증법적 운동이야말로 이로부터 새롭고 참다운 대상이 의식에 생겨나는 한 다름 아닌 '경험'이라고 불리는 것이다. 그런데 이 운동을 경험이라고 할 때 지금 바로 논의된 의식의 과정 속에서 다음에 서술하려는 학문적 성격에 새로운 빛을 던져주는 것으로서 특히 강조해둘 한 가지가 있다. 즉, 의식은 '무엇인가'를 아는데, 이때의 대상이 본질 또는 본체라는 점이다.

⑥ 두 대상: 본체(그 자체로 있는 것)vs의식에게 있는 것(주관적 표상)

그런데 대상은 의식에 대한 본체이기도 하므로 이렇게 되면 진리는 두 가지 의미를 지니게 된다. 마침내 우리는 의식이 두 개의 대상을 갖는다는 것을 알게 되는데, 그 하나는 첫 번째의 본체이고, 다른 하나는 이 본체를 의식하는 의식에 대해서 있는 존재이다.

⑦ 주관적 표상 : "첫 번째 본체에 관한 지의 표상"

후자는 언뜻 보기에는 의식의 자기 자체 내로의 반조·반성으로서, 즉 대상의 표상이 아니라 첫 번째 본체에 관한 지의 표상에 지나지 않는 것으로 보인다. 그러나 이미 보았듯이 의식이 작용하여 지가 생겨나는

것과 함께 그 최초의 대상에도 변화가 야기되면서 이것은 그 자체로 있는 것이 아니라 오직 의식에 대해서만 그 자체로 있는 그러한 것(필자: 두 번째 대상)이 되어있다.

⑧ 본질이 된 대상 : 정신의 물질로의 변화(?)

이렇게 되면 진리는 오직 두 번째 대상인 본체의 의식에 대한 존재에 귀속될 뿐이며, 그것이 본질 또는 대상인 것이 된다. 이 두 번째의 새로운 대상은 최초의 대상이 무실해졌음으로 드러내 주는 것으로서, 최초의 대상에 대하여 행해진 경험이다. (헤겔, 『정신현상학』, 126-127)

[보충] '한 경험' 속의 세 계기(표상) 구조

한 경험 속에 "대상의식→주관적 표상→부정과 새로운 대상(표상)"이라는 세 항 구조로 보는 것이다. 다만 헤겔이 그걸 "단순한 순서"로 말하지 않고, "의식의 한 운동 단위" 안의 세 계기로 파악한다. 이에 대한 일반화된 정리(챗GPT)는 다음과 같다.

① 구조 개요: '하나의 경험' 안의 '세 계기'

『정신현상학』 서론에서 헤겔은 이렇게 말한다: "의식의 경험 속에서 '그 자체로 있는 것(Ansich)'과 '의식에게 있는 것(Für-es)'의 불일치가 드러나며, 의식은 자기의 지식이 대상과 일치하지 않음을 배운다." 즉, 하나의 "경험"은 세 계기로 이루어진다. 세 계기는 "대상의식 → 주관적 표상 → 부정과 새루운 대상(표상)"이다.

계기	의미	설명
1st, 대상의식	의식이 진리로 상정한 첫 번째 본체	'그 자체로 있는 것'
2nd, 주관적 표상	의식에게 있는 것, 즉 그 대상에 대한 자기의식의 형식	'의식에게 있는 것'
3rd, 부정과 새로운 대상(표상)	두 항의 불일치가 드러나, 새로운 진리가 형성됨	'새로운 본체의 출현'

* 참조: 위에서 대상의식은 즉자존재, 주관적 표상은 대타존재이다. 여

기에서 대타존재에 의해 대상의식이 부정을 당하는데, 이때 그 대상의식 속의 대상이 의식 본체로 내면화되면서, 즉자적 자기가 탄생한다. 이 즉자적 자기에 의해 대자존재로서의 주관적 표상이 지양을 당하며 즉자적 자기는 대자존재로 등장하게 된다. 이 대자존재가 곧 자기의식이다.

② 논리적 운동으로 보면

하나의 경험 안에서는 이렇게 일이 벌어진다.

1st) 대상의식 (Ansich₁)
    └── 의식이 진리로 상정한 첫 번째 대상
        ("이것이 진리다.")

2nd) 주관적 표상 (Für-es₁)
    └── 그 대상을 알고 있다고 믿는 나의 지식 형식
        ("나는 이 '이것'을 즉각적으로 안다.")

3rd) 경험과 부정
    └── 의식이 두 항의 불일치를 깨닫는다.
      → "내 지식 방식이 진리에 맞지 않다."
      → Für-es₁ 부정

4th) 새로운 대상(표상)
    └── 부정의 결과, 새로운 진리 형성
        (새 Ansich₂ = '지각의 사물')

즉, '대상의식'과 '주관적 표상'이 처음에는 일치한다고 믿지만, 경험이 그것을 부정하여 새로운 진리(새 대상)을 세우는 구조이다.

③ "새로운 대상(표상)"은 '새로운 Ansich'

여기서 중요한 점은 — "새로운 대상(표상)"은 단순히 또 다른 이미지가 아니라, 의식에게 새롭게 주어진 진리 자체의 형식(Ansich₂)이라는 것이다. 그래서 그것은 다시 다음 경험의 출발점이 된다. 이것은 다음 경험(Erfahrung₂)의 대상의식이 된다. 즉, 각 경험의 "새로운 대상(표상)"이 다음 경험의 "대상의식(Ansich)"이 되는 순환 구조이다.(챗GPT, '한 경

1장 학문적 인식에 관하여

험'속의 세 계기(표상) 구조, 2025.10.10.)

바. '경험' 본문에 대한 비판

『정신현상학』 '서론'에 나오는 '경험'에 관한 본문은 전체적인 내용의 원리를 설명한 것이다. 여기에서 이제 여러 가지 '논의들'이 나타난다. 특히 '의식의 본체'가 존재하여야 논의의 전개가 필요한데, 헤겔은 '정신과 의식'의 일원론적 입장을 취하기 때문에 '의식의 본체'라는 표현을 사용하지 않는다. 그리고 이로 인한 가장 큰 애로점은 '대상'이 의식 속으로 내면화 될 때, 일원론을 취하므로 '의식' 전체가 '대상'이 되어 버리는 현상이 발생한다.

[판단1] 두 대상 : "대상의식 vs 주관적 표상"

우리 안에 '진리로서의 대상'이 경험을 통해 '대상의식'으로 들어온다. 헤겔의 '대상의식'에는 "대상의식과 그 의식 자체(의식본체)"가 하나로 결합 되어 있다.

또한 경험을 할 때, 이 '대상의식'에 의해 '주관적 표상'도 함께 생겨나는데, 이것을 산출한 존재는 '의식본체'이다. 이때, 헤겔에 의하면, 이 '주관적 표상'에도 "주관적 표상과 의식 자체"가 하나로 결합 되어 있다.

먼저, "대상의식과 그 의식주체(의식본체)"는 "주관적 표상과 그 의식주체(의식본체)"에 의해 부정을 당하는데, 이때 "그 의식주체(의식본체)와 대상의식"은 함께 '부정'을 당한다. 헤겔은 『정신현상학』 말미에서는 "폐기와 보존"이라는 표현을 쓰며, 『논리학』에서는 부활이라는 표현을 쓴다. "대상의식과 그 의식주체"가 부정을 당하여 폐기 당하는 것이다. 그리고 그것이 '의식본체'에 내면화 되어서 '즉자적 자기'로 부활하여 나온다. 이렇게 해서 내 '정신'의 그 '본질'도 '대상'으로 바뀌고 새롭게 '고양'되어 나오는데, 이것이 지식의 확장이고, 정신 혹은 의식의 고양이다는 것이다.

그런데, 헤겔의 논리에 의하면, '대상의식'이 지양되며, '대상의식의 정신(의식본체)'도 함께 부정을 당하며, 폐기 된다. 그리고 그 후 그것이 다시 부활하여 '즉자적 자기'로 나온다. 그는 "정신과 의식" 곧 "영혼"의 일원론을 택하기 때문에 그렇게 해석할 수 밖에 없다. 그런데, 어떻게 '대상의식의 본체'가 부정 당하여 폐기되나? 헤겔은 일원론을 택하므로 그렇게 해석해야 했다. (필자: 이때의 해석은 다른 본문들을 이용한 간접 해석이다.)

[판단2] 본문에서 "음미하는 주체"는 누구인가?

상기 본문에서 두 대상(대상의식과 주관적 표상)을 음미하는 주체는 누구인가? 각각 그 '드러난 의식'과 '표상' 이면의 '의식본체'이다. 이 '의식본체'에게서 이 두 대상이 순서에 따라 모두 출현한다. 칸트는 이것을 '인상'과 '표상'으로 말하였다. 오히려 이 해석이 칸트와 실존주의 철학자들의 해석이다.

이제 음미의 주체가 누구인지 분별이 되는 듯하다. 헤겔은 그 음미의 주체를 밝히지 않고 있다. 음미의 주체는 위에서 언급한 맨 처음의 그 정신이다. 대상의식의 의식주체와 주관적 표상의 의식주체를 산출한 그 정신이다. 이렇게 정신은 불변한 것이다. 고양되는 것은 의식이지 정신이 아니다.

[판단3] 흔들림 없는 정신과 변하는 정신

헤겔의 해석에 의하면, 정신의 그 본질이 계속 바뀐다. 특히 대상을 중심으로 바뀌어간다. 정신 속에 대상의식이 반영되어 참다운 지식이 축적되면서 정신도 새롭게 탄생하는 것 같다.

그런데, 결국 정신이 물질이 되어 간다. 대상의 본질이 정신보다 더욱 우선하다. 대상에 대해 틀린 것을 정신이 수정해 나가는 국면이기 때문이다. 대상을 중심으로 정신이 변해간다. 정신이 대상이 되어 간다.

그러나, 실존주의자들의 정신은 불변이다. 이미 대상의 모든 것을 알고 있다. 정신이 그 대상에 그 대상의 목적과 본질을 불어넣는다. 나무를 책상의 목적과 본질로 바꾸어 버리는 것이다. 정신은 변함이 없는 것이다.

[판단4] 새로운 정신들은 누가 창조하는가?

헤겔에게도 처음의 정신은 공백으로 존재한다. 여기에 대상의식이 들어온

1장 학문적 인식에 관하여

것이어야 한다. 그리고 여기에 대상의식과 관련한 의식자체가 생겨난다. 헤겔에게는 대상의식과 관련한 의식자체가 있고, 주관적 표상과 관련한 의식자체가 있다. 부정을 당할 때, 표상만 부정을 당하는 것이 아니라, 그 이면의 의식자체까지 부정을 당한다고 말하기 때문이다. 표상만의 변화를 말하는 것은 칸트와 실존주의자들이다.

정신으로서의 의식자체까지 부정을 당하려면, 의식자체가 계속 생성되어야 한다. 이때 정신(의식자체)는 고유의 정신이 아니라 대상의식에서 생겨났나? 그렇다면, 정신은 "대상에서 시작되어 대상의식으로 자리잡고, 이 대상의식에서 정신이 생겨났다"고 말해야 한다. 즉, 물질이 정신을 창조한 셈이 된다. 이것이 헤겔을 이용한 마르크스 주의자들의 주장이다.

대상이 대상의식을 만들어내고, 그것이 정신을 만들어 낸 것이 아니라면, 정신이 대상의식이 들어올 때, 새로운 대상의식에 기반이 되는 정신을 산출한 것이다. 그리고 또 그 정신이 주관적 표상이 나올 때에도 그에 기반이 되는 정신을 산출한 것이다. 그리고 전자의 "대상의식과 그의 정신"이 "주관적 표상과 그의 정신"을 부정한 것이다. 그렇다면, 이때 이 대상의식의 정신과 주관적 표상의 정신을 만들어낸 맨 처음의 정신의 존재해야 하지 않는가? 즉, 맨 처음의 정신이 이와 같은 대상의식의 정신도 산출해 내고, 그 후의 주관적 표상의 정신도 산출해 낸 것이다. 그렇게 말하면, 정신이 주체가 된 것이다. 원래의 정신이 있는 것이다.

정신이 만약 부정을 당한다면, 기존의 지식은 모두 폐기를 당해야 한다. 그런데, 베르그송에 의하면 정신이 과거의 모든 지식을 기억의 형태로 붙잡고 있다. 그리고 이 정신은 영적인 세계(신비체험)로도 진입해 들어가는데, 이 모든 정신이 한 실체이다. 정신이 죽거나 다시 살아나거나 하지 않는다.

[판단5] 칸트와 실존주의 철학자들의 '대상의식'과 '자기의식'

칸트나 실존주의 철학자들의 관점은 어떤 대상을 경험하면, 이때 그 외부 대상은 내 정신에 의해 내 안에 감각적 '인상'으로 들어온다. 이것이 '대상의식'이다. 대상이 고스란히 내 안에 '인상'으로 주어지는 것이다. 그런데,

이 '인상'이 곧바로 정신 속으로 들어갔다가 나오면서 '표상'으로 자리 잡는다. 우리가 어떤 사물을 보고, 고개를 돌린 후에도 그 사물을 생각할 수 있는 이유는 내 정신이 '표상'을 산출하기 때문이다. 사물이 내 정신에게 붙잡힌 바 된 것이다.

이 '표상'은 서서히 혹은 급작스런 변화를 일으키는데, '정신'이 여기에 계속 작용을 하기 때문이다. 베르그송에 의하면, 과거의 모든 기억이 이 '표상'에 작용을 한다. 다른 경험과도 연결을 시킨다. 이 표상은 기억 속으로 들어가서 다음에 정돈을 하여 등장을 하는데, 맨 처음에 접했던 그 '인상'과는 판이하게 다르다. 이 '표상'에는 온갖 메시지가 다 들어있다. 그 '대상' 혹은 '사건'에 대한 이야기가 나오는 것이다. 이것이 내 의식 중에 '표상'으로 떠오른다. 이것이 '자기의식'이다.

정신이 이렇게 대상의 지배한다. 대상에 대한 개념을 정하며, 변화를 시킨다. 그래서 정신에 의해 대상의식이 변하여 자기의식이 되며, 이때 사물도 또한 변한다. 이것이 헤겔 이후의 철학자들의 논리이다.

2장 대상의식

1. 감각적 확신

가. "1부 의식"의 개략

『정신현상학』 제1부 〈의식〉[4]은 헤겔 전체 체계에서 "정신의 자기 전개의 출발점"을 보여주는 부분이다. 즉, "의식이 외부 대상을 경험하며 진리(자기 자신)를 찾아가는 첫 단계"를 변증법적으로 전개한다. 이에 대해 일반화된 정리(챗GPT)는 다음과 같다.

① 제1부의 위치와 의의
『정신현상학』 전체는 다음의 여정으로 구성되어 있다.
감각적 의식(의식) → 자기의식 → 이성 → 정신 → 종교 → 절대지식
이 중 제1부 「의식」은 "정신이 아직 자기 자신을 알지 못하고, 자기 밖의 대상을 진리라고 여기는 시기"를 다룬다. 즉, 의식은 자신이 인식하는 '대상'을 진리로 삼지만, 그 대상이 실제로는 의식 자신의 산물임을 아직 깨닫지 못한 단계이다. 그래서 헤겔은 이 과정을 "대상의식의 자기부정 과정을 통해 자기의식으로 이행하는 변증법"으로 서술한다.

② 제1부의 구성

장	제목	핵심 주제
1장	감각적 확신	"지금-여기-이것"의 직접적 인식에 대한 비판
2장	지각	사물의 속성과 통일, '하나이면서 여럿'의 모순
3장	힘과 오성	현상과 본질, 법칙과 오성의 작용. 의식의 자기 활동 자각

③ 각 장의 핵심 내용
(a) 감각적 확신 : 의식은 '이것', '지금', '여기'라는 직접적이고 개별적인

---

[4] 제1부의 '의식'은 일정한 전제 아래에 '대상의식'으로 해도 된다. 왜냐면, 1부의 주제가 '대상의식'에 대한 것이기 때문이다. 그러나 넓은 의미에서의 '의식'은 이보다 그 범위가 훨씬 넓다. 의식에는 "의식본체(의식 그 자체)"가 있고, "대상의식, 자기의식 등"이 있기 때문이다. (필자)

것을 진리라고 믿는다. 예컨대, "이 사과는 빨갛다"이다. 하지만 '이것'을 말로 표현하는 순간, 보편성(언어)이 개입한다. '이것'은 더 이상 '지금'의 것이 아니라, 모든 '이것'에 적용될 수 있는 개념이 된다. 즉, 가장 확실하다고 믿은 직접적 인식이 사실은 가장 추상적이고 보편적인 인식임이 드러난다. 여기에서 진리의 전환이 일어나는데, "직접적인 것은 참된 것이 아니다"로서, 의식은 감각적 확신의 허구를 부정하고 '지각'으로 나아간다.

(b) 지각 : 의식은 이제 개별 사물을 "속성들의 통일체"로 인식한다. 예컨대, "사과 = 빨강 + 둥긂 + 달콤함 등등"이다. 그러나 사물은 "하나이면서 여럿"이라는 모순에 직면한다. "사과는 하나의 사물"이지만, 동시에 "여러 속성들의 집합"이다. 즉, 사물 안에는 통일과 다수성의 대립이 공존한다. 이 모순을 해결하려 하지만, 의식은 결국 그 통일을 스스로의 인식 활동 속에서만 확보할 수 있음을 깨닫는다. 여기에서 진리의 전환이 일어나는데, "사물의 통일은 외부에 있는 것이 아니라, 인식 주체의 작용 안에 있다"이다. 즉, 의식은 사물의 배후에 있는 "보편적 법칙"을 찾으려 하며 '오성'으로 발전한다.

(c) 오성 / 힘과 법칙 : 의식은 현상 뒤에 작용하는 "보이지 않는 힘", "법칙"을 탐구한다. 이제 대상은 단순한 감각적 사물이 아니라, 자연 법칙이나 보편적 구조로 이해된다. 그러나 법칙은 결국 의식이 세운 사유의 틀 안에서만 성립한다. 법칙을 세우는 '나' 없이는 법칙 자체도 존재하지 않는다. 따라서 의식은 자신이 대상을 구성하고 있음을, 즉 "대상의 진리는 의식의 활동에 있다"는 점을 깨닫는다. 여기에서 진리의 전환이 일어나는데, "대상 속의 힘은 곧 의식 자신의 활동이다"로서, 이 깨달음이 다음 단계 〈자기의식〉으로의 이행을 이끈다. 이때 형성되는 것이 '대상의식'이다.

④ 전체 변증 도식

[1]감각적 확신 →[2]지각 →[3]오성(힘과 법칙)→[4]자기의식으로 전환
 (직접성의 부정) (사물의 모순 인식) (자기의 인식활동 자각)

의식은 이렇게 "대상"을 추구하다가 결국 "자기 자신이 진리의 근거임"을 발견하게 된다. 이 순간부터 "의식이 자기 자신을 대상으로 하는 단계", 즉 '자기의식'이 열린다.

⑤ 요약 : 제1부 '의식'의 철학적 의미

항목	내 용
주제	의식이 외부 대상을 진리로 삼는 시기
운동	감각적 확신 → 지각 → 오성 → 자기의식
핵심 논리	의식은 대상을 인식하려 하나, 그 대상을 구성하는 것은 자기 자신임을 깨닫는다
철학적 의의	칸트의 '인식론적 이원론'을 넘어, 인식의 주체·대상 이분법을 지양하는 출발점

(챗GPT, 〈정신현상학〉의 '의식', 2025.10.11.)

나. "감각적 확신, '이것'과 '사념'"의 개략

『정신현상학』 제1부 〈의식〉의 제1장 "감각적 확신, '이것'과 '사념'"은 『정신현상학』 전체의 첫 실질적 변증법이며, 헤겔 철학의 '의식' 개념이 직접적 감각에서 어떻게 매개적 인식으로 이행하는가를 보여주는 출발점이다. 일반적으로 정리되어진 내용(챗GPT)은 다음과 같다.

① 문제 제기: "가장 확실한 것은 감각적 직관인가?"
헤겔은 이 장을 "의식의 가장 직접적인 형태는 '감각적 확신'이다"고 하며 시작한다. 여기서 '확신(Gowißheit)'이란, "내가 지금-여기에서 이것을 보고 있다"는 절대적 직접성에 대한 믿음이다. 감각적 의식은 자신이 "즉자적인 참된 인식"을 갖고 있다고 믿는다. 예컨대, "이 사과는 지금 여기 내 앞에 있다." "이것은 파랗다." 이러한 진술에서 의식은 '이것'이라는 지시어를 통해, 직접적으로 주어진 단일하고 구체적인 대상을 가리킨다고 생각한다. 그는 아직 아무 개념·추상·보편성도 개입하지 않는다고 믿는다.

② 그러나 '이것'은 실제로 보편적이다 (직접성의 붕괴)

헤겔은 이 믿음을 즉시 부정한다. 왜냐하면 '이것'을 말로 표현하는 순간, 이미 '보편자'가 개입하기 때문이다. 예를 들어보자. "이것은 낮이다."라고 말한다면, 그 말은 단지 지금의 '낮'만이 아니라, 모든 낮에 적용될 수 있는 문장이 된다. 즉, '이것'이라는 말은 특정한 한 순간만을 가리킬 수 없고, 언제나 "보편적 지시"를 수행하게 된다. 말하는 순간 그 직접성은 사라져버리는 것이다. 그러므로 '이것'이란 말로 붙잡을 수 없는 것, 즉, 의식이 의도한 단일한 개별성은 표현 불가능하다.

③ 시간과 공간의 모순

헤겔은 이어서 시간적·공간적 지시어를 분석한다.

(a) 공간적 지시 – '이곳(hier)' : "이곳은 나무다." 하지만 눈을 돌려보면, "이곳"은 이제 집이 된다. 즉, "이곳"이라는 말 자체는 항상 '이곳 일반'을 가리킨다. 특정한 공간이 아니라, "모든 가능한 이곳"이라는 보편자가 된다.

(b) 시간적 지시 – '지금(jetzt)' : "지금은 낮이다." 그러나 곧 "지금은 밤이다." 그러면 '지금'은 낮이기도 하고 밤이기도 한가? 결국 '지금'이란 "지금 일반", 즉, 시간의 추상적 통일성을 의미하게 된다. 이로써 '감각적 확신'이 믿은 직접적 현존재(Dasein)는 이미 언어적·개념적 매개 속에서 보편화된다.

④ '사념(Meinen)' – '이것'을 붙잡으려는 시도

감각적 확신은 반론을 듣고 나서 이렇게 말하고 싶은 것이다. "좋아, 내가 말한 '이것'은 단어가 아니라, 내가 실제로 가리키고 있는 바로 이것, 내가 의미하고 있는 그것이다!" 하지만 헤겔은 이 '사념(Meinen)'도 실패한다고 지적한다. 내가 손가락으로 '이것'을 가리켜도, 그것은 공간과 시간 속에서 변하는 대상이기 때문에 항상 다른 '이것'이 된다. 내가 무엇을 "의미하고 있다"고 주장하더라도, 그 사념 자체는 타자(다른 의식)에게 전달될 수 없다. 언어 없이 존재하지 않기 때문이다. 따라서 '사념'은 순수한 주관적 표상, 즉 타자에게 전해질 수 없는 비합리적 개인적 감각에 머문다. 결국 의식의 진리는 보편적인 언어(개념)에서만 성립한

다.
⑤ 변증적 결론

단계	의식의 신념	모순	결과
감각적 확신	"진리는 개별적이고 직접적인 것이다."	말로 표현하는 순간 보편자 개입	직접성의 붕괴
사념	"그래도 내가 '의미하는 것'은 직접적이다."	타인에게 전해질 수 없음, 순수 주관	의식의 한계 인식
결론	"진리는 개별적 대상이 아니라, 보편자 속에서만 성립한다."	–	지각으로 이행

따라서 "가장 확실한 것처럼 보였던 감각적 확신이 오히려 가장 불확실한 인식"임이 드러난다. 의식은 "직접적인 것을 붙잡으려는 시도"를 버리고, 이제 "사물의 보편적 속성을 파악하는 지각"으로 나아간다.
(챗GPT, 〈정신현상학〉의 '감각적 확신', 2025.10.11.)

[보충] 헤겔의 '감각적 인식과정'에 대한 보충

헤겔은 '감각적 확신'을 통한 '지각'의 과정을 설명하고 있다. 후대의 철학자 특히 언어 구조주의 철학자 소쉬르에 의하면, 감각적 확신의 순간에 이미지가 들어오며, 보편자의 인식 곧 언어를 통한 인식에서도 "개념과 함께 표상"이 떠오른다. 이 모든 작용에 정신에 의한 반성작용이 존재한다. 이때마다 외부 감각은 무언가로 통일 혹은 진전을 나타내는데, 이것을 일반적으로 "정신의 반성적 행위"라고 일컫는다. 이것을 지금 헤겔은 "변증법적 행위"이라고 보고 있는 것이다. 그리고 정신에 의해 보편화되면서 발전하는 개념적 행위들을 "부정에 의한 발전"으로 보고 있는 것이다.

헤겔은 이 순간을 포착하여 그 순간을 열거하고자 한다. 이때 우리는 "정신의 모습"을 지켜보고자 한다. 과연 정신이 그 원래의 모습을 유지하고, 그 이미지만을 변화시키고 있는지, 아니면 그 정신이 이미지 따라 그 속성이 변하고 있는지를 살펴보고자 한다. 왜냐면, 헤겔은 이때 정신이 계속 부정(폐기, 죽음)을 당하고, 새로운 정신으로 보존(부활)을 한다고 말한다. 그래서 나중에는 이 정신이 사물의 본질과 같아진다. 그리고 그것이 곧 '지식'

이며, '대상자체'의 변화까지도 일으킨다.

  헤겔의 지식이 그럴듯해 보이지만, 정신이 고양을 하는 것 같지만, 그래서 국가까지 아우르는 절대지 혹은 절대정신에 까지 이르지만, 그것은 결국 정신의 사물화에 불과할 뿐이다. 정신은 오히려 이 모든 사물들의 창조·예정·섭리자인 신을 추구한다. 그래서 실존주의나 칸트의 경우, 정신은 그대로 있고, 반성행위를 통해서 의식에 새로운 그 무엇을 출현시킨다. 즉, 정신은 이미 그 사물의 '일반화된 본질'을 알고 있어서, 그 '감각적 특수성'보다 더 나은 것을 '개념'으로서 제시한다. 생철학자 베르그송은 정신이 모든 경험을 기억으로 담고 있다. 그래서 그 경험의 개념들을 서로 연결시켜서 문장과 원리로 산출해 낸다. 이런 창조적 행위를 정신이 한다. 정신이 사물을 다스릴 수 있도록 이러한 인과적 원리를 부여하는 것이다.

다. 감성적 확신의 대상으로서의 '이것'

  헤겔은 '감각'에는 두 측면이 존재한다고 말한다. 한쪽은 대상과 정립되어 있고 이것은 그것의 개념과 관련해서는 본질이다. 또 한쪽은 그 본질에 대한 타자인데, 자아 혹은 자아의 지에 매개되어 있다. 이때 자아의 지는 오직 대상에 의해서만 인지할 수 있게 되는데, 그 대상이 사라지면 인식의 지도 또한 사라진다. 이때 대상은 지에 의해 인지되건 되지 않건 간에 존재한다. 그래서 헤겔의 경우 그 대상이 본질이며 진리라고 한다.

  ① 감성적 확신의 두 측면 : 한쪽은 대상, 또 한쪽은 타자 통한 존재
  감성적 확신 속의 한쪽 측면은 단순하고 직접적인 존재자나 본질, 즉 대상으로서 정립되어 있는가 하면 이에 대해서 다른 한 쪽은 비본질적이며 동시에 매개된 것으로, 따라서 그 확신 속에 즉자적으로 존재하는 것이 아니라 하나의 타자를 통해서 존재하는 바, 이 타자는 곧 자아 또는 지의 입장인 것이다.
  ② 대상에 의해서 존재하게 되는 지
  그런데 이러한 지는 오직 대상이 존재하는 한에 있어서 그의 모습을 인

2장 대상의식

지할 수 있으나 그 지 자체는 있을 수도 있고 동시에 없을 수도 있는 그런 성질의 것이다.
③ 대상은 존재하는 진리이며 본질
결국 이렇게 볼 때 대상은 분명히 존재하는, 즉 진리이며 본질이다. 즉 그것은 자신이 인지되건 안 되건 이에 개의함이 없이 존재할 뿐이다.… 그러나 지의 경우에는 만약 대상이 없다면 존재할 수가 없는 것으로 보아야만 한다.…(헤겔, 『정신현상학』, 분도출판사, 158)

[판단] 헤겔은 '대상'을 "본질이며 진리"라고 한다. 그 물질 자체와 관련해서는 그것이 "본질이며 진리"이다. 그러나 그것은 정신적 존재가 아니다. 그것은 정신적 존재의 '대상' 혹은 '도구'로서 정신이 그곳에 진정한 '본질'과 '존재목적'을 불어넣는다. 이 경우에 그것은 정신의 '질료' 혹은 '재료'일 뿐이다. 물질 자체만으로 보면, 그것은 본질이며 진리인데, 정신과 함께 고려되면, 그것은 형상이 부여될 질료에 국한되는 것이다.

라. 지금, 여기의 변증법

이 감성적 확신의 '대상'에 대해서 '이것이란 무엇인가'라고 물었을 때, '시간적인 지금'과 '공간적인 여기'외에는 아무것도 발견되지 않아서, "'지금'과 '여기'의 차원에서 검토될 수 있는 '이것'이란 사실상 추상적인 보편자 내지는 일반자에 불과하며 대상의 구체적인 진리를 담고 있지 않다"고 말한다. '지금'이나 '여기'는 시간과 공간에 대한 개념을 말하는데, 감각적인 의식으로서는 시간이 지나버리면, '지금'이라는 것은 사라지고, 공간이 옮겨지면 '여기'라는 개념도 공허한 것으로 변하기 때문에 '지금'과 '여기'에서는 개별자로서의 '대상'에 대한 아무런 '지식'이 산출되지 않는다는 것이다. 이것이 헤겔이 말하는 "감성적 확신의 대상에서 '지금' '여기'의 변증법"이다. (헤겔, 『정신현상학』, 분도출판사, 158-160 요약)

이 변증법은 헤겔이 "가장 확실해 보이는 감각적 '지금'과 '여기'가 어떻게 스스로 보편성을 드러내는가"를 보여주는, 즉 직접성(즉자적 진리)이 매개성(보편적 진리)으로 전환되는 최초의 변증적 시범이다. 이에 대해 일반화된 정리(챗GPT)는 다음과 같다.

① 출발점: "지금, 여기"의 직접성
감각적 확신에서 의식은 이렇게 믿는다. "진리는 이 '지금', 이 '여기'에 있다." "지금은 낮이다. 여기에는 나무가 있다" 등이다. 이때 의식은 자신이 시간적·공간적으로 직접 주어진 개별적 사실을 가장 확실한 진리로 여긴다. 즉, '지금'과 '여기'는 아무 개념도 개입하지 않은 순수한 현존재(Dasein)로 보인다.

② 변증의 시작 : 직접성의 자기붕괴
헤겔은 아주 간단한 사고 실험으로 이 직접성을 무너뜨린다.
(a) 시간의 경우 – "지금(Jetzt)"의 변증법
"지금은 낮이다." 그러나 시간이 조금 지나면 의식은 곧 말한다. "지금은 밤이다." 그러면 어떻게 될까? 첫 번째 '지금'은 더 이상 존재하지 않는다. 지금이라는 말은 '낮'을 가리키지 않고, 이미 지나간 어떤 것(지나간 '지금')을 가리킨다. 그렇다면 '지금'이란, 언제나 사라지는 것, 지속되지 않는 것, 즉각적으로 부정되는 것이다.
하지만 이 부정 속에서도 '지금'이라는 말은 여전히 남는다. 우리는 여전히 "지금은 ~이다"라고 말한다. 그러므로 '지금'의 의미는 바뀐다. '지금'은 이 순간의 개별의 시간이 아니라, "모든 순간에 적용되는 보편적 형식(시간 일반)"이 된다. 즉, '지금'의 진리는 "이 구체적 순간"이 아니라 "항상 변하지만 계속 '지금'이라 불리는 보편성"이다.
(b) 공간의 경우 – "여기(Hier)"의 변증법
"여기는 나무다." 하지만 내가 고개를 돌려 다른 방향을 보면, 이제 '여기'는 '집'이 된다. '여기'라는 말은 나의 위치·시선에 따라 끊임없이 바뀐다. 그러나 나는 언제나 "이곳은 ~이다"라고 말할 수 있다. 즉, '여기' 역시 특정한 장소가 아니라 '공간성 일반'을 뜻하게 된다. 따라서 '여기'

2장 대상의식

의 진리도 특정 공간이 아니라, "모든 공간의 보편적 구조"이다.
③ 핵심 요약: 부정 속의 보편성

구분	개별적 의미	부정의 과정	남는 것(진리)
지금	특정한 시간(예: 낮)	곧 '지나간 것'이 되어 부정됨	시간 일반, 모든 순간의 보편성
여기	특정한 장소(예: 나무가 있는 곳)	시선·위치 변화로 부정됨	공간 일반, 모든 장소의 보편성

'지금'과 '여기'는 스스로를 부정함으로써 자기 안에 보편성을 드러낸다. 이것이 바로 "지금, 여기의 변증법"이다. 즉자적 개별성이 자기 부정을 통해 보편적 개념으로 이행하는 과정이다.
④ 언어와 의식의 구조
헤겔은 여기서 '언어(Sprache)'의 역할을 강조한다. 우리가 '지금', '여기'라고 말하는 순간, 이미 그것은 언어적 표상, 즉 보편적 개념이 된다. 따라서 "감각적 확신의 직접성"은 언어 안에서 해체된다. "언어는 의식의 진리이다." 왜냐하면 언어는 개별적인 '이것'을 보편적인 의미로 드러내기 때문이다. 결국 의식은 "감각적 즉자성" 속에서 자신이 이미 "보편적 의미의 매개 속에 있다"는 사실을 깨닫게 된다.
⑤ 변증법의 도식
(a) 즉자적 확신: "지금은 낮이다.", "여기는 나무다."
(b) 부정: "지금은 밤이다.", "여기는 집이다."
(c) 지양(Aufhebung): '지금'과 '여기'의 진리는 특정 순간/장소가 아니라 '시간 일반'과 '공간 일반'이다. 즉, "지금, 여기"는 자기부정 속에서 자신을 초월하는 보편자가 된다.
⑥ 철학적 의미

측면	내용
인식론적 의미	가장 "직접적"이라고 여긴 감각은, 사실상 가장 "매개된" 것이다. 즉, 감각적 확신은 스스로를 부정한다.
언어철학적 의미	언어는 언제나 개별성을 보편화한다. '이것', '지금', '여기' 같은 지시어도 개념적 매개를 피할 수 없다.
변증법적	개별자(즉자존재)는 자기 부정을 통해 보편자(대자존재)

의미	로 상승한다.
의식 발전의 의미	'감각적 확신'이 스스로 무너짐으로써 '지각' 단계로 나아간다.

⑦ 한 문장으로 요약

"'지금'과 '여기'는 변하지 않는 직접적 사실이 아니라, 스스로를 부정함으로써 보편적 시간과 공간의 개념으로 이행하는 의식의 운동이다."
(챗GPT, 지금 여기의 변증법, 2025.10.12.)

마. '감성적 확신'의 주체로서의 '자아'

감성적 확신으로 나타난 '대상'이 처음에는 '본질적인 부분'이었으나, 여기에서는 '일반적이고 추상적인 이것' 즉 존재의 사실 외에는 아무것도 얻을 수 없었다. 그리고 이젠 고개를 다른 곳으로 돌렸을 때, 그것은 이제 내 기억 속의 사념으로만 남아 그 대상은 내 자아의 '지'에만 속하게 된다. 내 '사념 속의 대상'(현상)일 뿐이다. 그래서, 이제는 '대상'은 '자아' 속으로 떠밀려가고, 오히려 '자아'가 주체가 된다. 감성적 확신의 주체는 이제 '대상'이 아니라 '자아'에 속하게 된다.

① '지(知)'에 의해 비본질적인 측면으로 바뀐 '대상'

여기서 우리가 '지'와 '대상'의 문제가 처음으로 등장했던 때의 상태와… 비교해보면 어느덧 앞서간 상태가 반전되었음을 알 수 있다. 즉 본질적인 것으로 간주될 수밖에 없었던 대상은 모름지기 감성적 확신의 성립을 위한 비본질적인 측면으로 바뀌고 말았으니, 왜냐하면 대상 자체가 변모한 결과로서 나타난 일반자는 더 이상 대상 이 한낱 감성적 확신에게 있어서 본질적 의미를 지닌다는 그런 성질의 것으로 파악될 것이 아니라 오히려 그것이 반대되는 상황, 즉 예전에는 감성적 확신 속에서 단지 비본질적인 위치를 점하는 데 불과했던 지의 국면으로 옮겨졌다는 의미에서 파악돼야만 하기 때문이다.

② '사념(私念)'으로서의 '지'

다시 말해서 이제 감성적 확신의 진리는 〈나의〉 대상으로서의 대상 속에

2장 대상의식

혹은 내가 뜻하고자 하는 사념(私念) 속에 놓여져 있을 뿐이다. 즉 여기서 대상은 오직 내가 그에 대해서 알고 있기 때문에만 존재할 수 있는 것이다.

③ 추방되어 '자아' 속으로 떠밀려 들어간 '대상'에 대한 '확신'

이렇게 볼 때 감성적 확신이 일단 대상으로부터 추방된 것도 사실이지만, 그렇다고 해서 이러한 확신이 아예 지양돼 버린 것은 아니고 다만 자아 속으로 떠밀려 들어갔을 뿐이다. (헤겔, 『정신현상학』, 분도출판사, 160-161)

[판단1] 헤겔은 '즉자존재(본질)'의 '대상'으로서의 '감각적 확신'인 나의 '지'로 인하여 추방되었는데, 이때 '자아' 속으로 들어갔다고 말한다. 그러한가? '나의 지'는 '즉자존재'의 '대상'에다 이미 '내 정신의 반성'을 덧붙인 것은 아닌가? 그것이 '표상'이 아닌가? 이것이 후설 현상학의 개념이다. 우리는 여기서 누가 옳은가의 문제를 판단해야 하는 것이다.

[판단2] 이때 여기서 또 하나 기억해야 할 것은 '감성적 확신'으로서의 '대상의식'이 "자아 속으로 떠밀려 들어갔다"는 표현이다. 헤겔은 지금 정신의 존재를 인정하고 있는 것이다. 그리고 정신과 의식의 두 실체를 인정하고 있는 것이다.

바. '지각'으로 이행하는 '감성적 확신'

이와 같은 결과로 인해, 이젠 '대상'도 아니고 '지이'도 아닌 '감성적 확신' 전체가 검토 된다. 그러나, 여기에서는 별다른 대상에 대한 구체적인 '지'가 발견되지 않음을 발견하고, 우리 '자아' 혹은 '의식'은 '감성적 확신'에서 '지각'으로 이행하게 되는 것이다. 이에 대해 헤겔은 "이렇게 해서 결국 나는 어떤 직접적인 것을 인지하는 대신에 지각 작용을 통해서 대상을 깨우치기에 이르는 것이다"라고 말한다.

① 감성적 확신의 비본질성 확인

이러한 경험을 거친 감성적 확신은 이제 그의 본질이 대상과 자아의 그 어느 쪽에도 포함되어 있지 않으며 또한 그러한 확신, 확실성에 특유한 직접성도 결코 그 어느 한 쪽만의 직접성이 아님을 발견한다. 왜냐하면 대상과 자아에 있어서 다 같이 내가 뜻하며 지시하기에 이른 것은 오히려 비본질적인 것일 뿐만 아니라 또한 대상과 자아는 내가 지적하려는 바로 그 지금과 여기와 자아가 그 속에서 존립하지 않으며 또한 존재할 수도 없는 일반자일 뿐이기 때문이다.

② 앞에서 발생했던 일체의 양립(대상 vs 자아)을 배제

이러한 경로를 통하여 마침내 우리는 감성적 확신 자체를 통틀어서 그의 본질로 정립하기에 이르렀으니, 이제는 더 이상 그 양자 중의 어느 한 계기, 즉 자아에 정립하는 대상과 다시 그 자아를 감성적 확신의 실제적 근거로 삼아왔던 처음의 입장을 고수할 수 없게 되었다. 그리하여 마침내 여기서는 전체로서의 감성적 확실성 그 자체만이 뚜렷한 자기 확신에 바탕을 둔 스스로의 직접성을 고수함으로써 또한 앞에 벌어졌던 일체의 양립, 대립을 자신으로부터 배제하기에 이르는 것이다.(헤겔, 『정신현상학』, 분도, 162)

③ 지각으로 이행

이렇게 해서 결국 나는 어떤 직접적인 것을 인지하는 대신에 지각 작용을 통해서 대상을 깨우치기에 이르는 것이다.(헤겔, 『정신현상학』, 분도, 170)

헤겔에게 있어서 '감각적 확신'에서 '지각'으로 이행하는 단계의 근거를 '언어의 사용'으로 보고 있다. 감각적 확신으로는 '지금'과 '여기'의 보편자 밖에 발견하지 못하는데, 이제 우리는 '언어'를 구사함을 통해서, 좀더 구체적인 사물의 '보편자'에게로 다가가는 것이다. 일단 언어는 '보편'이기 때문이다.

2. 지각 ; 사물과 착각

가. "지각 : 사물과 착각"에 대한 개략

 헤겔 『정신현상학』 제2장 「지각 ; 사물과 착각」은 제1장 「감각적 확신」 다음 단계의 의식 분석으로, '지각'이 어떻게 감각적 개별성에서 보편성으로 나아가는가를 다루는 부분이다. 요약하자면, 이 장은 의식이 '사물'을 보편적 속성들의 통일체로 파악하려는 과정과 그 안에서 생기는 착각을 분석하는 변증법이다. 이에 대한 일반적 정리(챗GPT)는 다음과 같다.

① 지각의 출발점: 감각적 확신의 부정
 이전 단계였던 '감각적 확신'은 '이것(이 사물, 지금, 여기)'같은 개별적 지시를 통해 진리를 붙잡으려 하지만, 그 개별성은 언어로 표현되는 순간 사라져 버렸다. 그래서 의식은 이제 '이것'이 아니라 '사물'을 진리로 삼으려 한다. 즉, 감각적 개별성에서 속성과 보편성으로 이행하는 것이다. 감각적 확신이 지각으로 이행하는 것은 "이것이다"가 "사물이다(Es ist ein Ding)"로 표현되는 것이다.
② 사물의 구조: 다수의 보편적 속성들의 통일체
 의식은 지각의 단계에서 '사물(das Ding)'을 다음처럼 규정한다 : 사물은 보편적 속성들의 집합이다. 예컨대, '하얗고, 단단하고, 향기롭다' 등이다. 하지만 이 속성들은 상호 분리된 여러 보편성들이다. 따라서 사물은 통일성(하나의 것)과 다양성(여러 속성)의 모순적 통일체가 된다.
 즉, 하나의 사물 안에는 "하나이면서 여럿"이라는 모순이 내재되어 있다. 이 모순이 바로 지각의 출발점이자, 착각의 원인이 된다.
③ 착각(illusion)의 발생: 통일성과 다양성의 모순
 지각하는 의식은 사물의 통일성과 다양성을 동시에 붙잡으려 하지만, 둘은 서로를 부정한다. 통일성의 관점에서 보면, "사물은 하나"이므로 "속성들은 사물의 내적 본질"이다. 다양성의 관점에서 보면, "속성들은 각자 독립적"이며 "사물은 그들의 단순한 집합"일 뿐이다.
 그래서 의식은 "이 사물이 실제로 하나의 통일체인가, 아니면 속성들의

단순한 모음인가?"라는 착각(illusion)에 빠진다. 즉, 의식이 지각하는 사물은 사실 '의식의 착각된 통일'에 불과한 것이다.

④ 지각의 변증법 : 주체와 대상의 전도

헤겔은 이 과정을 "지각의 변증법적 운동"으로 보여준다.

단 계	설 명
(1)지각의주장	사물은 하나의 통일체이며, 다양한 속성들을 갖는다.
(2)모순의등장	속성들은 서로 독립적이며, 따라서 사물은 다수다.
(3)착각의인식	통일성은 사실 지각 주체의 행위이며, 사물은 단순한 현상이다.

결국, 의식은 다음을 깨닫게 된다: 통일은 사물 안에 있는 것이 아니라 의식의 작용(지각행위) 속에 있다. '착각'은 사물의 문제가 아니라 의식이 보편과 개별을 구분하지 못한 결과이다.

⑤ 지각의 자기부정 → 힘과 지성의 장으로 이행

이 단계의 결론은 다음과 같다. "지각된 사물은 '그 자체로 있는 것(an sich)'이 아니라, 의식이 구성한 것(für uns)이다."

즉, 지각은 "대상적 진리"를 갖지 못하고, 자기 안의 모순 때문에 스스로를 부정한다. 그 결과 의식은 다음 단계인 '지성(Verstand)'으로 나아가, 거기서 사물의 내적 통일성은 '힘(Kraft)'과 '표현(Erscheinung)'이라는 새로운 개념으로 전환된다.

⑥ 요약 도식

감각적 확신(이것) → 지각 (사물) → 지성 (힘과 표현)

     (부정) (모순: 통일성과 다양성의 착각)

요약하면, 「지각 ; 사물과 착각」은 "사물을 객관적으로 파악하려는 의식이 사실상 자기의식의 작용에 갇혀 있다는 점"을 폭로하는 장이다. 즉, 의식은 '사물의 진리'를 찾지만, 결국 발견하는 것은 자기 자신의 지각구조와 착각의 메커니즘이다. "사물은 하나의 '이것'이며, 동시에 '보편적인 것'이다." 이 문장 안에 이미 지각의 변증법 전체가 응축되어 있다. (챗GPT, 지각, 2025.10.14.)

[평가] 보편성의 원리로서의 '지각'

헤겔은 '감각적 확신'으로는 사물을 더 이상 확인 할수 없어서, 이제 의식 내의 데이터가 보편성으로 판단하는 '지각'의 단계로 이행한다. 여기서부터 이미 인간 내의 범주가 작동하여 '대상'을 이해하기 시작한다. 이때 이 '범주'는 누구의 것인가? 사물의 것은 아니다. '자아' 혹은 '의식'의 것인데, 좀 더 면밀히 말하자면, '정신'의 것이다. 헤겔도 일단은 정신의 기능을 인정하면서, 그 구분도 인정하고 있다. 정신과 의식을 구분해서 표현할 경우, "자아(정신)가 지각(의식)을 한다."로 표현된다. 이 '지각'이 곧 '의식'의 범위에 들어 있다.

나. 지각과 보편성

'정신'이 의식 속에서 '감각적 확신'으로 나타났을 경우, 이것은 '이것'과 '지금'이라는 개념만 줄 뿐이다. 여기에 언어활동적인 요소, 혹은 보편성의 요소가 가미된다고 볼 수 있는데, 이것은 '정신'이 '지각'으로 나타난 것을 의미한다. 우리의 모든 사유와 지각은 보편성을 통해서 이루어진다. 언어 자체가 보편자이기 때문이다. 따라서 보편성이 곧 지각의 원리인 것이다. 한편 감성적 확신의 단계에서 '자아'와 '대상'이라는 존재가 드러났는데, 이제 지각은 자기에 대하여 존재하는 이러한 '자아'와 '대상'을 보편적인 것으로 받아들인다. 감각적 확신에서 주어진 이러한 두 대상은 우리의 지각이 필연적으로 이 양자를 수용하게 하며, 이 양자 간의 대립과 수용을 통하여 '지각의 변증법적 활동'이 일어나게 된다.

①직접적 확신의 한계 : '이것'으로 포착하려고 하기 때문
직접적 확신이 진리를 내 것으로 장악하지 못하는 이유는 그의 진리가 보편적인 것인데도 의식은 개별물로서의 '이것'을 포착하려고 하기 때문이다.
②지각의 원리 : 보편성
이에 반해 지각은 자기에 대해서 존재하는 것을 보편적인 것으로 받아

들인다. 보편성이 지각의 원리가 되어 있으므로 그 속에 직접 구별되어 나타나는 두 요소인 자아(Ich)와 대상(Gegenstand)도 또한 보편적인 것이다.

③ 보편적이라는 원리 : 필연성에 따른 수용방식

보편적이라는 원리는 우리에게 의식적으로 발생한 것이므로 지각을 받아들이는 우리의 방식은 감각적 확신에서와 같은 표면상의 수용이 아니라 필연성에 따른 수용방식이다.

④ 두 개의 요소 : 지각 vs 대상

이 원리의 발생과 동시에 여기서 떨어져 나오듯이 보이는 두 개의 요소가 성립되는데, 하나는 뭔가를 제시하고 지적하는 운동이며, 다른 하나는 이 동일한 운동을 단일물로 나타낸 것이다. 전자가 지각이고 후자가 대상이다. (헤겔, 『정신현상학』, 임석진 역, 한길사, 149)[5]

다. 긍정적 보편자로서의 사물 (즉자존재로서의 사물): '또 역시'의 규정

지각의 활동원리는 보편자로서, 지각은 감각적으로 외부로 보여진 사물(대상)을 통하여 인식한다. 이 경우에도 '감각적 확신'의 경우와 마찬 가지로, 진리의 존재적 관점에서 사물(대상)은 본질적인 위치에 서며, 자아 혹은 지각은 비본질적인 위치에 선다.

① 지각하는 운동과 대상

대상은 본질적으로 지각하는 운동과 동일한 운동을 하는데, 지각의 운동이 갖가지 요소를 전개하고 구별하는 것이라면, 그 요소들이 하나로 집약되어 있는 것이 대상이다.

② 지각하는 것과 지각되는 것

방관자로서 우리가 보기에는 원리가 되는 보편적인 것이야말로 지각의 본질이고, 그러한 추상적 원리의 대극(對極)에 있는 두 요소, 즉 지각하는 것과 지각되는 것이(있다.)…

---

[5] 이하 『정신현상학』의 모든 본문은 이 '번역본(임석진 〈한길사〉)'에 따른다.

2장 대상의식

③ 대상이 본질, 운동이 비본질

즉, 단일체로 규정되는 대상 쪽이 본질을 이루며, 대상은 지각되고 안되고에 상관없이 존재한다. 반면에 운동으로서의 지각은 있어도 되고 없어도 되는 부수적이며 비본질적인 존재이다. (헤겔, 『정신현상학』, 150)

라. '지각의 변증법'이 운동

이와 같이 하여서 '지각의 변증법'이 운동을 하게 되는데, 지각이란 '보편'의 원리에 따라 운동을 하는데, 이것은 보편자를 통해서 인식을 한다는 의미이다. 예컨대, 소금이라는 대상을 통해 우리의 '정신 혹은 의식'이 '지각'을 할 때, 먼저 소금이라는 일자(eins, 개별적으로 유일한 자)가 있다면 이것을 소금이라는 보편자로 지각하며, 또 한편에서는 이 소금의 성질들을 보면서 그 안에 있는 많은 보편자로서의 요소들을 지각한다.

이때 소금의 갖가지 성질들, 예컨대, 하양·짠맛·정육면체 등의 속성들의 보편자를 지각하는데, 이들 소금 속의 성분들의 보편자들은 서로 독자적이고 배타적인 상태인 '또 역시(~도 함께)'의 상태로 존속한다.

이에 따라 '감각적 확신'에서의 말로 표현될 수 없는 개별물로서의 '이것'은 이제 '이것이 아닌 것'으로, 즉 '보편적인 것'인 성질로 규정되는 것으로 '거기'에 있게 된다. 사물에 대해 인식할수록 처음에 인식했던 것은 '또 역시' 아닌 것으로 등장을 하며, 변증법적 운동을 한다.

① 대상 · 다수의 성질이라는 사물

대상은 그의 원리에서 보편적인 것이고 단일체 속에서 매개의 관계를 이루고 있으니, 이것이 대상 자체의 본성으로서 명시되어야만 한다. 이로부터 대상은 '다수의 성질을 지닌 사물'이라는 성질을 띠게 된다.…(헤겔, 『정신현상학』, 150)

② 지양 : 성질로서 등장

그리하여 눈앞에 있는 '이것'은 '이것이 아닌 것'으로 또는 '이것을 지양한 것'으로 정립한다. 그렇다고 부정되어 그대로 없어져 버리는 것이 아니라 어떤 내용을 가진 특정한 것이 없어진다는 것인데, 이렇게 없어지는 내용이 바로 '이것'이다. 따라서 감각적인 것이 여전히 거기에 남아 있긴 하지만 직접적 확신의 경우에서처럼 말로 표현될 수 없는 개별물로서 거기에 있는 것이 아니라 보편적인 것, 즉 '성질'로 규정되는 것으로서 거기에 있다. (헤겔, 『정신현상학』, 151)

③ 갖가지 성질을 내부에 간직한 보편적인 단일체

자기 동일을 유지하는 보편자적인 단일체, 즉 사물 역시 거기에 포함된 갖가지 성질과는 구별된 상태에서 자유로이 존재하고 있다. 즉 보편적인 단일체는 갖가지 성질을 내부에 간직한 채 순수한 자기 자신과의 관계를 지니는 매체로 존재하는 가운데 이들 성질은 각기 서로가 타자와의 접촉 없이 단일체 속에 다 함께 어울려 있다.…(헤겔, 『정신현상학』, 152)

④ '또 역시' 다양한 다른 특성들을 지님

그러나 많은 성질이라는 것도 또한 저마다 서로 다른 특성을 지니면서 그 자체로는 보편적인 (각각의) 단일체이다. 여기에 소금이 있다고 하자. 이 소금은 단일한 '여기'이면서 동시에 많은 성질을 가지고 있으니, 즉 흰색이면서 짠맛이 나는 것과 함께 '또 역시' 정육면체 이면서 일정한 무게도 갖고 있다. 이 모든 성질이 단일한 하나의 '여기' 속에 삼투되어 서로 통일되어 있다.… 그 서로 다른 것이 '여기'로 분리되어 있지 않고 서로 삼투되어 있으면서도 이들은 서로 영향을 주고 받는 일이 없다.…

⑤ '또 역시' : 많은 성질을 총괄하는 '물성'

이 '또 역시'[6)]야 말로 순수하고 보편적인 매체로서 많은 성질을 총괄하는 '물성'을 나타내준다. (헤겔, 『정신현상학』, 152-153)

마. 부정적 보편자로서 사물 : 대자존재로서 지각

'지각'은 먼저 '대상(즉자존재)'에서 '지'를 찾는다. 그러면서 위에서 언급한

---

6) "동시에", "그러나 다시금", "그러면서도", 즉, 모순적 관계를 유지시키는 논리적 접속어로 이해해야 한다.

사항들을 발견하는데, 소금이라는 일자(개별적 유일자)라는 보편자 안에는, 먼저 소금의 여러 가지 성질들의 보편자가 독립적으로, 소금만 '독자존재'인 것이 아니라, 그 성질들의 보편자들 각각도 '독자존재'로서 '상호배타적'으로 존재한다. 그런데 이들의 존재는 한 사물이라는 보자기에 싸인 채로 존재하게 되는, 즉 '~하는 한에서' 각각이 독자존재로 존재하게 된다. 그런데, 이러한 진리를 도출해 내는 것은 '대상'을 바라보는 '대자존재'[7]로서의 '지각, 혹은 의식'이 수행하는 일이다. 의식이 대상을 수용하면서 뭔가가 부가되거나 제거되는 변화가 일어난다. 어떻게 보면 본질에 대한 규명이 '대상(즉자존재)'에서 이루어지는 것이 아니라, '대자존재'로서의 '의식과 지각'에서 이루어지게 된다.

① 다양한 '다른 성질들'이 '또 다른 성질들'과 관계하여 나타남
지금 얘기된 물성과 관련해서는 우선 사물이 지니는 보편성이 갖가지 성질을 적극적으로 포용한다는 측면만이 관찰되고 또 전개되었지만, 거기에는 또 다른 면도 드러나 있으므로 이제 이 부분을 함께 다루어 나가고자 한다. 많은 성질이 아예 서로 무관하게 존재하면서 오직 자기 자신과의 관계만을 지닌다면 여기에 성질로서의 특수성이 나타날 리는 없다. 성질의 특성이란 서로가 다른 것(다른 성질들)과 구별되면서 저마다 자기의 대립물(다른 성질들)과 관계하는 한에서만 나타나는 것이기 때문이다.

② 1을 주축으로 하는 통일체
그러나 서로 대립되는 성질은 단일한 매체 속에 통일되어 나타날 수는 없으므로 여기에는 통일작용만이 아닌 본질적인 부정작용이 발생한다. 대립되는 성질을 가지고 서로 구별된다는 것은 그 속에 이것저것 가리

---

[7] 즉자존재가 본질로서의 대상이라면, 대타존재는 그 대상의 외화, 대자존재는 그 외화를 다시 자기 자신 안으로 끌어들여 자기 자신을 규정하는 능동적 주체이다. 이때 본질이 계속 고양되며 살아남는다. 이 세 구조는 고정된 층위가 아니라, 하나의 존재가 자기 자신을 변증법적으로 매개해 가는 세 순간(moment)이다. (챗GPT + 필자)

지 않고 아무 성질이라도 받아들여진다는 것이 아니라 배타적으로 다른 한 쪽은 버린다는 것이므로 여기에는 단일한 매체의 작용만이 있는 것은 아니다. 말하자면 매체라는 것(한 사물로서의 기능을 의미)은 서로 무관한 성질을 '또 역시'라는 상태 속으로 몰아넣고 통일만 하는 것이 아니라 1을 주축으로 배타적인 작용을 하는 통일체이기도 한 것이다. 1에는 부정의 요소가 담겨있으니, 즉 단순히 자기와 관계하는 하나의 사물은 타자를 배척함으로써 일개 사물로서 물성을 띨 수 있다.…그러나 하나의 사물이라는 테두리 속에 끼어들어 있는 성질은 대립물과의 통일에서 벗어난 완벽한 '독자존재'이다.
③ 성질들의 두 요소를 하나로 묶은 것이 사물의 완성체
이상의 두 요소를 하나로 묶어 놓은 것이 지각의 진리를 이루는 사물의 완성체인데,… 이 양면에 단일한 점으로서 존립해 있는 매체가 밖을 향하여 다양한 성질의 빛을 내뿜는다.… 이러한 성질이 사물의 물질성(성질들)이나 단일성(매체로서의 한 사물)이라는 순수한 본질적 요소와 관계될 때 비로소 '사물'의 전모가 드러나는 것이다.(헤겔, 『정신현상학』, 153-155)
④ 의식이 대상을 수용하면서 뭔가가 부가되거나 제거되는 변화
지각되는 사물이 이상과 같은 성질의 것이라고 할 때 바로 그러한 사물을 대상으로 하는 의식이 '지각하는 의식'으로 규정된다. 이때 의식은 대상을 단지 받아들여지는 대로 순수하게 파악해야만 하는바, 여기에 등장하는 것이 진리이다. 의식이 대상을 수용하는 행위에 나설 경우 여기에서는 뭔가가 부가되거나 제거됨으로써 진리에 변화가 생기게 마련이다. (헤겔, 『정신현상학』,155)

바. 성질의 보편자에 대한 타자로서의 사물 (대타존재로서의 사물)
우리의 지각은 소금이라는 보편자와 그 안에 있는 성질들 각각의 보편자의 관계에서, 이 성질들의 보편자들이 각각의 '독자존재'이며, "개별성을 능가하는 보편적인 성질을 가지고 있다는 것을 알게 될 때, 최초에 1이라는

것으로서 본질을 드러냈던 대상의 모습은 진실한 대상이 아니었던 것이 된다"는 사실을 알게 된다. 그리하여 "성질의 보편성을 염두에 둔다면 대상의 본질은 오히려 타자와의 공동성으로 파악되지 않으면 안 되게 된다"는 사실을 알게 된다. 즉, 오히려 "대상은 보편적인 것이 공존하는 매체"일 뿐인 것이 적절하다.(헤겔, 『정신현상학』, 156) 그리고 이것의 결국은 '사물'은 '독자존재'임에도 불구하고, '대타적인 존재'이며, '성질이라는 타자로서의 보편자와의 모든 관계'가 규명되지 않는 이상, '보편적인 극으로 분열된 (보편자를 담는 포대기에 불과한) 보편적 존재'일 뿐이다. 헤겔은 다음과 같이 말한다.

① 사물의 진실한 모습 : 많은 성질들의 조합
셋째로 얘기되어야 할 것은 복수의 성질이 물성 속에 짜임새 있게 안겨져 있는 이상 성질은 모두가 완벽한 독자존재로서 서로 무관하게 존재한다는 것이다. 따라서 사실은 사물 그 자체(소금)가 희기도 하고 정육면체이기도 하고 또 매운 맛도 나는 그런 존재이며, 많은 성질이 상호간에 접촉하거나 말소하지 않은 채 서로가 뿔뿔이 흩어진 대로 존재하기 위한 '또 역시'라는 공통의 매체라는 것이 사물의 진실한 모습이다. (헤겔, 『정신현상학』, 160)
② 포대기와 같은 물질 집합의 단일물
⋯결국 이 매체라는 것은 곧 물질의 집합이라는 점에서 단일물이라기보나는 단지 내용물을 싸고 있는 포대기와 같은 것이다.(헤겔, 『정신현상학』, 161)
③ 대상이 지양되어 한 단계 높아져 있음
대상은 독자적으로 존재하면서 자체 내로 복귀하는 단일체이지만 이렇듯 독자적이고 자체 내로 복귀한 단일체라는 것은 그의 대극을 이루는 타자에 대한 존재와 통일되어 있으니, 요는 대상이 지양되어 한 단계 높아져 있다는 것이다. 타자와의 관계만이 비본질적이라고 하던 차에 이제는 독자존재도 마찬가지로 (타자와의 관계가 규명되지 않는 한) 비본

질적이 되는 것이다. (헤겔, 『정신현상학』, 165)
④ 보편적인 존재가 된 대상
이제 대상은 감각적인 존재에서 보편적인 존재가 된다. 그러나… 결코 참다운 자기 동일적 존재는 아닌, 대립에 얽혀 있는 보편적 존재, 즉 성질의 단일성이라는 개별적인 극과 어디에나 널려있는 물질의 '또 역시'라는 공존으로서의 보편적인 극으로 분열된 보편적 존재이다. (헤겔, 『정신현상학』, 165)

사. 힘으로 나타나는 대상 : 무제약적 보편자의 등장

그럼에도 불구하고, "이 양면이 본질적으로 통일을 이루게 될 때 여기에 무제약적인 보편자가 나타나면서 의식은 비로소 참다운 오성의 영역으로 발돋움하는 것"이다. 이러한 무제약적인 보편자의 출현과 이로 인한 오성의 영역으로의 발돋움에 대해 헤겔은 다음과 같이 말한다.

> 사물의 순수한 성질은 그대로 사물의 본질을 표현하는 듯이 보이지만 실로 그의 본질은 타자에 대한 존재와 한데 어우러져 있는 자립성에 있다. 그러나 이 양면이 본질적으로 통일을 이루게 될 때, 여기에 무제약적인 절대적 보편자가 나타나면서 의식은 비로소 참다운 오성의 영역으로 발돋움하는 것이다. (헤겔, 『정신현상학』, 165-166)

위 본문에 "여기에 무제약적인 절대적 보편자가 나타나면서"라는 본문이 있다. 여기에서 '무제약적'은 헤겔에게 중요한 철학어인데, 이것은 어떤 다른 것에 의존하지 않는 것, 즉 자기 자신에 의해 성립하는 것을 뜻한다. 그래서 이 본문은 "대상이 사물이 아닌 힘으로 나타나는 것을 의미"한다. 즉, 우리의 의식 속에 들어온 '대상'이 더 이상 '순수하게 외재적 존재'로 머물지 않고, '자아(의식)'와의 관계 속에서 드러나는 구조적 실재를 가리킨다. 이것은 이제 단순한 대상 자체가 아니다. '힘(Kraft)'으로 발전한 것이다. "의식 속으로 내면화되었던 대상이, 이제 '힘'의 형태로, 즉 의식과 매개된 형태로

2장 대상의식

다시 외화된 것이다." 또는 더 간결하게, "의식이 자기 안으로 흡수했던 대상을, 이제 자기 운동 속에서 다시 외적으로 재현한 것이다."

[평가] "무제약적인 절대적 보편자"에 대한 평가

이렇게 많은 형이상학적 의미를 담고 있는 것을 헤겔은 위의 본문에서 "여기에 무제약적인 절대적 보편자가 나타나면서"라는 이 '한 마디'로 표현하고 있는 것이다. 그런데, 이야기의 전개가 매끄럽지 않다. 앞뒤가 잘 맞지 않는다. '성질'들의 통일을 논하다가 갑자기 "의식에 들어간 대상의식"이 "무제약적인 절대적 보편자"로 불쑥 튀어나온다. 그것이 '성질들'과 어떤 관계라는 것도 말하지 않고, 다른 존재가 튀어나오는 것이다.

아마 '대상의식'을 계속 '본질'로 주장하려다 보니 그러한 논리를 전개하지 않는가라는 생각을 하게 한다. 헤겔은 그의 다른 주요 저술들을 모든 학문적 전개에서 이렇게 큰 틀을 짜 놓고, 그 안에 다른 지식들을 마구 삽입시켜 논리를 맞추려 한다. 이 논리도 그 일환일 수 있다. 성질들의 조화에 대해 논하다가, 무제약적 절대자가 나타나서 오 모든 논리를 구축한다.

아. "지식의 변증법"에 대한 요약

지식의 변증법은 다음과 같이 정리될 수 있다: "지각의 변증법에서 사물(대상)은 즉자존재로서, 그 안에서 다양한 속성들이 대타존재로 출현하며 서로 갈등을 이룬다. 의식은 이 갈등을 통일하려는 운동 속에서 사물과 속성의 관계를 하나의 내적 통일로 파악하며, 이 통일이 오성 난계에서 '힘과 현상'의 구조, 즉 대자존재적 형태[8]로 드러난다."(필자, 챗GPT 참조)

3. 힘과 오성, 현상계와 초감각적 세계

'의식' 속에서 '대상'은 "무조건적 보편자"로서 새롭게 탄생한 독자존재가 되어 있다. 지각 사용의 결과 "대상은 감각적인 존재에서 보편적인 존재"가

---
8) 대자존재는 자기의식의 단계에서 본격적으로 출현한다. (필자)

된 것이다. 이제 의식은 대상이 전개되는 모습, 곧 보편자가 산출하는 힘을 보고 개념을 산출하게 되는 것이다.

가. "힘과 오성"에 대한 개략

"힘과 오성, 현상계와 초감각적 세계"는 헤겔『정신현상학』 제3장 「힘과 지성」의 후반부 핵심 주제이다. 이 부분은 '대상'이 더 이상 감각적 사물로 남지 않고, '법칙적 구조로 통일된 세계'로 드러나는 단계, 즉 자연의 이성적 구조를 인식하는 오성(지성, Verstand)의 탄생을 보여준다. 이에 대해 일반화된 정리(챗GPT)는 다음과 같다.

① 전개 개요
『정신현상학』의 초반부 "의식" 절은 세 단계를 거친다. "감각적 확신→지각→지성(오성)"이다. 이 중 '지성(오성)' 단계가 바로 "힘과 오성, 현상계와 초감각적 세계"의 장면이다. 이건 의식이 이제 "대상의 감각적 표면을 넘어, 그 이면의 보편적 구조를 탐구"하기 시작한다는 뜻이다.
② 지성(Verstand, 오성)의 등장 - '힘'의 내적 구조를 파악하는 의식
이전 단계('지각 ; 사물과 착각」)에서 '사물'은 무너졌다. 그 대신 등장한 게 '힘(Kraft)'이었다. 힘은 "감각적으로 주어지는 것(속성)"과 "보이지 않는 내적 근거(본질)"를 매개하는 개념이다. 즉 "힘 = 내적 본질+ 외적 현현"이다. 하지만 힘 역시 항상 다른 힘과의 상호작용 속에서만 드러난다. 그래서 의식은 "힘 하나의 실체"가 아니라, "힘들의 관계망"을 보게 된다. 그 순간, 대상의 진리는 "힘들의 법칙적 관계" 즉, 보편적 법칙으로 전환된다. 이것이 바로 오성의 기능이다. 오성은 현상들 사이에서 반복되는 관계를 '법칙'으로 파악하는 능력이다.
③ 현상계(Erscheinung)와 초감각적 세계(übersinnliche Welt)
이제 의식은 다음의 구분을 세운다.

구분	의 미
현상계	감각에 드러나는 세계. 개별적 '힘'들의 작용이 나타나는 장
초감각 적세계	감각을 넘어서는 내적 구조, 법칙, 질서의 세계

즉, 오성은 이제 세계를 두 층위로 나누어 본다: 즉 "현상(감각적 표현) ↔ 초감각적 본질(법칙)"이다. 현상계는 "보이는 힘들의 작용"이고, 초감각적 세계는 "그 모든 현상을 지배하는 보편적 법칙"이다.

④ 초감각적 세계란 무엇인가 — 플라톤적 이데아의 부정적 계승

헤겔은 이 '초감각적 세계'를 단순히 플라톤의 '이데아 세계'처럼 하늘 위에 있는 영역으로 보지 않는다. 그건 감각세계의 반대편에 또 하나의 세계를 세운 오성의 '이원론적 사유'일 뿐이다. 즉, 오성은 이렇게 생각한다: "감각적 세계는 현상에 불과하고, 진리는 그 뒤에 숨겨진 초감각적 세계에 있다." 이것은 "현상과 본질의 분리", 즉 칸트적 현상-물자체 이원론과 비슷한 위치이다. 헤겔은 이것을 '오성의 한계'로 본다.

오성은 아직 "대상과 자기의식의 통일"에 도달하지 못했고, 그저 "보이는 것의 저편에 보편적 구조가 있다"는 믿음 단계에 머물러 있다. 그래서 "오성은 초감각적 세계를 단순한 '저편'으로 상정한다"고 말한다.

⑤ 현상계와 초감각계의 통일 — 법칙(Gesetz)으로서의 진리

그러나 변증법적으로 보면, 이 두 세계는 완전히 분리되어 있지 않다. 왜냐하면 현상계는 초감각적 법칙의 표현이기 때문이다. 힘이 '드러나는 방식'이 곧 법칙이다. 즉, 초감각적 세계는 현상계 안에서 끊임없이 자신을 드러내는 구조이다. 그래서 헤겔은 말한다: "초감각적 세계는 현상계의 저편이 아니라, 그 안에서 자신을 드러내는 '이념의 구조'다." 이것이 바로 후에 『논리학』에서 말하는 "현상-본질의 통일", 그리고 『정신현상학』 다음 단계인 '자기의식'으로 이행하는 논리적 토대가 된다.

⑥ 오성(지성)의 한계 — 정지된 이원성

하지만 아직 이 단계의 의식은 이원성을 극복하지 못했다. 현상계는 감각적으로 드러나는 운동의 세계이다. 초감각계는 그 운동을 지배하는 보

편적 법칙의 세계이다. 오성은 이 둘을 연결시키지만, 여전히 분리된 층위로 생각한다. 그래서 헤겔은 말한다: "이 초감각적 세계는, 감각적 세계의 복제(verdoppelte Welt)일 뿐이다." 즉, 오성은 "감각적 세계의 저편에 동일한 구조를 또 하나 세워놓는 이원적 사고"를 한다. 이게 곧 "오성의 고정된 추상성"이다.

그래서 『정신현상학』의 다음 단계에서는 의식이 '자기의식(자아)'으로 넘어가며, 이 이원성을 스스로 통일하려는 시도를 하게 된다.

⑦ 정리 요약

개념	역 할	철학적 의미
힘	감각적 현상과 내적 본질의 매개	대상을 운동적 구조로 인식하는 개념
오성 (지성)	현상들의 내적 관계를 법칙으로 파악	자연의 합리적 구조 인식
현상계	감각적 세계	보이는 것, 힘의 작용이 드러나는 장
초감각적세계	법칙·본질의 세계	보이지 않는 내적 통일성
법칙	두 세계를 매개하는 원리	현상과 본질의 통일, 이성의 질서
한계	이원성 유지	의식과 대상, 현상과 본질이 아직 분리됨

결론적으로, "힘과 오성, 현상계와 초감각적 세계"는 의식이 감각적 사물을 넘어서 그 이면의 보편적 법칙과 내적 구조를 인식하기 시작하는 단계를 가리킨다. 힘은 사물의 내적 운동성이고, 오성(지성)은 그 운동을 법칙으로 파악하는 의식이며, 현상계는 감각적으로 드러나는 힘들의 장이고, 초감각적 세계는 그 현상을 지배하는 법칙적 구조이다. 그러나 이때의 초감각적 세계는 아직 '저편'으로 남아 있는 이원적 사유의 한계를 지니고 있고, 이 한계를 넘어서서 주체와 대상의 동일성, 즉 자기의식으로 넘어가는 것이 『정신현상학』의 다음 단계이다. (챗GPT, 힘과 오성, 2025.10.14.)

2장 대상의식

[평가] 대상의식의 '힘'과 법칙 파악하는 '오성'의 관계

결론적 요약을 보면, "힘은 사물의 내적 운동성이고, 오성(지성)은 그 운동을 법칙으로 파악하는 의식"이다. 이와 같이 "대상이 의식화된 힘과 같은 표면적 의식" 이면에 이것을 법칙으로 파악하려는 '의식'이 존재한다. 그러면 무엇이 본질인가? 대상인가, 아니면 의식 자체인가? 여기에서 '자기의식'이 출현한 후, 또 의식자체 이면에는 또 다시 '정신'이 출현한다. 항상 대상의식 이면에 또 다른 의식자체가 존재한다. 의식이 대상을 흡수하는 것으로 이해하여야 한다. 의식이 대상으로 변하는 것이 아니다.

나. '무조건적인 보편자'의 '출현'과 '부정'에서 출현하는 '개념'

우리는 앞에서 '무조건적 보편자'의 출현을 보았는데, 헤겔은 "그 안에 통합된 갖가지 사상"이라는 용어를 구사한다. 그것은 "여러 개별 법칙과 설명(갖가지 사상)이 더 이상 따로따로 존재하지 않고, 하나의 절대적 보편성(무제약적 보편자) 안에서 통일된 구조로 파악되는 상태", 즉 법칙들의 통일로 나아가게 되는 것을 말한다.

먼저, '무조건적 보편자'는 오성 단계에 처음 출현한다. 무조건적 보편자의 독자존재로의 출현이다. 이때 그 반대의 극에 '비본질체'가 출현하는데, 이 '비본질체'는 어디선가 별도로 오는 게 아니라, 바로 무조건적 보편자의 자기운동 속에서 생겨난다.

이때, 이 '비본질체'과 관계하는 '본질'로서의 '무조건적 보편자'는 그 자체가 사실은 '비본질적(의식과의 관계에서)'이어서 '의식'은 지각이 저지르는 '착각'을 모면할 길이 없다. 그래서 또 다시 '대상으로서의 본질'이 '의식자체' 속으로 부정된다. 그런데, 이렇게 의식자체 속으로 복귀할 때, 이때 '대상의식'은 '개념'으로 발전해 있다.(헤겔 논리에 의하면, 이렇게 '부정'을 당해야 '의식자체' 속으로 들어간다는 생각이 있었던 것 같다.) 그 내용을 헤겔은 다음과 같이 말한다.

① 의식 속에 출현한 '무조건적 보편자'와 속에 통합된 갖가지 사상
감각적 확신의 변증법에서 듣고 보고 한다는 것이 의식에게 덧없는 것이 되었는데, 그 다음 지각의 경험을 거쳐나가는 와중에 무조건적 보편자 속에 통합된 갖가지 사상이 출현하기에 이르렀다.
② 무조건적 보편자의 독자존재 출현 vs 반대극의 비본질체
이 무조건적 보편자 역시 여기서 또한 독자존재라는 한쪽 극에 자리잡은 정지해 있는 단순한 본질로 출현할 수밖에 없고, 여기에 반대극을 이루는 비본질체가 대립하게 된다.
③ 본질이 비본질체에 의해 부정됨
그런데 이처럼 비본질과 관계하는 본질이란 그 자체가 비본질적이어서 의식은 지각이 저지르는 착각을 모면할 길이 없다. 이런 가운데서도 본질은 비본질적인 것에 제약된 독자성을 탈피하여 자체 내로 복귀한다는 데 대해서는 이미 밝혀진 대로이다.
④ 대상적 본질의 의식 내로의 복귀
이제 '의식'의 참다운 대상은 '무조건적 보편자'가 되어 있지만 이것이 의식의 대상이라는 데는 변함이 없고, 의식은 아직 그의 진상을 개념 그 자체로 파악하는 데까지는 이르지 못하고 있다. 의식과 대상은 본질적으로 구별되어 있으니, 즉 의식이 파악하는 대상은 타자와의 관계를 벗어나 자체 내로 복귀해 있으므로 이 운동을 통하여 이미 개념의 단계에 들어서 있다고 하겠다.
⑤ 대상이 의식 속으로 복귀하면서 개념으로 발전
그러나 의식의 경우는 아직도 자기 자신이 개념이라는 것을 자각하지 못하고 있으며, 따라서 자체 내로 복귀해 있는 대상을 앞에 놓고도 거기서 자기를 인지하지 못한다.
⑥ 본질은 어디까지나 대상
방관자인 우리에게는 무조건적인 보편자라는 대상이 생겨난 것은 의식의 운동에 힘입은 것이므로 대상의 생성에는 의식이 개재해 있고, 의식과 대상에서의 자기복귀는 동일한 운동에 지나지 않는다는 것이 분명히

2장 대상의식

드러나 보인다. 그러나 이 운동 속에서 의식은 다만 대상적인 본질만을 내용으로 삼을 뿐 그 자신을 내용으로 하고 있지 않으므로, 무조건적 보편자가 생겨나게 된 결과도 대상적인 의미로 받아들여지면서 의식은 뒷전으로 밀려난 위치에 있다. 여기서 본질로 간주되는 것은 어디까지나 대상적인 것이어야만 하는 것이다.

⑦ 의식자체의 오성에 생겨나 있는 것은 진리의 개념

이로써 지각 다음에 오는 오성은 물론 자기의 그릇됨과 대상의 비진리를 극복하고는 있지만 이때 오성에 생겨나 있는 것은 그 자체로 있는 진리의 개념이다. 이것은 아직 의식의 독자성을 뜻하는 개념의 경지에까지는 다다르지 않은 오성이 자력으로 일구어내지 않으면 안 되는 진리이다. 그런데 의식에게는 진리가 스스로 제 몫을 다하고 있는 듯이 보이므로 의식은 그의 자유로운 실현에 아무런 관여도 하지 않고 다만 이를 바라만 보면서 그대로 받아들일 수 밖에 없다. 즉 방관자인 우리의 위치가 애초에는 의식의 위치이기도 하므로 결과 속에 포함되는 것을 개념으로 전개하여 내보이는 것도 방관자인 우리의 몫이 되는 셈이다. 대상이 전개되어가는 모습이 존재자의 운동으로서 의식에 드러날 때 의식은 이를 추적해감으로써 비로소 개념의 단계에 올라서는 것이다. (헤겔, 『정신현상학』, 169-170)

[평가] '무조건적인 보편자'의 '출현'과 '부정' : '개념'의 출현

'대상' 혹은 '대상의 본질(형성)'이 정신(의식자체) 속으로 들어가서 정신에 의해 재해석되어 '의식적 표상'으로 나타났다고 말하면 될 것 같다. 이것을 헤겔은 위와 같은 '변증법적 방식'으로 파악한 것이다. 후설은 이것을 단순히 "정신의 반성작용"으로 말한다.

다. 독자존재의 대타존재에 의한 내면화와 복귀

오성에 등장한 '독자존재(즉자존재)'로서의 '무조건적 보편자'는 스스로 자기 산출한 '대타존재'로서의 개념에 의해 또 다시 부정을 당해 '의식자체' 속

으로 내면화된다. 그러다가 그곳에서 '무조건적 보편자'의 '개념'이 '힘'을 얻고 다시 복귀한다. 여기에서 힘을 얻는 이유는 '대상'은 물질적 존재일 뿐이다. 그런데, 이것이 '의식자체(정신)' 속으로 내면화되면서 이 양자가 결합을 하며, '대상'은 '힘'을 얻게 되는 것이다. 헤겔은 이렇게 우리 개념의 진행과정을 형이상학적으로 표현하였다. 사실 이러한 모든 이야기는 '개념의 통일' '의식의 통일'을 형이상학적으로 표현한 것이다.

① 추상적 개념으로 등장한 '무조건적 보편자'의 긍정성
지각의 결과로 나타났던 '무조건적 보편자'는 일단은 의식이 자기의 일면적인 개념을 부정하고 추상화하고 방기한 데서 생겨난 부정적이고 추상적인 의미를 지닐 뿐이다. 그러나 이렇게 생겨난 결과가 그 자체로는 긍정적 의미를 지니기도 하는데, 즉 독자존재와 대타존재가 결과 속에서 통일되면서 절대적 대립이 그대로 동일한 본질로 정립된다는 데에 긍정적인 면이 드러난다.
② 독자존재와 대타존재의 대립은 의식의 통일에 그 진의가 있음
언뜻 보기에 이런 결과는 대립적인 요소 사이의 형식에만 관련되는 듯이 보이지만 독자존재나 대타존재는 내용 그 자체이기도 하다. 왜냐하면 참다운 의미의 대립이라는 것은 지각에서 참이라고 여겨졌던 내용이 실은 형식적인 데 지나지 않고 이런 바탕 위에서 내용과 형식이 통일을 이루는 데에 그 진의가 담겨 있기 때문이다.
③ 독자존재(대상)와 대타존재(산출)의 통일이 보편자
이 내용은 동시에 보편적인 것이기도 하므로 그것 이외에 내용은 없으며, 특수한 성질로 인하여 무조건적인 보편성으로 복귀할 수 없는 것은 내용이라고 할 수가 없다. 만약 그러한 내용이라면 어떤 방식으로든 독자적이기도 하고 대타적이기도 한 관계를 지닐 수도 있겠지만, 이와 같이 독자적이기도 하고 대타적이기도 한 관계를 지닐 수도 있겠지만, 이와 같이 독자적이면서 대타적이기도 한 것이 내용의 본성이나 본질을 이룬다는 것이 지각의 운동이 나타내는 것으로서, 여기에서 무조건적 보

편자야 말로 진리라고 하는 결과가 생겨난다. 이러한 결과가 바로 내용과 형식 모두에 걸쳐있는 보편자로서 나타나고 있는 것이다.
④ 독자존재의 부정당함과 복귀
그러나 이러한 무조건적 보편자는 의식의 대상으로 나타나는 것이므로 거기에는 형식과 내용의 차이도 드러나게 마련이다. 내용면에서 보면 대립되는 두 요소는 최초에 드러났던 구별을 그대로 간직한 채 한편으로는 존립하는 많은 물질을 함께 어울리도록 하는 공통의 매체인 동시에 다른 한편으로는 물질의 자립성을 해소하여 자체 내로 복귀한 일자존재이기도 하다. 전자는 사물로서의 자립성을 상실한 수동적인 대타존재인데 반하여 후자는 독자존재이다. (헤겔, 『정신현상학』, 171)

라. 오성에 의해 '의식'에 주어지는 '힘'
'독자존재'와 '대타존재'가 서로 지양하며, 또한 상호이행을 한다. 이 두 존재는 공통매체라는 오성의 공간 위에 존재한다. '오성'은 마음이므로 '힘'을 소유한다. 이제는 이 의식들에 '힘'이 작용을 하여, 밖으로 발현하기도 하고, 떠 밀려가서 본래적인 힘으로 응집되기도 한다. '오성'이라는 장에서 개념 속에 힘이 부여된 것이다.

① 독자존재와 대타존재의 지양과 상호이행
이제 이 두 요소가 그의 본질을 이루는 무조건적 보편성 속에서 어떻게 니디니는가를 살펴봐야민 하겠다. 민저 분명한 깃은 '무조건직 보편싱'으로 뒷받침되어 있는 이 두 요소는 더 이상 서로 분리된 채로 병존해 있는 것이 아니라 본질적으로 양자가 서로를 지양하는 가운데 상대방에게로 상호이행하며 존재하고 있을 뿐이라는 것이다.
② 공통된 매체
그리하여 한쪽 편에 있는 것은 여러 개의 독립적인 물질을 병존하도록 하는 공통된 매체의 모습을 띤다. 그런데 여러 개의 물질이 독립적으로 존재한다는 것은 이들 물질이 매체 역할을 한다는 것이다. 바꾸어 말하

면 공통의 매체라는 것은 각기 상이한 여러 개의 보편적인 성질이 거기에 병존해 있는 것을 말한다. 즉 공통적이라는 것과 여러 개의 성질을 안고 있다는 것은 불가분의 통일을 이루면서 여러 개의 물질이 동일한 공간 내에 공존하며 상호침투 되어 있다.9)…

③ 물질(대상, 본질)의 운동 : '힘의 발현'과 '떠밀려간 힘(본래적인 힘)'
이때 독립해 있는 물질이 밖을 향하여 존재를 드러내는 운동이 '힘의 발현'이고, 밖으로의 전개를 멈추고 발현된 상태로부터 자체 내로 복귀하는 운동이 '떠밀려간 힘(독자적인 보편자가 사물 내의 하나에 속하게 되었기 때문)' 또는 '본래적인 힘(이것이 사물의 본성이 됨)'이다. 그러나 첫째, 자체 내로 떠밀려 들어간 힘은 발현되어야만 하고, 발현된 힘은 자기 내면에서 힘을 잃어버리는 것이 아니라 내면에 응집되어 다시금 밖으로 발현된다.

④ '힘의 개념'을 소유하는 '오성'
힘의 두 요소가 이렇듯 빈틈없이 통일되어 있는 마당에 이들 두 요소를 서로 구별된 것으로 받아들이는 개념의 작용은 힘의 개념을 소유하는 오성의 몫이라고 해야만 한다. 왜냐하면 대상에게는 힘의 발현과 본래의 힘이라는 구별이 있을 수 없으며, 구별은 오직 사유 속에 깃들어 있을 수 밖에 없기 때문이다. …사실 힘이라는 것은 무조건적 보편자이므로 자기(사물이라는 독자존재) 곁에 타자(성질이라는 독자존재)에 대한 존재도 역시 내포하고 있다.

⑤ '두 요소'를 받치고 있는 힘의 전체로서의 '오성'
…우선 첫째로 힘의 전체가 본질적으로 완전무결한 부동의 존재로서 정

---

9) 이 매체는 감각적 사물처럼 '어딘가에 존재하는 물질'이 아니다. 그것은 존재론적 실체라기보다 관계의 장, 즉 운동의 매개 공간이다. 헤겔은 이 매체를 "통일의 장(Das Feld der Einheit)", "동일성이 유지되는 장소", 또는 "힘들의 상호침투 속에서 지속되는 근원적 매질"로 설명한다. 예를 들어보면: 두 개의 자석(힘)이 서로 당길 때, 그 두 극이 작용하는 "자기장(magnetic field)"이 바로 그 공통된 매체이다. 힘은 그 장 안에서만 현실로 작용한다. 철학적으로 말하면, "공통된 매체"는 '힘'의 내적 본질과 외적 현현이 서로를 반사하고 동일성을 유지하는 매개적 통일체이다. (챗GPT, 공통매체, 2025.10.14.)

2장 대상의식

립되고, 그 다음에 상이한 두 요소가 저마다 실체를 지닌 독자존재로 나타나야만 한다. 이때 자체 내로 떠밀려 들어간 본래의 힘이 배타적인 일자로서 한쪽 편에 있고 다른 한쪽에 물질의 전개를 수반하는 또 하나의 독립적인 요소가 있는데, 이들 두 요소는 별개의 것으로 자리잡고 있다. (헤겔, 『정신현상학』, 172-173)

[평가1] '힘의 전체'로서의 오성

위의 본문에서 어느 정도 한계는 있지만, 본질을 함유한 즉자존재(독자존재)"와 "성질을 함유한 대타존재(현상적 측면)"라고 말해질 수도 된다. 이때 오성이 '공통매체' 그 자체는 아니지만, "공통매체를 파악하고 형성하는 의식의 능력"이다. 따라서 오성의 바탕 위에 두 존재가 있다. 그래서, "힘의 전체는 오성"이다. 그렇다면, 오성이라는 의식자체 혹은 정신 위에 지금 본질을 대변하는 대상의식과 이에서 파생된 대타존재의 의식이 함께 떠 있는 것이다. 정신이라는 주체가 그 기반으로 든든히 서 있는 것이다. 정신과 의식의 이분법으로 파악하는 것이 타당하다.

[평가2] "대상이 얻는 힘"에 대한 평가

대상이 우리의 의식 속으로 들어가면서 무체물이던 대상이 의식과 결합을 하며 힘을 얻어간다. 이것은 긍정적일 수 있다. 다만 정신 혹은 의식 자체 속으로 들어가면서, "의식에 힘을 더해 주고, 그 대상도 사후적으로 힘을 얻는다"고 표현하면 매우 좋을 듯하다. 그래서 대상이 정신을 초월하는 일은 존재하지 말아야 한다. 그런데 헤겔에게서는 이에 대한 '역전현상'이 일어나고, "본질을 대상이다"고 하기 때문에 문제가 발생하는 것이다.

마. 힘의 유희 : '초감성적 보편자' 포착

이제 우리의 '의식'으로서의 '오성(지성)'은 이 '힘의 자기 전개 및 작용'을 통해 '사물의 배후, 곧 내면'을 짐작한다. 이때 헤겔은 이러한 '힘의 유희, 힘의 부정적 운동을 현상'이라고 말한다. 헤겔에 의하면, 이 현상은 '본질적 현상'으로서, 오성은 이 현상에 의해서 '의식, 혹은 지성'은 '감성을 초월해서 변함없이 존재하는 초감성적 보편자'를 포착한다는 것이다. 오성은 대상을 통해서 사물의 내면을 파악하는 것이다. 그 내용들은 다음과 같다.

① 두 힘의 유희에 의해 나타나는 진정한 사물의 배후
이제 사물의 참다운 본질은 다음과 같이 규정되기에 이르렀으니, 즉 그것은 의식에 직접 나타나는 것이 아니라, 의식은 사물의 내면과 간접적으로 관계하며 오성을 작용시키는 가운데 두 힘의 유희가 벌어지는 한복판을 관통하여 겉으로 드러나지 않은 사물의 진정한 배후를 투시해야만 하는 것이다. 오성과 내면이라는 양극을 연결하는 매개적 중심은 힘이 전개되어가는 장이지만 이는 오성에서는 소멸되어버리므로(현상만 의식 속에 들어오기 때문) 이런 의미에서 그것은 현상이라고 불린다. …(헤겔, 『정신현상학』, 180)

② 오성 앞에 모습을 드러내는 초감각적 진리의 세계(물 자체)
이렇듯 보편(성질들)과 개별(사물 일자)의 대립을 말끔히 벗어난 절대적 보편자가 사물의 내면적 진리로서 오성 앞에 모습을 드러낼 때 여기에 비로소 감각적 현상계를 넘어서는 하나의 초감각적 진리의 세계, 즉 덧없이 사라져가는 차안의 세계를 넘어선 항구적인 피안의 세계가 개시된다. 이것이 물 자체의 세계라고 일컬어지는 것이지만, 갓 드러났을 뿐인 지금 단계에서는 그것이 겨우 불안정한 이성의 모습을 한, 진리의 골격만을 나타내는 순수한 장으로 정립되어 있을 뿐이다.

③ 대상의 양극 : 사물의 내면 – 대상 – 오성
여기서 우리의 대상은 사물의 내면과 오성을 양극으로 하고 중간에 현상계를 자리잡게 하는 삼단계적 추리형식을 띤 것이 된다. 이 삼단계적 운동이야말로 오성이 중심부를 관통하는 그 내면에서 과연 무엇을 투시하고 또 중심부와 내면의 연결관계를 어떠한 것으로서 경험하는가를 소상히 밝혀줄 것이다. (헤겔, 『정신현상학』, 181)

2장 대상의식

바. 법칙을 발견하는 오성

위의 삼단계적 추리형식에서 오성이 현상계를 통하여 사물의 내면의 세계를 바라보는데, 그 세계가 곧 힘의 법칙의 세계이다. 이것은 지각이 바라본 사물이 아니라, 오성이 사물 내에서 운동하는 힘의 운동을 통하여 그 사물의 보편자를 바라보았을 때 나타난다.

헤겔에 의하면, 우리의 '오성'은 '현상계'를 바라보며, 그 이면에 사물의 '내면세계'로서의 '보편자'의 세계를 바라본다. 이 '현상계'는 '내면세계'를 보여주기 때문이다. 우리의 '오성'이 바라본 '현상계'는 어떠한가? 이곳은 '힘의 유희'의 장이다. '성질들'이라는 보편자들과 '일자'라는 보편자의 대립관계로 인하여서 끝없는 부정과 운동이 발생한다. 헤겔에 의하면, 내면의 세계가 이러하다는 것이다. 내면세계는 단지 보편자로 서 있는데, 그 보편자는 오로지 변전을 본질로 하고, 변전의 결과로서 생겨나며, 변전의 진리가 내면화하여 있다. '자기동일적인 구별'로서 내면세계에 수용되어 있는데, 그 안에 있는 보편자 속에 있는 부정이나 매개의 힘이 작용하면서 보편적인 구별이 생겨난다고 한다. 이러한 구별은 변화무쌍한 현상의 안정된 상(像)으로서 법칙 속에 표현된다. 헤겔은 이렇게 하여서 법칙의 본질을 부단한 변화로 표현하고 있는 것이다.

① 피안계로 통하는 매개체가 현상계

사물의 내면이나 초감각적인 피안은 일정한 경로를 거쳐 현상계에서 유래된 것이므로, 여기서는 현상계가 피안계로 통하는 매개체가 된다. 이렇게 본다면 현상계야말로 내면이나 피안의 본질로서 사실상 내면이나 피안을 충만케 하는 것이다. 즉 초감각적인 것이 감각이나 지각에서 오는 것이라고 한다면 감각적이거나 지각된 것의 진상은 초감각적인 것이 현상화한 데 있다고 해야만 하겠다. 하지만 감각되거나 지각된 것의 정체는 현상계의 존재라고 하겠으니, 그렇다면 초감각적인 세계가 곧 현상계라는 것이 된다. 하지만 그렇다고 해서 직접적인 감각적 확신이나 지각에 비쳐진 대로의 감각적인 세계가 그대로 초감각적인 세계라고 생각한다면 이는 잘못된 생각이다. 왜냐하면 현상계란 감각적인 지식이나 지각의 대상으로서 주어져 있는 세계가 아니라 어디까지나 그러한 세계가 극복되어 내면세계로서 정립된 것이기 때문이다. …

② 두 힘 사이의 유희
오성에게 직접 눈에 띄는 것은 힘의 유희이지만 그것이 추구하는 진리는 단순한 내면세계에 있다. 그러므로 힘의 운동도 단순화되어서 비로소 진리는 단순한 내면세계에 있다. 그러므로 힘의 운동도 단순화되어서 비로소 진리가 된다. 그러나 이미 보았듯이 두 힘 사이의 유희는 상대방으로부터 유발되어 힘을 발현하면서 동시에 자기도 상대방을 유발함으로써 유발했던 상대방이 이번에는 유발하는 힘이 되게 하는 관계로 나타난다. …(헤겔, 『정신현상학』, 184)

③ 힘의 법칙
이렇듯 힘의 유발에 따른 양쪽의 관계와 상호대립하는 일정한 내용의 관계라는 두 측면은 저마다 서로가 절대적 전도와 혼동을 야기한다. 그러나 이 쌍방의 관계는 그 자체가 다시금 동일한 운동의 양면을 이룰 뿐이어서, 유발되는 것과 유발하는 것의 형식상의 구별은 그대로 내용상의 구별과 겹쳐지면서 유발되는 쪽이 수동적인 매체가 되고 유발하는 쪽은 활동적이며 부정적인 통일 또는 일자가 되어 있다. 이로써 힘의 운동 속에 존재하는 갖가지 특수한 힘의 차이는 전적으로 소멸된다. … 힘의 차이도 하나로 합쳐져 버린다. … 오직 무한한 변전을 거듭하는 운동 속에는 온갖 대립을 하나로 집약한 보편자로서의 구별밖에는 없다. 바로 이 보편자로서의 구별이야말로 힘의 유희의 내면에 있는 단순한 진리로서 이것이 곧 '힘의 법칙'이다. (헤겔, 『정신현상학』, 184-185)

④ 변전을 본질로 하는 보편자
무한히 변전하는 현상계는 단순한 내면세계나 오성과 관계하는 가운데 보편성을 지닌 단순한 구별로 귀착된다. 내면세계는 단지 보편자로 서 있을 뿐이고 거기에 있는 단순한 보편자가 그의 본질상 일반적인 구별을 절대적으로 나타내준다. 왜냐하면 보편자는 오로지 변전을 본질로 하

고 변전의 결과로서 생겨나는 것이며, 변전의 진리가 내면화하여 보편적일 수밖에 없는 안정되고 자기 동일적인 부동의 구별로서 내면세계에 수용되는 것이기 때문이다. 다시 말하면 이제 부정의 힘이 보편자의 본질적인 요소가 되어 있으니, 보편자 속에 부정이나 매개의 힘이 작용하면서 보편적인 구별이 생겨나는 것이다.

그런데 이러한 구별은 변화무쌍한 현상의 안정된 상(像)으로서 법칙 속에 표현된다. 따라서 초감각적인 세계는 평온한 법칙의 왕국으로서 비록 부단한 변화를 통하여 법칙을 표현하는 지각세계의 피안에 자리 잡고 있기는 하지만, 지각의 세계를 터전으로 하여 이 지각세계를 직접 모사한 안정된 상을 이루게 된다. (헤겔, 『정신현상학』, 186)

사. 오성의 운동 : '법칙'으로서의 '설명'

만일 '의식으로서의 오성'이 이러한 '대상의 내면의 세계인 법칙'을 바라보고, 단순하게 나타난 일자(일개의 사물)에게서 나타난 단순한 '힘'에 대해서 구체적인 '구별'을 통하여 '설명'을 한다고 하면, 이것은 '오성'이 수행하는 '운동'이며, 이로 인하여 이제 '오성' 안에는 이 '법칙'이 존재하게 된 것이다. 사실 의식은 무엇에 대한 의식으로서 의식은 대상에 의해서 채워지는 존재이다. 이제 오성의 운동인 '설명'을 통하여 의식의 내용물은 이제 법칙이 된 것이다.

진기의 경우 보편자로서의 힘은 법칙에서 나타나는 음양상의 양분과는 무관한 것이고, 운동의 경우는 법칙을 구성하는 두 요소가 서로 무관한 상태에 있다. 그러나 오성에는 구별된 것을 개념으로 파악하려는 자세가 갖추어져 있으니, 이에 따르면 법칙은 한편으로는 분열이 없는 내면적인 것 자체이면서 동시에 자체 내에 구별되는 요소도 지니는 것이 된다. 이 구별을 내적인 구별이라고 하는 것은 법칙이 단일한 힘이라는 법칙의 개념으로서 존재하는 가운데 여기에 개념상의 구별이 생겨나 있다는 것을 뜻한다.··· 이러한 운동이 '설명'이라고 불리는 것이다. (p헤겔, 『정

신현상학』, 191-192)

아. 오성의 운동에 의한 '2차 법칙'의 출현

칸트와 헤겔에 대한 이해에 있어서 가장 민감한 부분에 이르렀다. 칸트는 일찍이 우리 인간의 이성을 '법칙 제정자'로 바라볼 필요성이 있다고 그의 순수이성비판에서 제안하였다. 칸트는 우리의 범주 안에서 '법칙이해의 틀'을 발견하고 이것을 말하였던 것이다.

헤겔은 이 영향을 크게 받았으며, 이것을 그의 논리에서 고스란히 수용하였으며, 여기에서는 이것을 말하고 있는 것이다. 헤겔은 아무런 자신의 논리나 단서나 이유에 대한 해명도 없이 "'오성의 운동'으로서의 '설명'은 '한정적 법칙과 일반적 법칙의 진원지인 내면세계'에 진입하여 이 최초의 법칙에 대해서 그 '정반대의 변전'을 일으켜서, 최초의 법칙과 2차 법칙간의 무한한 대립(무한성)을 일으키며, 법칙에 생동감을 불러일으킨다"고 말한다. 한편, 이것은 분명히 구별이고 대립이지만 동일한 하나의 법칙 내에서 일어나는 통일된 운동일 뿐이다. 헤겔은 먼저 '설명'이라는 오성의 운동을 단순히 '힘에 대한 묘사라고 보면 안 된다'고 말한다. 성질과 힘은 법칙과 다르다. 법칙은 변화이다. 이에 대한 헤겔의 말들을 인용해 보면 다음과 같다.

① '법칙'으로서의 '힘'

힘은 법칙과 전혀 다름없는 성질을 지닌다.… 그렇다면 힘과 법칙은 완전히 동일한 성질을 갖는 것이 되고 양자 사이에는 아무런 구별도 없는 것이 된다.… 이러한 동어반복의 운동에서 드러나듯이 오성은 대상이 평온한 통일을 유지한다는 생각에 집착하므로 운동은 단지 오성적인 사유 자체 내에서만 맴돌고 있을 뿐 대상 속에서 행해지지는 않는다. 설명하는 것이 그의 운동이라고 하지만, 그것은 아무런 설명도 하지 않을 뿐 아니라… 이 운동을 통하여 사태 그 자체에는 새로이 생겨나는 것이라곤 아무것도 없고 운동은 오직 오성의 운동으로 그치고 만다. (헤겔, 『정신현상학』, 192)

② 절대적 변전

그런데 우리가 이 오성적인 사유의 운동 속에서 인식하는 것이 있다면 그것은 법칙 아래에서는 놓쳐버렸던 바로 그 절대적 변전이라고 하겠으니, 곰곰이 따져보면 이 운동은 그대로 자신의 정반대가 될 뿐이다.… 이 변전과 교체는 힘의 유희로 나타났던 변전과 전혀 다름없는 변전이다.… 이제 설명이라는 운동의 변전으로 돌아 가보면 일찍이 현상계에서만 행해졌던 변화·변전이 내면화된 초감각적인 세계로 침투한 셈이지만, 우리의 의식은 이 대상으로서의 내면세계를 빠져나와 반대편에 있는 오성 속으로 이동하여 거기서 변전하는 모습을 보게 되는 것이다. (p 헤겔, 『정신현상학』, 192-193)

③ 제2의 법칙

… 이는 제2의 법칙이라고도 할 수 있으니 구별된 것이 변함없이 동일한 위치에 머무르는 이전의 법칙과 정반대되는 법칙이다. (헤겔, 『정신현상학』, 195)

④ 최초의 법칙과 전도된 법칙

… 결국 최초의 법칙의 왕국에는 변전과 변화의 원리가 결여되어 있었지만 전도된 세계에는 그 원리가 작용하고 있는 것이다. 따라서 전도된 세계의 법칙에 따르면 첫 번째 세계에서 동질적인 것은 자기와 이질적인 것이고, 비동일적인 것은 곧 비동일적인 것에 대한 비동일적인 것이 됨으로써 자기 동일화가 이루어진다. (헤겔, 『정신현상학』, 195)

… 그리하여 선노된 초감각적 세계는 동시에 또 하나의 세계로 덮씌워지면서 그 또 하나의 세계를 내 것으로 삼게 된다. 전도된 세계는 이제 자기에 대해서 전도된, 자기 자신과 반대되는 세계가 되면서 마침내 전도된 세계와 본래대로의 세계를 하나로 합쳐놓은 세계가 된다. 이럼으로써 비로소 세계의 구별은 내적인 구별이며 자기 자신으로서의 구별, 즉 무한성을 드러내는 것이다. (헤겔, 『정신현상학』, 199)

헤겔의 말을 요약해보면, 즉자존재로서의 최초의 세계의 법칙이 존재한 상태에서 오성이 대자존재적 형식으로서 이것을 알아보고, 이제 오성이 힘을 가하여 대타존재로서의 전도된 세계의 법칙이 출현한다. 그리고 이 양자의 세계(즉자존재와 대타존재)가 대립을 이루면서 무한하게 발전하여 나아간다. 이것이 진정한 법칙이다. 헤겔에 의하면 만유인력의 법칙도 (우리)정신의 산물이다. 헤겔은 이러한 정신의 본질에 대한 개념을 가지고, 그 이후의 모든 논리인 이성에 대하여 절대지에 대한 그의 사상들을 전개한다.

자. 자기의식으로의 이행

헤겔은 "초감각적 세계와 전도된 세계의 무한한 대립으로서의 무한성"이 "운동 그 자체로서의 의식의 대상이 될 때, 의식은 '자기의식'이 된다"(헤겔, 『정신현상학』, 202)고 말하는데, 이때, "순수한 내면세계와 내면적 사유로서의 양극의 합일이 이루어진다"고 말한다. 한편, 이러한 양극의 합일에 대해서 어떤 다른 근거를 제시하는 것은 아니다. 헤겔은 다음과 같이 말한다.

> 지각의 단계를 넘어서 있는 오성적 의식은 이제 현상을 매개로 하여 바로 이 현상의 배후를 투시할 수 있게끔 초감각적인 세계와 연결되기에 이르렀다. 여기서 마침내 순수한 내면세계와 이 순수한 내면세계를 투시하는 내면적 사유로서의 양극이 합일되면서 양극이 극으로서의 실상을 잃게 되는 동시에 양극과는 또 다른 중간항도 소멸되어 버린다. 내면세계에 씌워져 어떤 장막이 걷히면서 내면적 사유가 내면세계를 투시할 수 있는 경지가 마련되었다. 구별되지 않는 동질의 것이 자기에게 반발하는 데서 서로 구별되는 두 개의 내면이 정립되고 여기에 보는 쪽과 보여지는 쪽과의 관계가 조성되지만, 이 양자가 구별되지 않는다는 것도 분명히 자각되기에 이르렀으니, 이것이 바로 자기의식이다. (헤겔, 『정신현상학』, 204-205)

이제 헤겔에게는 위의 "'대상의 내면세계'와 통합된 '자기의식'"이 출현하게 된 것이다. 헤겔에 의하면, 이제 의식과 대상이 일치한다는 것이 발견되었

2장 대상의식

다. 심지어는 의식에 의해서 최초의 법칙의 발전에 속하는 제2의 법칙이 산출되기까지 한다. 그리고 더 나아가서 이 의식과 대상의 법칙은 대립 같지만 본질적으로는 통일 되어 있다. 따라서 이제 의식과 법칙으로서의 진리는 분리된 것으로 생각할 필요도 없다. 이제 의식의 자기 확신이 진리자체가 된 것이다. 이것을 헤겔은 "자기의식"[10]이라고 한다. 이 내용을 헤겔은 다음과 같이 말한다.

> 지금까지 의식이 확신한 바에 따르면 대상이 되는 진리는 의식과는 다른 어떤 것이었다. 그러나 진리를 경험하는 가운데서 이러한 진리의 개념은 사라져간다. 감각적 확신이 획득하는 직접적인 존재나, 지각이 알아내는 구체적인 사물, 그리고 오성이 파악해내는 힘은 대상 그 자체인 것으로 받아들여졌지만, 사실은 그렇게 있는 것이 아니고 그 자체로 즉 자적으로 있다는 것도 어디까지나 그것을 파악하는 타자, 즉 의식이 있음으로 해서 비로소 그렇게 있는 것이다. 그 자체로서의 대상이라는 개념이 현실의 대상에게는 무의미한 것이 되고, 대상이 경험 속에 본래대로 나타나서 의식이 그것을 확신한다는 그런 파악양식은 더 이상 의식이 경험하는 진실을 담아낼 수 없다.
> 그 대신에 등장하는 것이 지금까지는 성립된 일이 없는, 확신과 진리가 일치한 사태이다. 확신 그 자체가 바로 이 확신하는 의식의 대상이 되고 의식 그 자체가 의식에게 그대로 진리가 되는 것이다.…(헤겔, 『정신현상학』, 209)

차. "오성의 변증법"의 요약

오성의 변증법을 요약하면 다음과 같다: "지각에서 의식은 사물(본질)과 속성의 모순을 경험한다. 이 모순은 오성 단계에서 '힘'이라는 내적 본질(즉 자존재)로 전환된다. 이 힘은 자기부정을 통해 바깥으로 드러나며, 그 외화

---

[10] 헤겔의 "자기의식"은 "자기가 의식이며 진리라는 자기 확신의 의식"을 의미하는데, 이제 자기가 진리의 모든 것이며, 진리는 자기 밖에 존재하지 않는다.

가 '현상'(대타존재)이다. 그러나 현상은 다시 힘으로 복귀하여 '힘의 전체'를 형성한다. 이 힘의 운동의 동일성이 '법칙'이며, 의식은 이 법칙의 보편성을 자기 안에서 확인함으로써 '자기의식'으로 이행한다."(필자, 챗GPT 참조)

3장 자기의식 : 자기 확신의 진리

1. 자기의식

가. "자기의식 출현과정"에 대한 개략적 이해

우리는 헤겔의 자기의식을 먼저 개략적으로 이해하고 본문을 접할 필요가 있다. "즉자존재-대타존재-대자존재"의 출현과정을 통해 대자존재로서의 '자기의식'이 탄생하는 것이다. 다음의 '자기의식 출현과정'의 전반적인 요약이다.

> 오성의 단계를 거침으로 이제 '진리'로서의 '대상'이 내 안에 '의식'으로 들어왔다. 이것을 우리는 '대상의식'이라고 부른다. 이 행위를 한 주체는 '의식 그 자체(필자: 의식본체)'[11]인데, 헤겔이 '의식본체'라는 용어를 사용하는 것은 아니지만, '의식 본체'와 '의식'은 구별하여 이해될 필요가 있다.
> 우리 안에 있는 이 '의식본체'는 이제 '대상의식'을 '즉자존재'로 보며, 이에 대한 반성으로서 '대타존재'를 내 의식 속에 출현을 시킨다.
> 그리고 이렇게 출현한 '대타존재'가 '즉자존재'로서의 '대상의식'을 부정하자, 그 '대상의식'은 부정을 당하는데, 이때 그 '대상의식' 속의 '본질'인 '대상'이 '의식본체' 속으로 내면화된다. 이것을 '즉자적 자기'라고 부른다.
> 이렇게 내면에 형성된 '즉자적 자기(an sich Selbst)'가, 의식 속의 '대타존재(für anderes Sein, 즉 외부로 나타난 자기의 타자적 국면'를 부정함으로써, '자기 자신'을 '대자적 자기(für sich Selbst)'로 세우는 과

---

[11] 헤겔은 '의식의 본체'라는 말을 직접적으로 쓰진 않지만, "의식의 진리(die Wahrheit des Bewusstseins)"나 "의식의 즉자적 실체(das an sich des Bewusstseins)"라는 개념으로 그와 동등한 사유를 전개한다.(챗GPT) 한편, "의식 그 자체"라는 표현은 사용하는데, 이것이 '의식의 본체'와 유사하다. 필자는 이해의 편의를 위해서 '의식본체'라는 용어를 사용하고자 한다. 이하 동일하다. (필자)

정이 곧 자기의식의 탄생이다. 이것이 '자기 의식'이다. '대상'이 '의식본체' 속으로 들어온 것이다. 그리고 그 다음에 '자기의식'이 펼치는 '의식적 운동'이 '생명과 욕망'이다. (필자)

위의 내용은 "자기의식의 출현과정"이다. 그러면서 동시에 "자기의식에 대한 개념정의"가 되는 것이다. 우리는 '자기의식'을 먼저 개략적으로 이해하고, 헤겔의 본문을 접할 필요가 있다.

나. 자기의식의 출현

오성의 단계를 거침으로 이제 진리로서의 '대상'이 내 안에 '의식'으로 들어온 것이다. 이제 내 안에 '대상의식'이 형성된 것이다. 외부로부터 대상(진리)이 의식 속으로 들어온 것이다. 그러면 이것은 "확신(내 의식)과 진리(대상)가 일치한 사태"로 발전한다. 곧 "확신 그 자체가 바로 이 확신하는 의식의 대상이 되고, 의식 그 자체가 의식에게 그대로 진리가 되는 것"이다. 이것이 이루어진 의식의 상태를 '자기의식'이라고 한다. 이것이 '자기의식'의 출현 문장이다. 지금 여기에는 앞에서 언급한 "자기의식의 출현 과정"은 생략되어 있다. 헤겔은 이것을 다음과 같이 말한다.

① 외부로부터 의식 속으로 들어온 대상(진리)

지금까지 의식이 확신한 바에 따르면 대상이 되는 진리는 의식과는 다른 어떤 것이었다. 그러나 진리를 경험하는 가운데서 이러한 진리의 개념은 사라져간다. 감각적 확신이 획득하는 직접적인 존재나 지각이 알아내는 구체적인 사물 그리고 오성이 파악해내는 힘은 대상 그 자체인 것으로 받아들여졌지만, 사실은 그렇게 있는 것은 아니고 그 자체로, 즉자적으로 있다는 것도 어디까지나 그것을 파악하는 타자, 즉 의식이 있음으로 해서 비로소 그렇게 있는 것이다. 그 자체로서의 대상이라는 개념이 현실의 대상에게는 무의미한 것이 되고, 대상이 경험 속에 본래대로 나타나서 의식이 그것을 확신한다는 그런 파악양식은 더 이상 의식이

3장 자기의식: 자기 확신의 진리

경험하는 진실을 담아낼 수 없게 된다.

② 주관적 확신과 대상적 진리가 일치한 사태

그 대신에 등장하는 것이 지금까지는 성립된 일이 없는, "확신과 진리가 일치한 사태"이다. "확신 그 자체가 바로 이 확신하는 의식의 대상이 되고, 의식 그 자체가 의식에게 그대로 진리가 되는 것"이다. 물론 의식 속에는 의식 이외의 것도 안겨 있어서 의식은 구별활동을 하지만, 이 구별은 동시에 의식에게 구별이라고는 할 수 없는 그러한 구별이다.(헤겔, 『정신현상학』, 209)

[보충] 자기의식 출현 : "확신과 진리가 일치한 사태"에 대한 이해

헤겔은 "확신과 진리가 일치한 사태"라고 말하며, 그것은 부연하여 "(a)확신 그 자체가 바로 이 확신하는 의식의 대상이 되고, (b)의식 그 자체가 (c) 의식에게 그대로 진리가 되는 것"이라고 말한다. 이 본문이 '자기의식의 출현'을 말하는 본문이다. "의식이 더 이상 외적 대상을 진리로 보지 않고, 자기 자신의 확신(자기의식) 그 자체를 진리로 삼는 상태"를 말한다. 즉, "자기 자신이 자기의 진리인 존재양식", 그것이 바로 '자기의식'이다. 이에 대한 일반적 정리(챗GPT+필자)는 다음과 같다.

① 우선 전체 문장을 다시 구조화하면

(a) "확신 그 자체가 바로 이 확신하는 의식의 대상이 되고" (b) "의식 그 자체가 (c) 의식에게 그대로 진리가 되는 것", 이 선체는 "확신과 진리가 일치한 사태", 즉 자기의식의 성립 순간을 서술한 것이다. 여기서 '의식'이라는 단어가 두 번(혹은 세 번) 등장하지만, 그 각각이 가리키는 층위가 다르다.

② 대상의식, '즉자존재'의 출현

(a) "확신 그 자체가 대상이 된다." 즉, 더 이상 '외적 사물'이 대상이 아니라, '내 확신', '나의 의식 상태'가 대상이 된다. '의식 그 자체'가 자기 안에 있는 의식을 바라보는 단계로 들어간 것을 말한다.

③ 대상의식의 잔여로서의 '대타존재'

이때 위의 본문에는 생략되어 있지만, 대상의식의 잔여로서의 '대타존재'가 출현한다. 그리고 이 '대타존재'가 '즉자존재'를 부정하자, 대상의식이 부정을 당하며, 그 대상의식의 본질인 대상이 의식본체 속으로 내면화된다. 위의 본문에는 이 내용이 생략되어 있다.

④ '의식 그 자체' = '대상이 내면화된 의식본체(즉자적 자기)'[12]

(b) '의식 그 자체'는 단순히 "나의 심리적 의식"이 아니라, "대상의식의 대상(본질)이 내면화되어, 이제 의식의 본체 속에서 자기의 내용으로 된 의식"을 말한다. 즉, '대상의식' 단계에서 진리로 여겨졌던 대상이 내 의식의 본체 속으로 들어와 즉자적 자기(an sich Selbst)가 된 상태를 말한다. "'의식 그 자체'는 대상이 내면화되어, 진리가 외부에서 내부로 옮겨온 상태의 의식본체", 곧 '즉자적 자기'를 말한다. 그래서 (b)의 '의식 그 자체'는 '대상의식'을 초월한, 의식본체로 전환된 의식이다.

⑤ (c) "의식에게 그대로 진리가 된다" = '대타존재의 부정'

"의식에게 그대로 진리가 된다"는 말은, 그 내면화된 '의식 그 자체'(즉자적 자기)가 더 이상 외부의 대타존재(für anderes)에 의해 매개되지 않고, 자기 자신 안에서 스스로 진리로 확립되는 것을 뜻한다. 그 말은 곧 의식 속에서 남아 있던 대타존재, 즉 타자적 측면, 대상의식의 잔여가 부정되는 순간을 을 가리킨다. 이 부정(negatio)은 단순한 소멸이 아니라 지양(Aufhebung)이다. 즉, 대타존재의 타자성이 폐기되지만, 그 내용은 의식의 본체 속에 통합되어 자기의식으로 승화된다.(챗GPT+필자, 확신과 진리가 일치한 사태, 2025.10.18.)

---

[12] 여기에서 필자가 사용한 "의식의 본체"는 헤겔의 "의식 그 자체"를 이해를 돕기 위해서 변형시킨 것이다. 헤겔은 "의식의 본체"라는 말을 직접적으로 쓰진 않는다. 다만, "의식의 진리(die Wahrheit des Bewusstseins)"나 "의식의 즉자적 실체(das an sich des Bewusstseins)"라는 개념으로 그와 동등한 사유를 전개한다.(챗GPT) 한편, 헤겔은 "의식 그 자체"라는 표현을 사용하는데, 이것을 필자는 지금 이해를 돕기 위해 "의식의 본체"로 변형시켜서 사용하였다. 이하 동일하다. (필자)

다. [비판] '자기의식 출현과정'에서 나타난 헤겔철학의 문제점

헤겔의 자기의식 출현과정에서 명백히 나타나는 것은 '의식본체'의 선재이다. 헤겔은 이것을 은연중에 말하고 있지만, 그의 일원론적 변증법의 전개를 위해 항상 생략 혹은 부정한다. 그의 '대상의식'의 생성과정에서, '대상의 의식본체로의 내면화' 과정에서, '대타존재'의 부정 과정에서 '의식본체'가 상정되지 않으면, 그의 철학은 "오류로 인한 난해" 속에 빠져버린다.

① '의식의 선재'를 전제로 한 '대상의식'
바깥에 있던 '대상'이 이제 이 '자기의식'의 단계에서는 '대상의식'으로 자리를 잡는다. 그렇다면, 정신과 같은 '의식의 본체'가 이미 존재했다고 보아야 한다. 따라서 "대상의식=의식본체+대상의식"이 엄밀한 구성이다. 그런데, 헤겔은 대상의식에서 의식본체와 대상의식을 구분하지 않는다. 일원론적 입장을 취한다.

② '자기의식'의 출현을 위한 '의식 그 자체'(필자: 의식본체)
'대상의식'과 함께 들어온 '대상'이 이 '주관적 의식(대상의식)'에서 지양을 당하여 '의식 그 자체(의식본체)' 속으로 내면화된다. 그래서 이 '자기의식' 속에는 '대상'의 모든 것이 놓여있다. 헤겔은 이것을 "의식은 그 대상의 진리를 자기 자신 안에서 발견한다. 그리하여 대상은 소멸하지 않고, 의식 안으로 내재화되어, 자기의식은 자신 안의 타자성으로서 대상을 지닌다."고 표현하고 있다.

이것은 "대상이 의식의 본질이 되었다"는 형태로 표현될 수 있는데, 헤겔은 그 말을 다른 방식으로 표현하여 "의식의 대상은 더 이상 의식에게 낯선 타자가 아니라, 의식 자신의 본질(an sich selbst)의 현현이다."고 말한다.

이 말을 엄밀히 보면, 의식의 본체가 선재하고, 여기에 대상의식 속의 그 대상(본질)이 의식의 본체 속으로 들어온 것이다. 그리고 이것이 의식 본체의 의식으로 나타난 것이다. 그렇다면, '자기의식'에게 있어서도 '의식본체'가 먼저 존재하였다. 헤겔은 그의 "변증법적 일원론"을 전개하

기 위해 '의식본체'라는 용어는 늘 생략하고 있다. 그런데, 자기의식의 경우에도 '의식본체'가 먼저 존재한다.

③ 대타존재(대상의식의 잔여)의 부정

자기의식 출현 본문에서, "의식 그 자체가 의식에게 그대로 진리가 된다"는 표현은 "이렇게 출현한 '의식 본체와 그의 자기의식'은 '대타존재' 곧 '대타존재의 본체와 그 의식'을 부정하고 구축한다"로 표현될 수 있다.

헤겔은 여기서 그의 변증법이 그 스스로 발전을 하기 때문에 일원론을 택한다. 그러다 보니, 전자의 "대타존재(대상의식의 잔여)와 그것의 본체"가 "자기의식과 그것의 본체"에 의해 부정을 당하는데, 헤겔은 이 양자의 본체를 결합하여 생각한다. 그러면, "대타존재(대상의식의 잔여)와 그것의 본체"가 부정을 당할 때, 그것의 정신이 부정을 당한다. 그러나 우리의 정신은 그렇게 분리되어 부정되지 않는다.

④ 선재하는 정신

자기의식이 출현할 때, 대상이 대상의식을 통해 의식본체로 들어온 것으로 말한다. 그래서 자기의식 안에는 그 대상에 대한 본질을 알고, 이제 대상의식을 부정하는 것이다.

이때 엄밀히 말하면, 의식본체 곧 정신이 먼저 존재한다. 그리고 이 정신이 그 대상에 대한 해석을 하여 의미를 부었을 수 있다. 그리고 이 정신 안에는 그 대상에 대한 지식을 선험적으로 알고 있었을 수도 있다. 그래서 이 정신은 그 본체로서 흔들리지 않고 존재하며, 그 의식만 바뀌고 있다.

그런데 헤겔은 이 대상의식이 부정을 당할 때, 대상의식과 그 의식의 본체까지도 부정을 당한다고 말한다. 그 대상의식의 본체까지 죽음을 당한 후에 자기의식과 그 본체로 거듭 태어난다고 말한다. 즉, 그 정신에는 대상에 대한 더 이상의 지식은 선험적으로 존재하지 않는다. 즉, 정신은 대상을 넘어서지 못한다. 엄밀히 말하자면, 이것은 유물론이다. 혹은 범신론이다.

다. [보충] 헤겔철학에 대한 유물론·범신론 논쟁
 헤겔철학을 '유물론' 혹은 '범신론'으로 볼 수 있다는 주장은 철학사적으로 꽤 오래된 논쟁이다. 다만 정확히 구분하자면, 헤겔은 명시적으로는 관념론자(절대적 관념론)지만, 그 관념론의 구조 안에는 유물론적이거나 범신론적으로 읽힐 수 있는 계기가 동시에 들어 있다. 그 일반적인 정리(챗GPT)는 다음과 같다.

① 형식적으로: 헤겔은 "관념론자"다
헤겔은 "참다운 것은 오직 개념 속에, 그리고 개념으로서 존재하는 것뿐이다"(PhG, 서설)고 말한다. 그에게서 '정신(Geist)'은 실재의 근거이자 운동의 원리이다. 그러므로 물질이 1차적이고 의식이 2차적인 유물론적 입장은 아니라는 점에서, 형식상 그는 관념론자(더 정확히는 절대적 관념론자이다.
② 그러나 내용상 유물론적·범신론적 함의가 있다
(a) 유물론적 계기
헤겔의 "정신"은 순수 사유로 고립된 것이 아니라, 자연과 역사 전체를 자기의 필연적 전개 과정으로 포함하는 실체적 운동이다. 즉, 정신은 자연(물질적 세계)을 자기 자신으로부터 외화하고, 다시 그것을 매개로 자기 자신을 실현한다. 이때 '정신의 자기실현'은 물질적 세계의 전개를 필연적 단계로 전제한다. 따라서 '정신의 철학'은 사연석·물질적 현실의 변증법을 포함하고 있다.
이 점에서, 헤겔의 관념론은 자기 안에 유물론의 내용을 내포한 관념론, 즉 "관념적 유물론"이라고 부를 수 있다. (마르크스는 이것을 "거꾸로 서 있는 변증법"이라고 부르며 자신이 "바로 세웠다"고 했다.)
(b) 범신론적 계기
헤겔에게 '절대자'는 신이지만, 그 신은 초월적 존재가 아니라 세계 전체의 자기운동 그 자체이다. 즉, 신은 '세계 바깥의 존재'가 아니라, "자기 자신을 세계 속에서 드러내는 정신적 실체" 곧 '신=세계=정신'의 동일성이다. 이런 의미에서 그는 스피노자와 마찬가지로 범신론적 구조를 지니고 있다. 다만 스피노자의 "Substanz"(정태적 실체)가 헤겔에게서는 "Geist"(자기 운동하는 주체)로 변환된다는 점에서, 정태적 범신론이 아니라 '동적 범신론' 혹은 '변증법적 일원론'이라 할 수 있다.

③ 그래서 학문사적 평가는 이렇게 갈린다.

해석방향	주요 인물	핵심 주장
관념론적 해석	Windelband, Rosenkranz, Kojève(초기)	절대정신의 자기운동은 사유의 자기규정이므로 철저한 관념론이다.
유물론적 해석	Marx, Engels, Lukács, Ilyenkov	헤겔의 논리학은 사물의 운동법칙을 사유 속에 반영한 것으로, 실질적으로 유물론의 형식이다.
범신론적 해석	Schelling, Feuerbach, Spinoza적 독법	절대정신 = 세계 전체 = 신 → 존재와 신이 동일한 형이상학적 일원론.

요컨대 헤겔은 관념론의 형식 속에 유물론적·범신론적 내용을 포섭한 철학자이다. 그래서 어느 방향으로 조명하느냐에 따라 전혀 다른 철학으로 보이는 것이다. 따라서 "그의 관념론은 그 자체의 전개 속에서 유물론적·범신론적 성격으로 내적으로 전화된다."(챗GPT, 헤겔의 범신론과 유물론, 2025.10.17.)

[필자의 판단] 헤겔은 그의 용어사용을 볼 때, 그는 관념론자이다. 그런데, "학문적 지식 습득" "완전한 물적지식"에 몰두하다보니, 물질이 정신까지 삼켜버리는 것으로 경도되었다. 우리는 이것을 헤겔의 원래의도라고 보지 않는다. 다만 변증법적 원리의 일원론을 고수하면서, 그것을 논리화하다보니, 그렇게 경도되었다. 결국 자기 스스로 자신의 올무에 걸린 것이다.

라. "자기의식 출현과정 : 즉자-대타-대자관계"에 대한 정리

오성의 단계를 경과하면서, '의식' 속에서 형성된 '즉자존재'가 '대상의식'이

3장 자기의식: 자기 확신의 진리

고, '의식'이 '대상의식'을 바라보면서 또 산출한 것이 '대타존재'이다. 이때 '대상의식' 속의 '대상(진리)'이 내 의식 속에 내면화되면서, 이 "내면화된 즉자존재의 의식"이 '대타존재'를 부정한다. 그러면서 '대타존재'로서의 '자기의식'이 출현하는 것이다. 이것이 "의식→자기의식"의 변증법을 내면 구조로 재구성한 것이다. 우리는 먼저 헤겔의 본문을 이해하기 전에 이에 대한 일반화된 정리(챗GPT)를 이해할 필요가 있다.

① 출발점 : 의식 속의 '즉자존재' = 대상의식
의식은 언제나 "무언가를 의식하는 것"으로 출발한다. 그 대상은 의식에게 진리(an sich)로 주어진다. 즉, 의식은 이렇게 작동한다. "진리는 나 바깥, 대상 안에 있다." 이때 의식은 대상(진리)을 '즉자존재'로 놓고, 자신은 그 즉자존재를 인식하려는 '대상의식'이 된다. 즉 "즉자존재=의식 속에서 설정된 '대상 그 자체'"이다. 하지만 의식은 아직 그것이 자기 속에서 구성된 것임을 알지 못한다.

② 다음단계: 의식이 '대상의식' 보며 또 하나의 층 '대타존재' 구성
의식은 곧 "내가 대상에 대해 의식한다"는 사실 자체를 반성하게 된다. 이 순간 의식은 "자기 안의 대상을 바라보는 의식", 즉 "의식에 대한 의식"을 산출한 것이다. 그러면 구조는 이렇게 두 층으로 나눠진다.

층위	설명	존재 양식
1차 의식	'대상'을 진리로 삼는 의식	즉자존재(an sich)
2차 의식	그 1차 의식을 바라보는 반성적 의식	대타존재(für anderes)

즉, "의식 속에서 형성된 즉자존재(=대상의식)"를 "바라보는 새로운 의식"이 곧 "대타존재(für anderes)"로서, "대상의식의 대타(對他)로서의 의식"이다. (참조로 '대타의식'이라는 용어는 '자기의식' 다음 단계에서 출현한다.)

③ 내면화 과정: 대상이 의식 속으로 들어오다
이제 의식은 경험을 통해 깨닫는다. 그 대상(즉자존재)이 실제로는 외부에 있는 것이 아니라, 자기 안의 표상·사유 활동의 산물임을 인식한다.

"대상이 나의 의식 속에서만 존재한다", 즉, '대상'이 의식 속으로 내면화(internalisiert)된 것이다. 이때 의식 속에서 대상은 자기와 분리되지 않은 존재, 즉 내면화된 즉자존재의 의식이 된다.

④ 결정적 전환: 내면화된 즉자존재의 의식이 '대타존재'를 부정한다

이 시점이 '대상의식의 부정'(즉, 자기의식의 탄생)이다. 왜냐하면, 이제 의식은 이렇게 말하게 된다. "진리는 더 이상 대타(나 바깥의 것) 속에 있지 않다. 진리는 나 자신(즉자적인 나) 속에 있다." 즉, 의식은 자기 바깥을 향했던 의식(대타존재)을 부정하고, 내 안에 존재하는 즉자적 자기(내면화된 대상의식)를 진리로 삼기 시작한다. 이 부정 운동이 바로 "대상의식 → 자기의식"의 변증법적 도약이다.

⑤ 정리 도식

[1] 의식의 내부 구조 : 대상(즉자존재) ← 의식(대상의식)

[2] 반성의 등장 : 의식(대상의식) ← 더 높은 차원의 의식(대타존재)

[3] 내면화 : 대상이 의식 속으로 내재됨→"내면화된 즉자존재의 의식"

[4] 부정 : 내면화된 즉자존재의 의식이 자신을 타자로 바라보는 대타존재(반성적 의식)를 부정한다. 이때 자기의식이 탄생한다. 의식이 자기 자신을 진리로 삼는다.

⑥ 요약

개념	의미	역할
즉자존재	의식 속에서 설정된 '대상 그 자체'	의식이 진리로 상정하는 본질
대상의식	그 대상을 인식하는 1차 의식	즉자존재의 의식적 형태
대타존재	그 의식을 반성적으로 바라보는 상위 의식	타자를 향한 자기의식의 외화
내면화된 즉자존재의 의식	의식이 대상을 자기 안으로 끌어들여 동일시한 상태	자기의식의 맹아
부정 운동	내면화된 즉자존재의 의식이 대타존재(외화된 자기)를 부정함	자기의식의 발생 (진리가 자기 안으로 귀속)

⑦ 결론적으로,

3장 자기의식: 자기 확신의 진리

"의식 속의 즉자존재"가 '대상의식'이며, 그것을 바라보는 반성적 층이 '대타존재'다. 그리고 대상의식 속의 대상이 내면화될 때, 그 '내면화된 즉자존재의 의식'이 바로 대타존재를 부정하며, 이 부정 속에서 자기의식이 태어난다. 즉, 자기의식은 "대상의식의 내면화된 진리"이며, 그 탄생의 순간은 바로 "대타존재의 부정"이다.

이러한 기본적으로 정리된 개념 하에 헤겔이 말하는 본문을 살펴보면 다음과 같다.

마. [본문] 자기의식 출현과정 해설

헤겔은 자기의식 출현과정을 '지의 운동'이라는 표현으로 설명한다. 이 '지의 운동'에서의 '지(知)'는 '정신'을 일컫는 말이다. 그리고, 이러한 '지' 곧 '정신'의 운동을 '개념'이라고 한다. 그래서 헤겔에게 '개념'은 "정신의 거대한 운동 총체"를 가리키는 말이다. 그래서 앞에서 말한 '대상의식'이 '의식 본체'로 내면화 된 상태가 '개념'이다.

이때 새롭게 보여지는 '대상'은 '자아(의식)'가 맨 처음의 '대상의식'을 보고 산출한 '대타존재'이다. 즉, '대상의식의 잔여'이다. 이렇게 되자 이제 '지'의 운동으로 '대상의식'에서 새로이 출현하게 된 '개념'이 '대타존재'인 '주관적 의식'의 '대상'(주관적 의식이 외화 된 상태, 대상의식의 잔여)을 보게 된다. 그러면서 의식은 이제 이 양자가 일치(해야) 한다는 것을 알게 된다.

이 양자의 동일성을 자각하는 의식이 생성되는데, 그것이 곧 '대자존재'로서의 '자기의식'이다. '대상의식'이 '의식자체'로 내면화 된 후에, 이 '의식자체'가 '대타존재'를 부정하여 고양하면서 '자기의식'으로 출현하는 것이다. 이것을 헤겔은 다음과 같이 말하고 있다.

① 지의 운동 : 지(정신)-개념-자아-대상의 관계
만약 우리가 '지의 운동'을 '개념'이라고 하고, 반대로 지를 취급하는 정지해 있는 통일체인 자아를 '대상'이라고 한다면 분명히 방관자인 우리

- 135 -

에 대해서뿐만 아니라 지 그 자체에게서도 대상과 개념은 일치해 있다.
② 즉자존재와 대타존재의 동일화
이번에는 또 다른 방식으로 대상이 그 자체대로 있는 것을 '개념'이라고 하고, 대상이 타자에 대해서 있는 것을 '대상'이라고 한다면, 분명히 그 자체로 있는 '즉자존재'와 타자에 대해서 있는 '대타존재'는 동일한 것이다. 왜냐하면 이때 '그 자체로 있는 것'은 의식이며, 마찬가지로 그것 자체에 맞서 있는 '타자존재'도 역시 의식이기 때문이다.
③ 즉자존재와 대타존재의 동일성을 자각하는 '자기의식'
대상 그 자체로 있는 것과 타자에 대해서 있는 대상(대타존재)이 동일하다는 것이 의식에게 자각되면서, 이제는 자아가 자기의식이 빚어내는 관계의 내용이면서 동시에 그 자체인 것이다. 자아는 자기에게 맞서있는 타자에 대해서도 자아 그 자체이면서 동시에 바로 그와 맞서 있는 자기에게로 자리바꿈을 하지만, 이때 그 건너편에 있는 자기 역시 자아 그 자체이다.
④ 대타존재의 소멸
이러한 자기의식의 출현과 때를 같이 하여 우리는 진리의 본고장으로 들어선다. 여기서 우리는 자기의식이 어떤 형태를 띠고 나타나는가를 살펴봐야만 하겠다. 자기를 안다고 하는 지의 새로운 형태와 타자를 안다고 하는 앞서간 지의 형태를 비교해볼 때 일단 타자라는 것이 소멸되어 있음을 알 수 있는데, 그러면서도 동시에 타자 속에 깃들어 있는 요소는 그대로 보존되어 있으므로 실제로 소멸된 것은 타자가 그 자체로 존재한다는 측면뿐이다. (헤겔, 『정신현상학』, 210)

[보충] 지·개념·자아·대상의 관계
헤겔은 위의 본문에서 "지의 운동을 '개념'이라고 하고, 반대로 지를 취급하는 정지해 있는 통일체인 자아를 '대상'이라고 한다"라고 말한다. 이것은 "의식이 자기 자신을 대상으로 삼을 때", 즉 자기의식이 출현하는 순간의 "지(知)·개념(Begriff)·자아(Ich)·대상(Gegenstand)"이 어떤 관계로 엮이

3장 자기의식: 자기 확신의 진리

는지를 설명하는 대목이다. 이에 대한 일반화된 정리(챗GPT)는 다음과 같다.

① 배경 : 의식 → 자기의식으로의 전환
이전까지(감각·지각·오성 단계)의 의식은 자신이 아닌 '대상'을 진리로 여기는 인식이었다. 그런데 〈정신현상학〉의 '자기의식' 장에서, 의식은 깨닫게 된다: "대상이라고 여겼던 것은 사실상 나의 의식 활동 그 자체였다." 즉, '대상'이 사라지고, 그 자리에 '의식 자신'이 남는 순간, 이것이 자기의식의 탄생이다. 이때 의식은 "자기 자신을 안다"는 의미에서 '지(知)'가 된다.

② '개념'으로서의 "지의 운동"
헤겔이 말하는 "지의 운동"은, 정신이 자기 자신을 알기 위해 자기 자신을 부정하고, 매개하고, 복귀하는 내적 변증 운동이다. 즉, "나는 나 자신을 대상으로 삼는다 → 나 자신을 타자처럼 본다 → 그 타자 속에서 다시 나 자신을 인식한다."이다. 이 자기-매개의 움직임이 바로 '지의 운동'이다. 그리고 그 운동의 구조를 헤겔은 '개념(Begriff)'이라고 부른다. 따라서, "지의 운동을 개념이라 한다"는 지(정신)가 자기 자신을 내용으로 삼아 스스로를 매개·통일시키는 살아 있는 자기운동, 그 형식이 곧 '개념'이다.

③ "지를 취급하는 정지해 있는 통일체인 자아"란
이제 의식이 자기 자신을 대상으로 삼을 때, 그 운동(지)을 정지된 통일체로 붙잡는 중심이 생긴다. 이것이 바로 '자아(Ich)'이다. 즉, '자아'는 "운동하는 지의 결과이자, 그 운동이 자기 자신 안에서 응고된 통일체"이다. 그런데 여기서 중요한 건, 자아가 이 '지'를 객관화(대상화)해서 바라보는 순간, 그 자아 자신이 오히려 '대상'의 자리에 선다는 것이다.

④ 문장의 전체 의미
"지의 운동을 개념이라 하고, 반대로 지를 취급하는 정지해 있는 통일체인 자아를 대상이라 한다."는 본문은 이런 구조를 뜻한다.

구 분	의 미
지의 운동	의식이 자기 자신을 매개하고 복귀하는 살아 있는 자기 운동
개 념	그 운동의 구조적 이름 — 즉 정신의 내적 리듬
자 아	그 운동을 정지된 통일로 붙잡은 중심점, 자기동일성
대 상	자아가 지를 '대상화'했을 때, 자아 자신이 차지하는 자리 (정신의 객관화된 측면)

즉, '개념'은 정신의 운동적 측면이고, '자아'는 그 운동의 정지된 측면이며, 둘은 서로를 통해서만 존재한다. 정신은 운동(개념)과 통일(자아)의 변증적 결합이다. 자아가 정지하면 개념이 되고, 개념이 전개되면 자아가 된다.

⑤ 〈정신현상학〉에서의 철학적 의미

이 구절은 자기의식의 구조를 한 문장으로 요약한 것이다. 자기의식은 단순한 '나의 의식'이 아니라, "자기가 자기 자신을 대상으로 삼는 의식" 즉, '운동(개념)'과 '정지(자아)'의 통일체로서 존재한다. 따라서 이 문장은 이렇게 읽을 수 있다: '개념'은 자기의식의 살아 있는 내적 리듬이고, '자아'는 그 리듬이 순간적으로 응고된 자기동일성이다. '대상'이란, 이 자아가 자기 자신을 외화하여 다시 바라보는 위치이다.

⑥ 정리요약

구분	의미	기능
지	의식이 자기 자신을 아는 작용 (자기의식의 활동)	전체 운동의 내용
개념	지의 내적 운동, 정신의 자기매개 구조	운동적 측면
자아	지를 통일적으로 붙잡은 중심, 자기동일성	정지된 측면
대상	자아가 자기 자신을 대상화했을 때의 자기의식의 외화	의식의 반성적 측면

지(知)는 스스로를 매개하는 운동으로서 개념이고, 그 운동을 하나의 통일로 붙잡은 정지된 중심이 자아이며, 자아가 이 지를 대상화할 때, 자아 자신이 대상이 된다. 즉, 자기의식은 자기 안에서 '운동(개념)'과 '정지(자아)'의 변증적 통일이다. 그 문장은 바로 그 구조를 간결하게 표현

한 것이다.(챗GPT, 지·개념·자아·대상의 관계, 2025.10.17)

2. 생명과 욕망

가. '생명과 욕망'에 대한 개략

헤겔의 『정신현상학』 제4장 「자기의식」의 첫 부분인 '생명과 욕망'은 인간 의식이 단순히 외적 대상을 인식하는 단계를 넘어서, 자신을 의식하는 존재, 즉 '자기의식'으로 이행하는 결정적 장면을 그린다. 그리고 이 '자기의식'의 단계에서 헤겔의 '대자존재'가 출현한다. 이에 대한 일반적 정리(챗GPT)는 다음과 같다.

① 맥락 : 의식에서 자기의식으로의 이행
앞선 「의식」장(감각적 확신-지각-오성)은 의식이 대상에 대해 의식하는 단계였다. 그러나 대상이 끊임없이 변하고, 그 속에서 의식은 자신이 대상을 인식하고 있다는 사실을 자각하게 된다. 이 순간, 의식은 더 이상 외적 사물에 머물지 않고, "자기 자신을 대상으로 하는 의식", 즉 '자기의식'으로 전환된다.(필자: 왜냐하면 '대상'이 자신 안에 들어와서 의식 안에 거하는 '즉자존재'가 되었기 때문이다.)

② 생명(Leben): 유기적 전체로서의 대상
헤겔은 자기의식이 처음 마주하는 대상을 '생명'이라고 부른다. 이 생명은 단순한 무기물적 대상이 아니라, 자기 안에서 부분들이 상호의존하고, 내적 목적과 통일성을 가지며, 스스로를 유지하고 증식하는 유기체적 전체다. 즉 생명은 자기의 내적 통일성을 가진 '즉자존재'로서, 자기의식이 부딪히는 '살아 있는 타자'다. 자기의식은 이 생명 속에서 자신과 유사한 구조─자기 안의 통일─를 보게 된다.

③ 욕망(Begierde): 자기와 타자의 변증법적 관계
그러나 자기의식은 단순히 생명을 관조하지 않는다. 그는 그것을 부정하고, 소멸시키고, 자기 안으로 동화시키려는 충동, 즉 욕망을 느낀다.

"자기의식은 자기 자신을 확신하기 위하여, 생명을 소멸시켜야 한다."
이때 욕망의 본질은 "자기의식이 외적 대상을 자신의 내면으로 흡수함으로써 자기의 독립성을 확증하려는 운동"이다. 다시 말해, 타자를 부정함으로써 "나는 나 자신이다"라는 확신을 얻으려 한다. 이것이 "자기의식은 욕망이다"라는 명제의 의미다.

④ 욕망의 한계: 무한한 결핍의 반복
하지만 욕망은 대상을 소멸시키는 순간 자신도 대상을 잃는다. 대상이 사라지면 욕망도 끝나지만, 자기확신 또한 다시 불완전해진다. 따라서 자기의식은 끊임없이 새로운 대상을 욕망하고 파괴하며, 무한한 결핍 속에 놓인다. "욕망은 만족을 통해서도 자신을 유지하지 못한다."
이때 자기의식은 깨닫는다: 자기확신은 단순히 생명을 파괴함으로써 얻어질 수 없으며, 다른 자기의식과의 관계 속에서만 완성될 수 있다. 이 깨달음이 다음 절 "타자적 자기의식, 주인과 노예의 변증법"으로 이행한다. 이와 같이 하여, 자기의식이 오직 다른 자기의식(타자)의 '인정'을 통해서만 자신을 확증할 수 있다는 진리, 즉 '상호인정의 필연성'을 획득하고자 한다.

⑤ 구조 요약 도식

단계	내용	운동	결과
(a) 생명	유기적 전체로서의 대상	자기와 유사한 외적 타자 발견	자기의식의 대상 설정
(b) 욕망	생명을 부정하고 흡수하려는 충동	타자를 통해 자기확신을 시도	만족 불가능, 결핍의 반복
(c) 타자적 자기의식	다른 자기의식을 만남	상호인정의 투쟁(주인-노예 변증법)	진정한 자기확신의 가능성

⑥ 철학적 함의
'욕망'은 자기의식의 운동 원리이다. 단순한 결핍이 아니라 자기 동일성을 실현하려는 부정의 운동이다. '생명'은 자연의 자기통일성, '욕망'은 정신의 자기통일성이다. 즉, 생명에서 정신으로의 변증법적 상승을 보여준다. (챗GPT, 자기의식, 2025.10.16.)

3장 자기의식: 자기 확신의 진리

나. '의식된 생명'으로서의 '자기의식'

헤겔에게 자기의식의 운동은 타자존재에 대한 반성을 통해 자체 내로 복귀하는 운동이다. 결국 자기 자신에게 복귀하는데, 이렇게 하여 "즉자-타자-대자"의 통일이 성립된다. 그러면서 자기의식이 출현하는데, 이것은 "나는 나이다"는 명제로 표현된다. 헤겔은 이것을 '생명'이라고 표현하는데, 헤겔의 '생명'은 "자기 내의 차이를 통해 자기 자신을 보존하는 운동체계"(의식의 통일성을 이루는 정신의 운동 전체)를 말하며, '자기의식'으로 의식되기 전 '즉자적 자기'(자기 안에서 동일성을 지닌 자기)에 대한 표현이다.

① 자기의식의 운동 : 타자존재 반성을 통해 자체 내로 복귀
…실제로 자기의식은 감각세계와 지각세계에 터전을 두고 있는 타자존재에 대한 반성을 통하여 자체 내로 복귀하는 것을 본질로 하는 것으로서, 이것이 자기의식이 행하는 운동이다.
② 생명 : "나는 나이다"
그런데 이 운동에서는 자기로부터 구별되는 것 또한 다름 아닌 자기인 까닭에 여기서는 타자존재가 의식으로부터 구별된다는 것은 있을 수가 없다. 즉 구별은 없다고도 할 수 있으니, 있다고 한다면 그것은 "나는 나이다"라는 아무 운동도 없는 동어반복일 뿐이라고도 하겠다.
③ 자기의식의 자기통일
…이렇게 되면 의식에는 타자존재가 일단 자기와 구별되는 요소로서 존재하기는 하지만, 의식에게는 이 구별되는 요소와 사기의식의 통일 역시 두 번째 요소로서 있다는 것이 된다.… 이렇게 겉으로 드러나 보이는 현상과 진리의 대립은 자기의식의 자기통일이라는 진리 없이는 성립될 수 없다.
④ 욕망이라는 모습을 띠는 '자기의식'
이때 그의 진리를 자기의 본질로서 확신하고자 할 때 자기의식은 욕망이라는 모습을 띤다.
⑤ 의식의 자기통일이 성립되어 가는 운동

이렇게 의식이 자기의식으로 부상하면서 그의 앞에는 두 개의 대상이 나타난다. 하나는 직접적인 감각적 확신이나 지각의 대상으로서, 이는 자기의식에게는 '부정되어야 하는 것'이라는 성격을 지니는 것으로 의식되는가 하면, 또 하나의 두 번째 대상은 자기 자신으로서, 일단 이것은 첫 번째 대상과 대립되는 존재에 지나지 않지만 이것이야말로 참다운 본질적 존재이다. 이런 양상 속에서 전개되는 자기의식의 운동은 앞에서의 대립이 극복되어 의식의 자기통일이 성립되어 가는 그러한 운동이다.

⑥ '생명'이 되는 '대상'

자기의식에서 부정되어야 하는 것으로 나타나는 대상은 사태의 진상을 파악하는 우리에게는 역시 그 나름대로 의식과 마찬가지로 자체 내로 복귀해 있다. 바로 이 자체 내로의 복귀를 통하여 대상은 '생명'이 되는 것이다. (헤겔, 『정신현상학』, 211-212)

[보충1] "나는 나이다"의 자기동일성 명제 : 생명

헤겔에게서 "나는 나이다"라는 자기동일성은 단순한 추상 명제가 아니라, 그 안에서 '생명(Leben)'이 처음으로 형식적으로 모습을 드러내는 자리이다. 다시 말해, "나는 나이다"는 '생명'의 논리적 형식이며, '생명'은 그 자기동일성의 구체적 내용이다. 이에 대한 일반적인 정리(챗GPT)는 다음과 같다.

① '생명'이 등장하는 위치

『정신현상학』에서 '자기의식' 직전(즉 '오성의 변증법' 끝부분)에서 헤겔은 '생명(Leben)'을 언급한다. 그 부분은 이렇게 흘러간다: 오성은 "힘과 현상"의 세계를 파악한다. 그래서, 이 힘들의 상호작용이 '생명'으로 통일된다. 그리고 이 생명은 "자기 내적 통일"과 "자기 외화의 운동"을 동시에 지닌다. 결국 그 생명에 맞서 의식은 '자기의식'으로 등장한다.
즉, '생명'은 오성과 자기의식 사이의 매개자이다. '생명'은 이미 자기 내에서 전체를 이루고 있으며, 그 구조가 바로 "나는 나이다"의 구조와 동

3장 자기의식: 자기 확신의 진리

일하다.
② '생명'의 구조: 즉자-대타-대자[13]
헤겔은 "생명"을 다음처럼 규정한다: 생명은 자기 내의 차이를 통해 자기 자신을 보존하는 운동이다.

측면	내용	의식 단계와의 대응
즉자존재 (an sich)	생명은 자기 내에 통일된 동일성을 지님	"나는 나이다"의 자기 동일성
대타존재 (für anderes)	생명은 자기 밖으로 자신을 외화함 (분열, 타자화)	생명의 개체화, 차이의 발생
대자존재 (für sich)	그 외화를 다시 자기 안으로 복귀시킴 (자기유지)	자기의식의 운동으로 승화

즉, 생명은 이미 "자기 안에서의 차이와 통일의 변증법"을 스스로 수행하는 존재이다. 이것이 "나는 나이다"의 논리적 구조이다. 즉 "'어와 술어의 자기일치 운동"과 완전히 같다.
③ "나는 나이다" = 생명의 논리적 형식
"나는 나이다"는 형식상 이렇게 분석할 수 있다.
(a) 첫 번째 '나'는 즉자적 자기로서, 자기 안의 동일성이다. 즉, "외부에 있는 대상과 내 안에 있는 의식의 분리를 자기 안에서 매개하고 통일한 동일성"이다. (b) 두 번째 '나'는 대타적 자기로서, 자기 자신을 대상으로 삼은 자기이다. (c) 이 둘의 관계는 대자적 자기로 통일되는데, 자기 안에서 자기 자신과 일치하는 운동을 통해서이다.
이것은 생명의 구조 그대로이다. 즉, 생명은 "자기 자신과의 차이를 통하여 자기 자신을 보존하는 운동"이다. "나는 나이다"는 "자기 자신과의 차이를 통해 자기 자신을 동일화하는 의식의 형식"이다.
그래서 헤겔에게 생명은 "자기의식의 전(前)단계적 존재론적 형식"이다.

---

[13] ① 즉자존재 : 자기 자신 안에, 스스로의 근거로 존재, 의식의 "진리로 상정된 것", 부정의 주체 — 타자를 폐지하고 자기로 복귀
② 대타존재 : 타자를 위해, 타자에 의해 규정된 존재, 의식의 "현상, 표상, 외화된 자기", 부정의 대상 — 폐지되어 내면화됨,
③ 대자존재 : 자기 자신을 대상으로 삼고, 자기 자신을 그 존재의 근거로 삼는 존재, 즉, 자기 자신을 의식하는 존재, 혹은 자기 자신을 통해 존재하는 존재.

"나는 나이다"는 그 생명의 논리적(의식적) 표상이다. 그리고 헤겔이 "의식의 통일성"을 '생명(Leben)'이라고 부르는 이유는, 그가 '의식'을 단순한 심리적 주체로 보지 않고, 스스로 차이를 만들어내고 그 차이를 통일시키는 자기운동적 전체로 보기 때문이다. 즉, 생명은 '통일성' 그 자체가 아니라, 통일성이 자기 안의 분화를 통해 스스로를 유지하는 운동, 즉 살아 있는 통일성을 뜻한다.

④ "생명"과 "자기의식"의 연결

헤겔은 "자기의식은 생명과 마주하며, 그 속에서 자신을 보아야 한다."(PhG, 자기의식 장 서두) 즉, 자기의식은 생명에 맞서면서 자기 자신을 인식하기 때문이다. 왜냐하면 생명은 이미 '자기 안에서 자기 자신을 작동시키는 전체'이기 때문이다. 자기의식은 그 생명 속에서 자기와 동일한 운동을 발견하고 이렇게 말하지: "이 생명과 나는 같은 구조를 가지고 있다 — 생명이 자기 안에서 살아 있는 것처럼, 나도 나 자신 안에서 의식한다."

따라서 "나는 나이다"는 생명의 운동이 의식의 형식으로 승화된 표현이다.

⑤ 정리: 생명 ↔ 자기의식 ↔ 나는 나이다

구분	생명	자기의식	"나는 나이다"
존재양식	자기 안의 차이의 통일	자기 자신을 대상으로 삼는 의식	자기동일성의 형식적 진술
운동	외화(분열)와 내화(복귀)의 순환	타자를 통한 자기 확인	즉자와 대타의 일치 선언
역할	존재론적 토대	의식적 반성	형식적 자기확신
관계	생명은 '나는 나이다'의 실질적 내용	'나는 나이다'는 생명의 논리적 형식	둘은 동일한 구조를 다르게 드러냄

결론적으로, "나는 나이다"는 바로 '생명(Leben)'의 논리적 표상이다. 생명은 현실적 내용(존재 안의 자기운동)이며, "나는 나이다"는 그 내용의 의식적·형식적 반영이다.

따라서 "생명은 '나는 나이다'의 실질적 진리이고, '나는 나이다'는 생명의 형식적 진술이다." 즉, 생명은 "나는 나이다"의 살아 있는 몸체이며,

3장 자기의식: 자기 확신의 진리

"나는 나이다"는 생명의 자기의식적 거울이다. (챗GPT, 나는 나이다, 2025.10.17.)

다. 욕망 : 생명과의 대립으로 자기의식의 성립

헤겔의 '자기의식'을 엄밀히 말하자면 '의식본체+자기의식'으로 구성되어 있다. 욕망(Begierde)은 '자기의식'의 근원적인 운동으로서, 바로 그 '자기의식'의 '의식본체'에서 나온다. 즉, 욕망은 단순한 심리적 충동이 아니라, 자기의식의 '의식본체'가 자기 안의 생명(즉자적 자기)을 외화하고, 그것을 부정하여 자기 자신을 확증하려는 실체적 운동이다. 즉, 욕망이 부정하는 생명은 '자기의식 안에 내재된 생명'이 아니라, 자기의식이 자기 안의 생명을 외화(Entäußerung)시켜 마주한 '외화 된 생명(äußeres Leben)'이다. 그래서, 욕망의 활동은 생명을 무화함으로써 자기의 존재를 확신함으로 자기의식을 성립시키는 것이다.

① 자기의식이 자기로부터 구별하는 것
자기의식이 존재하는 가운데 자기로부터 구별하는 것은 그것이 존재하는 것으로 정립되는 한에서 한낱 감각적 확신이나 지각의 대상이라는 데 그치지 않는,
② "직접적인 욕망의 대상이 되는 것"은 "생명이 있는 것"
자체 내로 복귀한 존재이기도 하므로 결국 "직접적인 욕망의 대상이 되는 것"은 "생명이 있는 것"임에 틀림이 없다. …
③ 자기의식과 생명의 대립
하지만 이 통일은 이미 보았듯이 스스로 자기반발을 하는 바, 이렇게 해서 생겨난 개념의 분열이 자기의식과 생명과의 대립을 야기하는 것이다. (헤겔, 『정신현상학』, 212)
④ 욕망의 활동 : 생명을 무화함으로써 자기의 존재를 확신
…그리하여 단일한 자아, 즉 자기의식은 자립적인 생명으로 나타나는 타자를 무화함으로써 비로소 자기의 존재를 확신하는데, 이것이 '욕망'의

활동이다. 타자를 무화시킬 수 있다는 확신 아래 자기의식은 무화되는 것이 타자의 진실한 모습이라고 여김으로써 자립적인 대상을 무화시키는 것이 곧 자기의 확신이 객관적으로도 입증된 참다운 확신이라고 여긴다. (헤겔, 『정신현상학』, 217)

[해설] "욕망의 대상이 되는 것"은 "생명이 있는 것"

헤겔이 말하는 "직접적인 욕망의 대상이 되는 것은 '생명이 있는 것'임에 틀림이 없다"는 구절은 심리학적 진술이 아니라, "자기의식이 자기 자신을 외부에서 발견하고, 그 외부를 부정함으로써 자기 자신을 확인하는 변증법적 구조"를 말하는 것이다.

구체적으로 설명하자면, 대상의식의 잔여물인 '대타존재'를 매개로 하여 자신의 대상을 부정함으로써, 그 부정을 당한 대상의식의 대상은 '의식 그 자체'(의식본체)로 내면화하여 '생명(대상이 의식을 입음)'이 되었다. 이때 이 '생명'에 의해 대타존재(대상의식의 잔여)가 부정을 당하며, '즉자적 자기'가 생성되며, '자기의식의 출현'이 일어났다.

이 '즉자적 자기'로서의 '생명'은 자기 안의 차이로서 다시 외화하여 '외화 된 생명'을 출현시킨다. 위의 헤겔 본문에서 "자기의식이 자기 자신을 외부에서 발견한 것"은 바로 "자기의식으로서의 '의식 그 자체(의식본체)'"가 이 "외화 된 생명"을 "외부(의식 안에 있고, 의식 그 자체 밖에 있는)에서 발견한 것"이다. 그리고 또 다시 "자기의식으로서의 '의식 그 자체(의식본체)'"가 그 '외화 된 생명'을 부정하고, '자기의식의 성립'이 시작된 것이다. 이것이 '자기의식의 욕망'이다.

요약하면, 생명의 대타존재를 부정과 함께 즉자적 자기 곧 자기의식의 출현의 계기가 주어지고, 욕망이 외화 된 생명을 부정함으로써 자기의식이 성립한 것이다. 위의 내용을 일반화된 정리(챗GPT)를 통해 살펴보면 다음과 같다.

① 배경: "자기의식"의 첫 등장 — 욕망의 장면

3장 자기의식: 자기 확신의 진리

헤겔은 '의식'이 '자기의식'으로 이행하는 순간을 "'의식'이 '자기 자신'을 대상으로 삼을 때"라고 했다. 여기에서 '자기 자신'은 내 안의 '대상의식'에서의 그 '대상(본질)'이 내 '의식의 본체' 속으로 들어와 내면화된 그 '즉자적 자기'를 말한다. 그리고 여기에서의 '의식'은 내 '의식의 본체'(헤겔: 의식 그 자체)14)를 말한다. 즉, "내 의식의 본체가 즉자적 자기를 대상으로 삼는다"는 것이다. 이제 외부의 대상에서 진리를 찾는 것이 아니라, 이렇게 즉자적 자기(의식화된 대상)에서 진리를 찾는다는 것이다. '의식 그 자체(의식의 본체)'가 '자기 자신(즉자적 자기)'을 외화함(투사하듯)으로써 '외부의 생명(타자화 된 자기)'을 산출한다. 의식은 생명(살아있는 대상)을 바라보며 이렇게 느낀다: "저 생명은 나와 같은 구조를 가지고 있다. 나처럼 자기 안에서 통일을 이루는 존재다." 즉, 의식은 그 생명 속에서 자기 자신의 거울을 본다. 그러나 동시에 - 그 생명은 "나 아닌 타자"로 존재한다. 그래서 의식은 그 생명을 부정해야만 자기 자신을 긍정할 수 있게 된다. 이것이 바로 '욕망(Begierde)'이다.

② '욕망'이란 무엇인가 — 자기확인의 운동

헤겔에게서 '욕망'은 단순한 생리적 충동이 아니라, "의식(의식 그 자체, 의식의 본체)이 외부의 대상을 부정하여 자기 자신을 확증하려는 운동"이다. "욕망은 자기의 타자 속에서 자기 자신을 긍정하려는 의식의 운동이다."(PhG, § 174 근방)

즉, 의식은 자기 밖의 대상을 자기 안으로 동화시키려 한다. 그 행위를 통해 '나는 나이나'를 실감하려는 것이다. 따라서 욕망은 자기의식의 첫 번째 실천적 형태이다.

③ 그런데 왜 '욕망의 대상'이 "생명 있는 것"인가?

그 이유는, 욕망의 대상이 단순히 '죽은 사물'(비생명적 대상)이라면, 그

---

14) 헤겔은 '의식의 본체'라는 말을 직접적으로 쓰진 않지만, "의식의 진리(die Wahrheit des Bewusstseins)"나 "의식의 즉자적 실체(das an sich des Bewusstseins)"라는 개념으로 그와 동등한 사유를 전개한다. (챗GPT) 한편, "의식 그 자체"라는 표현은 사용하는데, 이것이 '의식의 본체'와 유사하다. '의식본체'는 필자가 이해를 위해 창안하여 사용한 개념이다. (필자)

것을 부정해도 의식이 '살아 있는 자기'를 확인할 수 없기 때문이다. 돌이나 물건을 부정(먹거나 파괴)해도, 그것은 단순한 외적 변화일 뿐, "나와 같은 자기운동적 존재를 부정했다"는 자기확인이 일어나지 않는다. 반면 '생명 있는 것' – 즉 자기 안에서 통일과 분화를 지니고 스스로를 유지하는 존재 – 는 의식과 동일한 구조를 가지고 있다. 따라서 의식이 그 '생명'을 욕망하고 부정하는 것은, 단순히 외적 대상을 파괴하는 것이 아니라, 자기 자신과 동일한 존재를 부정함으로써, 자기 자신을 긍정하는 행위이다. 이게 바로 "욕망의 대상은 생명 있는 것"이라는 문장의 핵심 의미이다.

④ 구조적으로 보면 이렇게 된다
[의식 그 자체(의식의 본체)]
1st, (외부에서of의식내부) 자기와 같은 구조를 지닌 존재(즉자적 자기의 외화) 발견 [생명]
2nd, 그 생명을 부정하고 자기 안으로 통합하려는 운동 [욕망]
3rd, 자기 자신이 주체임을 실감 [자기의식의 성립]
즉, 욕망은 단순히 "먹는다, 없앤다"가 아니라, "살아 있는 대상을 부정함으로써, 살아 있는 자기 자신을 인식하는 과정"이다.

⑤ 요약 — 문장의 철학적 뜻
"직접적인 욕망의 대상이 되는 것은 '생명이 있는 것'임에 틀림이 없다"라는 말은 곧, "자기의식은 자기와 같은 구조를 가진 타자를 욕망하고 부정함으로써 자신을 확인한다"는 뜻이다. 즉, '생명'은 자기와 동일한 구조를 지닌 외화 된 타자이고, 욕망은 그 타자를 부정하여 자기 자신을 긍정하려는 운동이다. 따라서 욕망의 대상은 필연적으로 '생명 있는 것'이 된다.

결론적으로, "생명 있는 것이 욕망의 대상이다"는 말은 "자기의식은 자기와 같은 구조(살아 있는 통일성)를 지닌 타자를 욕망함으로써 자기 자신을 확인한다"는 뜻이다. 다시 말해, 욕망은 생명과 생명 사이의 자기 인식 운동이며, 그때 비로소 의식은 자기 자신을 "살아 있는 자기"로 경험하게 되는 것이다. 그래서 이 구절은 단순히 생물학적 명제가 아니라, 자기의식이 자기 자신을 세계 속에서 발견하고 확인하는 첫 사건의 철학적 표현이다. (챗GPT, 욕망, 2025.10.18.)

3. 자기의식의 자립성과 비자립성 : 지배와 예속

가. "자기의식의 자립성과 비자립성"에 대한 개략

『정신현상학』의 "자기의식의 자립성과 비자립성"은 자기의식의 성립 이후, 즉 욕망을 통해 자기의식을 얻은 다음, 그 자기의식이 타자적 자기의식과의 관계 속에서 자신을 확증해 나가는 역동적 구조를 다루는 부분이다.

① 문제 설정: 자기의식의 자립(독립)과 비자립(의존)
자기의식은 단순히 "나 자신을 안다"로 충분하지 않다. 그 '나'가 진정으로 자립적인가, 아니면 타자에 의존하고 있는가가 문제이다.
헤겔의 기본 명제는 "자기의식은 오직 다른 자기의식을 통해서만 자기 자신을 확증한다." 즉, 자기의식은 자신을 타자 속에서 인식해야만 완전하게 자립할 수 있다. 그래서 자기의식들은 서로를 마주 보고, 서로의 인정을 통해 자신을 확인하려는 투쟁을 벌이게 된다.
② 인정의 투쟁: 생명-위험의 순간
이 두 자기의식은 단순히 대화로 인정하지 않는다. 서로를 욕망의 대상으로서 부정하려 하기 때문에, 이 관계는 투쟁으로 나타난다. 각자는 상대에게서 인정받기를 원하지만, 동시에 상대를 단순한 생명적 존재로 전락시킨다. 자신의 우위를 증명하려 한다.
그 결과 한쪽은 죽음의 위험까지 무릅쓰며 자립을 증명하고, 다른 한쪽은 삶을 보전하기 위해 복종(비자립)을 선택한다. 이렇게 하여 두 자기의식이 분열된다: 그것은 자립적 지기의식(주인)과 또 하나는 비자립적 자기의식(노예)이다.
③ 자립적 자기의식(주인 Herr)

주인은 죽음을 두려워하지 않는 존재로 나타난다. 그는 자기 자신을 통해 자립성을 입증했지만, 실은 그 자립은 타자의 인정에 의존해 있다. 주인은 노예에게서 인정을 받음으로써만 자신을 주인으로 확인할 수 있다. 즉, 주인의 자립은 형식적 자립이다.

④ 비자립적 자기의식(노예 Knecht)
노예는 죽음을 두려워하여 굴복한 자기의식이다. 그는 생명을 유지했지만, 주인에게 종속되어 있으므로 비자립적이다. 그러나 중요한 것은 노예는 노동(Arbeit)을 통해 외적 세계를 변형시키고, 그 속에서 자기 자신의 능동성을 체험한다는 점이다. 즉, 노동을 통해 자연을 형식화하고, 그 결과 자신이 현실을 규정할 수 있음을 깨닫게 된다. 따라서 역설적으로, 진정한 자기의식의 자립성은 노예에게서 발생한다.

⑤ 변증적 귀결: 의존의 역전

자기의식	처음 위치	관계 방식	변증적 결과
주인	자립적	타자를 통해 자기를 확인(소비)	타자에 의존, 공허한 자립성
노예	비자립적	노동을 통해 세계와 자신을 매개	실질적 자립성 획득

주인은 타자의 인정에 의존하므로 실제로는 자립적이지 않다. 노예는 노동과 공포의 경험을 통해 자신 안의 내적 보편성을 자각한다. 이것이 훗날 '정신(Gest)'으로 발전하는 계기이다. 결국, 노예가 진정한 주체로 변모하며, 자기의식은 '자립과 비자립의 통일'을 향해 나아간다.

⑥ 핵심 문장 요약 (헤겔식 표현 재구성)
"자기의식은 오직 다른 자기의식의 인정 속에서 자립적이다." "그러나 인정은 한편의 복종을 통해서만 완결된다." "노동은 자기의식을 실질적으로 만드는 형식화의 과정이다."

나. 인정의 투쟁 : 주인과 노예의 자기의식
'다른 자립적인 존재에 대한 무화활동'을 헤겔은 '인정투쟁'이라고 하며, 여기에서 살아남은 자를 '대자적 자기의식'이라 하고, 여기에서 대상 취급을

3장 자기의식: 자기 확신의 진리

받는 자를 '즉자적 자기의식'이라고 하며, 전자를 '주인'이라하며 후자를 '노예'라고 한다. 이에 대한 내용들을 헤겔은 다음과 같이 말한다.

① 인정되는 것으로만 존재하는 자기의식
자기의식은 또 하나의 자기의식에 대하여 융통자재하는 가운데 바로 이를 통하여 상생상승한다. 즉 자기의식이란 오직 인정된 것으로서만 존재할 뿐이다. (헤겔, 『정신현상학』, 220)
② 자립적 자기의식과 비자립적 자기의식
자유를 확증하는 데는 오직 생명을 걸고 나서는 길만이 있을 수 있으니,… 물론 생명을 걸고 나서야 할 처지에 있어보지 않은 개인도 인격으로서 인정될 수 없는 것은 아니지만, 그러한 개인은 자립적인 자기의식으로 인정받는 참다운 인정상태에는 이르지 못하고 있다. 이때 각자는 자기의 생명을 내걸 뿐만 아니라 타인을 죽음으로 내몰아야만 한다. (헤겔, 『정신현상학』, 226)
③ 대립하는 두 개의 의식형태
여기에 순수한 자기의식과 순수히 자립적이 아닌, 타자와 관계하는 의식, 즉 사물의 형태를 띠고 존재하는 의식이 등장하게 되는데…서로가 통일로 복귀할 수 있는 길잡이는 아직 나타나 있지 않으므로 서로 대립하는 두 개의 의식형태로서 존재할 수밖에 없다. (헤겔, 『정신현상학』, 228)
④ 주인과 노예
한쪽이 독자성을 본질로 하는 자립적인 의식이고 다른 한쪽은 생명, 즉 타자에 대한 존재를 본질로 하는 비자립적 의식이다. 여기서 전자가 '주인'이고 후자가 '노예'이다. (헤겔, 『정신현상학』, 228)

다. 의식의 형상화 작업을 통해 나타나는 노예의 자립적 의식

헤겔에 의하면, 참다운 자립의식은 노예의식 속의 노동에서 나타난다. 노예로 전락한 자기의식이 노동이라는 주인을 통한 봉사를 수행하면서 사물들

을 접하게 되는데, 이 사물들을 형성하는 행위를 하면서 스스로가 '완전무결한 독자존재'임을 의식한다. 그래서 주인의 공포를 도리어 부정하여 자립성은 주인이 아닌 노예에게서 도리어 확립된다.

① 노예 의식에서의 욕망 : 노동
주인의 의식에서 욕망에 해당하는 것이 노예 의식에서는 노동이 되는 셈인데, 어쨌든 노동에서 사물의 자립성이 유지되는 이상 노예는 사물에 대해서 종속적인 위치에 있는 듯이 보인다. …
② 사물의 형성을 이루는 노동 : 자기의 자립성 직관
노동의 경우는 욕망을 억제함으로써 사물이 탕진되고 소멸되는 데까지 밀어붙이지 않고 사물의 형성으로 나아간다. … 결국 의식은 노동하는 가운데 자기 외부에 있는 지속적인 터전으로 나아가는 것이다. 이렇게 해서 노동하는 의식은 사물의 자립성을 곧 자기 자신의 자립성으로 직관하기에 이른다. …(헤겔, 『정신현상학』, 231-232)
③ 공포
그러나 사물의 형성은 봉사하는 의식의 순수한 독자성이 존재하는 모습을 띤다는 긍정적인 의의를 지닐 뿐만 아니라 공포라고 하는 첫째 가는 요소를 불식시키는 부정적인 작용도 하게 마련이다. … 이 부정되는 대상이야말로 노예로 하여금 공포에 떨게 했던 그 낯선 외적인 힘이기 때문이다. (헤겔, 『정신현상학』, 232)
④ 노동에서 나타나는 주체적 의미
…주인에게 봉사할 때 독자적인 존재는 타자로서 자기와 맞서 있다. 말하자면 주인에 대한 공포 속에서 스스로 독자적인 존재임이 몸소 깨우쳐지는 것이다. 사물을 형성하는 가운데 스스로가 독자적 존재라는 것을 깨우치면서 마침내 그는 완전무결한 독자존재임을 의식하기에 이른다. … 그리하여 의식은 타율적으로 밖에는 느껴지지 않는 노동 속에서 오히려 자력으로 자기를 재발견하는 주체적인 의미를 이끌어 내는 것이다. (헤겔, 『정신현상학』, 233)

헤겔에게 있어서 '사물을 형성하는 노예의식(헤겔, 『정신현상학』, 234)'은 '의식과 대상의 일치'에 대한 심오한 입증일 수 있다. 물론 시차가 존재하고, 제2의 창조에 국한 될 수 있지만, '노동'이란 우리 안에 있는 의식이 대상으로 되어서 나타나는 것이기 때문이다.

4. 자기의식의 자유

가. 자기의식의 자유 : 스토아주의, 회의주의, 불행한 의식

헤겔에 의하면, 자립적인 의식에 속하는 자기의식에게 즉자존재의 취급을 당하여 "자체 내로 떠밀려 들어간 노예의식은, 그 자신을 사물의 형식으로 대상화하는 것과 함께, 주인에게 독자적인 의식이 주어져 있음을 직관한다"(헤겔, 『정신현상학』, 234). 즉, 노예의식은 자신에게서 독자성과 대자성을 발견하면서도 여전히 그의 입장은 노예인 것이다. 헤겔은 스토아주의 사상이 "정신사에 있어서 그러한 현상의 출현이었다"고 한다.(헤겔, 『정신현상학』, 237)

헤겔은 이러한 스토아주의 사상은 노예의식에서 발생한 '자기의식의 새로운 형태'로서, '자기의식의 자유가 의식화한 현상'이라고 하며, 이제 이러한 사상에서부터 시작하여 이제 주체와 노예간의 조화가 이루어지기 시작한다. 헤겔은 주인과 노예의 변증법적 대립에 대한 해결을 사상을 통해 종합을 이루어낸다. 1단계는 노예로서 금욕주의적인 태도로 혼자의 사유 속으로 칩거해 들어가 의식의 자유를 누리는 스토아주의이며, 2단계는 외부의 주체의식을 포함한 모든 대상들을 부정함을 통해서 의식의 자유를 누리는 회의주의이고, 3단계는 절대자를 인식함을 통해서 나오는 불행한 의식으로서, 이 불행한 의식은 궁극적으로 신앙 안에서 절대자와의 합일을 통해서 이 모든 문제를 해결하는데, 주인으로서 성육신한 절대자가 나타나며 노예로서의 우리의 자기의식이 온전한 자기부인으로 성육신한 절대자와 합일하여 의식의 진정한 자유를 누리게 되는 기독교주의이다.

이 3단계를 통하여 우리의 인식은 이성으로 발돋움하게 된다. 즉 헤겔의 이성은 곧 기독교적으로 말한다면, 예수 그리스도와 합일한 개별자의 정신을 말한다. 위의 3단계를 하나씩 소개하면 다음과 같다.

나. 스토아주의

먼저, 노예의식은 아무리 자신이 독자적인 존재라 하더라도 사회 속에서 인정되어지지 않자, 사유 속에서 자유를 찾기 시작한다. 자아의 본질적인 기능은 사유일 수 있는데, 이 사유가 자유로우면 자아는 자유로울 수 있기 때문이다. 금욕주의적 태도가 이것을 가능하게 하며, 이것이 곧 스토아주의였다.

> 이러한 자기의식의 자유가 의식화한 현상으로서 정신사 속에 등장한 것이 알려진 바와 같이 '스토아 주의'라고 불리는 사상이다. 스토아주의의 원리는 의식이란 사유활동을 하는 것이며, 무엇인가가 의식에게 본질적인 의미에서 참답고 선할 수 있는 것은 오직 의식이 사유활동을 하는 한에서 그렇다는 것이다. (헤겔, 『정신현상학』, 236)
> 따라서 이 의식은 지배와 예속의 관계에 구애받지도 않고 주인의 위치에서 노예에게 실질적으로 행위의 부담을 떠맡도록 하지도 않으며 또한 노예의 입장에서 주인의 의지야말로 진리라고 하며 여기에 복종하지도 않는다.… 세상사에 휘말려서 음양으로 닥쳐오는 여하한 작용에도 꿈쩍하지 않은 채 단순한 사상의 세계 속에 칩거해 있는 것이 스토아주의이다. (헤겔, 『정신현상학』, 237)
> (그러나,) 사유의 자유는 생활에 젖어들지 않는 순수한 사유만을 진리로 간주하므로, 이러한 자유는 생각으로만 그치는 자유일 뿐 생동하는 자유라고 할 수는 없다.…(헤겔, 『정신현상학』, 238)
> 오직 사유에만 전념하는 이러한 의식은 추상적인 자유로 규정됨직도 한데, 이는 타자존재에 대한 불완전한 부정의 차원에 머물러 있는 의식이다.…(헤겔, 『정신현상학』, 239)

3장 자기의식: 자기 확신의 진리

다. 회의주의

두 번째 단계로서, 회의주의의 단계에서는 우리의 자기의식은 오로지 부정의 힘으로만 작용을 한다. 스토아주의가 노예의식의 그 내부에만 머물렀다면, 이제 회의주의는 이 무조건적 부정을 외부로 표출해 낸다. 그런데, 이러한 비판을 위한 비판과 같은 회의주의는 고집 쎈 어린아이의 말다툼과 같이 이제는 자기의식의 극단과, 이에 대립해 있는 또 다른 극단의 의식이 둘로 나뉘게 된다.

> 회의주의는 스토아주의가 단지 개념상으로만 다루었던 것을 실행에 옮김으로써 사상의 자유란 어떤 것인가를 현실로 경험한다. 자유로운 사상은 본래 부정의 힘을 지니므로 이는 밖으로 표출될 수 밖에 없다.… 회의주의는 타자존재의 부정이라는 양식으로 자립적 의식을 구체화한, 욕망과 노동에 대한 역사적 대응물이라고 할 수 있다.… 사물의 다양한 자립성을 부정하는 회의주의는 이미 자체 내에 완전한 자유를 지니는 자기의식으로서 타자존재에 대한 부정의 화살을 겨눈다는 점에서 지대한 효과가 기대된다. (헤겔, 『정신현상학』, 239-240)
> …이렇듯 사유란 세부적으로 구별된 것의 그러한 본성을 통찰하는 것으로서, 결국 사유 자체는 단순한 부정의 힘으로서 있는 것이다. (헤겔, 『정신현상학』, 241)
> 그리하여 회의주의의 자기의식은 견고한 듯이 보이는 일체의 것이 동요하는 가운데 자기의 자유를 스스로의 힘으로 획득하였다는 경험을 한다. 여기에는 자기 자신을 사유하는 부동심과 흔들림 없는 참다운 자기 확신이 뒷받침되어 있다. (헤겔, 『정신현상학』, 242)
> (그런데, 궁극적으로) 회의주의의 의식은 자기 동일적인 자기의식이라는 한쪽의 극과, 혼란이 또 다른 혼란을 부르는 우연의 소용돌이에 휩싸인 의식이라는 다른 쪽 극 사이를 무의식중에 우왕좌왕하는 허튼 놀음으로 시종하는 것이다. 의식은 자기 자신에게서 발단된 이 두 개의 사상을

합일시킬 수가 없다. … (헤겔, 『정신현상학』, 243)
동일성이 제시되면 곧바로 비동일성을 제시하고, 지금 막 얘기된 비동일성이 내세워지면 이번에는 또 동일성을 내세우는 것이다. 끊임없이 내뱉는 이런 말투는 마치 아이들이 아귀다툼하는 것과도 같아서, 상대방이 B라고 하면 이쪽은 A라고 하고 반대로 상대방이 A라고 하면 다시 이쪽에서 B라고 하는 투의 자기모순을 빚고 있으니, 실로 이런 모순된 상태를 서로가 흥겨워하는 듯한 꼴이다. (헤겔, 『정신현상학』, 244)
(이렇게) 분열된 가운데 이중화된 모순된 존재로서의 자기를 의식하는 것이 '불행한 의식'이다. (헤겔, 『정신현상학』, 244)

라. 불행한 의식

세 번째 단계로서, '이중화된 모순된 존재로서 자체 내에 분열되어 있는 의식'을 헤겔은 '불행한 의식'이라고 하는데, 회의주의 의식을 가진 개별자는 세상의 모든 다른 타자에 대해서는 불행한 의식을 갖는다. 이 양극단을 이루는 분열된 자기의식이 통일 되는 데에 의식의 본질이 깃들어 있는 것이다. 그런데, 헤겔에 의하면, "이런 경로를 통하여 불변자가 의식 속에 그의 참 모습을 드러내기 시작한다"고 하며, "이렇듯 불행의 감정과 행위의 초라함이 있는 곳에 불변의 신과 일체화된 의식이 결부되어 있다"고 한다. 그래서, 회의주의로 불행케 된 의식은 이제 자기의식의 다른 한쪽 극단에 '불변의 신'을 위치시키고 그와의 합일을 추구하게 된다.

이 불행한 의식은 존재의 모순을 떠안은 채, 하나의 의식으로 존재하므로 둘로 분열되어 있는 어느 한쪽의 의식 속에 언제나 다른 한쪽의 의식을 지니지 않을 수 없으니, … 하나의 자기의식이 또 다른 자기의식을 직시하는 가운데 그 어느 쪽도 모두가 불행한 의식이라고 한다면 이 양자가 통일된 데에 의식의 본질이 깃들어 있다고 해야만 하겠다. … (헤겔, 『정신현상학』, 245)
이런 경로를 통하여 의식 속에 참모습을 드러내기 시작하는 불변자는 개별 존재와 접촉하며 오직 개별자와의 연계 속에서만 생명있는 것이 된다. 이렇듯 불변자를 의식하는 가운데 개별자가 말소되어 버리는 것이 아니라 어디까지나 개별자는 개별자로서 불변자의 세계에 군림하는 것이다. (헤겔, 『정신현상학』, 247)

그런데 이렇듯 불행의 감정과 행위의 초라함이 있는 곳에 불변의 신과 일체화된 의식이 결부되어 있다. 왜냐하면 자기의 현실존재를 결단코 부정해 버리려는 시도는 불변자에 대한 사상을 매개로 하여 불변자와의 관계 속에 생겨나는 것이기 때문이다. 개인으로서의 자기를 부정한다는 운동의 본질은 신과의 간접적인 관계를 맺는 데에 있으니, 관점을 바꾸어보면 이 운동은 관계 그 자체로서는 불변자와의 통일을 이루어낸다는 긍정적인 면도 지니는 것이다. 이 간접적인 관계라는 것은 애초에 신에 대립하는 위치에 있는 개별자가 신이라는 반대극과 제3자를 매개로 하여 비로소 합일된다고 하는 추론형식에 따른 것이다. (헤겔, 『정신현상학』, 259)

마. '불행한 의식'에서 '이성'으로

헤겔에 의하면, 위와 같이 개별자의 의식 속에 타자로서 불변자의 의식이 들어오고, "이 양자 사이에는 다음과 같은 세 가지 결합양식이 있다"고 한다. 첫 단계는 (유대주의로서) 개별자와 불변자가 대립하여 나타나는 경우이고, 두 번째는 (기독교주의로서) 불변자 자신이 개별자의 모습으로 비춰지는 경우(기독교의 '성육신' 교리를 의미함)이며, 세 번째는 (기독교의 절정으로서) 개별적 의식 자체가 불변자의 품에 안겨져 있음을 의식하는 경우이다. 헤겔은 우리의 자기의식이 궁극적으로 불변자인 신의 의식과의 (합일을 예시해주는) 화해를 통해서 타자를 무조건적으로 부정하는 '불행한 의식'이 사라지며, 우리의 '자기의식'은 '이성'으로 발전을 한다고 말하는 것이다. 이때 헤겔은 기독교의 성육신 교리와 성령강림 교리를 자연스러운 역사적 현실로서 수용하고 있다.

개별자와 불변자 사이에는 다음과 같은 세 가지 결합양식이 있을 수 있다. 첫 번째는 개별자가 새삼 불변자와 대립하여 나타나는 경우인데, 이 때 개별자는 불변자와의 전반적인 관계의 토대를 이루었던, 바로 그 싸움이 처음 시작됐던 국면으로 되돌려지게 된다. 두 번째는, 불변자 자신이 개별자의 모습으로 의식에 비쳐지는 경우인데, 여기서는 개별자가 불변자인 신의 모습을 드러내는 것이 되면서 개별자의 존재 전체가 신격화(그리스도는 모든 인생들의 대표이며 전체라는 기독교 사상의 반영으로 보임)된다. 세 번째는 개별적 의식 자체가 스스로 불변자의 품에 안겨져 있음을 의식하는 경우이다.

첫 번째 불변자는 개별자를 단죄하는 초월적인 존재에 지나지 않지만 두 번째 불변자는 인간과 같은 개별자의 형태를 지닌 존재이고, 세 번째 불변자는 성령이 되어 자신의 품속에서 기쁨을 누리면서 개별자로서의 신(정신)과 보편자로서의 성령이 화해했음을 의식하는 경우이다. (헤겔, 『정신현상학』, 247)

바. 주인과 노예 : 불변자(그리스도)와 자기의식

이렇게 불변자가 자기의식의 다른 편에 섰을 때, 궁극적으로 드러난 자기의식과 불변자의 자기의식의 대립은 다음과 같이 발전된다. 이제 불변자(신으로서의 성육신한 예수 그리스도)의 자기의식은 주인으로서의 자기의식이며 자신은 노예로서의 자기의식이다. 이때 중요한 것은 주인인 불변자는 '신성한 세계 자체'이기도 하다. 이에 대해 노예로서의 자기의식을 가진 우리는 여기에 '노동'을 통하여 우리의 능동적인 힘을 현실에 실현하여 만족을 '향유'한다. 그런데, 이러한 노동에 대한 주인은 불변자(예수 그리스도)로서 노예의 '자기감정의 만족'은 불변자와의 대립을 야기시킨다. 우리의 자기의식은 이것을 알고 이제 '자기감정의 만족을 단념'하고, '자기결정을 포기'하고, '재산과 그에 대한 향유를 포기'하고 나서, '불변자와 화해'하고 궁극적으로는 이제야 '내면이나 외면 모두에서 자유롭다는 의식'을 갖게 된다. 한편, 불변자와 지기의식이 대립을 이룰 때, 이에 대한 중간역할은 매개자인

3장 자기의식: 자기 확신의 진리

교회를 통해서 이루어진다. 사실 이것은 기독교의 구원의 도리인데, 헤겔은 이것을 심리학적 사실들을 열거함을 통해 설명한 것이다.

> 불행한 의식은 추상적 사유(다른 타자의 의식으로서 신의 의식을 의미함)와 개별의식 그 자체가 서로 마주치는 중간 지점에 자리하고 있다.… 여기서는 사유하는 개별자와 순수사유의 존재뿐만 아니라 불변자인 신마저도 그의 본질상 개별자로서 존재한다는 사실이 자각되어 있다.…(헤겔, 『정신현상학』, 251)
>
> 이러한 심정의 자기복귀 속에서 욕망과 노동이라는 불행한 의식의 두 번째 관계가 조성되는데,… 욕망과 노동이 마주하는 현실은… 다른 한편으로는 신성한 세계이기도 한 그러한 현실이다. 이 신성한 세계의 현실은 불변자의 모습을 하고 있다. 왜냐하면 불변자는 본래 개별자의 모습을 하고 있기는 하지만 동시에 전지전능한 존재이기도 하여 일체의 현실을 걸머쥐고 있기 때문이다. (헤겔, 『정신현상학』, 254-255)
>
> 노동을 통하여 현실에 관계하는 것이 곧 개별 의식 자체에 속하는 자립적인 행위이며 사물에 변화를 가져오는 동인이다. 그러나 의식은 또한 그 자체로 존재하는 면도 있으니(불변자의 의식을 의미), 본래 그것은 피안에 속하는 것다. … 불변자는 이러한 천부적인 재능을 사용하도록 (개별적)의식에 허용한다.… 이렇게 해서 능동적인 힘은 현실을 해체하는 불변자의 위력으로서 나타난다. (헤겔, 『정신현상학』, 255-256)
>
> 불변의 의식인 신이 스스로 조성해 놓은 형태를 단념하고 양도하는데 반해 개별의식인 인간은 감사의 마음을 안고 이를 받아들이는 가운데 여기에는 의식의 자립성이 안겨주는 만족을 포기하여 행위의 본체인 신은 피안에 있다는 두 측면에서의 이중의 방기가 생겨나 있지만, 이로 인하여 의식은 불변자와의 통일을 의식하게 된다. 그러나 동시에 이 통일은 분리될 수 있는 소지를 안고 있어서 다시금 내적 분열을 야기하는 바, 여기에서 또다시 보편자인 신과 개별자인 인간의 대립이 생겨난다. 왜냐하면 의식은 겉으로는 자기감정의 만족을 단념한 듯이 보이지만 실

제로는 만족을 누리고 있기 때문이다. (헤겔, 『정신현상학』, 256-257)
이처럼 자기결정을 포기하고 그 다음 재산과 향유를 포기하고 나서 마지막에는 까닭도 알 수 없는 임무를 수행하는 불행한 의식은 이제야 오히려 내면이나 외면 모두에서 자유롭다는 의식, 즉 현실이 곧 자기의 모습을 그대로 본뜬 것이라는 의식을 참다운 의미에서 완전히 내 것으로 삼는다. (헤겔, 『정신현상학』, 261)

사. 이성 : 자기의식과 불변자의 의식과의 통일

헤겔이 말한 위의 얘기를 짤막하게 표현한다면 다음과 같다. 우리의 자기의식의 다른 극에 불변자로서 개별자로 나타난 의식으로서의 예수 그리스도가 있으며, 이 타자의 의식을 주인으로 삼아 받아들임으로서 그 의식과 하나 되어서 자기의식과 모든 개별자로서의 타자들과 통일을 이룬다는 개념이다. 이때 이제 자기의식은 예수 그리스도의 의식과 통일된 의식으로서 발전을 이루는데, 그것이 바로 이성이다.

자기의 의지를 포기한다는 것이 한편으로는 부정적인 면이 있음에 틀림이 없지만, 본래의 의미로 보면 이는 타인의 의지를 받아들임으로써 의지를 개별적이 아닌 보편적인 의지로서 받아들인다는 긍정적인 면을 지닌다. (헤겔, 『정신현상학』, 262)
… 개별의식으로서의 스스로의 행위와 존재가 바로 행위 자체이며 존재 자체가 될 때, 개별의식에게는 이성의 표상이 떠올라온다. 이성이란 개별의식이면서도 절대적으로 그 자체가 곧 온갖 실재라는 의식의 확신인 것이다. (헤겔, 『정신현상학』, 263)

불변자와 개별자가 결합하는 가장 결정적인 의식적 행위를 헤겔은 '자기의식의 자기부정'이라고 말한다. 이 '자기부정'을 통해서, 자기의식은 불변자와 결합하여 한 의식을 이룰수 있는 것이다. 이것은 기독교의 전형적인 구원의 교리에 속한다. 이제 자기의식은 자기부인을 통해서 절대자를 소유해

나갈 수 있는 길을 얻은 것이다.

아. 헤겔의 자기의식과 기독교의 옛 자아와의 관계

헤겔의 이성은 기독교의 거듭난 자아의 의식과 동일하며, 헤겔은 분명히 기독교의 거듭남의 교리를 그의 이성에 접목하였다. 불변자의 성육신과 성령으로 보편자와 개별자가 하나 되는 교리는 기독교의 거듭남의 교리이다. 이에 비추어 볼 때, 자기의식 단계의 자아는 기독교적으로 말하면, 이기심과 정욕에 근거하여 삶을 살아가는 기독교의 옛 자아이다. 이 두 자아의 관계에 대해서는 신약성경 로마서 3-8장에 잘 나타나 있으며, 사도 바울의 기본 사상이었다.

4장   이성·정신·종교·절대지

1. 이성 : 이성의 확신과 진리

가. 이성으로 거듭난 자아의 출현

우리의 개별적 자아가 보편자와 맞닿아 성령으로 하나가 되었다는 것을 우리의 의식이 수용함으로써 이제 자기의식의 정체성은 완전히 독자적 존재로 나아가게 된다. 이때 자기의식의 결정적인 전화는 "보편자를 향한 자기부정"을 통해서 이루어지며, 이 정서가 유지되는 한 이 자기의식의 고양된 정체성은 사실적인 관계가 되는 것이다. 이제 이 이성으로서의 자기의식은 모든 타자와 세계에 대해서 평정을 유지하며, 자기의식 자체가 직접 그대로 현실이 된다는 관념론의 입장에서 현실과 관계하기 시작하는 것이다.

의식은 개별 의식 그 자체가 절대적 존재이다는 사상을 머금고 자체 내로 복귀한다. 불행한 의식으로서는 본원적·즉자적 존재는 자기의 피안에 있다고 했지만, 의식의 운동 속에서 개별존재가 완전히 전개 발양되어 현실의 의식인 개별자가 자기 자신을 부정하고 자기 외면으로 나와서 반대의 극에 자리 잡음으로써 기어이 독자적 존재를 획득하기에 이른 것이다. 이렇게 되면 역시 의식에게도 대상 세계 전체와의 통일이 자각되면서 개별자가 극복되고 보편자와 맞닿게 되었으니, 제3자인 우리가 보기에는 통일은 더 이상 개별 의식의 외면에 있는 것이 아니라 자기를 부정하는 가운데 자기를 유지한다는 의식 그 자체를 그의 본질로 삼게 되는 셈이다. (헤겔, 『정신현상학』, 267)

자기의식이 이성으로 고양되는 것과 함께 이제껏 의식이 지녀왔던 타자 존재와의 부정적인 관계는 긍정적인 관계로 전화한다. 지금까지 의식은 다만 자기의 자립성과 자유에만 관심을 둔 채 자기의 존재를 부정하는 듯이 보이는 세계와 자기의 신체를 희생해 가면서 자기 자신을 구하고 유지하려고 애써왔다. 그러나 자기 자신을 이성으로서 확신하게 된 의식은 이제 세계나 자기의 신변에 대해서도 평정을 유지하며 이를 감내할

4장 이성·정신·종교·절대지

수 있게 되었다. 왜냐하면 이성적인 의식은 자기 자신이 실재한다는 것을, 다시 말하면 일체의 현실이 이성 이외의 다른 어떤 것도 아니라는 것을 확신하고 있기 때문이다. 이제 자기 사유가 직접 그래도 현실이 되면서 의식은 곧 관념론의 입장에서 현실과 관계하기에 이르는 것이다. (헤겔, 『정신현상학』, 268)
이제 세계는 의식이 삼투된 새로운 현실세계로 재발견되고 이전에는 그의 소멸에만 관심이 쏠렸던 세계가 존속상태에서도 관심의 표적이 된다. … 이성이란 곧 "온갖 실재이다"라는 의식의 확신이다. 이성의 개념을 이렇게 표명하는 것이 관념론의 입장이다. … 이것이 "자아는 자아이다"라는 명제이다. (헤겔, 『정신현상학』, 269)

그런데, 현실에 있어서는 이성이라고 주어진 의식과 실질적인 내용물로서의 이성에는 여러 가지 간극이 존재한다. 이에 따라 관념론은 자칫 공허한 관념론에 빠질 수 있다. 헤겔에 의하면, 기존의 관념론은 이러한 공허함을 메꾸기 위해서 '범주'를 말하며, '물 자체'를 인정하고, '경험'을 도입하였는데, 이것은 그릇된 관념론이라고 말한다.

그러나 자기의식이 곧 온갖 실재이다는 사실을 단지 자각하는 것뿐만 아니라 본원적으로 그러한 것임을 드러내기 위해서는 자기의식이 실재하는 세계가 되거나 자기를 그러한 것으로서 증명해 내어야만 한다. … (헤겔, 『정신현상학』, 270)
이 의식의 도정에는 두 개의 교호적인 측면이 나타났다. 하나는 의식에게 본질 또는 진리인 것은 그 자체로서 엄연히 거기 있는 것이라고 규정된 경우이고, 다른 하나는 본질 또는 진리는 어디까지나 의식에 대해서만 존재할 뿐이라고 하는 경우이다. 그러나 결국 이 두 측면은 '하나의 진리', 즉 그 자체로 있는 것은 오직 의식에 대해서 존재하는 한에서만 존재하고 의식에 대해서 있는 것은 그 자체로도 엄연히 존재한다는 진리로 귀착되었다. … 이때 새로이 등장한 이성으로서는 그의 진리를 단지 확신하고 있는 데 지나지 않는다. 이러한 이성은 그 자신이 온갖 실재이다라는 단언만 할 뿐, 그 이치를 제대로 파악하고 있지는 않다. … 따라서 의식이 거쳐 온 단계적인 과정을 서술함이 없이 단도직입적으로 이성이 온갖 실재이다 라고 주장하는 관념론은 스스로에게도 뭔가 이해가 닿지 않을 뿐 아니라 타인에게도 그 뜻하는 바가 와닿지 않는 벌거숭이 단정이라고 할 수 밖에 없다.(헤겔, 『정신현상학』, 270-271)
의식이 최초로 언명한 것은 "일체가 자기의 것이다"라는 추상적이고 공허한 말투에 지나지 않는다. 온갖 실재이다라는 확신은 애초에는 순수한 범주를 나타낸 데 지나지 않기 때문이다. … 온갖 존재 속에서 의식의 순수한 활동을 나타내고 사물이란 감각이나 표상에 지나지 않는다고 언명하는 것('물자체'의 인정)으로써 실재하는 세계의 전모를 드러냈다는 듯이 지레짐작한다. 그러므로 이런 관념론은 동시에 절대적 경험론이기도 하다. … 이 관념론은 회의주의와 마찬가지이며… 이쪽저쪽을 오락가락하는 악무한에 빠져들 수밖에 없는 것이다. (헤겔, 『정신현상학』, 276)

이제 헤겔이 의미하는 진정한 관념론은 "이성은 그러한 (진리로서의) 자기확신을 진리로 고양시키기 위해 세계는 '나의 것'이라는 공허한 생각을 충실하게 하는 쪽으로 발돋움하는 것"(헤겔, 『정신현상학』, 278)이다. 이성은 이 "세계는 나의 것이라"는 명제를 충실하게 하기 위하여 자연을 관찰하여 법칙을 산출하고, 이성적인 자기의식을 실현하고, 이성으로 법칙을 제정하고 음미한다.

나. 관찰하는 이성의 '자연에 대한 관찰'
R.루드비히는 "이성은 감성을 개념으로 변화시키고, 존재를 사유로 그리고 반대로 사유를 존재로 변화시킨다. 이것이 자연을 관찰하는 이성의 길이다"[15]고 한다. 이에 대해서 강성화는 다음과 같이 헤겔의 '관찰하는 이성'을

---

15) R.루드비히, 『정신현상학』(서울: 이학사, 1997), 150. : 재인용, 강성화, 『철학사상』 별책 3권 17호, 128.

4장 이성·정신·종교·절대지

요약하고 있다. 이때 관찰하는 이성이 취하게 되는 핵심적인 요소는 "자기 자신의 내면 깊숙이 들어가 사물들 안에서라기 보다는 자기 안에서 사물들의 본질을 본다"는 것이다. '자기의식의 범주'와 '사물들의 본질'이 일치하고 있는 것을 발견한다는 것이다.

> 관찰하는 이성에게는 보편적인 것이 문제이다. 그래서, 관찰하는 이성으로서의 이성은 자기 자신의 내면 깊숙이 들어가 사물들 안에서라기 보다는 자기 안에서 사물들의 본질을 본다. … 관찰하는 이성은 우선 자연의 관찰에서 시작하여 감성적인 대상이 개념으로 변하게 한다. 여기서 헤겔은 의식 단계에서의 삼분법, 곧 사념 · 지각 · 사물(오성)에 대응한 자연관찰의 삼 단계를 구별한다. 기술 · 징표 · 법칙이 그것이다.[16)]
> 사념이나 지각의 대상이었던 사물을 개념으로 포착하는 것, 다시 말하면 사물을 사물일 수 있게 하는 것은 오직 사물의 의식이라는 것을 밝혀내는 일이야말로 이성이 지향하는 바이다. (헤겔, 『정신현상학』, 279)

사물에 대한 관찰하는 이성의 첫 번째 방식은 기술의 형태인데, 이때 이성은 모든 것을 기술하는 것은 아니고 개념적으로 포착된 것만을 기술한다. 이것은 가장 낮은 단계이다.

> 개별적인 사실을 표면상으로만 다루고 보편적인 의미를 수박 겉핥기식으로 넘겨버린 채 감각적인 것에만 얽매어 참으로 보편적인 형식을 제대로 갖추지 않은 것이 사물의 '기술'이라는 것이다. (헤겔, 『정신현상학』, 282)

기술에는 본질 발견에 한계가 있다. 이에 대해 관찰하는 이성은 이제 징표를 사용하여 '사물의 본질적인 것과 비본질적인 것을 구별'하게 된다.

---

16) 강성화, 『철학사상』별책 3권 17호, 129.

> 징표라는 것은 사물과 사물을 식별하는 데서 인식에 도움이 된다고도 하지만, 다른 한편으로 정작 인식되어야만 하는 것은 사물이라는 비본질적인 요소가 아니라 존재 전반에 걸친 폭넓은 연속성에서도 사물이 서로 분리되어 타자와 구별되는 가운데 독자적인 존재의 모습을 지닌 그런 본질적인 것이어야만 한다…개체의 경우는 타자와의 관계 속에서 개체로서의 자기를 유지하는 것이다.(헤겔, 『정신현상학』, 284-285)

그러나, "확률이 아무리 높더라도 이는 진리에 비하면 무나 마찬가지인 것"(헤겔, 『정신현상학』, 288)이다. 헤겔은 "의식은 법칙의 존재를 경험하고 있지만 이는 개념으로서의 법칙의 경험이기도 한데, 이 두 가지 경험이 하나로 합쳐짐으로써 비로소 법칙은 진리가 된다"고 하며, "결국 법칙이 법칙으로서 타당할 수 있는 이유는 그것이 바로 현상 속에 나타나는 것과 함께 또한 그 자체가 개념이기도 하기 때문이다."(헤겔, 『정신현상학』, 289)고 한다. 이에 대해 강성화는 다음과 같이 말한다.

> 이성은 앞서 서술한 징표들을 가지고 자연물을 종과 유로 나누고 그것의 체계를 세우는 바, 이렇게 하여 이성은 인위적 체계로부터 자연적 체계로 나아간다. 여기서 이성은 자연의 법칙에 이르게 되는데, 실험이란 이 법칙을 발견해내는 방법이라 하겠다. 법칙 속에서 사유와 존재의 통일이고자 하는 이성의 요구가 분명하게 드러난다. '이성의 본능'은 법칙과 법칙의 개념을 추구하는바, 법칙은 바로 '개념의 본성 안에서 출현'한다.(S.189) 헤겔에 따르면 "법칙은 그 자체가 개념이다." '만약에 법칙이 개념 속에 자기의 진리를 소유하지 못한다고 한다면', 그것은 '필연성을 지니지 못한 한낱 우연적인 것에 지나지 않거나', 실제로 법칙이 아니라고 해야 할 것이다.[17]

한편, 헤겔은 우리의 이성은 이 자연의 법칙과 관련하여서 이 법칙은 '무

---

[17] 강성화, 『철학사상』, 132.

기물'과 관련한 법칙일 뿐, 유기체에 대해서는 이것은 무용지물 함을 발견한다고 한다. 그래서, 결국 우리의 이성은 끝내 이러한 유기체를 포함한 법칙 발견에는 한계를 발견하고, 자기의식의 관찰로 자신의 관심을 옮긴다고 말한다. 이에 대한 헤겔의 말들을 강성화는 다음과 같이 요약하고 있다.

> '이성의 본능'은 비유기적 세계 안에서 유기적인 것의 관찰을 위해서 법칙들을 발견하는 쪽으로 선회를 하는데, 여기서 법칙의 개념은 쓸모 없어지게 된다. 다시 말해 자연의 법칙을 추구하는 이성은 유기적 자연에서 자신의 활동의 한계를 절실하게 깨닫게 된다는 것이다.… 그리하여 헤겔은 최종적으로 "이제 유기체에 있어서는 도대체 법칙이라고 하는 표상이 사라져버리고 만다"(S. 207)고 결론 내린다. 다시 말해서 자연의 관찰을 통해 이성은 끝내 개념에 도달할 수 없다는 것이다.18)

다. 관찰하는 이성의 '인간 개체성의 관찰'

자연의 관찰을 통해 개념에 도달할 수 없었던 관찰하는 이성은 이제 "순수성에서 본 자기의식의 관찰", 그리고 "자기의식과 그의 현실의 관계에 대한 관찰" 즉 정신과 육체의 관계에 대한 관찰이라고 하는 관찰의 두 차원을 갖는다. 그리고 여기에서도 법칙의 발견을 실패한 이성은 이제 "실천하는 이성"으로 그 방향을 이행하게 된다.

> 자연의 관찰을 통해 개념에 도달할 수 없었던 관찰하는 이성은 이제 자기의식 그 자체에 대한 관찰로, 더 정확히는 개별적 자기의식 즉 인간 개체성에 대한 관찰로 눈을 돌린다. 이 개체성의 관찰은 "순수성에서 본 자기의식의 관찰", 그리고 "자기의식과 그의 현실의 관계에 대한 관찰" 즉 정신과 육체의 관계에 대한 관찰이라고 하는 관찰의 두 차원을 갖는다. 전자에서는 형식 논리적 사고의 제법칙이, 그리고 후자에서는 자기를 의식한 개체와 세계와의 관계가 문제이다. 후자는 더 나아가서 외적

---

18) 강성화, 『철학사상』, 133-134.

인 용모나 두 개골의 모양에서 내적인 생각이나 감정을 탐지하려는 관상학이나 골상학까지 다루게 된다. 그러나 미리 말해 두자면, 개체성의 관찰에서도 결국 '실패'가 이어진다. 즉 인간 개체성의 관찰과 기술에서도 역시 '외적인 것은 곧 내적인 것의 표현이라는 법칙'은 공허한 것으로 드러나게 된다는 것이다. 그래서 결국 이론적 이성 곧 관찰하는 이성은 실천하는 이성으로 이행하게 된다.[19]

라. 이성적인 자기의식의 '자기실현' (실천적 이성)

우리의 의식이 '이성'의 단계에까지 고양된 것은 '이성적인 자기의식'이라고 하는데, 이것은 우리의 자기의식이 '사물이 자기이고, 자기가 사물이라는 것을 알아차리게 되는 것'이다. 따라서 이제 '의식이 적극적으로 관계하는 대상은 자기의식'이다. 이 이 활동하는 이성은 처음에는 자기를 단지 하나의 개인으로 의식하고 일개인으로서의 자기의 현실적인 모습이 타자 속에서도 발현되기를 요구할 수 밖에 없었다. 그렇지만 마침내 이 의식이 보편정신으로 고양되면서 보편적인 이성이 되어 자기를 곧 이성으로서, 즉 그의 순수한 의식 속에 일체의 자기의식을 통합하다시피 하는 절대적 인정을 쟁취한 존재로서 의식하기에 이른다. 그리고 그것은 이제 법률과 관습으로 나타나며, 민족의 생활로 나타나게 된다.

> 자기의식은 사물이 자기이고 자기가 사물이라는 것을 알아차리게 되었으니, 이는 자기가 본래(an sich) 대상적인 현실이라는 것을 의식이 자각하게 되었음을 뜻한다. 의식은 더 이상 그 자신이 온갖 실재이다라는 직접적인 확신에 그치지 않고, 직접적인 존재는 지양되어야만 하고 이것이 대상으로 나타나있는 것은 표면적인 것에 지나지 않으며 그 내면의 본질이 곧 자기 자신임을 확신하게 된 것이다.
>
> 따라서 의식이 적극적으로 관계하는 대상은 자기의식이다. 이것은 사물의 형식을 띤 자립적인 존재이지만 의식은 이 자립적인 대상이 자기와

---

[19] 강성화, 『철학사상』, 134-135.

4장 이성·정신·종교·절대지

이질적인 것은 아니라는 것을 확신하고 있다. 의식은 또한 이 대상에 의해서 인정되어 있다는 것을 알고 있으니, 이때 의식은 곧 정신이다. 이제 이 확신이 이제 와서는 진리로 고양되어야만 하는바, 즉 자기의식이 본래 내적으로 확신하고 있던 것이 의식 속으로 들어와 명확하게 자각되어야만 하는 것이다.

이러한 자기실현의 전반적인 도정이 어떤 경로를 거치는가는 지금까지 의식이 경험해온 길목을 되돌아보면 이미 그 윤곽이 드러난다.… 이 활동하는 이성은 애초에는 자기를 단지 하나의 개인으로 의식하고 일개인으로서의 자기의 현실적인 모습이 타자 속에서도 발현되기를 요구할 수밖에 없었다. 그렇지만 마침내 이 의식이 보편정신으로 고양되면서 보편적인 이성이 되어 자기를 곧 이성으로서, 즉 그의 순수한 의식 속에 일체의 자기의식을 통합하다시피 하는 절대적 인정을 쟁취한 존재로서 의식하기에 이른다. (헤겔, 『정신현상학』, 368 -369)

보편정신이란 단일한 정신적 존재로서, 이것이 의식에 안겨 있는 것이 현실적인 실체로서의 공동체이다.… 이러한 인륜적 실체를 추상적이고 보편적으로 나타낸 것이 사유의 산물인 법률이다. 그러나 또한 인륜적 실체는 직접 현실을 살아가는 자기의식 속에도 스며들어 있으니, 이것이 관습이라고 불리는 것이다.… 자기의식적인 이성의 실현이란 타자의 자립성을 인정하고 이 타자와의 완전한 통일을 실감하는 것, 또는 나에게 부정적인 힘을 지닌 타자의 자유로운 존재를 눈앞의 사물로 받아들이면서 이를 나의 독자존재로서 대상화하는 데 있으니 이러한 개념을 완벽하게 실현한 것이 민족의 생활이다.… 이렇듯 절대적인 독자성을 띤 무수히 많은 점으로서의 개인은 각자마다 단일하고 독자적인 실체 속으로 용해되는 가운데 동시에 자기를 보존해 나가는 존재로서 살아가고 있다. 개개인은 스스로의 개별성을 희생하여 보편적 실체인 공동체 정신을 자기의 혼이며 본질로 삼는 가운데 개별자로서의 독자적인 삶을 영위할 수 있다는 것을 의식하고 있다.… (헤겔, 『정신현상학』, 370-371)

자기의식은 자신의 범주와 대상세계의 존재가 서로 통일되어있다는 것을 인식하였다. 그러나 이때 우리의 의식은 대상세계의 존재와 지기의식이 생각하는 현실과 다른 현실로 나타나 있는 것을 바라본다. 이때 자기의식은 잠시 쾌락을 추구하여 나아갈 수 있으나 운명의 필연성을 인식하고 새로운 단계로 고양되게 된다.

실재하는 세계에 형통해 있는 자기의식은 자기자신에게서 자기의 대상을 마련하지만, 그러나 이는 이제 겨우 의식이 깨우친 것일 뿐 아직 실재하는 대상이 되어 있는 것은 아니다. 여기서 존재는 자기의식이 생각하는 현실과는 다른 현실로 나타나 있으니, 이때 자기의식은 자기가 듯한 바 대상을 실현해냄으로써 자기를 현실과는 다른 자립적 존재로서 직관하려고 한다. 이 최초의 목적이란 다른 자기의식 속에서 개별 존재로서의 자기를 의식하는 것이며 또한 타자를 자기 자신으로 만드는 것이니, 여기서 자기의식은 이미 이 타자가 본래 자기 자신에 다름 아니라는 것을 확신하고 있다.… 이제 자기의식 속으로 파고드는 것은… 개별 의식에 엉켜있는 현실존재만을 참다운 현실로 여기는 대지의 영이다.… 이제 자기의식은 생의 한복판으로 뛰어 들어가서… 행복을 움켜잡으며 이를 실컷 즐기려 한다. 자기와 자기의 현실 사이를 연결하는 유일한 굴레였던 학문, 법칙, 원리와 같은 그림자는 그 본모습이라곤 찾아볼 수 없는 뿌연 안개 속으로 사라져 버린다.…(헤겔, 『정신현상학』, 378-379)

쾌락이라는 자기의식의 마지막 단계에 나타나는 것은 필연의 운명 속에서 실존적인 자기상실에 당도하여 결국 운명을 가지와는 절대적으로 소원한 존재라고 여기는 사상이다. 그러나 자기의식은 여기서 실은 필연의 운명을 딛고 살아남은 것이다. 왜냐하면 운명의 필연이라는 온 곳에 펼쳐져 있는 순수한 힘은 바로 자기의식의 고유한 본질이기 때문이다. 의식이 자체 내로 복귀하여 운명의 필연을 자기의 본질로서 인식하게 될 때 의식은 새로운 형태를 띠고 나타나게 되는 것이다. (헤겔, 『정신현상

학』, 383-384)

이와 같이 '자기의식이 운명의 필연이란 무엇인가를 깨우치게 되면서' 우리의 자기의식 속에서는 '마음의 법칙'이 출현하게 된다.

> 참으로 자기의식이 운명의 필연이란 무엇인가를 깨우치게 되면서 의식의 새로운 형태가 나타나는 것과 함께 여기서는 의식 그 자체가 필연적인 것이 된다. 의식은 보편적으로 타당한 법칙이 그대로 자기 안에 깃들어 있음을 인식하는바, 이 법칙은 의식이 바로 자기의 것으로 갖추고 있음을 지각하고 있다는 의미에서 '마음의 법칙'이라고 불린다.… 자기의식이 직접 자기의 소유물로 하고 있는 법칙이나 자체 내에 법칙을 갖추고 있는 마음은 자기의식으로서 실현해나가야만 할 목적이다.… (헤겔, 『정신현상학』, 384)

실천적 의식은 처음에는 단순한 쾌락을 추구하는 모습을 띠고 자신을 전개하나 이내 이 한계를 자각하고, 사회관계를 고려한 필연성을 추구하게 되는데, 그것이 곧 마음의 법칙이다. 이러한 헤겔의 '마음의 법칙'에 대해서 강성화는 다음과 같이 요약하고 있다.

> 실천적 의식은 처음 단계에서는 쾌락을 추구하는 개별성의 모습을 띠고 선개된다. 쾌락이건 개별적인 것으로서 자기를 다른 자기의식 속에서 자각하는 것이고 혹은 타자를 자기 자신을 위한 수단으로 하는 것이다.… 그런데, 필연성(사회관계)를 무시하고 개별성을 관철한다면 자기의 몰락을 초래할 수밖에 없을 것이다.… 결국 자기의식이 이러한 상황을 피할 수 있는 유일한 길은 개체성을 수호하면서 더 나아가 필연성(사회)과의 관계를 화해시켜 가는 길이다. 그리하여 자기의식은 자신의 새로운 형태를 찾지 않으면 안 되는데, 자기의식의 이 새로운 형태가 헤겔이 말하는 바 '마음의 법칙'이다.… 여기에서 자기의식이 추구하는 것은 개별적

인 쾌락이 아닌 보다 높은 차원의 목적인데 그것은 이를 테면 '만인의 복지'를 가져오는 쾌락이다. 따라서 이 마음속에서는 법칙과 필연성이 일체화되고 있는 것이고 개인의 쾌락을 추구하는 것이 모든 인류의 쾌락을 추구하는 것이며, 모든 인류의 법칙을 실현하는 것이 곧 개인의 쾌락을 실현하는 것이다.[20]

마. 보편적 또는 사회적 이성(덕성과 세계행로)

그런데, 헤겔에 의하면, 이 마음의 법칙은 현실적인 기준과 이상과의 차이에서 발생하여, 모순에 봉착하게 된다. 자신의 개별적인 마음의 확신으로 현실의 질서를 무시하고 자신의 내적 윤리의 기준 만을 고수하는 사람은 현실 가운데 보존되어 온 기준마저 무시하는 '광기'에 빠지며, 전혀 비현실적이고 공허한 '자만'에 휩싸이게 된다. 비록 윤리에 관련하여서 현실에서 존재하는 것이 최상의 기준은 아닐지라도 현실성에서의 보편적 법칙(기준)으로 존재하고 있기 때문이다. 이에 대해 헤겔은 "현실성과 비현실성이라는 두 측면이 중첩되고 서로가 모순되는 가운데…자기의식은 극심한 내면적 착란에 빠져드는 것이다. (헤겔, 『정신현상학』, 391)"고 말한다. 이에 대해 최신한은 다음과 같이 그 내용을 요약하고 있다.

> 이성적 개인이 마음의 법칙을 통해 자기 자신을 실현하려는 곳에도 모순이 등장한다. 이 모순은 자신을 현실 가운데 실현하려고 하는 '내적 확신'의 특수성과 '법칙'의 보편성 사이에 발생한다. 내적 확신은 마음의 법칙에서 나온 것임에도 불구하고 어쩔 수 없이 개별적인 것에 지나지 않는 반면, 법칙은 현실 속의 다른 개인에게도 적용되는 보편적인 것이다. 자발적인 자기실현이 법칙을 포함하고 있는 한, 그것은 동시에 공적인 질서를 고려하고 이를 수용해야 한다. 그렇지 않다면 한 개인이 자신의 법칙을 관철하는 것은 다른 개인의 법칙을 유린하는 결과로 이어질 수 있다.… 현실은 결코 죽은 현실이 아니기 때문이다. 사회적 질서

---

20) 강성화, 『철학사상』, 147.

4장 이성·정신·종교·절대지

의 필연성을 고려하지 않는 개인은 자기 고유의 목표달성은 커녕 자체의 존립도 위협받을 수 있다. 내적 확신은 현실의 질서와 부딪히면서 반전된다. 현실에 맞서서 자기를 실현하려는 마음의 법칙은 그가 맞섰던 현실이 되고, 현실의 질서는 개인의 사회적 실현으로 전도된다. 따라서 현실의 질서를 무시하고 자신의 내적 확신만을 고수하는 사람은 현실 가운데 보존되어온 기준마저 무시하는 '광기'에 빠지며 전혀 비현실적이고 공허한 '자만'에 휩싸인다.[21]

이로 인해 나타나는 것은 진정한 '덕성'은 개인과 현실의 조화에서만 언급될 수 있으며, 마음의 법칙과 현실의 조화를 이루어야 할 '세계 운행'은 이제 더 이상 개인에 의해서 극복되어야 할 대상이 아니다. 그러한 가운데 이제 이 개인은 세계운행을 새롭게 변형하기 위해 나아가게 되는 것이다.

광기에 빠지지도 않고 자만하지도 않은 개인은 이제 마음의 법칙과 현실 질서의 조화를 중요한 과제로 받아들인다. 현실 가운데 뜻을 펼치려는 개인의 노력과 무관하게 진행되는 것으로까지 보이는 '세계운행'은 더 이상 개인에 의해 극복되어야 할 대상이 아니다. 개인의 '덕성'은 개인과 현실의 조화에서만 언급될 수 있다. 이것은 곧 특수와 보편의 조화이다.

덕성을 갖춘 개인은 자기만의 특수성을 고집하지 않으며 자신의 행위가 현실과 조화를 이루게 힌다. '욕망'을 실현하려는 개인은 현실과 맞서며, '마음의 법칙'을 소유한 개인은 현실과 완전하게 통합되어 있다. 이 통합에서 개인은 수동적인 역할을 감당하는 것으로 그치지 않는다. 오히려 개인은 세계운행을 새롭게 변형하며 그 가운데서 이성적 질서를 각인한다. 역사 속의 이성은 개인의 이성적 행위를 통해 이루어지므로, 이성의 역사와 개체성의 원리는 서로 뗄 수 없는 관계 속에 있다.[22]

---

21) 최신한,『정신현상학, 자기 내적 거리유지의 오디세이아』, (파주: 살림, 2007), 93.
22) 최신한,『정신현상학, 자기 내적 거리유지의 오디세이아』, 93-94.

바. 절대적인 실재성을 획득한 개인

  자기의식과 범주의 통일은 이제 자신과 눈앞의 현실을 동일시하여 바라본다. 이제는 본질과 목적이 완벽하게 눈앞의 현실과 일체화되어 있다는 확신이 있다. 그래서 대상으로서의 즉자존재와 자기의식으로서의 대자존재가 상호침투해 있는 것이다. 결국 행위가 그 자체로서 진리이고 현실이며 개인의 표현이나 발언이 어김없는 행위의 목적이 되는 것이다. 이로써 의식은 그의 행위에 부수되어 있는 온갖 대립과 제약을 떨쳐 버리고 일약 자기를 기점으로 새로운 출발을 하는데, 더욱이 이는 타자를 향해 가는 것이 아니라 자기 자신을 향해 가는 것이다. 이제는 개인이 그대로 현실인 이상 그가 작용을 가하는 소재도, 행위의 목적도 그 모두가 행위 자체에 얽혀들어 있다.

> 자기의식은 애초에는 다만 연구자로서의 우리에게만 알려져 있던 개념, 즉 온갖 실재이다라는 데 대한 자기확신을 마침내 자기의 것으로 포착함으로써 천부적인 자질이나 능력과 같은 보편적인 요소와 개체성의 역동적인 상호침투 작용이 자기의식의 목적과 본질이 되어 있다.… 절대적으로 자기의 실재성을 확신하는 이성은 더 이상 직접 존재하는 현실에 대립하는 것으로 하여 목적을 실현하려는 것이 아니라 이러한 대립의 구도를 넘어선 범주 그 자체를 의식의 대상으로 하고 있다. 다시 말하면 갓 등장하고 난 이성이 걸치고 있던, 타자를 부정하고 자기와 맞서 있는 그런 자기의식은 이미 극복되었다.…
> 이제 본원적인 목적 그 자체와 타자에 대해서 있는 눈앞의 현실이 동일한 것임이 밝혀진 마당에 진리와 확신은 더 이상 분리될 수 없다. 따라서 만약 분리된다면 정립된 목적이 진리이고 실현은 확신으로 간주되거나 그 어느 쪽이 될 것이다. 그런데 이제는 본질과 목적이 완벽하게 눈앞의 현실과 일체화되어 있다는 확신 아래 즉자존재와 대자존재, 보편성과 개체성이 상호침투해 있는 것이다. 결국 행위가 그 자체로서 진리이고 현실이며 개인의 표현이나 발언이 어김없는 행위의 목적이 되는 것

4장 이성·정신·종교·절대지

이다. 이런 사태를 맞이한 자기의식은 한편에 범주가 있고 다른 한편에 관찰이나 행위를 통하여 이 범주와 관계하는 자기가 있다는 식의 대립상을 떨쳐버리고 자체 내로 복귀해있다. 자기의식은 순수한 범주를 자기의 대상으로 하는 가운데 마치 범주가 범주를 의식하는 것과 같은 양상을 띠고 있다. …
이로써 의식은 그의 행위에 부수되어 있는 온갖 대립과 제약을 떨쳐 버리고 일약 자기를 기점으로 새로운 출발을 하는데, 더욱이 이는 타자를 향해 가는 것이 아니라 자기 자신을 향해 가는 것이다. 이제는 개인이 그대로 현실인 이상 그가 작용을 가하는 소재도, 행위의 목적도 그 모두가 행위 자체에 얽혀들어 있다. 그러므로 행위는 허공을 자유자재로 맴도는 원환운동을 펴나가며 마음 내키는 대로 크고 작은 원을 그려가면서 자기 안에서 자기만을 상대로 완전한 만족을 누리고 있다. 이때 개인이 스스로의 형태를 표현하는 장이야말로 순수히 그의 형태를 받아들여주는 터전으로 의식은 자기를 여기에 말끔히 드러내 보이려고 한다. (헤겔, 『정신현상학』, 407-408)

2. 정 신

가. '인륜적 실체'로서의 '정신'

  앞에서 살펴본 바에 의하면, 이성이 자기 자신을 세계로 인식한다는 것은 이제 우리의 범주가 세계와 동일하다는 것은 인식한다는 것이다. 이에 따라 이제 세계가 아니라 우리 안의 범주가 의식의 대상이 되기에 이른다. 그런데 현실은 어떠한가? 현실에서는 범주적인 이성은 진리일 수 없는 것으로 드러나며, 이 규정도 또한 스스로 파기되어야 할 대목으로 드러난다. 이때 범주는 즉자와 대자를 포괄하는 진리의 모습을 한 존재로 지양되어 드러난다. 이를 추싱직으로 규정한 것을 헤겔은 '사태 자체'라고 부르며, 이것을 '정신적인 존재'로서의 또 하나의 '실체'라고 부른다. 그리고 이것이 우리 안에서 의식이 될 때 이것을 곧 '정신'이라고 하는 것이다.

그리고 이 '정신'이 공동체를 떠받치는 인륜적 실체이며, 보편적이고 자기 동일적인 불변의 실체로서의 정신은 만인의 행위를 받쳐주는 확고부동한 토대이자 출발점이며 동시에 모든 자기의식의 사유 속에 본원적으로 깃들어 있는 목적이자 목표이다. 이렇게 해서 정신은 스스로가 자기를 지탱하는 절대적인 현실존재가 된다. 행동하는 인륜적 세계야말로 정신의 참다운 모습이다. 이렇게 해서 자기분열을 일으킨 정신은 가혹한 현실을 드러내는 대상세계 속에서 '교양의 세계'를 구축하고 또 이와 대립되는 사상의 영역에는 '신앙의 세계' 또는 '신의 왕국'을 일구어낸다.

온갖 실재라는 이성의 확신이 진리로 고양되고 이성이 자기 자신을 세계로, 그리고 세계를 자기 자신으로 의식하기에 이르렀을 때, 이성은 곧 정신이다. 바로 앞에서 본 정신의 생성을 나타내는 운동에서는 의식의 대상인 순수한 범주가 이성의 개념으로 고양되었다. '관찰하는 이성'에서는 자아와 존재, 자기를 자각하는 존재와 그 자체로 있는 존재의 순수한 통일체가 본원적인 자체 존재로 규정되었는데, 여기서 이성의 의식은 자기를 발견한 것이다. 그러나 관찰을 진행해나가면서 오히려 직접 자기를 발견하려는 본능이나 무의식적으로 있는 범주적인 이성은 진리일 수 없는 것으로 드러난다. 발견된 대로의 사물 속에 직관된 범주가 의식 속으로 들어와서 독자적인 자아로 나타나고 자아는 그 자신을 자기로서 대상적으로 인식한다는 것이다. 하지만 범주가 자체적으로 있는 것은 아니고 자각적인 존재로 있다는 이 규정도 또 마찬가지로 일면적이고 스스로 파기되어야 할 대목이다.

따라서 범주는 즉자와 대자를 포괄하는 보편적 진리의 모습을 한 존재로서 의식 앞에 제시되기에 이른다. 이를 추상적으로 규정한 것이 '사태 자체'라는 것으로서 여기에 비로소 정신적인 존재가 등장하지만, 그의 의식은 아직 여기에 머무른 채 여기에 갖가지 정신적인 내용이 얽혀들어 있다. 의식은 아직도 실체로부터 분리된 개별체로서, 자의적인 법칙을 제정하거나 절대적인 법칙을 알고 있다고 여기는 나머지 스스로 법

4장 이성·정신·종교·절대지

칙의 평가를 도맡으려 한다. 이를 실체의 편에서 본다면 완전무결한 정신적 존재인 실체가 여전히 자기 자신을 의식하고 있지 않다는 것이 된다. 그러나 완전한 정신적 존재인 실체가 동시에 현실적인 의식으로 존재하면서 자기 자신을 표상하기에 이를 때면 그것이 바로 정신이다.
정신은 정신적 존재로서는 지금껏 공동세계를 떠받치는 인륜적 실체로 불려왔지만, 그러나 정신은 인륜적인 현실 그대로이다.… 보편적이고 자기 동일적인 불변의 실체로서의 정신은 만인의 행위를 받쳐주는 확고부동한 토대이자 출발점이며 동시에 모든 자기의식의 사유 속에 본원적으로 깃들어 있는 목적이자 목표이다. 이러한 실체는 또한 만인의 행위에 의해서 산출된, 만인의 통일과 평등을 나타내는 공동의 작업의 결과로서, 요컨대 의식을 반영하고 의식의 핵심을 이루는 행위의 결과물이다.…
이렇게 해서 정신은 스스로가 자기를 지탱하는 절대적인 현실존재가 된다. 지금까지의 의식형태는 모두가 이 정신의 추상화된 모습을 나타낸 것으로서, 정신이 스스로를 분해하여 갖가지 요소로 구분하면서 그 요소 하나하나마다에 천착한다. 그렇듯 요소 하나하나 마다를 분리해놓는 데에는 정신 그 자체가 전제도 되고 지반도 되어야 하는바, 즉 각 요소는 정신을 토대로 해서만 존재할 수 있는 것이다.…
정신이 직접적인 진리로 나타나 있는 한은 한 민족의 인륜적 생활로서, 즉 그것은 개체 속에 응집된 하나의 세계를 이룬다.…
행동하는 인륜적 세계야말로 정신의 참다운 모습이다. 정신은 일단은 자기의 본질을 추상적으로 알게 되는데, 이때 인륜성이 파괴되면서 형식적이고 보편적인 법이 나타난다. 이렇게 해서 자기분열을 일으킨 정신은 가혹한 현실을 드러내는 대상 세계 속에서 '교양의 세계'를 구축하고 또 이와 대립되는 사상의 영역에는 '신앙의 세계' 또는 '신의 왕국'을 일구어낸다. (헤겔, 『정신현상학』2권, 17-21)

헤겔이 말하는 '정신'은 우리의 의식이 '인륜성'으로까지 발전한 상태를 의미한다. 이 '인륜성'은 민족의 정신으로서, 그 민족에 해당되는 모두를 감싸 안는다. 그래서 그 개별자들의 의식의 근저를 이루며 더 나아가서는 지배한다. 이때 헤겔은 이 '정신'이라는 의식이 어떤 개별자의 의식이 이렇게 발전할 수 있다는 것을 의미하는 것인지, 우리 모두가 여기에 이르자는 것인지를 밝히는 것은 아니며, 다만 정신의 단계를 밝힐 뿐이다. 그리고 역사적으로 발달되어온 추상적 '인륜성'을 '정신'으로 파악하며 소개할 뿐이다. 역사 위에 나타난 모든 '인륜성'은 완성된 '인륜성'을 향하여 지향할 뿐이다. 이것을 '정신'이라고 말한다. 그렇다면, 이렇게 정신이 공동체적 정신이라면, '정신'은 개별자인가, 아니면 개별자가 아닌 다른 실체인가? 그리고 '정신'이 공동체 속의 '인륜성'이라면, 우리의 개별자로서의 '자기의식'이 이렇게 스스로 '정신'으로 고양되는가? 헤겔에 의하면, 이 '정신'과 합류함을 통해서, 혹은 이 '정신'을 가짐을 통해서 고양된다. 그러므로 '인륜성'이라는 '정신'의 실체가 별도로 존재하고, 우리는 여기에 참여하게 되는 것이다.

> 정신은 우선 '감각적 확신' '지각' 그리고 '오성'을 포괄하는 '의식' 일반으로 등장하거니와… 반대로 정신의 분할로 인한 또 다른 면, 즉 정신이 자기와 맞서 있는 정신이라는 점이 강조될 경우에는 정신은 '자기의식'이 된다. 더 나아가 의식과 자기의식의 통일체로서 절대적 존재를 직접 대상으로 하는 의식이 등장하게 되면 이때 정신은 '이성'을 가진 의식이 된다. 그런데 '갖는다'는 말투에서도 나타나듯이 여기서는 대상 그 자체가 이성적이며 범주로서의 구실을 한다고 하지만 대상과 맞서 있는 의식으로서는 아직 범주의 자격을 갖추는 데에는 이르지 못하고 있다. 이것이 앞 장에서 보아온 정신을 향해 나아가는 의식의 모습이다. 정신이 갖는 이성은 최종적으로는 이성으로서의 이성이며, 정신 속에 정신의 세계로서 현실화된 이성으로서 정신이 그러한 이성을 직관하기에 이를 때 정신은 참다운 정신이 된다. 결국 참다운 정신이란 현실적이며 인륜적인 본질을 갖춘 정신을 뜻하는 것이다. (헤겔, 『정신현상학』 2권, 21)

4장 이성·정신·종교·절대지

이제 다음부터 언급하는 '정신'은 이제 '객관적 정신'을 의미한다. 『정신현상학』의 '정신'장에서의 '정신'은 일반적인 개별자로서의 정신이 아니라, 어떤 근원적 실체로서의 정신으로 이해하여야 한다. 헤겔의 '의식'이나 '정신'은 실체를 의미한다. 따라서 다음의 '정신'도 어떤 실체인데, 헤겔의 '정신'은 역사 속에서 '민족혼, 혹은 인륜성'으로 나타난 '근원적 실체'이거나 새롭게 출현한 '실체'이다. 이것을 기억하고 다음의 '참다운 정신으로서의 인륜성'에 대해서, '소외된 정신으로서의 교양'에 대해서, '자기를 확신하는 정신으로서의 도덕성'에 대해서 논의를 전개하고 있는 것이다. 이것은 우리 개별자들의 정신이 아니다. 우리는 다만 여기에 참여할 뿐이다.

나. 참다운 정신, 인륜성

위의 '인륜적 실체'로서의 정신은 어떻게 자신의 모습을 나타내는가? 정신은 자신을 의식으로 나타내는데, 이 경우 정신은 이미 '(정신 자신의) 실체'와 이 '실체의 의식'으로 분열되고 이 양자는 서로 대립한다. 실체는 보편적인 질서와 목적이기 때문에 개별화된 현실로서의 자기인 의식과 대립한다. 그러나, 헤겔에 의하면, 이것이 처음에 '즉자적'으로 출현하는 시점에서는, 예컨대 그리스에서의 인륜적인 실체는 대립을 자기의 단일한 의식 속에 담아 놓고는 있지만 이 의식은 인륜세계와 직접 일체화되어 있다.

> 정신이 단일한 진리의 모습으로 나타난 것이 의식이거니와 정신이 이렇게 나타날 때면 정신의 각 요소는 이미 분열되어 있다. 의식의 행동이 정신을 실체와 실체의 의식으로 분열시키고는 다시 실체와 의식 모두에게도 분열을 조성한다.⋯ (헤겔, 『정신현상학』2권, 22-23)

정신의 단일한 실체가 분할되어 의식이 된다. 달리 말하면 추상적이고 감각적인 존재의 의식이 '지각으로 이행'[23]하였듯이, 이 실재하는 인륜적 존재에 대한 직접적인 확신도 여기서 분열을 지각하는 의식으로 이

---

[23] '추상적 오성'으로서 이제 '현상'과 '현실적 존재'로 나타나는 것을 의미하는 것으로 보인다. (필자)

행한다. 그리하여 단순한 존재가 지각에 대해서는 다양한 성질을 포함하는 사물로 나타나듯이 인륜적 의식에서는 하나하나의 행동이 온갖 인륜적 관계를 안고 있는 현실성을 띠고 나타난다.…
즉, 인륜적 실체가 자기의식에 힘입어 현실의 실체가 되면서 절대적인 정신이 현존하는 수많은 의식으로 구체화되어 나타나는 것이다.…
그것은 개개인의 반영된 상(象)으로 나타날 때는 개인에게 자각된 정신이 되고 개개인을 자체 내에 포함할 경우에는 본원적인 실체 그 자체가 된다. 이를 현실의 실체로 보면 '민족'이고 현실적인 의식으로 본다면 민족성원으로서의 '시민'이다. 시민으로서의 의식은 단일한 민족정신을 본질로 하여 이 정신의 현실체인 민족 전체 속에서 자기의 존재를 확신하면서 바로 이 민족 전체 속에 그대로 자기의 진리가 안겨져 있다고 생각한다. 여기서 민족은 더 이상 비현실적인 정신이 아니라 확고한 바탕 위에 군림하는 인정된 정신이다.
이 정신은 그의 본질상 의식된 현실이라는 모습을 띠는 까닭에 인간의 법칙이라고 불릴 수 있다. 보편적인 형식을 띤다는 점에서는 기지(旣知)의 법률이고 기존의 관습이지만, 개별적인 형식을 띤다는 점에서는 개인이 지니는 현실적인 자기확신으로서 이를 단일한 개체로 확립한 것이 정부이다.… 이렇듯 공명한 인륜적 위력에는 신의 법칙이라는 또 하나의 위력이 대립해 있다.… (헤겔, 『정신현상학』2권, 24-25)
그리스적 인륜의 세계에서는 아직 존재하지 않았던 자기의 현실성이 결국 인륜의 세계로부터 인격으로 복귀하는 도상에 획득되었다. 이로써 그리스적 인륜세계에서는 일체화되어 있던 것이 전개, 발양되기에 이르지만, 여기서 의식과 세계는 서로가 소외된 상태를 맞이하고 있는 것이다. (헤겔, 『정신현상학』2권, 63)

다. 소외된 정신, 교양

이제 '인륜적 실체'는 순수한 보편성으로 향하는 순수의식인 반면, '의식'은 현실 속으로 외화하여 현실세계로 이행한다. 이로 인하여 정신은 하나의

4장 이성·정신·종교·절대지

세계를 형성하는 것만이 아니라 서로 분리되고 대립하는 '이중의 세계'를 형성한다. 하나는 현실의 세계 또는 정신의 소외된 세계이고, 다른 하나는 정신이 첫 번째 세계를 넘어서서 순수의식의 경지로 들어선 곳에 옹립되는 세계이다. 즉, 의식으로 말미암은 '대상 세계'는 실체로 말미암은 '주관적 자아'에 대립하고 있는 것이다.

> 그리스에서 인륜적인 실체는 대립을 자기의 단일한 의식 속에 담아 놓고는 있지만 이 의식은 인륜세계와 직접 일체화되어 있다. 따라서 인륜세계는 의식에 대하여 단순히 존재해 있는 것으로 받아들여져서, 의식은 스스럼없이 인륜세계로부터 그의 관습을 받아들이고 있다.…(헤겔, 『정신현상학』2권, 63) 이렇게 해서 실체는 공동의 정신이 되고 자기와 인륜세계의 자각적인 통일체가 되지만, 또한 자기와 세계는 서로가 소외된 관계이기도 하다. 정신은 자립적이며 자유로운 대상적 현실을 의식하고는 있지만 자기와 세계의 통일체는 의식의 저편에 자리잡은 채 현실의식과 순수한 의식은 대립해 있는 것이다. 한편에서는 현실의 자기의식이 자기를 외화하여 현실세계로 이행하고 반대로 현실세계는 자기의식으로 복귀하는가 하면, 다른 한편에서는 인격이나 대상 세계 모두를 포용하는 이 현실이 지양되어 양자는 순수하게 본편적인 존재가 된다. 이렇듯 순수한 보편성으로 향하는 소외가 순수한 의식 또는 본질이라고 일컬어진다. 현재는 현재를 사유 속으로 이끌어 들인 피안과 정면으로 대립하고 피안은 피안대로 소원한 현실인 차안과 대립하는 것이다. 이러한 정신은 하나의 세계를 형성하는 것만이 아니라 서로 분리되고 대립하는 이중의 세계를 형성한다. (헤겔, 『정신현상학』2권, 65)

소외된 정신의 세계는 이중의 세계로 분열된다. 하나는 현실의 세계 또는 정신의 소외된 세계이고, 다른 하나는 정신이 첫 번째 세계를 넘어서서 순수의식의 경지로 들어선 곳에 옹립되는 세계이다. 그러나 소외된 세계에 대립하는 이 두 번째 세계는 그런 가운데서도 소외에서 자유로운 것이 아니라 오히려 소외의 또 다른 형태에 지나지 않는다. 도대체

소외라는 것은 의식이 두 개의 세계에 걸쳐 있으면서 이 두 세계를 모두 다 끌어안으려는 데서 비롯된다. (헤겔, 『정신현상학』2권, 68)

이제 소외된 정신의 세계는 교양의 세계를 이룬다. 교양의 과정이 이처럼 부정적인 과정 즉 소외의 과정이므로, 개인이 교양으로 이행하는 것은 사실 대상세계의 힘에 복종하는 것이지만, 개인 자신은 그렇게 생각하지 않는 데에 교양의 아이러니가 있다.

교양의 세계를 주재하는 정신은 자기의식이 삼투된 정신적 존재로서 자기가 바로 이 하나의 독자적 존재임을 직감하면서 또한 확고한 현실이 자기와 대치해 있음을 알고 있다.… 다시 말하면 자기의식은 자기를 소외시키는 한에서 무언가 실재하는 것이 될 수 있는 것이다. 이렇게 해서 자기의식은 보편적으로 인정된 존재가 되거니와 이러한 사회적 공동성이야말로 자기의식에게 가치 있는 현실로 다가온다.…
이때 개인으로 하여금 가치와 현실성을 지니게 하는 것이 바로 '교양'이다. 개인의 참다운 근원적 본성과 실체는 자연적인 존재양식을 소외시켜 나가는 정신이다. 이 외화는 개인의 목적이면서 동시에 개인의 실재하는 모습이기도 하다. 동시에 그것은 사유된 실체가 현실성을 띠게 되는 수단 또는 이행과정이기도 하고, 또 반대로 특정한 개인이 주체적 존재로 발돋움하는 수단 또는 이행과정이기도 하다. 특정한 개인은 교양을 통하여 본래의 자기가 되고 또 교양을 얼마만큼 쌓았는가 하는 정도에 따라 개인으로서의 현실성과 힘도 증대하는 것이다. (헤겔, 『정신현상학』2권, 68-69)

그리고 헤겔은 근대의 정신을 '소외된 정신'이라고 규정하였는데, 이때 정신의 '순수의식'은 '현실적 의식' 속으로 침투하였으며 '순수통찰'로서의 '계몽주의'로 나타났다. 이 계몽주의의 원리는 '유용성의 원리'였는데, 이를 극복하는 가운데에서 이러한 '절대적 자유'는 개인들 간의 절대적 대립을 초래하

4장 이성·정신·종교·절대지

여 '프랑스 혁명'의 '공포정치'를 낳게 되었다. 이에 대해 이병창은 다음과 같이 설명하고 있다.

> 교양의 단계에서는 현실적 의식에서 벌어지는 대상 세계와 주관적 자아 사이의 상호 대립 및 자기 전도가 주요 분석대상이었다. 순수의식은 다만 사유의 자유로서만 나타나고, 따라서 대상 세계 (국가 권력과 부)에 관계하는 데서 자유로운 평가 판단을 가능하게 하는 지반으로서만 의미를 가졌다. 그런데 비열한 의식이 자기 분열적 의식으로 발전함에 따라서 순수한 의식이 현실적 의식 속으로 침투하게 되었다. 그 결과 두 가지 의식의 형태가 나타난다. 그 하나가 순수 통찰이며, 다른 하나가 신앙이다.
> 순수통찰에서 자아와 대상세계가 일치한다는 것, 즉 대상세계는 자아의 산물이라는 것이 자각되어 순수의식이 이미 현실적 의식 속으로 침투하지만, 이런 자각은 자아도 부정하고 대상 세계도 부정하는 부정성의 활동으로서만 나타난다. 순수 통찰은 자아에 대해서 어떤 특수한 의지도 부정한다. 그러므로 그것은 자유롭게 판단하고 평가하는 자아로만 나타난다. …24)

계몽의 보편적 통찰은 주관적 추상의 산물이지만, 사실 이는 순수 의식을 통하여 성립하는 것이다. 왜냐하면 순수 의식이 계몽적 자아의 사유 활동의 지반이고 출발점이기 때문이다. 그러므로 계몽의 보편적 통찰은 신앙의 신적인 내용과 내용상 동일한 것이다. 왜냐하면 신앙의 본질 역시 순수의식이 대상적 지반에서 실현된 것이므로 이 속에는 자아와 대상의 통일성이 포함되어 있기 때문이다. 하지만 표면적으로 계몽에게서는 이것은 주관의 산물로서 등장하고, 신앙에서 그것은 대상 세계(초감각적 피안)로 등장하므로, 계몽은 신앙의 본질을 자기에 대립하는 것으로 파악한다. 그러므로 여기에서 신앙과 계몽의 대립이 나타날 수밖에

---

24) 이병창, "헤겔의 『정신현상학』에서 정신 개념에 관한 연구", 서울대학교대학원 박사학위논문 (1999), 86

없다. 그리고, 계몽의 비판은 신앙에게 아무 저항 없이 받아들여진다.…
(그러나) 헤겔은 계몽의 신앙과의 이런 투쟁을 '자가당착'의 경험으로 파악한다.… 계몽이 신앙의 신적 존재를 부정한다면, 이는 계몽이 자아의 자기실현이라는 측면에 서서 신적 존재의 초월성을 부정하는 것이다. 하지만 이런 초월성이란 계몽에게서도 존재한다. 왜냐하면 계몽 자신이 부정적인 순수사유에 지나지 않기 때문이다.… 25)

(한편,) 헤겔은 계몽주의의 가장 근본적인 입장이 있다면, 그것을 유용성의 원리에 있다고 생각한다. 유용성의 원리란 그 자신이 최고의 목적이며, 다른 모든 것은 자기를 위한 수단으로 파악하는 입장인데, 이런 입장은 윤리학에서 공리주의에서 단적으로 드러나지만 사실은 근대 계몽주의에 일반적인 입장이다. 그래서 예를 들어 아담 스미스 등의 근대 경제학의 경우도 그 근본입장은 유용성의 원리이다. 계몽주의의 유용성의 원리는 한편으로는 허무주의와 연관된다.…26)

공리주의에서 한 사회에서 각 개인이 이처럼 자신의 선을 최대한으로 실현하고자 할 때, 거기에는 공통적인 수단이 발견되어진다고 본다. 만일 이런 지점이 없다면 공리주의는 성립하지 않을 것이며, 바로 그 수단이 최대다수의 최대행복의 지점이 될 것이다. 그런데 헤겔에게서 절대적 자유는 이런 긍정적 결과에 도달하지 않는다. 오히려 헤겔은 이런 절대적 자유는 개인들 간의 절대적 대립을 초래함으로써 이른바 절대적 공포의 체계를 만들 뿐이라 보며, 이것이 역사상 프랑스 혁명 당시의 공포 정치라고 본다.27)

라. 자기를 확신하는 정신, 도덕성

이렇게 하여서 헤겔에게서 출현하는 '자기 확신하는 정신'은 '보편적 자아'이다. 이 '자아'는 '인륜적 목적을 자신의 목적으로 삼는 자아'가 아니며, '계몽적 자아'처럼 개체의 특수한 의지를 보편적으로 실현되어야 하는 목적으

---

25) 이병창, "헤겔의 『정신현상학』에서…", 90-96.
26) 이병창, "헤겔의 『정신현상학』에서…", 84.
27) 이병창, "헤겔의 『정신현상학』에서…", 103.

로 삼는 것이 아니다. 이것은 '모든 개별적 의지에 공통된 추상적 보편성'을 '자기의 목적으로 삼아 이를 수행한다'는 점에서 보편적 자아이다. 이 자아는 '의무를 의무로 알 뿐만 아니라', '그 의무를 수행하기까지' 한다. 헤겔은 칸트의 실천이성을 이렇게 발전시키고자 한다.

절대적 자유에서 자아는 자신을 보편적 목적으로 삼고 자기를 실현하고자 했으나, 그 결과는 철저한 자기 소외 즉 냉혹한 죽음이었다. 그런데 냉혹한 죽음 앞에서 정신은 자기 내 반성을 하여, 새로운 형태의 정신이 출현하며, 그것이 바로 자기를 확신하는 정신이다. '자기 확신하는 정신'은 '보편적 자아'이다. 이런 보편적 자아는 계몽적 자아처럼 개체의 특수한 의지를 보편적으로 실현되어야 하는 목적으로 삼는 것이 아니며, 그렇다고 구체적 보편성을 지닌 자아, 즉 인륜적 목적을 자신의 목적으로 삼는 자아도 아니다. 그것은 모든 개별적 의지에 공통된 추상적 보편성을 자기의 목적으로 삼아 이를 수행한다는 점에서 보편적 자아이다. 따라서 이런 자아에서 보편적 목적을 다만 형식적인 것에 그치고, 내용적으로는 여전히 개체의 특수한 의지가 남아 있다. 그러므로 자기 확신적 정신에서 자아는 형식과 내용에서 모순적인 것이다.

자기확신하는 정신에서 현실적 의식은 보편적 자아에 이중적인 방식으로 관계한다. … 한편으로 보편적 자아는 현실적 의식에 직접적으로 인식된다. 보편적 자아는 행위를 보편적 법칙에 따라서 수행하는 의지이다. 이런 보편적 의지가 식섭적으로 의식되면서, 외무의 익식이 나타난다. 그것은 의무를 의무로 알고, 바로 그러므로 즉 그것의 의무이기 때문에 그것을 수행한다. 다른 한편으로 보편적 자아는 매개적으로 인식된다. 그것은 개별적 의지의 특수한 내용들을 추상함으로서 보편적으로 된다. 전자가 보편적 자아의 자아형식(동기의 측면)이라면, 후자는 보편적 자아의 내용(도덕법의 내용적 측면)이라 하겠다. 전자의 측면에서 헤겔은 이를 '인식하는 의지'라고 한다. 후자의 측면에서 헤겔은 이를 '순수지'라고 말하기도 한다.[28]

이런 점에서 헤겔은 칸트의 윤리학이 위선에 지나지 않는다고 한다. 이제 정신은… 이에 대해 반성함으로써 새로운 정신의 형태를 출현시킨다. 헤겔은 이를 순수양심이라고 한다.… 이제 실천의지는 도덕 법칙에 의해 형식적으로 규정되는 것을 넘어서서 내용적으로도 규제된다.29)

'양심'의 절에서 헤겔은 근대 낭만주의적 사조 안에서의 정신의 개념을 토대로 자신의 '양심'의 개념을 전개한다. 헤겔은 양심을 말할 때, "양심은 순수의무이며, 즉 순수 지로서의 자아와 다른 것이 아니다"고 한다. 그리고, "자아가 곧 존재이며 현실이다"고 한다. 헤겔은 양심의 이런 자아를 교양의 세계에서의 '인격'과 순수통찰에서 성립했던 '순수 자아'와 비교하여 '제3의 자아'라고 말한다. 그리고 이 '제3자아'는 칸트의 '도덕적 의식'을 넘어서는데, '양심에서는 본질과 자아 그리고 현실이 일치하기 때문'이다.

칸트의 도덕적 의식에서 순수 의무와 자연적 의지, 보편적 도덕법칙과 개별적 현실 사이에 대립이 있었다. 그런데 이제 양심에서 이런 대립이 통일에 이른다. 물론 이런 통일은 아직은 직접적인 통일에 머무르는데, 따라서 양심은 수행되어야 할 보편적 의무를 자기의 내면, 주관적 확신 속에서 즉각적으로 인식하며, 이런 점에서 헤겔은 양심을 순수 지라고 규정한다. 또한 양심은 자연적인 의지이며, 그럼에도 불구하고 이 의지는 사적인 특수의지가 아니라 보편적 의무를 수행한다. 그래서 양심은 의무이자 곧 의욕으로 나타나고, 여기서 이제 의무와 그 실현의 간격은 사라지며 따라서 자아는 곧 현실이다. 칸트적 도덕적 의식이 자기의 모순을 해결하기 위하여 피안에 요청했던 조화와 통일이 이제 양심에서 현실 세계 속에 구현된다. 그러나 아직은 양심에서 이런 조화와 통일은 직접적이다. 즉 직접적인 인식과 자연적 의지가 곧바로 보편적 의무를 파악하고 그것을 실현하므로, 따라서 헤겔은 이런 양심을 "그 우연성을

---

28) 이병창, "헤겔의 『정신현상학』에서…", 109-110.
29) 이병창, "헤겔의 『정신현상학』에서…", 120.

4장 이성·정신·종교·절대지

전적으로 타당하게 여긴다"고 말한다. … 30)

양심에서 이처럼 본질(도덕법칙)과 그것을 수행하는 자아, 그리고 행하여진 현실이 일치하므로, 이런 양심에서 볼 때, 칸트적 도덕의식에서 나타났던 것과 같이 선한 의도를 가지고 있지만 실행되지 않았다든지, 또는 선한 자에게 악한 일이 일어났다는 것은 더 이상 있을 수 없다. 왜냐하면 이런 것들은 본질과 자아의 대립, 의도와 현실의 대립 속에서만 가능한 것인데, 양심에서는 본질과 자아 그리고 현실이 일치하기 때문이다. 31)

사실 우리의 양심에게는 헤겔이 말하는 바와 같은 능력이 있다. 그러나 이것을 기독교적으로 해석하면 인간의 전적인 부패로 인하여서 이 의지를 상실하였다. 이것을 헤겔은 '양심의 위선'으로 이해를 하며, 여기에서 '양심의 분열'이 나타나며 '양심의 유희'가 나타난다. 그런데, 양심의 유희 속에서 결국 '자신을 고백하는 행위하는 양심'에서부터 새로운 정신적 형태가 출현하며, '상호인정'하는 사회가 등장한다. 이에 대해 이병창은 다음과 같이 요약한다.

> 양심에서 언뜻 보아 도덕의식에서의 모순이 해결된 것처럼 보이지만, 그러나 양심은 도덕의식의 모순을 근본적으로 해결한 것은 아니다. 자기확신 속에서 양심은 통일적이지만, 행위하는 한에서 양심이 감추었던 모순이 드러나게 된다. 양심은 이런 모순을 기만을 통해서 해결하려고 한다.
> 먼저, 양심은 개별적 경우를 정확하게 인식한다고 주장하지만, 사실 그것은 우연적이며 개별적인 인식에 불과하다. … 둘째로, 양심이 행위에 나가게 되면, 양심은 현실의 다양한 측면들에 관계한다. 이 속에서 양심은 다양한 의무들, 심지어 서로 대립된 의무들이 요구됨을 알게 된다.

---

30) 이병창, "헤겔의 『정신현상학』에서…", 122.
31) 이병창, "헤겔의 『정신현상학』에서…", 124.

이런 경우에서 양심은 자기 확신 속에서 자기가 결정한 것만을 의무로 간주한다.… 그러므로 양심에 있어서는 타인이 불법이라고 부른 것이 자기에게는 자기의 독립성을 지키기 위한 의무가 되고, 타인이 비겁이라고 부르는 것은 자기에게는 생존을 보존하기 위한 의무가 된다. 셋째, 헤겔은 이처럼 사실은 개체의 자의에 불과한 것을 보편적 법칙이고 의무라고 주장하는 데에 양심의 사칭과 위선이 존재한다고 본다. 양심은 이런 사칭과 위선을 해결할 수 있는 다른 방법을 가지지 못한다.…

자기 확신 속에서 절대적 권능이었던 양심은 이제 양심이 현실 속에서 구체적 행위로 나가면서 두 가지 의식으로 분리된다. 그 하나는 내적 확신 즉 양심을 강조한다. 헤겔은 이를 '행위하는 양심'이라 규정하는데, 그는 내적 확신 속에서 그 자신 양심의 법칙(의무)에 따른다고 생각하며, 현실적 행위가 가지는 외면적 모습은 무시하는 의식이다. 이런 의식에서 행위의 외면적 모습은 진정한 행위의 모습이 아니거나, 또는 문제되지 않는다. 남들이 무어라고 하든 자신만은 양심의 법칙에 따라서 행위했다는 내적 확신을 가지는 것으로 충분하다. 또 다른 의식은 행위의 외면적 모습을 중시한다. 이런 의식은 행위하는 양심의 내적 확신을 무시하며, 이 의식에게 주요한 것은 그 외면적 행위가 보편적 의무에 합치하는가 하는 것이다. 그러므로 헤겔은 이를 '평가적 의식'이라 규정한다. 그런데 이런 평가적 의식에서 볼 때, 양심의 행위란 그의 특수한 자의와 자연적 욕망이 실현된 것에 지나지 않으며, 따라서 이것은 악한 것이다. [양심의 분열]

양심의 행위가 사실은 악이다는 평가적 의식의 비판 앞에서 '행위하는 양심'은 이제 행위를 중지하고, 오히려 행위를 주요한 것으로 생각하지 않는다. 주요한 것은 바로 자기 확신이며, 따라서 그는 자신의 진실성을 다만 말을 통해 드러낸다. 왜냐하면 말이란 정신의 직접적 표현이므로, 따라서 말이야말로 양심이 자신의 진실을 드러낼 수 있는 유일한 방식이기 때문이다. 이러한 말은 자기의식의 형태에 따라서 각기 다른 형태의 말로서 나타난다.… 이제 양심에서 나타나는 말은 자신의 진심을 토

4장 이성·정신·종교·절대지

로하는 말이며, 양심이 자기를 양심으로서 확인하는 말이다. 헤겔은 이런 양심의 말을 '단언(端言, 바른 말)'이라고 규정한다. 양심의 단언이 진실된 것인가 하는 문제는 일어나지 않는다.… 헤겔은 양심의 이런 태도를 '고독한 봉사(奉祀, 제사를 받드는 것)'라든가 '도덕의 천재'라고 비꼬기도 한다. [양심의 유희]

헤겔은 이와 같은 양심의 유희 속에서 결국 자신을 고백하는 '행위하는 양심'에서부터 새로운 정신적 형태가 출현한다고 생각한다.… '행위하는 양심'은 자신의 행위의 악을 악으로 고백하면서, 마침내 '평가하는 의식' 역시 '행위하는 양심'에 대한 자기의 차가움과 냉정함을 무너뜨리고 그를 용서하고 그와 연대한다. [고백과 용서]

헤겔은 이런 고백과 용서의 관계 속에서 진정한 절대적 정신의 형태로서 상호인정의 가능성을 발견한다. 헤겔에게서 이런 고백과 용서를 통한 상호 인정이란 이처럼 자기를 부정하고, 그런 가운데 타자와의 동일성을 발견함으로써 이루어진다.… 바로 여기서 헤겔은 절대정신의 출현의 계기를 발견한다. [상호인정하는 사회]

3. 종 교

가. 종교 단계에서의 정신

헤겔에게 있어서 '정신'의 이행 단계에서 도덕성은 '자기 자신을 확신하는 정신'이라면, '종교'는 '자신을 정신으로 아는 정신'이다. 즉, 헤겔에 있어서 '종교'로서의 정신은 '절대신으로서의 정신인 성령의 자기의식'이며, '초감각적인 것, 영원한 것의 자기의식'이다. 헤겔은 이 '종교로서의 정신'을 '의식'의 각 단계 마다에서 그 궁극적인 존재로 의식 속에 등장하였던 것들이나 성취되지는 못했던 것들이다고 말한다. 따라서 '종교로서의 정신'은 '개별적인 자기의식과 불변자인 신의 통일'을 말하며, '천상의 신앙'을 말하고, '자기를 알고 있는 정신이 직접 자기와 마주하고 있는 순수 자기의식'을 의미한다. 그것은 '현실과 종교를 하나로 관통하는 하나의 정신'에 '동일화'

되는데 있다. 한편, 헤겔에 의하면 이때의 '동일화'는 '신이 인간이 되는 계시종교'를 통해 이루어진다. 이것이 '종교로서의 정신'의 단계이다. 이에 대해 헤겔은 다음과 같이 말한다.

> 대략 '의식' '자기의식' '이성' '정신'으로 구분되는 지금까지의 의식 형태에서 절대신의 의식이라고 할 종교가 몇 차례 나타나긴 했지만, 그것은 어디까지나 절대신을 의식하는 의식의 입장을 드러낸 것이지 절대신이 궁극의 최고존재로서, 즉 정신이며 성령의 자기의식으로서 나타났던 것은 아니다.
> '의식'이 '오성'의 단계로 접어들면서 이미 대상적 존재의 내면으로 파고드는 초감각적인 의식이 나타난다. 그러나 거기서 초감각적인 것, 영원한 것이라는 등으로 불렸던 것은 아직 자기를 갖고 있지 않다.⋯ 그 다음 '자기의식'에서는 '불행한 의식'이 완성된 형태로 나타나는데, 개별적인 자기의식과 불변자인 신의 통일이야말로 자기의식이 애타게 갈구하는 것이면서도 이는 다다를 수 없는 피안의 것으로 머물고 만다.⋯ 그리스 인륜세계에는 종교가, 그것도 명부(冥府, 저승)의 종교가 등장하는 것이 눈에 띈다.⋯ 이러한 허무의 필연성과 지하 명부에 대한 신앙은 이윽고 천상의 신앙으로 바뀌는데, 이는 유명을 달리한 자기가 공동세계와 일체화되어 그 속에서 자기가 품고 있는 내용을 분해하여 명확히 하지 않으면 안 되기 때문이다. 그러나 이미 보았듯이 이 '신앙의 왕국'은⋯ '계몽의 종교'와의 싸움에서 왕국은 패퇴하고 만다. 도덕종교에서 마지막으로 다시 한 번 절대신이 긍정적인 내용을 지니는 것으로 나타나긴 하지만, 그 내용에는 계몽사상의 부정성이 한데 합쳐져 있다.⋯ 자기를 알고 있는 정신은 종교에서는 직접 자기와 마주하고 있는 순수한 자기의식이다. 지금까지 고찰되어온 갖가지 정신의 형태는⋯ 자기를 인식할 수 없다는 정신이었다.⋯ 그렇다면⋯ 정신의 존재와 정신의 자기의식은 서로 구별되어 본래의 현실은 종교의 외부에 놓여지는 셈이 된다. 분명히 현실과 종교를 관통하는 하나의 정신이 있지만, 정신의 의식

4장 이성·정신·종교·절대지

이 양자를 다 함께 포괄하지 않으며 이로써 현실세계와 종교에는 종교의 생활과 행위와 영위함이 있고 다른 한편에 현실세계에서의 생활과 행위와 영위함이 있다. 이로써 현실세계의 정신과 스스로가 영적 존재임을 의식하는 정신, 즉 종교적인 정신은 동일하다는 것을 알고는 있지만 결국 종교의 완성이란 정신의 현실이 종교에 의해 포착될 뿐만 아니라 반대로 자기를 의식한 정신이 현실의 정신으로서 의식의 대상이 되는 가운데(이것은 '신이 인간이 되는 것'을 의미함) 종교와 현실의 두 세계가 서로 동일화되는 데 깃들어 있다고 해야만 하겠다. (헤겔, 『정신현상학』2권, 237-240)

헤겔은 '의식' '자기의식' '이성' '정신'을 세속적인 정신 혹은 현실적 정신이라고 하고, 이 모든 과정을 포괄한 상태에서 이에 상응하여 존재했던 정신이 곧 '종교로서의 정신'이었다. 그리고 이러한 '종교'는 이러한 의식에 상응하여 '자연종교'로, '예술종교'로, '계시종교'로 나타났으며, 궁극적으로는 '정신의 형태와 존재의 장이 완전히 일체화 된다'고 말한다.

우선 첫째로 자기의식과 본래의 의식이, 다시 말하면 종교와 현실세계에 일상적으로 있는 정신이 구별되어야만 하겠는데, 즉 일상적인 의식은 정신의 전체에 포함된 채 그 속에서 각기 저마다의 요소를 병렬적으로 제시한다. 그 요소에 해당하는 것이 '의식' '자기의식' '이성' 그리고 '정신'으로서, 이때 정신은 아직 정신임을 자각하고 있지 않은 직접적인 정신이다. 위의 네 요소를 합쳐놓은 전체가 세속적인 정신을 구성하게 되는데, 결국 정신 그 자체는 지금까지 등장했던 모든 형태를 여기에 제시된 네 개의 일반적인 규정 속에 포함하고 있다. 이때 종교는 지금까지의 전 과정을 전제로 하여 그 안에 있는 모든 계기의 단일한 총화 또는 절대적인 핵심으로 등장한다. …

따라서 종교가 정신의 완성을 이룬 것이고 이 바탕 위에서 의식·자기의식·이성과 정신이라는 네 개 요소가 스스로의 근원으로 복귀해 가거나 이미 복귀해 있는 것이라고 한다면 이 네 요소가 다 함께 정신의 옹근 모습이 담긴 현실을 이룬다고 하겠으니, 결국 정신의 전체란 이 네 요소가 서로 구별되면서도 끝내 하나로 귀착되어가는 운동이 된다. 이렇게 되면 또 종교 일반의 생성도 일반적인 요소의 운동 속에 포함되게 된다.·
이러한 생성과정 속에서 정신은 그가 행하는 운동의 각 단계에 상응하는 특정한 형태를 띠면서 이와 함께 특정한 현실적 정신에 상응하는 것으로서 특정한 종교가 나타난다. 즉 자기를 아는 정신에게 '의식, 자기의식, 이성, 그리고 정신'이 귀속 되는데, 동시에 바로 이러한 정신의 특정한 형태 속에서 또다시 세분된 형식이 네 개 요소의 내부에서 전개된다. 이에 맞추어 특정한 종교형태는 현실적인 정신의 요소에 부응하는 형태 가운데 자기에게 부합되는 것을 이끌어낸다.…
결국은 모든 요소를 자체 내로 결집해 놓은 실체로서의 정신이 풍요롭게 펼쳐진 현실의 정신계를 전진하며 모든 특수한 요소가 전체 속에 스며들어 있는 동일한 정신성을 공통되게 받아들인다. 자기를 확신하는 그러한 정신과 그의 운동이야말로 모든 요소의 진실을 안고 있는 현실이며, 이것이 모든 개인에게 안겨오는 절대적 존재이다. 지금까지 오직 하나의 외길을 쫓아서 전진해오던 것이 결절선에 이르러 일단 멈칫거리며 후진하는 모습을 띠긴 하지만,… 이것이 다시금 하나의 큰 뭉치로 합쳐져서 수많은 결절이 서로 대칭형을 이루는 하나의 전체가 된다.…
정신의 첫 번째 현실성은…자연적인 종교이다. 두 번째 현실성은…예술적인 종교이다. 마지막으로 세 번째 현실성은…계시종교이다. 그러나 여기서 정신이 그의 참다운 형태에 이르렀다고는 하지만… 아직 불충분한 데가 있다고 하겠으니, 즉 정신은 새삼 개념으로 이행하여 대립물조차도 자체 내에 포용하는 개념의 힘에 의해서 대상성의 형식을 말끔히 해소해 버리지 않으면 안 된다. 이렇게 됐을 때 정신은 우리가 일찍이 파악한 바 있는 정신의 개념을 스스로 포착하여 개념이 된 정신의 형태와 존재의 장이 완전히 일체화하는 것이다. (헤겔, 『정신현상학』 2권, 241-

248)

나. 자연종교

 헤겔은 '정신의 자기의식'을 말하면서, 이 자기의식은 그의 의식이 대상으로 나타난 그 '자기'와 마주치고 있다고 한다. 정신이 스스로 현상하여 자기를 알게 되는 형태가 곧 그의 모습이고, 이에 따라 종교 사이의 구별이 생겨난다. 우리는 이미 존재하는 이 형태를 보고 그의 본체나 그의 본질을 이해할 수 있다고 헤겔은 말한다. 이때 '자기를 의식하는 본체인 신'은 '빛의 신'으로, '식물과 동물'로, '공작인'으로 나타나는데, 이것은 사실 창조주의 자기 전개 과정으로서, 자연종교에서의 정신은 창조주였던 것이다. 헤겔은 유대와 페르시아에, 그리고 이집트에 나타났던 종교를 이와 같이 파악하고 있다.

> 정신을 아는 정신은 자기를 의식하면서 대상성의 형식을 띤 자기와 마주하고 있다. 정신은 존재하는 것과 함께 스스로를 지각하고 있다. 정신이 스스로를 지각한다는 것은 자기의식의 측면에 해당되는데, 여기에 대립되는 것이 의식의 측면 또는 대상으로서의 자기와 관계하는 측면이다. 이 정신의 의식 속에는 대립이 깃들어 있으므로 정신이 스스로 현상하여 자기를 알게 되는 형태는 명확한 틀을 갖추어야만 한다. 종교를 고찰하는 이 마당에 오로지 관심의 대상이 되는 것은 바로 이 형태에 관한 것이 되는데, 왜냐하면 정신이 형태화하기 이전의 본체나 그의 순수한 본질은 이미 밝혀진 바 있기 때문이다. …
> 정신이 자기를 아는 형태의 특성에 따라 종교 사이에 몇 가지 구별이 생겨나는데, … (헤겔, 『정신현상학』 2권, 248)

자기를 의식하는 본체인 정신, 다시 말하면 그 자신이 모든 진리이고 모든 현실이 사기 자신임을 아는 자가적 본체인 정신은 의식의 운동을 통하여 실재성을 띠기 이전에는 아직 개념으로서 있는 제 지나지 않는다. 그리하여 이 개념은 실재 세계가 전개되어 가는 대낮에 비한다면 자기가 본체에 머물러 있는 밤이며, 또한 그의 요소가 자립적인 형태를 띠는 것으로 존재한다는 점에서 보면 창조주에 의한 탄생의 비밀이다. 이 비밀은 스스로를 현현해 나가는 것으로서, 그야말로 정신은 스스로를 아는 것이고 그 본질상 스스로를 표상하는 의식이라는 면을 지니는 이상 그의 개념은 존재로 이행하지 않을 수 없다.… 스스로를 아는 절대정신이 최초의 직접적인 분열을 일으키면서 나타나는 이 정신의 형태는 '직접적 의식' 또는 '감각적 확신'에 해당하는 것으로 규정된다.… 형체 없는 실체성을 띠고 스스로를 유지해나가는 동터오르는 빛의 신이다. 그런가 하면 이 빛의 신의 대극을 이루는 것은 단적으로 만물을 보이지 않게 하는 암흑이다. 빛 그 스스로가 외부로 발산되어 아무런 저항을 받지 않는 존재의 장에서 만물을 창조하는 운동은 빛의 방사이다.… 빛이라는 순수한 존재가 전개해 나가는 내용과 그의 지각은 결국 상승만 할 뿐 하강하는 일이라곤 없으며,… 빛으로 생겨난 온갖 자연물은 신의 속성으로서, 자립성을 띠지 못한 채 많은 이름을 가진 하나의 신이라는 바로 그 이름 이상의 것이 아니다.…[빛의 신](헤겔, 『정신현상학』 2권, 250-252)

형체가 없는 존재로부터 자기로 복귀하여 직접적인 존재를 자기를 갖춘 존재로 고양시키는 자각적 정신은 그의 단일성에서 다양한 독자존재를 이끌어내면서 정신이 뒷받침된 지각의 종교로 나아가는 바, 여기서 정신은 강약・빈부의 차이를 드러내는 무수히 많은 정신으로 분열된다. 이러한 범신론의 세계에서는 원자화한 정신이 일단은 정지된 상태에 있지만, 마침내 여기에는 적대적인 운동이 생겨난다. 자기는 없이, 자기라는 존재를 표상하는데 지나지 않는 순박한 '꽃의 종교'가 목숨을 건 싸움판을 벌이는 얄궂은 '동물의 종교'로 옮겨가는데, 이는… 족자존재로의 이행을 뜻한다.…[식물과 동물](헤겔, 『정신현상학』2권, 253)

여기서 정신은 공작인으로서 모습을 나타낸다. 이때 공작인은 자기 자신을 정신적인 대상으로 창출해내면서도 아직 그 자신의 사상을 명확히 포착하지 않은 채로 있으므로, … 공작인의 작품이 지니는 최초의 형식은 직접 마음이 내키는 대로 짜여 진 것이므로 이는 오성에 기초한 추상적인 형식이며 작품은 아직 정신으로 충만 되어 있지는 않다. 이 작품은 피라미드나 오벨리스크의 결정체로서, 직선과 평면이 단순히 결합된 채 각 부분도 획일적인 관계 속에서 통약 불가능한 원형이 들어설 수 없는 엄격한 형식을 지니고 있다.…[공작인](헤겔, 『정신현상학』2권, 255)

다. 예술종교

헤겔은 역사 위에 나타난 종교를 보고, 절대신으로서의 정신의 모습을 직관하고자 한다. 고대에서는 위압적인 '빛의 신'이 우직한 정신노동자인 '공작인'으로 의식에 나타났다면, 여기에서는 '의식을 지닌 인간을 정신의 모습으로 조형'한다. 이때의 '절대신의 의식을 지닌 정신'은 참다운 인륜적 정신이다. 이것이 곧 그리스에서 꽃피어난 예술종교이다. 이 종교에서의 축제는 '신과 하나로 합일'하는 축제이며, 이것이 예술종교의 핵심이다. 그리고, 이때에 등장하는 '서사시'에서 '영웅'은 절대자와 개별자를 매개하는 중간자의 역할을 한다. 따라서 이 서사시에서 의식에 확연히 드러나는 것은 축제에서는 잠재적으로만 성립되어 있던 신과 인간의 관계맺음이다. 헤겔은 이것을 가리켜 '예술종교를 통하여 정신은 실체의 형식에서 주체의 형식으로 옮겨 간 것'으로 말한다.

정신은 의식에 대치되는 자기의 형태를 의식 그 자체의 형식으로 고양하여 의식을 지닌 인간을 정신의 모습으로 조형한다. 공작인은 사고와 자연이라는 서로 이질적인 형식을 혼합하고 합성하는 작업을 포기하고 자기의식적인 활동을 하는 그러한 형태를 획득하는 가운데 스스로 정신적인 노동자이며 창작자가 되어 있다. 예술종교에서 절대신의 의식을 지닌 정신이 현실적으로 어떤 정신인가 하고 묻는다면 그것은 참다운 인륜적 정신이라고 답해야만 하겠다. 참다운 인륜적 정신은 모든 개인의 삶을 지탱해 주는 보편적 실체일 뿐만 아니라 이 실체가 현실의 의식에서 의식을 지닌 인간의 형태를 띠고 나타나 있는 것이므로 개체의 모습을 띤 인륜적 실체는 모든 개인에게서 스스로의 본질을 형상화한 작품으로 받아들여진다. … 예술종교에 와서야 비로소 정신은 자유로운 민족으로 존재하기에 이르렀으니, 여기서는 관습이 만인의 삶의 토대가 되고, 모든 개인은 저마다가 그러한 공동의 생활양식이 자기의 의지와 행위에 근거하는 것임을 지각하기에 이른 것이다.(헤겔, 『정신현상학』2권, 259-260)

그러한 시기에 등장하는 것이 절대예술이다. 그 이전의 본능적 작업의 단계에서는… 공작인의 자유로운 정신에 기초하여 창작을 하는 일도 없었다. 그러나 그 뒤로 절대예술의 단계에 오면 정신은 예술을 넘어선 곳에서 더욱 고차적인 표현을 이루어내게 된다. 즉 자기로부터 태어난 인류의 실체가 표현될 뿐만 아니라 개인으로서의 이 자기가 표현의 대상이 되고, 개념으로부터 자기를 낳을 뿐만 아니라 개념 그 자체를 형상화하여 개념과 제작된 예술작품이 서로 동일한 것임을 확인하게도 되는 것이다.… (헤겔, 『정신현상학』 2권, 262)

최초의 예술작품은 애당초 있는 그대로의 추상적이고 개별적인 작품이다. 그리하여 이 작품은 직접 있는 그대로의 대상적인 양식을 띠고 자기의식이 되어 다가오는데, 이에 맞추어서 또한 자기의식은 자기의식대로 축제의 마당에서 자기와 정신의 차이를 지양함으로써 생명이 담긴 예술작품을 창출해내려고 한다.…[추상적인 예술작품](헤겔, 『정신현상학』2권, 263)

예술종교의 축제에서 신에게 가까이 가는 민족은 자기와 국가와 국가의 행위를 자기 자신의 의지이며 행위로 알고 있는 인륜적 민족이다.… 빛이라는 단일하고 형체 없는 신의 종교에서는 축제가 그의 참가자에게 베풀어 주는 것이란 기껏해야 그들이 신에게 선택된 민족이라는 정도 이상의 것이 아니다.… 그러나 직접 자기와 일체화된 신은… 그의 모습은 의식에 친히 와 닿아 있고 또한 의식은 축제에서 스스로 존속하며 널리 받아들여지고 있음을 실감할 뿐 아니라 스스로가 신 안에 존재하

4장 이성·정신·종교·절대지

고 있음을 의식한다.… 결국 신과의 합일에 만족하게 된 자기의식은 축제를 끝내고 신은 자기의 거처로 되돌아간다. 신이 자리하고 있는 곳은 공동세계의 밤을 지키는 순수한 개체성의 보금자리로 생각되지만, 그의 밤은… 만족감으로 넘치는 밤이다.… 여기서 파토스는 자기실현을 향한 운동으로 펼쳐나간다.… 축제에서 누리는 만족 속에 빛의 신의 정체가 밝혀지는데, 이렇게 만족감을 안겨주는 축제는 서광의 신의 비의이다.…
[추상적인 예술작품] (헤겔, 『정신현상학』2권, 274-276)

특정한 동물을 놓고 신의 모습을 떠올리는 민족정신은 모두가 하나의 정신으로 규합된다. 특정한 아름다운 민족정신이 모여서 하나의 판테온이 성립되는데, 이때 그들 정신의 삶의 터전도 되고 주거도 되는 것은 언어이다.… 의식의 내용이 자연과 인륜세계 전체를 포괄하는 보편성을 띠는 데 맞추어 내용이 생겨나는 의식의 형식도 당연히 보편성을 띠지 않으면 안 된다.… 이러한 표상이 구현되어 있는 것이 언어인데, 여기에서 첫 번째로 꼽히는 것이 비록 사상의 보편성으로서는 아니더라도 적어도 세계의 전체상으로는 보편적인 내용을 내포하고 있는 '서사시'이다. 서사시인은 현실의 개인으로서 세계의 주체가 되는 그에 의하여 세계가 창조되고 유지된다. 시인의 파토스는 무녀와 같이 감각을 마비시킬 듯한 자연력에 의해서가 아니라 므네모시네, 즉 기억의 여신에 의한 사려 깊은 내면의 힘을 동원하여 일찍이 눈앞에 어른거리던 신을 기억하는 것이다. 시인의 내용 속에 매몰되어가는 기관으로서 그에게 중요한 것은 스스로의 자기가 아니라 그의 내면에 있는 뮤즈, 즉 미의 여신이 엮어내는 공동체의 노래이다. 그러나 작품에 실제로 나타나는 것은 보편성의 극에 신들의 세계가 있고 그 중간에 특수성의 세계가 있어서 이를 매개로 개별성의 극을 이루는 시인이 보편성과 극과 결합된다는 삼단계의 추리형식이다. 여기서 중간의 매사 역할을 하는 것은 영웅들로 표상되는 민족이다. 영웅들도 시인과 마찬가지의 개인이기는 하지만 이들은 표상적으로만 존재하는 보편적인 인간으로서, 이 점에서는 보편성의 극을 이루면서 자유롭게 처신하는 신들과 흡사하다고 하겠다. 따라서 이 서사시에서 의식에 확연히 드러나는 것은 축제에서는 잠재적으로만 성립되어 있던 신과 인간의 관계맺음이다. 여기서 내용이 되는 것은 자기를 의식한 인간의 행동이다.…[정신적인 예술작품](헤겔, 『정신현상학』2권, 280-282)

라. 계시종교

예술종교에서의 정신은 이제 개별자들이 추상적이고 보편적인 법이 지배하는 세계에 거하게 되자, 이제 '내용 없는 개개의 민족정신은 단일한 판테온 속에 집합'된다. 그리고 이렇게 단일하게 집약된 정신은 이제 '정신의 탄생'으로 이행한다. 헤겔은 그리스에서 꽃피어난 정신, 그리고 이에 의하여 표상되었던 신들을 '보편적인 순수사유의 판테온'이라고 부른다. 그런데 이 세계가 개별자가 중시되는 인격과 법의 세계를 만나자 '단일한 판테온' 속에 집합된다. 정신이 하나로 집합된 것이다. 그런데, 이 '정신의 탄생'은 '만인이 공유하는 산고'이어서 이제는 이 정신이 현실세계로 이행을 하는데, 이것이 곧 기독교이며 게시종교라는 것이다. 헤겔은 기독교의 성육신, 곧 '신이 인간으로 나타나는 것'을 이와 같이 파악한다.

추상적이고 보편적인 법 아래에서는 인륜적 정신의 실질성이 상실되고 내용 없는 개개의 민족정신은 단일한 판테온 속에 집합된다. 그러나 이때 판테온이라는 것은 어떠한 정신이라도 순수히 받아들이는 무력한 모습을 한 표상 속에서의 판테온이 아니라 민족의 정신을 무력화하여 몰정신적인 자기에 지나지 않는 개별적 인격에게 법적으로 완벽한 절대성을 부여하는 추상적이고 보편적인 순수사유의 판테온이다.…(헤겔, 『정신현상학』 2권, 301)

…이것이 비극적 운명을 걸머진 정신으로서, 개개의 신들이나 그의 속성마저 모두 다 하나의 판테온 속에, 즉 스스로를 정신으로 의식하는 정신 속에 집약하고 있다. 이제 그러한 정신이 출현할 수 있는 모든 조건이 갖추어져 있으니, 이러한 조건의 전체가 정신의 생성과 개념과 본

4장 이성·정신·종교·절대지

래적인 등장을 기약해 준다. 그런데 예술을 창출하는 데에는 절대적 실체인 신의 외화의 형식이 포함되어야만 한다는 일련의 조건이 따른다. 절대신은 개체의 형식을 띨 경우에는 우선 조각상으로 된 사물로서 감각적 의식의 대상이 되어 나타나고, 다음에는 찬가라는 순수한 언어로 나타나되, 이는 인간이 발하는 것이 아닌, 순수히 소멸되어가는 대상의 모습을 한 것이고 그 다음에는 열광 속에서 공동의 자기의식과 직접 일체화된 축제행위로 그리고 마지막에는 경기를 치르는 아름다운 개인의 육체로 나타난다. 다시 맨 마지막 서사시에서는 표상의 단계로 고양된 존재와 그의 존재가 하나의 세계로 넓혀져서 순수한 자기확신이기도 한 보편성으로 수렴되는 무대가 되어 나타난다.

한편에는 예술창작 활동을 통한 이런 갖가지 형식이 있고 다른 한편에는 인격과 법의 세계, 내용은 돌볼 틈도 없이 그대로 황폐화한 야만의 세계, 나아가서는 스토아주의의 사유된 인격과 회의주의의 정처 없이 헤매는 의식을 안고 그 주변을 맴돌면서 자기의식을 통하여 생성되어가는 정신, 즉 예수 그리스도의 탄생처를 찾아나서는, 기대와 초조함에 쫓기는 인물들이 있다. 결국 불행한 자기의식에서 비롯된, 이 모든 형태에 깃들어 있는 비애와 동경, 바로 이것이야말로 전체의 중심에 있는 정신의 출현을 향한 만인이 공유하는 산고이다. 정신의 탄생이라는 이 단순하고도 순수한 개념 속에 지금까지의 모든 형태가 요소로 포함되는 것이다. (헤겔, 『정신현상학』 2권, 301-305)

헤겔에 의하면, '정신의 탄생'은 '자연종교'와 '예술종교'의 통합이다. 신으로서의 실체의 형식을 버리고 자기의식을 지닌 인간의 형태로 현세에 모습을 드러내놓은 정신, 곧 예수 그리스도의 출산은 그러한 통합을 의미한다. 그리고 만물이 정신적 존재에서 기인한 것이라면 이러한 성육신은 필연적이나. 그렇지 않으면 정신이 다만 상상으로만 존재하는 것이 되며, 정신의 산물인 이러한 모든 자연이나 역사나 세계나 신화 등은 상상력의 산물로 치부되고 만다.

정신의 탄생이라는 이 순수한 개념은 앞에서 두 개의 정반대되는 명제로 제시된 두 개의 측면을 갖추고 있다. 하나는 실체인 신이 자기를 외화하여 자기의식이 된다는 측면이고 다른 하나는 반대로 자기의식이 자기를 외화하여 사물로서의 존재 또는 공동세계에서의 자기가 된다는 측면이다. 이렇듯 두 측면이 마주 다가감으로써 서로의 진정한 통합이 이루어진다.… 따라서 신으로서의 실체의 형식을 버리고 자기의식을 지닌 인간의 형태로 현세에 모습을 드러내놓은 정신, 곧 예수 그리스도에 대하여 특히 자연적인 출산의 문제와 관련하여 언급한다면, 그는 현실의 어머니와 본래 있다고 한 아버지에게서 탄생한 자식이라고 할 수 있다. 왜냐하면 현실의 자기의식과 본원적 존재로서의 실체인 신 이 양자가 예수 그리스도를 있게 하는 두 요소로서, 이 양면이 서로 자기를 외화하여 그의 반대물로 화하는 가운데 예수 그리스도는 그의 통일체로서 현세에 나타나기 때문이다.

… 즉 존재 일반으로서의 실체신 그 자체가 스스로 자기를 외화하여 자기의식으로 화하는 과정이 결핍되어 있는 한, 만물은 다만 의식의 입장에서 보는 한에서 정신적 존재라고 할 수는 있으나 만물 자체가 정신화되어 있다고는 할 수 없기 때문이다. 그럴 경우 다만 상상으로만 존재하는 것이 되는데, 이러한 상상력이 광신적이 되면 자연·역사·세계는 물론 앞서간 종교적인 신화의 세계에까지도 거기서 직접 의식에 나타나는 것과는 별도의 내적인 의미가 담겨 있다느니… 하는 등의 생각을 하게 된다.… 결국 대상이 갖는 의미가 한낱 상상력의 산물에 그치지 않고 그 자체로 존재하는 것이 되기 위해서는 먼저 그 의미가 개념에 따른 필연성을 안고 의식 앞에 드러나야만 한다.…(헤겔, 『정신현상학』2권, 306-307)

이 '절대신을 계시하는 이 개인, 예수 그리스도'와 교단(교회 공동체)를 통하여 연합하는 자의 정신은 예수와 동일한 '종교적 정신'으로 승화한다.

4장 이성·정신·종교·절대지

절대신을 계시하는 이 개인, 예수 그리스도는 하나의 개인으로서 감각적 존재에 어울리는 운동을 수행한다. 예수는 현세에 나타난 신이므로 '지금 있는' 예수는 '과거에 있었던' 예수로 바뀌어간다. 예수와 직접 마주했던 사람들은 어느덧 예수를 보거나 듣거나 하지 않게 되면서 예수는 일찍이 보이거나 들리거나 했던 사람이 된다. 그러나 일찍이 사람들이 예수를 보거나 듣거나 하였던 탓에 비로소 그를 듣거나 한 이쪽의 의식도 정신적인 의식이 된다. 그전에는 생생한 인간으로 의식 앞에 등장했던 예수는 이제 정신이며 성령으로 등장한 것이다.… 정신은 자기에 고유한 실체에 바탕을 둔 교단의 보편적인 자기의식으로 존재하는 가운데 (이제) 교단은 이러한 자기의식에 뒷받침된 공동의 주체가 된다. 개인 예수만이 홀로 존재하는 것이 아니라 교단의 의식과 일체화하고 교단을 위해서 있는 예수가 종교적 정신의 완벽한 전체를 이루는 것이다. (헤겔, 『정신현상학』2권, 313-314)

4. 절 대 지

가. 계시종교의 정신에서 절대지로의 고양

먼저 헤겔은 절대지로서 '계시종교의 정신'에 대한 고양(혹은 지양)을 통해 절대지에 이를 수 있다고 편하게 말한다. 헤겔에 의하면, '신이며 인간인 예수 그리스도'가 절대자에 의해서 우리에게 주어지고 그와 완선한 힙일을 이룬 영혼이 곧 '계시종교적 정신'이다. 지금 헤겔은 이러한 상태에서 '예수 그리스도의 아버지'로서의 무한자인 '절대지'를 바라보고 있는 것으로 보인다. 이렇게 '예수 그리스도와 하나로 연합된 상태(완전한 신앙인)'가 '절대지'가 보기에는 '즉자적 상태'이며 '절대지' 입장에서의 의식으로서의 '대상'에 해당한다. 따라서 이 '내상'에는 '절대지'의 모든 내용이 들어있다. 그러므로 이제는 이 '대상'이 부정 되어서 고양됨을 통해서 '절대지'에 이를 수 있다는 것이다. 따라서 이 말을 제대로 이해하려면 먼저 '계시종교적 정신'을

소유한 자로서의 '완전한 신앙인'이 되어야 한다.32)

 '예수 그리스도의 정신'이 곧 '종교적 정신'이며, 이 '정신의 내용'이 곧 '절대지의 의식'으로서의 '대상'이다. 그리고 이 '정신의 내용'이 '부정되고 지양(고양)되어서 절대지'에 이르는데, 헤겔은 이 대상으로서의 '정신의 내용'을 '절대지의 자기의식의 외화'로서의 '물성 또는 사물의 세계를 정립하는 힘'이라고 말한다.33) 그리고 헤겔은 이에 대한 '지양'의 결과 '절대지'의 상태에 이른다고 표현한다. 헤겔은, 이때의 절대지의 모습에 대해, "자기의식은 이 외화와 대상 세계를 다시 한 번 지양하여 자체 내로 복귀함으로써 결국은 스스로가 타자존재 속에 있으면서 자기 안주하는 존재가 되는 것이다"고 표현한다. 정신이 절대지에 이르는 것을 '정신의 절대지 자체내의 복귀'로 보고 있는 것이다.

> 계시종교의 정신은 아직 의식 그 자체를 초월하는 데는 이르지 못하고 있으니,… 정신 그 자체와 거기에 구별되어 있는 갖가지 요소는 표상된 대상적인 형식에 머물러 있다. 그러나 표상의 내용은 절대정신이므로 이제 남은 일이라곤 대상성이라는 형식을 지양하는 것뿐이다.…(헤겔, 『정신현상학』2권, 339)

 의식의 대상을 극복하는 일은 대상이 자기에게 복귀해가는 것으로 보이

---

32) 여기서 알아야 할 것은 지금 헤겔은 이 '절대지'를 말할 때, 그가 정신의 이러한 상태를 겪어보거나 시도해보거나 체험을 해보고 하는 말이 아니다는 것이다. 그저 정신의 속성을 볼 때, 절대지로서의 정신은 이러이러할 것이다는 당위론적인 논의인 것이다. 이 절대지에 대한 진정한 경험들은 구약성경의 예언자들과, 기독교의 사도와 고대교부들과 중세의 수도사들 사이에서 창궐하였는데, 그들은 직접적인 체험을 말하는데, 헤겔과는 전연 판판이다. 헤겔은 우리가 마치 절대지를 체험할 수 있는 것처럼 말하는 부분도 있는데, 그것은 우리도 정신을 가졌기 때문에 '정신'이라는 당위성 차원에서 그렇게 말할 뿐이다. (필자)
33) '종교적 정신'은 '예수 그리스도와의 연합'이라고 헤겔은 표현하였는데, 사실 성경을 통해서 소개된 그리스도와 연합하여 사는 자들(곧 진정한 그리스도인들)은 그리스도의 정신에 대한 이러한 헤겔식 표현에 대해 상당한 이의를 제기한다. 예수 그리스도의 선재로서의 로고스는 맞을 수 있으나, 예수 그리스도와 인격적으로 연합을 하는 것이지, 헤겔식의 지식적인 연합은 애초에 불가능하기 때문이다. 이것만 보아도 헤겔은 본인의 실제적 체험이 아닌 피상적 지식으로만 말하고 있다는 것을 알 수 있다. (필자)

기만 하면 되는 식의 일면적인 것은 아니다. 그보다도 더 명확하게 대상이 대상으로서 자기에게 소멸돼가는 것이 드러나는 동시에 더욱이 자기의식의 외화야말로 물성 또는 사물의 세계를 정립하는 힘을 지닌다는 것이 드러나고, 따라서 이 외화가 단지 부정적인 의미만이 아닌 긍정적인 의미도 지니는 가운데 방관자인 우리에게 그 의미가 포착될 뿐 아니라 자기의식 자신에게도 포착되는 것이어야만 한다.

이렇게 함으로써 대상이 부정적인 것으로서 스스로를 지양하는 적극적인 의미를 지닌다는 사실이 자기의식에게 깨우쳐지며, 더 나아가 자기의식은 자기를 외화함으로써 대상이 무실(無實)한 것임을 인식한다. 왜냐하면 이러한 외화 속에 자기의식은 스스로를 대상으로 정립하고 바로 이 대상을 자기와의 불가분의 통일성으로 인해 다름 아닌 자기 자신으로 파악하기 때문이다. 그런가 하면 여기에는 또 다른 일면이 포함되어 있는데, 즉 자기의식은 이 외화와 대상 세계를 다시 한 번 지양하여 자체 내로 복귀함으로써 결국은 스스로가 타자존재 속에 있으면서 자기 안주하는 존재가 되는 것이다. (헤겔, 『정신현상학』2권, 339-340)

이때, 헤겔은 "이상 살펴본 것이 의식이 행하는 운동으로서, 여기에 의식의 요소 전체가 나타나 있다. 의식은 대상의 온갖 성질과 관계하게 되어 있어서 그 모든 면에 따라 대상을 포착하지 않으면 안 된다."고 말하여서 '종교적 정신'의 고양으로서의 '절대지로서의 정신'은 '모든 단계 속에서의 의식들'이 '절대지로서의 자기의식'으로의 회귀를 의미하며, 의식을 존재로 보는 헤겔에게 이것은 만유가 절대지로 회귀함을 의미한다. 왜냐면, 이 '종교적 정신'은 헤겔에 의하면, '종교적 정신'만이 절대지의 의식에 대한 '대상'이 아니라 진정한 '대상'은 '직접적인 존재이고 사물일반'으로까지 확장된 대상이기 때문이다. 이 '정신' 자체가 '사물일반'으로서의 '대상'에서, '감각적 의식'으로, '지각'으로, '오성'으로 진행하였으며, '관찰하는 이성'으로, '순수한 통찰과 계몽사상'으로, '교양'으로, '도덕적 자기의식'으로, '도덕적 의식의 세계관'으로, '양심'으로, '용서'로 이행하여 왔기 때문이다. (헤겔, 『정신현상학』2

권, 340-344)

나. '의식과 자기의식의 화해'로서의 '절대지'

위와 같은 '의식(단계마다의 의식들)'과 '자기의식(절대지)'의 화해의 결과로 인해, 이제 세계의 현실도 '자기의식에게서 어쩌다 있게 된 직접적인 존재'이지만, '순수한 지'라는 그 이상의 의미를 지니지 않게 된다. 이것은 '자기'와 대립되는 '특정한 존재'도 '자기에 관한 지와 보편적인 지'라는 양면을 지니고, 동시에 여기에 '보편적인 존재'가 정립되면서 '앞의 두 존재에 대치하는 지'로서의 효력을 지님을 통하여, '현실의 존재'는 온갖 공허한 대립을 지양하고 마침내 '자아=자아'라는 지에 도달하여, 여기서는 개별적인 자기가 그대로 순수하고 보편적인 지가 된다. 이것을 가리켜서 헤겔은 '의식과 자기의식의 화해'라고 말한다. 즉, '절대자와 만물이 의식에 있어서 하나가 된 것'을 의미하며,34) 이에 대한 지식이 곧 절대지이다.

> 여기서 현실은 자기의식에게서 어쩌다 있게 된 직접적인 존재로서 순수한 지라는 그 이상의 의미를 지니지 않게 된다. 마찬가지로 특정한 존재 또는 관계로서 자기에게 대립하는 것도 단순한 개별자로서의 자기에 관한 지와 보편적인 지라는 양면을 지니는 것이 된다. 그러나 여기에는 동시에 제3의 요소로서 보편적인 존재가 정립되면서 그것이 앞의 두 존재에 대치하는 지로서의 효력을 지니게 된다. 이렇게 해서 현실의 존재는 온갖 공허한 대립을 지양하고 마침내 자아=자아라는 지에 도달하는 바, 여기서는 개별적인 자기가 그대로 순수하고 보편적인 지가 된다.
> (헤겔, 『정신현상학』2권, 344)

> 의식과 자기의식의 이러한 화해는… 즉 여기서는 의식이 대립 속에서 자체 내로 복귀하여 자기 자신과 자기의 대립물을 다 함께 본원적이고 보편적으로 포함할 뿐만 아니라 독자적인 의식 아래 구별을 발전시켜나

---

34) 헤겔의 절대지는 대체로 불교의 공과 비슷하다. 헤겔의 사상은 대체로 불교와 도교의 사상과 잘 일치한다.(필자)

4장 이성·정신·종교·절대지

가는 식으로 내포하는 것이 된다. (헤겔, 『정신현상학』2권, 344-345)

다. '절대지의 자기의식'에서 생겨나는 '개념'으로서의 '정신'

헤겔에 의하면 '절대지의 의식'은 곧 '개념'이다. 따라서 이러한 '의식과 자기의식'의 화해 혹은 통일은 '절대지의 자기의식'에서 생겨난 '개념'의 단순한 통일성이 드러난 것이라고 말한다. 절대지 안에 '자기의식'으로 있는 개념이 곧 '자기를 확신하는 정신'이었던 것이다.

> 인간의 정신과 그의 또 다른 일면은[35]··· 개념은 자기의식에게서 이미 생겨나 있기는 하지만, 지금까지 살펴본 바로는 그 밖의 모든 요소와 마찬가지로 의식의 특수한 형태로 나타나 있을 뿐인 것이다. 말하자면 이 개념은 '자기를 확신하는 정신'이라는 형태의 하나로서, 자기의 개념 속에 머물러 있는 '아름다운 혼'이라고 불렸던 것에 해당한다. 여기서 아름다운 혼이란 정신이 순수하고 투명한 통일 속에서 자기를 아는 지이며 순수한 자기 내면에 관한 순수한 지를 정신으로 인식하는 가운데 신을 직관할 뿐만 아니라 신을 곧 자기로서 직관하는 자기의식이다.···
> 이렇게 해서 개념은 외화된 자기와 일체화된 스스로의 참다운 모습을 드러내게 되면서 지가 순수한지를 아는 것이 되어 있다. 즉 의무로 받아들여지는 추상적인 신의 지가 아니라 바로 '이것'의 지이고 '이' 순수한 자기의식이며 따라서 또 진정한 대상이기도 한 '이' 자기의식을 신으로 아는 지인 것이다. 여기서 대상은 대상이면서 동시에 독자적인 자기에 다름 아니다. (헤겔, 『정신현상학』2권, 345-346)

라. '개념을 견지하는 정신'으로서의 '절대지'

'절대지에서 나온 개념'은 이제 스스로를 충실해 나가는데, 이 개념은 '행동하는 정신'과 '종교'의 양면에서 진행된다. 이때 종교에서는 '절대적 내용

---

[35] 이 구절이 의미하는 바에 의하면, 헤겔은 인간의 정신과 절대지로서의 정신을 구분하고 있는 것으로 보인다. (필자)

그 자체'에 대한 표상으로 나타난다. 이에 반하여 '행동하는 정신'은 '절대지 자신'으로 나타나고, '자기가' 절대정신의 생명을 차례대로 거쳐나간다. 이것은 개념이 현세 속에 발을 디디고 행동에 나선 것을 의미한다. 이때의 '정신'은 '순수한 지의 보편성이 자기의식이 된 것'으로서 또는 '자기의식이 지라는 단일한 통일체가 된 것'으로서 등장하기에 이른다.

 종교에서도 마찬가지로 '타자로 표상되어 있던 내용이나 형식'이 양심의 단계에서는 자기 스스로의 행위가 되어 있으니, 여기서 내용을 자기 자신의 행위와 결합하는 것이 바로 개념이다. 실로 개념이란 이미 우리가 보았듯이 자기 내면에서의 행위가 본질적으로 존재하는 모든 것을 포섭하는 것을 아는 것이고 이 주체가 실체이며 다시 실체가 주체적인 행위자의 지라는 것을 아는 것과 다름없다.

 그리고, 여기에 실체가 동시에 주체라고 하는 정신의 궁극의 형태가 나타난다. 이는 완전하고도 진실한 내용에 자기라는 형식을 부여함으로써 그의 개념을 실현하는 동시에 바로 이 실현된 상태 속에 개념을 견지하는 정신으로서, 이것이 바로 절대지이다.

> 개념이 스스로를 충실해나가는 과정은 자기확신에 다다른 행동하는 정신과 종교의 양면에서 진행된다. 개념이 종교에서 얻을 수 있는 것은 절대적 내용 그 자체와 이것을 의식에 대치하는 것으로 나타내는 표상의 형식이다. 이에 반하여 자기를 확신하는 행동하는 정신의 경우에는 형식이 곧 행동하는 정신을 포함하고 있는 까닭에 형식은 자기로 나타나고 자기가 절대정신의 생명을 차례대로 거쳐나간다. 여기에 나타나 있는 정신의 형태는 이미 보았듯이 단일한 개념이 영원의 존재를 방기(放棄, 방출하여 놓아버림)하여 현세 속에 발을 디디고 행동에 나선 것이다. …
> 행동으로 이어지는 이러한 운동을 통하여 정신은 순수한 지의 보편성이 자기의식이 된 것으로서 또는 자기의식이 지라는 단일한 통일체가 된 것으로서 등장하기에 이른다. 결국 정신이 되기 위해서는 현재 속에 존

4장 이성·정신·종교·절대지

재하면서 사상의 세계로 고양되어 여기서 절대적 대립을 경험하고 다시금 대립을 거치며 대립에 몸담은 채로 자기에게로 복귀해야만 하는 것이다.
종교에서는 타자로 표상되어 있던 내용이나 형식이 양심의 단계에서는 자기 스스로의 행위가 되어 있으니, 여기서 내용을 자기 자신의 행위와 결합하는 것이 바로 개념이다. 실로 개념이란 이미 우리가 보았듯이 자기 내면에서의 행위가 본질적으로 존재하는 모든 것을 포섭하는 것을 아는 것이고 이 주체가 실체이며 다시 실체가 주체적인 행위자의 지라는 것을 아는 것과 다름없다.…
여기에 실체가 동시에 주체라고 하는 정신의 궁극의 형태가 나타난다. 이는 완전하고도 진실한 내용에 자기라는 형식을 부여함으로써 그의 개념을 실현하는 동시에 바로 이 실현된 상태 속에 개념을 견지하는 정신으로서, 이것이 바로 절대지이다. 이것은 정신의 형태 속에서 자기를 아는 정신 또는 개념적인 지이다. 진리는 본원적으로 확신과 완전히 일치할 뿐 아니라 그 스스로 자기확신의 형태를 띠는 바, 다시 말하면 진리가 모습을 드러내는 가운데 지의 정신에 대하여 그의 정신이 자기를 안다는 형식으로 존재한다. 종교 속에서는 이러한 진리가 아직 정신의 확신과 일치해 있지 않은 내용의 것이다.
이러한 일치가 이루어지기 위해서는 내용이 자기라는 형태를 띠지 않으면 안 된다. 이렇게 될 때 존재의 본질인 개념이 존재의 터전에 나타나서 의식에 대한 대상의 형식을 띤다. 존재와 개념이 일체화한 터전 속에서 의식에 나타나는 정신 또는 같은 의미로 그러한 터전 속에서 의식에 의해 발현되는 정신이 다름 아닌 '학문'이다. 결국 학문적인 지의 본성과 요소와 운동은 자기의식이 순수하게 자기와 마주하여 자기를 깨우치는 데 있다고 하겠다. (헤겔, 『정신현상학』2권, 346-349)

마. '지의 실체'로서의 '신' 개념
관념론에서는 '지'가 곧 '사물'이다. 이 사이에 '시간'이 존재할 뿐인데, 헤겔은 '시간은 단지 직관된데 지나지 않으며, 시간은 정신이 나타나는 장소일 뿐이다'고 말한다. 이에 따라 헤겔에게 '지의 실체'로서의 '신'은 곧 '자신의 개념을 전개(말씀을 발함)'을 통해서 창조를 이루는 '기독교의 창조자'를 말한다. 헤겔에 의하면, 그의 시초에는 '유를 내포하고 있는 무'의 상태이다. 그리고 아직도 그의 '개념'을 전부 드러내지 않았다. 그리고 그는 본질계를 떠받쳐주는 '구조의 전체'를 자기 안으로 흡수한다.

> 현실로 보면 지의 실체인 신은 개념적으로 다듬어진 형식을 띠기 이전에 존재해 있다. 왜냐하면 신이라는 것은 제대로 전개·발양되어 있지 않은 본체이며, 부동의 단일성에 토대를 둔 개념으로서 아직도 모습을 드러내지 않은 정신의 내면성이며 또는 자기이기 때문이다. 이렇게 신으로서 거기에 있는 것은 아직도 전개되지 않은 단일하고 직접적인 것 또는 표상적인 의식의 대상이다. …
> 신이 의식 속에 계시된다고 하더라도 사실 그것은 은폐된 상태에 있으니, 왜냐하면 신은 아직도 자기를 결한 존재이며 오직 자기를 확신할 수 있는 것만이 명료하고 현시된 것이기 때문이다. 따라서 우선 처음에 신으로부터 자기의식에게 안겨오는 것은 추상적인 요소일 뿐이지만 이 요소는 순수한 운동이 되어 폭넓게 스스로를 추동해 나가는 가운데 자기의 의식도 차츰 풍부해지면서 마침내 신을 송두리째 낚아채버림으로써 본질계를 떠받쳐주는 구조의 전체를 자기 안으로 흡수한다. (헤겔, 『정신현상학』2권, 351)

바. '정신'이 나타나는 장소로서의 '시간'

한편, 헤겔에게 시간이란 '개념이 존재의 모습을 띠고 있는 것'이며, '개념이 공허한 직관으로서 의식에 표상된 것'이다. 따라서 정신은 필연적으로 시간 속에 나타날 수밖에 없는 '개념이 전개되는 장소'이다. 헤겔은 '시간은 외면적이고 직관된 자기이다'고 말한다.

4장 이성·정신·종교·절대지

시간이란 개념이 존재의 모습을 띠고 있는 것이며, 개념이 공허한 직관으로서 의식에 표상된 것이다. 따라서 정신은 필연적으로 시간 속에 나타날 수밖에 없거니와 그야말로 정신은 그 자신의 순수한 개념을 포착하여 시간을 제거해 버리기까지는 시간 속에 나타날 수밖에 없다. 시간은 외면적이고 직관된 자기이며, 자기에 의해서 포착되지 않는 수수한 자기로서 단지 직관된 데 지나지 않는 개념이다.

개념이 스스로를 포착했을 때에는 개념은 그것이 걸치고 있는 시간의 형식을 지양하여 직관은 개념화되고 개념은 개념적인 직관이 된다. 그야말로 시간은 자기완성을 이루지 않은 정신의 필연적인 운명으로서 나타난다. 그것은 자기의식이 대상 의식에 관여하는 몫을 풍부하게 하여 신이 의식에 받아들여지는 형식인 단적인 영원의 상을 운동하는 것으로 자리잡게 하고, 또 반대로 내면적인 것으로서의 영원자의 상을 실현하고 현재화(顯在化)하여 자기확신으로 매듭지으려는 필연적인 운명이다. (헤겔, 『정신현상학』2권, 352)

헤겔은 정신만을 관점으로 하여서 절대자를 위와 같이 고찰한 것이다. 우리도 정신을 가지고 있어서, 이 정신이 고양되면 절대지에 대한 지식을 가질 수 있다는 당위성 차원의 논리가 있을 수는 있으나 이것을 의도한 것으로 보이지는 않는다. 우리의 정신이 그리스도와 연합하여 '종교적 정신'에 이르듯이, 우리의 정신이 순간적으로 '절대자'를 체험할 수는 있겠으나 그 이상을 말할 수는 없다. 이것은 구약성경의 예언자들을 거쳐서, 사도들을 거치고, 고대기독교부들을 거쳐서, 중세의 수도사들을 통해서 시도되고 연구된 바가 그러했다.

3부 논리학

1장 논리학 서론

1. 『논리학』의 서문

가. 『논리학』의 서문·서론·예비개념이 갖는 의미

　헤겔의 『논리학』에는 여러 개의 서론이 존재한다. "서문-서론-예비개념"이 먼저 나오고, 그 다음에 "1장 존재론"이 나온다. 그리고 1장의 존재론은 "존재-무-생성"이라는 일반적인 서술이 나오고, 정식 제목으로는 "1.질, 2.량, 3.질량"이 변증법적으로 나타난다. 서문과 1장의 내용은 다음과 같다.

순서	제목	내용
1	서문	철학의 임무, 변증법의 정신
2	서론	논리학의 성격, 출발, 방법
3	예비개념	논리학의 전제되는 입장 정립
4	1장 존재론	질-량-질량

　이때 〈서론〉의 내용, 곧 "논리학의 성격, 출발, 방법"을 간과하고 곧바로 1장의 '존재론'으로 들어갈 경우, 헤겔의 『논리학』에서 맨 처음에 언급되는 '최초의 존재자'의 모습은 '질-량-질량'이게 된다. 이것은 물질을 상징하는 용어들이기 때문에 유물론의 모습을 띠게 있다. 그래서 마르크스를 비롯한 모든 유물론자들은 헤겔 『논리학』의 본질을 '유물론'이다고 말하려 한다. 19세기 후반 이후 철학사에서 매우 뜨거운 논쟁의 주제였다.

　그런데, '서론'에서 이 "논리학의 성격"을 말하였는데, 이 『논리학』은 "사유에 관한 글"이라고 선언을 하였다. 그래서 1장 존재론에 나타난 '질-량-질량'은 최초의 존재자에게서 나타난 '사유의 내용'이 되는 것이다. 즉, '질-량-질량'이라는 존재에 대한 사유가 되는 것이다.

　헤겔은 차라리 '서문·서론'을 '1장'으로 했으면 이런 오해를 받지 않았을 것이라고 생각해 볼 수 있겠다. 이런 측면에서 우리는 『논리학』'서문·서론'의 내용을 먼저 고찰하여야 한다.

나. 서문 : 『정신현상학』의 '절대지식' 이후로서의 『논리학』

『논리학』은 『정신현상학』의 '절대지식(Absolutes Wissen)' 이후에서 출발한다. 이것은 『정신현상학』의 마지막 부분('절대지식' 장)과 『논리학』 서문 및 서론에 각각 나타나 있다. 그 내용을 일반적으로 다음과 같이 정리(챗GPT)한다.

① 『정신현상학』의 마지막 — '절대지식(Absolutes Wissen)' 장
『정신현상학』(1807)의 마지막 장, 즉 제8장 '절대지식'의 마지막 단락에서 헤겔은 "정신은 이제 더 이상 어떤 외적 대상을 갖지 않는다. 그 대상은 오직 자기 자신이다. 정신의 내용은 절대적 사유, 즉 개념 그 자체이다." 그리고 그 다음 이어지는 문장은 "그리하여 순수한 지식의 요소는 이제 자유롭게 서 있으며, 그것은 사유의 과학, 즉 논리학의 영역이다"고 말한다. 여기서 헤겔은 명시적으로 "절대지식이 도달한 그 자리, 바로 거기서부터 논리학이 시작된다."고 말한다.
즉, 『정신현상학』은 "의식이 절대지식에 이르는 여정"이고, 『논리학』은 그 절대지식이 이제 자기 자신을 개념적으로 전개하는 두 번째 단계이다.

② 『(대)논리학』 서문의 진술
이 연결 고리는 『대논리학』(1812) 서문(Vorrede)에서도 다시 언급된다. 헤겔은 "『정신현상학』은 지식이 나타나는 형상들의 현상학이다. 그러나 여기(논리학)에서는 지식이 그 외적 형식에서 벗어나, 자기 자신의 고유한 본질, 즉 순수한 사유의 영역에 들어선다." 그리고 바로 다음 문단에서 "논리학은 순수한 이념의 영역이며, 그 출발점은 오직 '절대지식'에서 비롯된다."고 말한다. 즉, 『정신현상학』은 의식의 길, 『논리학』은 그 의식이 자기 자신(이념)을 전개하는 길이다.

③ 『(대)논리학』 서론에서도 다시 한 번 강조
『논리학』 서론에서도 헤겔은 "이 학문은 절대지식에서 출발해야 한다"는 것을 더 철저히 밝힌다. "논리학의 출발점은, 더 이상 어떤 외적 전제를

1장 논리학 서론

갖지 않는, 절대지식의 입장에 있다.""이 입장에서 사유는 그 자체의 내용이자 대상이다. 그것은 의식의 대상이 아니라, 자기 자신 안에서 움직이는 순수한 사유이다."

즉, '논리학'의 출발점은 '의식이 외적 대상을 인식하는 단계'(현상학)를 지난 뒤, 그 대상과 주체가 하나가 된 절대적 사유의 자기운동으로 전환된 자리이다.(챗GPT, 논리학의 출발점, 2025.10.6.)

다. [평가]『논리학』서문과『논리학』1장 존재론과의 관계

헤겔『논리학』의 서문(Vorrede)은 단순한 머리말이 아니라,『정신현상학』이 끝난 뒤, "절대지식 이후의 사유가 어떻게 자기 자신을 전개하는가"를 말하는 내용이다. 헤겔은 여기에서 철학의 임무를 규정하고, 논리학이 그 임무의 시작임을 밝힌다. 그러면서 "논리학은 순수사유의 과학이다.""진리는 과정이다.""변증법이 그 방법이다."는 내용을 말하고 있다.『논리학』은 그 지식이 이제 자기 자신의 순수한 요소 안에서 전개되는 것이다."『정신현상학』이 "의식의 역사"였다면,『논리학』은 "사유의 자기운동의 논리학"이다. 이것이『논리학』서문의 내용이다.

그런데, 이제 문제는『논리학』1장 존재론에서 그 하위 타이틀이 "질-양-질량"으로 나타난다는 것이다. 여기에서, 헤겔은 "물질을 맨 처음 존재로 등장을 시키고 있다"라고 판단될 수 있다. 따라서,『논리학』'서문'과 '1장 존재론'과의 설명이 요청된다.

먼저, 1장 존재론의 내용은 다음 도표의 내용과 같다. 한편, 다음 도표에서 "1st-4th"가 한 묶음의 도입부인데, 이것도 변증법이 적용된 한 묶음이다. 5th-7th의 내용이 Sub-Title인데, 여기에도 변증법이 적용된 한 묶음이다. 따라서 1장의 주된 주제어는 Sub-Title이 있는 '질-량-질량'이며, 이것이 헤겔이 말하는 궁극적인 '존재의 모습'이다. 그리고 이 '존재'가 '즉자존재'로서의 '정립'이 된다. 그리고 이제 여기에 또 다시 '반정립'의 변증법이 적용되어 '대자존재'로서의 '본질'이 출현한다. 이것이『논리학』2장이다. 따라서 전체적으로 보았을 때, 헤겔의 1장에서 말하는 그 '존재'는 '질-량-질량'으로 일단 받아들여야 한다.

단계	구	독일어	한글	개념의 성격
1st	도입	Sein	존재	순수사유의 가장 추상적 규정
2nd		Nichts	무	존재의 부정, 무규정적 동일
3rd		Werden	생성	존재-무의 통일, 첫 운동
4th		Dasein	현존	규정된 존재, 질적 규정의 시작
5th	1번	Qualität	질	존재의 규정성: "이것이 그것임"
6th	2번	Quantität	양	규정의 외적 확장, 크기적 관계
7th	3번	Maß	질량	질과 양의 통일, 존재의 내적 규정의 '법칙성'

여기에서 이제 헤겔 『논리학』은 '서문' '서론'에서 말하는 바와 1장의 존재론이 충돌을 하게 된다.

이에 대한 답변으로서, 일반적 철학적 전통에서는 헤겔이 '서문' '서론' 다음에서 밝히는 '예비개념'에 나타난 "사유=존재"의 전제를 끌어들인다. 헤겔은 "사유는 곧 존재이다"고 말한다. 따라서 1장 존재론에서 말하는 '질-량-질량'은 사유라는 것이다. 그런데, 문제는 1장 존재론에서 "질-량-질량에 대한 사유"라는 용어는 나타나지 않는다.

그래서, 마르크스와 같은 헤겔좌파 진영에서는 "사유가 곧 존재"라는 논리를 도리어 이용한다. 그래서 여기에서 "사유=존재"이기 때문에 이 『논리학』 1장의 '존재'는 곧 '자연법칙(물리적 법칙)'이며, '물질세계'라는 것이다. 따라서 『논리학』은 유물론을 말하고 있다는 것이다. 이것이 19세기 후반부터 일어난 헤겔 좌파의 주장이며, 논쟁거리이다.

라. 기독교의 창조론과의 비교

헤겔의 『논리학』은 헤겔의 『창조론』이다. 헤겔은 성경의 창세기 1장과 기독교의 '삼위일체론'을 『논리학』으로 대체한 것이다. 이것이 헤겔 『논리학』의 본질임을 피할 수는 없다. 칸트는 우리 사유의 한계를 정하였다. 헤겔은 그

1장 논리학 서론

한계를 넘어섰는데, 헤겔은 '사유=존재'라는 원칙을 철저히 받아들였다. 그리고 인간의 사유와 신의 사유는 동일한 정신의 기능으로 받아들인 것이다. 그리고 이 정신의 원리가 변증법이라는 것을 알고, 이 변증법을 절대자와 태초에 접목을 시킨 것이다. 헤겔은 자신의 『논리학』이 '신의 사유'임을 '서론'에서 분명히 밝히고 있다. 그는 이것을 헤라클레이토스에게서 배운 것 같은데, 그는 헤라클레이토스의 '로고스'와 '만물유전의 변증법'을 절대적 진리로 받아들이고 있다.

그러므로 우리는 기독교 신앙에서 말하는 창조의 원리를 살펴볼 필요가 있다. 기독교 신앙에서 말하는 창조의 원리는 고스란히 삼위일체론으로 자리를 잡았는데, 여기에 큰 기여를 한 인물이 오리게네스이며, 니케아신조의 아타나시우스와 콘스탄티노플신조의 바실리우스와 두 그레고리우스이다. 그리고 이것을 종합한 인물로 아우구스티누스이다. 다음의 내용은 이들의 주장을 일반화하여 요약한 것이다.

① 삼위일체론
최초의 존재자는 하나이면서 셋인데, "존재-말씀(본질)-신(생명)"이다. 이들은 세 위(인격과 개체)를 가지면서도 서로 상호침투하여 일체를 이루고 있다.

② 존재
존재자(여호와: '존재'라는 의미)는 모든 존재를 분유한다. 창세전에 그의 사유를 통해서 모든 것을 예정한다. 그리고 그 예정 따라 섭리가 그때부터 지금까지 펼쳐지고 있다. 사도 바울은 여호와(존재자)가 모든 것을 예정·섭리한다(엡1장)고 말한다. 이 세계가 곧 셋째 하늘이다. (참조로, 이 지점이 헤겔『논리학』1장 '존재'와 대비된다. 따라서 기독교에서는 최초의 존재를 '존재자의 사유'라고 말해야 한다.)

③ 말씀 (본질)
로고스는 여호와의 마음으로서, 로고스는 창세전에 존재자의 품 속에서 독생하여 나왔다. 그리고 여호와의 사유를 바라보면서, 이에 필요한 '로

고스' 곧 '마음'을 '존재자'에 의해 창조된 '존재들'에게 분유한다. 이것이 영혼이다. 이 세계가 곧 하늘나라로서 둘째 하늘이다. (참조로, 이 지점이 헤겔『논리학』 2장 '본질'과 대비된다. 『논리학』 2장은 '존재'에 대한 '부정'을 통해 이 '본질'이 나왔다고 말한다. 기독교에서 "존재와 본질"은 서로 한 뜻이 된 동일 실체이다.)

④ 성령 (개념)

기독교에서 성령은 '흑암과 혼돈과 공허'의 '수면' 곧 '질료'의 창조자이다. 여기에 로고스가 '형상'으로 내려오자, 혼돈한 질료가 창조로서 꽃피어난다. 그것이 곧 창세기 1장의 내용이다. 창세기 1장 1절의 "하나님이 천지를 창조하시니라"가 곧 존재와 로고스의 하늘의 창조이며, 땅의 창조가 곧 "빛, 궁창, 땅과 바다, 광명체, 생물들"의 창조이다. (참조로, 이 지점이 헤겔『논리학』 3장 '개념'과 대비된다. 『논리학』 3장은 '본질'에 대한 '부정'을 통해 이 '개념'이 나왔다고 말한다. 기독교에서는 "존재와 말씀의 마음과 생명"이 서로 한 뜻이 된 동일 실체이다.)

⑤ 기독교에서의 변증법

기독교에서의 변증법은 '선과 악'의 변증법이 적용된다. 위 삼위일체 하나님이 서로 충돌하는 것이 아니라, 이들은 동일실체이다. 그런데, 천사의 타락으로 일컬어지는 악이 존재한다. '존재'가 있는데, '비존재'로서의 악이 존재하며, '로고스'의 선이 있는데, 죄가 등장한다. '성령'의 생명에 대해 사망이 존재한다. 헤겔은 존재를 부정하면 본질이 나오고, 본질을 부정하면 개념으로서의 창조가 나오는데, 이것은 기독교의 신 개념과는 맞지 않는 논리이다. (필자)

헤겔은 인간의 사유를 통해서 절대자의 사유패턴을 열거하려 하였다. 정신은 모두 같기 때문이며, 정신의 원리는 변증법이기 때문이었다. 헤겔 철학이 일정한 선을 넘은 것은 사실이다. 그 후대의 모든 철학이 일제히 헤겔철학을 반대하고 나왔기 때문이다.

사람들이 헤겔철학이 난해하다고 말한다. 헤겔철학을 모두 옳게 받아들인

후, 기존의 개념과 결합을 시키려하기 때문에 그렇게 난해하게 나타난 것으로 보인다. 오류를 바르다고 받아들이고 무엇을 이해하려고 할 때 난해하기 그지없다.

2. 『논리학』 서론

가. "『논리학』 서론"에 대한 개략

헤겔 『논리학』의 서론은 그의 전체 체계 중에서도 가장 압축적으로 "논리학이 무엇인가?", "어떻게 가능한가?"를 제시하는 부분이다. 이 서론은 단순한 예비가 아니라, 『논리학』 전체의 형이상학적 문제설정, 즉 "사유와 존재의 동일성"이라는 주제를 여는 철학적 문으로 작동한다. 이에 대한 일반적 정리(챗GPT)는 다음과 같다.

① 『논리학』의 위치와 의의
헤겔은 『정신현상학』(1807)에서 '의식이 절대지식(absolute Wissen)'에 도달하는 과정을 다루었고, 『논리학』(1812-1816)은 그 '절대지식 이후의 철학', 즉 "사유가 자기 자신을 사유하는 단계"로 이어지는 작품이다. 『정신현상학』의 마지막 문장은 "정신은 자기 자신을 대상으로 삼는다"였고, 『논리학』의 첫 문장은 "그 자기대상화의 내용이 바로 '존재'다"로 이어진다. 따라서 『논리학』의 서론은 "의식이 외부 대상을 인식하던 단계에서, 이제는 그 대상이 자기 안으로 들어온 상태에서 출발한다"는 것을 설명하는 자리이다.

② 논리학의 대상 — '순수사유의 내용'
헤겔은 서론의 첫머리에서 이렇게 말한다. "논리학은 사유의 형식들에 관한 학문이 아니라, 사유의 내용 그 자체의 학문이다." 칸트의 '형식논리'는 사고의 올바른 형식만 다뤘지만, 헤겔은 그것을 완전히 넘어섰다. 그에게 논리학은 '사유의 내용', 곧 '존재의 본질'을 드러내는 학문이다. 왜냐하면 사유와 존재는 분리되지 않기 때문이다. "순수사유의 규정들은

존재의 규정들이다." 즉, 논리학은 단순히 생각의 규칙이 아니라, "존재의 형이상학적 진리"를 탐구하는 과학이다.
즉, 논리학은 사유의 자기내용에 대한 과학이며, 그 내용은 존재의 본질, 즉 로고스(Logos)이다. 따라서 논리학은 동시에 형이상학이다.
③ 논리학의 출발점 — "외적 전제 없는 시작"
헤겔은 『논리학』을 "어떠한 가정이나 감각적 전제도 없는 사유의 시작"으로 세운다. 그는 "논리학은 어떠한 외부의 토대도 갖지 않는다. 그것은 오직 자기 자신에서 시작해야 한다."고 말한다. 여기서 중요한 건, 그의 논리학이 '절대적 출발'을 요구한다는 점이다. 즉, 이미 주어진 감각자료나 경험(칸트의 '현상')이 아니라, 오직 "사유 그 자체의 자기운동"으로 출발해야 한다는 것이다. 이 "외적 근거 없음"이 바로 『논리학』이 순수사유의 자기전개로서, '존재-무-생성'으로 나아가게 하는 논리적 필연성의 조건이다.
논리학은 절대적 시작의 학문으로서, 어떤 경험, 직관, 감각에도 의존하지 않고, 오직 사유의 자기근거에서 출발한다.
④ 논리학의 방법 — '변증법의 자기운동'
헤겔은 서론에서 논리학이 "단순히 개념을 배열하는 형식"이 아니라, 사유가 스스로를 전개하는 자기운동임을 강조한다. "사유의 진리는 정지된 결과가 아니라, 자기부정과 지양을 통해 스스로를 전개하는 운동이다."는 것이다. 즉, 사유는 스스로의 모순을 드러내고, 그 모순을 지양하며, 더 높은 통일로 나아가는 운동이다. 그것이 바로 변증법이다. 이 운동을 통해 사유는 단순한 추상(존재)에서 시작해서 본질, 개념, 절대이념으로 발전한다.
진리는 '정지된 명제'가 아니라, 운동 과정 자체이며, 사유는 자기부정을 통해 자기규정을 형성한다. 이 운동이 논리학의 방법, 즉 변증법이다.
⑤ 결론
『논리학』의 서론은 "사유의 논리가 곧 존재의 논리다"라는 원리를 천명하며, 철학을 '인식론'에서 다시 '존재론(형이상학)'으로 되돌려놓은 선언

문이다. 즉, 헤겔은 논리학을 단순한 사고의 도구가 아니라, "사유 그 자체의 자기운동을 드러내는 형이상학"으로 세운다. 그것은 외적 전제 없이 자기 자신에서 출발하며, 자기부정을 통해 스스로를 발전시키는 변증법적 운동이다. 따라서 논리학의 출발은 감각적 존재가 아니라, "사유의 자기내용으로서의 순수한 존재(Sein)"이다.(챗GPT, 논리학 서론, 2025.10.7.)

나. 논리학의 대상 - "순수사유의 내용"

논리학의 대상에 대한 내용이 『대논리학』 "서론 1절"에 나온다. 한편, 『소논리학』에서는 "예비개념"의 첫 번째 절(§ 19)에서 나온다. 『소논리학』에서의 내용은 다음과 같다. 논리학의 대상은 사유이며, 순수추상이며, 진리이며, 신이고, 초감성계를 다룬다고 말한다.

① 논리학: 사유 내지 이념의 학
논리학은 순수이념 즉 사유라는 추상적인 지반에 있어서의 이념의 학이다. … 논리학을 사유 내지 사유의 제규정과 제법칙에 관한 학이라고도 물론 말할 수 있다. 그러나 그러한 것으로서의 사유는 다만 논리적 이념으로서의 이념의 보편적 규정성 또는 지반에 불과한 것이다. 이념은 형식적 사유로서의 사유가 아니라 사유에 특유한 제규정과 제법칙의 자기 전개총체로서의 사유이며, 사유의 이러한 제규정과 제법칙은 사유에 이미 있거나, 또는 사유 그 자체 중에서 발견되는 것이 아니라 사유가 사유 자체에 대하여서 부여하는 것이다.
② 논리학이 다루는 것 : 순수 추상
논리학은 직관을 다루는 것도 아니요 또 더구나 기하학과 같이 추상적 감성적 표상을 다루는 것이 아니라, 도리어 순수추상을 다루며 따라서 또 순수사상에 인도하여 그곳에 머무르며, 그 속에서 자기 운동할 힘과 숙련이 있어야 한다. 그러한 한에서 논리학은 가장 어려운 학문이다. …
(헤겔, 『(소)논리학』, § 19, 95)[36]

③ 논리학의 대상 : 진리와 신

[補遺1] 첫째 문제는 논리학의 대상이 무엇이냐? 하는 문제이다. 이 문제에 대한 가장 간명하고 가장 이해하기 쉬운 대답은 논리학의 대상은 진리이다 하는 것이다.…신은 진리이다. 그러면 우리는 이 진리를 어떻게 해서 인식하여야 되는가?(헤겔, 『(소)논리학』, § 19, 96)

[補遺2] 논리학의 대상이 사유라는 점은 일반이 다 알고 있는 바이다. 그러나 사람들은 사유가 뭣인지를 전연 모르면서 공연히 이러니저러니 떠들기만 한다.…(헤겔, 『(소)논리학』, § 19, 98)

④ 초감성계를 다루는 논리학

다른 한편에서 논리학은 또 사유의 과학으로서 높은 입장에 서고 있다. 왜냐하면 오직 사상만이 가장 높은 것 즉 진리를 경험할 수 있는 것이기 때문이다. 이리하여 논리학은 사유를 그 활동성과 그 생산성에서 보거니와, 그러므로 논리학의 내용 일반은 초감성계요, 따라서 논리학은 이 초감성계를 다루기 위하여 이 세상에 존재하는 것이다.…(헤겔, 『(소)논리학』, § 19, 99)

헤겔은 『논리학』에서 절대자(신)의 창조방법을 다루려고 하고 있다. 기독교의 1위 하나님의 이름이 여호와인데, 여호와가 어떻게 세상을 창조하였는지의 그 속내를 들여다 보고 있는 것이다. 그런데, 이것이 가능한가라는 질문이 존재한다.

다. 논리학의 출발점 – "외적 전제 없는 시작"

헤겔의 "논리학의 출발점 : 외적 전제 없는 시작"은 헤겔 『논리학』 전체의 가장 핵심적인 사유 중 하나이다. 그건 단순히 "논리학은 감각적 경험에 의존하지 않는다"는 정도가 아니라, "사유가 자기 자신으로부터 스스로를 시작하는 절대적 자기근거의 운동"을 말하는 것이다. 헤겔이 이걸 이렇게 철저하게 설정한 이유는, 그의 철학이 "모든 외적 근거를 버리고, 사유 그 자

---

36) 헤겔, 『논리학』, 전원배 역, 파주 서문당(瑞文堂), 2006.10.30.

1장 논리학 서론

체의 내적 필연성으로 존재 전체를 전개하려는 시도"이기 때문이다.

① 본문
『대논리학』(1812) '서론'에서는 "논리학은 자기 자신 밖의 근거를 갖지 않는다."고 말하며, 『소논리학』 제1부 논리학 §81-§82에서는 "논리학은 어떤 전제도 전제하지 않는다."고 말한다.

② 왜 '외적 전제 없는 시작'이 필요한가?
헤겔에게 철학(특히 논리학)은 단순한 '학문 중 하나'가 아니라, 모든 학문의 근거를 형성하는 학문, 즉 "근거의 근거"이다. 그런데 만약 이 논리학이 다른 어떤 것 — 예를 들어 감각경험, 신앙, 선험적 직관, 자명한 공리— 에 의존한다면, 그건 더 이상 "최초의 학문"이 아니게 된다. 그래서 그는 "논리학은 그 자체 이외에는 아무런 근거도 가지지 않는다." 즉, 사유의 근거는 오직 사유 자신 안에 있어야 한다. 이것이 "외적 전제 없는 시작"의 핵심이다.

③ 의미 — "사유의 자기근거(Self-grounding of Thought)"
헤겔은 모든 '시작'에 대해 이렇게 묻는다. "시작이란 무엇인가? 시작한다는 것은 어디서 출발하는가?" 일반적으로 어떤 학문은 '대상'을 전제로 한다. 물리학은 자연, 법학은 사회제도, 신학은 신의 존재를 전제한다. 하지만 논리학은 그런 외부의 대상이나 전제를 전제할 수 없다. 왜냐하면 그것이 바로 "사유 그 자체의 논리"를 다루기 때문이다. 그래서 논리학의 출발점은 "아무것도 전제하지 않는 사유의 최초의 규정"이어야 하고, 그 최초의 규정이 바로 존재(Sein) 로 나타난다. 즉, "논리학의 출발 = 사유가 자기 자신 안에서 스스로 드러나는 최초의 내용 = 존재."인 것이다.

④ "외적 전제 없음"이 의미하는 세 가지 부정
먼저, 감각적 전제는 "감각적 경험에서 출발해야 한다"인데, 감각은 우연적이며 필연적 진리를 주지 않는다.
두 번째, 심리적 전제는 "사유는 인간의 정신작용이다"인데, 사유는 개인의 심리현상이 아니라 보편적 로고스이다.

세 번째, 형식적 전제인 "논리학은 단지 사고의 형식이다"인데, 헤겔에 이르러서는 논리학은 형식이 아니라, 사유의 내용(존재 그 자체)이다.

즉, 논리학은 감각·심리·형식이라는 세 가지 외적 기반을 모두 거부하고, 오직 "사유가 자기 자신을 근거로 삼는 운동"으로 시작한다.

⑤ "절대적 시작(der absolute Anfang)"의 논리 구조

헤겔은 '절대적 시작'을 다음과 같이 규정한다. "시작은 순수한 공허함도 아니고, 이미 주어진 것도 아니다. 시작은 무와 존재가 구별되지 않는, 가장 단순한 규정, 즉 순수존재이다."(Wissenschaft der Logik, Bd. 21, S. 59-60)

이 말은 '외적 전제 없음' → '사유의 절대적 자기출발' → '존재(Sein)'라는 단계로 연결된다. 즉, 어떤 "근거"나 "조건" 없이, 사유가 자기 자신을 규정하기 시작할 때, 그 "가장 최초의 내용"은 그냥 있음(Sein) 이다. 그래서 『논리학』은 "존재"로부터 시작한다. (존재→무→생성으로 이어지는 제1장 "존재론"의 출발이 여기에서 시작되는 것이다.)

⑥ 변증법적 의미: "시작은 동시에 무와 같다"

하지만 헤겔은 이렇게 덧붙인다. "시작은 아무런 전제도 없기에, 동시에 아무 내용도 가지지 않는다. 그러므로 시작은 무(無)와 같다." 그래서 『논리학』 제1장에서 존재(Sein)와 무(Nichts)가 동일하게 시작되고, 그들의 통일이 바로 생성(Werden)이 되는 것이다. 즉, "외적 전제 없는 시작"은 "존재로서의 시작"과 동시에 "무로서의 시작"이며, 그 둘의 변증법적 통일이 논리학의 운동을 여는 첫 계기이다.

⑦ 『소논리학』의 요약형 진술 (§ 81-§ 82)

『소논리학』(§ 81-§ 82)에서는 이것을 짧게 이렇게 정리한다. "논리학은 어떤 전제도 전제하지 않는다. 그것은 외부에서 주어진 어떤 것에 근거하지 않는다. 따라서 그 시작은 자기 자신 안에서 정초된다." 즉, '외적 전제 없는 시작'은 "논리학은 감각이나 경험, 신앙, 외부의 사실을 전제로 삼지 않고, 자기 자신(=사유)의 내적 필연성으로부터 출발한다"는 뜻

이다.

태초에 존재자는 자신 외에 아무도 없다. 헤겔도 여기에서 논의를 시작한다. 이런 관점에서 보면, 헤겔은 유신론자이며, 유일신론자이다. 기독교의 신 개념과 동일한 것이다.

라. 논리학의 방법

헤겔 『논리학』 서론의 세 번째 핵심 주제가 바로 "논리학의 방법-변증법의 자기운동"이다. 이 부분은 단순히 논증(논리적 추론)의 '방식'을 말하는 게 아니라, 논리학 전체 – 나아가 철학 전체 – 가 작동하는 사유의 내적 운동법칙을 규정한다. 즉, "사유가 스스로를 움직이는 방식" 그 자체를 뜻한다. 이건 헤겔 철학의 중심축이자, '정립-반정립-지양, 지양: 폐기하면서 보존하는 종합)'으로 요약되는 변증법의 본질이기도 하다. 이에 대해 일반화된 정리(챗GPT)는 다음과 같다.

① 변증법의 '방법'이라는 말의 의미
헤겔은 서론 후반에서 다음과 같이 말한다. "진리는 정지된 결과가 아니라, 자기부정을 통해 자신을 전개하는 운동이다"(『대논리학』 서문 및 서론 중). 이 문장은 사실상 변증법의 정식 정의이다. 즉, '방법'은 사유 외부에서 덧붙여지는 절차가 아니라, 사유가 자기 자신 안에서 스스로 움직이는 내적 법칙이라는 뜻이다. 그래서 헤겔은 "변증법은 논리학의 외적 도구가 아니라, 논리학 그 자체의 영혼"이라고 부른다.
② 변증법적 자기운동의 세 계기 (운동의 형식)
헤겔은 "사유의 자기운동"이 일정한 구조를 가진다고 보았다. 그것이 우리가 흔히 아는 세 계기 — 정립·반정립·지양(종합)이다. 하지만 헤겔 자신은 이걸 그렇게 공식적으로 구분하진 않았고, "긍정-부정-부정의 부정"으로 설명한다. 먼저, 정립(Setzung)은 사유가 자신을 단순한 규정으로 세운다. 그것은 존재(Sein)이다. 두 번째, 반정립(Negation)인데,

그 규정이 자기 모순을 드러낸다. 존재에 대한 반대는 무(Nichts)이다. 세 번째, 지양(Aufhebung, 종합)인데, 모순이 상위 통일로 넘어가서, 생성(Werden)이 이루어진다.

이 세 계기는 단순히 논리적 단계가 아니라, 사유 자체가 자기 안의 모순을 통해 발전하는 운동법칙이다. 즉, "사유는 자기부정을 통해 자기 자신을 더 풍부하게 만든다."

③ 방법론적 의미 – "진리=과정(Process)"

헤겔은 진리를 단순한 명제가 아니라, 운동 전체로 파악한다. "진리는 전체이며, 전체는 자기 발전의 과정을 통해 자신을 완성하는 것이다."(『정신현상학』 서문). 논리학에서도 마찬가지다. 논리학의 '방법'은 외부에서 정해진 절차(예: 연역·귀납)가 아니라, 사유가 스스로 자기모순을 통해 자신을 매개하고, 그 매개를 통해 더 높은 통일로 나아가는 자기매개적 과정이다. 그래서, "논리학의 방법 = 사유의 자기운동"이며, "변증법 = 진리의 내적 생명"이다.

④ 이 "자기운동"이 왜 '변증법'인가?

'변증법'의 어원은 $\delta\iota\alpha\lambda\acute{\epsilon}\gamma\epsilon\sigma\theta\alpha\iota$ 로서 "대화하다", "상호작용하다"이다. 헤겔에게서 변증법은 "사유가 자기 자신과 대화하는 운동"이다. 즉, 사유는 자기 속에서 '한계(규정)'를 세운다. 그러나 그 한계가 바로 사유의 자기모순임을 드러낸다. 그래서 사유는 그 한계를 넘어 자신을 확장한다. 이 자기–부정의 과정이 곧 사유의 "살아 있는 운동"이다. 그래서 헤겔은 변증법을 "사유의 내적 생명력"이라고 부른다.

⑤ 형식논리와의 차이

구분	형식논리	헤겔의 변증법적 논리학
사유의역할	외부 대상을 판단·분류	사유가 자기 자신을 내용으로 전개
운동	정지, 고정된 법칙	자기모순에 의한 자기운동
진리 개념	'A는 A이다' (동일율)	'A는 자기부정을 통해 A가 된다' (자기통일)
결과	추론의 체계	존재론적·형이상학적 운동

⑥ '방법(Methodus)'의 세 단계 (『대논리학』 후반 요약)
헤겔은 『대논리학』 마지막 부분 "방법론"에서도 논리학 전체의 구조를 이 세 운동으로 정리한다.

단계	설명	대응
1st, 분석적 순간	개념이 자기 안의 요소를 드러냄	정립
2nd, 부정적 순간	개념이 자기 한계를 부정함	반정립
3rd, 종합적 순간	모순을 통일하여 더 높은 개념으로 나아감	지양

즉, 변증법은 단순한 논리적 기법이 아니라, 개념의 존재방식이며, 사유의 존재론적 운동법칙이다.

⑦ 인용 요약
"진리는 그 발생 없이 주어진 결과가 아니라, 자기 규정을 통한 운동이다."(『논리학』 서론)
"변증법은 순수사유의 참된, 긍정적인 운동이다."(『논리학』 「방법론」 말미

3. 예비개념

가. 『논리학』 '예비개념'의 개략

헤겔 『논리학』의 '예비개념'은 '서문'과 '서론'에 이어, 본격적인 존재론으로 들어가기 직전에 놓인 것인데, 이것은 단순한 머리말이 아니라 논리학이 출발하기 위해 철학적 입장을 미리 정초하는 단계이다. 즉, "논리학이 어떤 전제와 태도에서 사유되어야 하는가?"를 미리 결정하는 자리이다. 즉, 예비개념은 서문과 서론의 '요약이자 결론'이며, 그리고 '1장 존재론'의 '입구'역할을 한다.

① '예비개념(Vorbegriff)'의 목적
헤겔은 "논리학을 이해하기 위해서는 먼저 철학적 사유가 어떤 입장에 서야 하는가를 개괄적으로 규정해야 한다."(Wissenschaft der Logik,

Bd. 21, S. 63)고 말한다. 즉, 논리학은 단순히 생각의 법칙을 다루는 게 아니라, "진리를 사유 그 자체의 내용으로 파악하는 입장"에서 출발해야 한다고 말한다. 그래서 그는 '예비개념'을 세 부분으로 나누어 설명한다.

② 먼저, 사유의 일반개념 – "사유는 단순한 주관적 활동이 아니다"
헤겔은 먼저 '사유'에 대한 일반적 오해를 비판한다. 많은 사람들은 사유를 단지 "인간의 머릿속 심리적 활동"이라고 생각하지만, 그건 논리학의 출발로 부적절하다고 말한다. "사유는 단순히 주관적 행위가 아니다. 사유는 사물들의 본질, 세계의 내적 법칙이다."고 말한다. 즉, '사유'는 개인의 심리적 행위가 아니라, 존재가 스스로를 드러내는 보편적 형식(로고스)이다. 따라서 논리학은 "인간이 사고하는 법칙"이 아니라, "세계가 존재하는 법칙"을 사유의 형태로 파악하는 학문이 된다.

③ 두 번째, 사유와 객관의 관계 – "사유와 존재의 분리를 넘어서"
이제 헤겔은 "사유와 객관(존재)"의 관계에 대한 세 가지 대표적 철학적 입장을 비판한다. (a) 감각론은 "모든 인식은 감각적 경험에서 나온다"고 말한다. 이에 대해 헤겔은 "감각은 단편적·주관적이라 보편적 진리에 도달할 수 없다"고 말한다. (b) 형식논리는 "논리는 사고의 형식이다"고 말하는데, 이에 대해 헤겔은 "형식은 내용이 없고, 공허하다"고 말한다. (c) 칸트 철학은 "사유는 현상까지만 인식한다; 물자체는 불가하다"고 말한다. 이에 대해 헤겔은 "사유와 존재를 분리함으로써 진리를 불가능하게 하였다"고 말한다. 그는 이 모든 입장을 "사유와 존재를 분리하는 관점"으로 보고 비판을 한다. 그는 "사유와 존재는 하나이다."고 말한다. 이것이 '예비개념'의 가장 유명한 선언 중 하나이다. 논리학은 사유와 존재의 동일성 위에서만 시작될 수 있다는 뜻이다.

④ 진정한 입장 – "사유=존재의 통일(절대적 입장)"
이제 마지막 부분에서 헤겔은 논리학이 서야 할 "진정한 철학적 입장"을 "진리란, 사유와 존재가 일치하는 것이다."고 정의한다. 그러나 이건 단순히 "사유가 존재를 닮는다"는 뜻이 아니라, 사유 그 자체가 존재의 본질을 구성한다는 의미이다. 즉, 존재는 사유를 통해서만 자신을 드러내

고, 사유는 존재의 본질을 내포하고 있기에, 논리학은 바로 그 "사유=존재의 통일"의 내적 운동을 탐구한다. 즉, '예비개념'은 논리학이 어떤 관점에서 출발해야 하는지를 철학적으로 확립하는 단계이다. 그 입장은 "사유=존재", "진리=사유의 자기일치", "논리학=사유의 자기운동의 과학"으로 요약된다.(챗GPT, 『논리학』 '예비개념', 2025.10.10.)

나. 사유와 존재의 일치, 절대적 입장

헤겔은 '반성적 사유활동'은 나의 활동이며, 나의 자유의 표현으로서 객관적이고 진리에 속한다고 말한다. 여기에서 '반성적 사유활동'은 즉자존재에 대한 대자존재의 '자기의식'을 말한다. 이것은 정신의 본능에서 출현한 사유이다. 그래서 헤겔은 이것을 진리차원으로 승화시키는 것이다. 즉, 보편자의 활동인 것이다. 보편자란 중세시대에는 신의 이름이었다. 결국 이러한 반성적 사유가 사물의 본질을 이루는 것이다. 헤겔은 다음과 같이 말한다.

① 반성적 사유작용 : 나의 활동
대상의 진성(眞性)은 반성에서 나타나는 바 이 반성적 사유작용은 '나'의 활동이다. 그러므로 대상의 진성도 역시 '나'의 정신, 더욱이 사유주체로서의 '나'의 정신, 절대로 자기 자신을 지키는 '나'의 보편성, 즉 나의 '자유'의 산물이다.
② 사유는 보편자의 활동
…사유에는 직접적인 자유가 있다 왜냐하면 사유는 보편자의 활동이요, 따라서 추상적인 대자관계, 즉 내용상에 있어서는 오직 사물과 그 규정 중에 있지만 그와 동시에 주체성에 있어서는 무규정한 자유자재성이기 때문이다.…(헤겔, 『(소)논리학』, § 23(D), 108-109)
③ 사상은 사물의 본질
이상 제규정에 의하면 객관적 사상이라고 부를 수 있는 바, 첫째 보통 논리학상에서 고찰되며 전혀 의식적 사유의 형식이라고 불려지고 있는 제형식도 이 객관적 사상 중에 드는 것이다. 따라서 논리학은 사상 중

에서 파악된 사물의 학인 형이상학과 일치한다. 그러한 의미에서 사상은 사물의 본질을 표현하는 것이다. …(헤겔, 『(소)논리학』, § 24, 109)

다. "사유와 존재의 일치"에 대한 평가

헤겔에 대한 가장 탁월한 비판가는 키에르케고어로 보인다. 그는 헤겔의 이러한 "사유와 존재의 일치"의 "무차별적 적용"을 비판하였다. 헤겔은 이 논리를 그의 모든 철학 대부분에 적용을 시킨다. 사유 속에 있는 것은 이미 현실로 나타난 것으로 간주를 하고, 그 다음을 또 다시 사유한다. 그후 그것도 현실로 이루어진 것으로 간주를 하고, 그 다음을 사유한다. 이것이 헤겔 철학의 논리전개이다. 결국 삼단논법을 무차별적으로 적용하는 것이다. 그래서 상상력의 끝장을 달리는 것이다.

칸트의 경우, 대전제와 소전제를 설정한 후 소전제가 경험적으로 확인된 후에 그 결론을 지었다. 그때까지는 결론은 보류하였다. 어떤 사유가 현실로 객관적으로 드러나기 위해서는 많은 시간을 필요로 한다. 지금 도처에 퍼진 인류의 죄악상을 보면서 우리는 인류의 종말을 예상할 수 있는데, 그 종말을 놓고, 모든 판단을 할 수 없지 않은가? 헤겔은 사유와 현실 사이에 시간이 존재하는 것을 고려하지 않았다. 즉 어떤 사유가 현실로 드러나기 위해서는 "사유-시간-현실"의 패턴을 따른다.

헤겔에게는 '시간'이 존재하지 않는다. 무차별적 삼단논법의 적용이다. 『논리학』을 비롯해서 『법철학』 『역사철학』 등 그의 모든 철학이 그렇다. 이 『논리학』의 논리전개도 마찬가지이다. '존재'와 '본질'은 그 성질 자체가 다른데, 여기에 변증법을 적용하여 '존재'가 지양되고, '본질'이 등장한다. 그 성질이 바뀌는 상황 속에서도 '시간'은 고려하지 않는다. 이것을 모두 옳다고 판단하고 헤겔의 사상을 따라 가다보면, 헤겔 철학은 난해하기 그지없는 철학이 되어 버린다.

2장 존재론

1. 도입부 : 존재-무-생성-현존

가. '존재론'의 도입부에 대한 개략

헤겔의 『(소)논리학』 제1편의 존재론의 도입부 – 즉 "존재-무-생성-현존" 부분 – 은 논리학 전체의 출발이자, "사유가 자기 자신으로부터 생겨나는 최초의 운동"을 보여주는 부분이다. 이 도입부는 『대논리학』에서도 거의 동일한 구조로 전개되며, 『소논리학』에서는 §86-§90(챗GPT: 84-88, 소논리학의 판본에 따라 조항이 다르며, 챗GPT와 필자의 판본이 다름을 유의하여야 함)에 해당한다. 제1편 존재론중 도입부의 주제들인데, 그 내용을 보면 다음과 같다.

① §86 순수 존재(Das reine Sein)
논리학의 절대적 출발점이다. 외적 전제 없이 사유가 자기 자신을 내용으로 삼는다. 이 '순수사유'의 첫 내용은 순수한 있음(Sein) 이다. 완전히 불규정적이고, 단순하고 직접성이 있다.
"사유가 그 자체로서 자기의 내용을 가지는 것이 순수사유이다. 그 시작은 순수존재이다. 이 시작에는 어떤 전제도 있어서는 안 된다. 따라서 시작은 절대적으로 불규정적이며, 단순한 직접성이다."
논리학은 외적 대상 없이 사유 그 자체로 시작해야 한다. 이 '시작'의 내용이 곧 '순수존재(Sein)'이다. 그러나 아무 규정이 없으므로, 이 존재는 "아무것도 아닌 것"과 같다.

② §87 순수 무(Das reine Nichts)
존재와 동일하게 비규정적이고, 공허하며, 직접적이다. "무는 존재와 다르지 않다." 존재와 무는 동일한 추상적 공허성이다. "무는 또한 순수한 것, 동일하게 불규정적이며, 공허한 것이다. 그것은 존재와 마찬가지로 직접적이다. 따라서 무는 존재와 동일하다." 무는 존재의 반대가 아니라, 같은 추상적 상태다. '있음'과 '없음'의 구별은 무의미하다. 둘 다 내

용 없는 비규정성이다.

③ § 88 생성(Das Werden)

"존재와 무는 동일하며, 그 진리는 생성이다." 존재가 무로, 무가 존재로 넘어가는 운동적 통일. 두 항은 '소멸하는 계기들'이다.

"존재와 무는 동일하다. 그들의 진리는 생성이다. 생성은 존재가 무로 넘어가고, 무가 존재로 넘어가는 통일이다. 생성 안에서 존재와 무는 사라지는 순간들이다."

존재와 무의 동일성은 정지된 동일성이 아니라, 운동적 동일성이다. 존재와 무는 서로로 변해가며 사라진다. 이 상호이행의 운동이 '생성'이다.

④ § 89 발생과 소멸(Entstehen und Vergehen)

생성의 두 계기이다. 존재가 무로 사라지는 '소멸'과, 무에서 존재로 나타나는 '발생'이 상호 내재적이다. 이 운동은 끊임없이 자기를 넘어선다.

"생성은 두 계기를 가진다: (a) 존재가 무로 넘어가는 소멸, (b) 무가 존재로 넘어가는 발생이다. 이 두 계기는 분리될 수 없으며, 하나의 통일을 이룬다."

'생성'의 내부 운동은 두 방향으로 동시에 일어난다. 존재는 무로 사라지고, 무는 존재로 나타난다. 발생과 소멸은 변증적으로 얽혀 있으며, 생성 전체의 리듬을 이룬다.

⑤ § 90 현존(Dasein)

생성의 결과. "생성은 그 결과 안에서 사라진다." 존재가 자기 안에서 규정성을 얻은 상태 — '규정된 존재' 혹은 '질(Qualität)'의 시작이다.

"생성은 그 결과 안에서 사라진다. 그 결과는 존재가 무를 통하여 자기 자신을 규정한 것이다. 그리하여 생성의 결과는 규정된 존재, 즉 현존(Dasein)이다."

'생성'이 안정되어 '규정된 있음'이 생겨난다. 존재가 이제 '어떤 것(Etwas)'으로 드러난다. 이것이 바로 '질(Qualität)'의 출발점이자 존재론의 두 번째 장으로 이어진다. (챗GPT, 존재편 도입부, 2025.10.7.)

『논리학』의 도입부 §86-§90(판본 따라 節수가 다른데, 챗GPT는 84-88)는 "사유의 절대적 시작"을 보여준다. 사유는 외적 전제 없이 순수존재로부터 출발하며, 그 존재는 곧 무와 동일함을 드러낸다. 존재와 무의 동일성은 정적이지 않고, 서로로 넘어가는 운동-생성으로 드러난다. 생성의 결과는 규정된 존재, 즉 현존(Dasein)이며, 여기서 비로소 '질(Qualität)'의 단계로 이행한다.

나. 순수 존재 : 순수 존재로서의 순수 사유

헤겔 『(소)논리학』 §86(전원배 번역본)은 그 소제목이 '순수존재'로서 "논리학의 출발점"으로서 "외적 전제 없는 시작"을 말하고 있다. 헤겔은 여기에서 "순수한 존재=순수한 사유"를 말하고 있다. 여기에서의 사유는 로고스(Logos)라고 보면 된다. 그리고 이 로고스는 기독교의 로고스와 헤라클레이토스와 플로티노스의 로고스와 그 용도가 같다. 즉, 아래의 본문은 성경의 "태초에 말씀이 계시니라"의 본문을 헤겔식으로 표현한 것이다. 헤겔은 이것을 "순수한 존재는 순수한 사유이다"라고 표현한 것이다. 이 순수한 존재 혹은 순수한 사유는 절대무차별성과 절대동일성을 가진 시초이다. 이것은 어떤 매개로 생겨난 것이 아니다. 도리어 그 안에 매개가 존재한다. 절대자의 술어는 존재인데, 바로 이 사유가 존재이다. 그래서 이 사유가 곧 절대자인 것이다. 이 순수존재 혹은 순수사유 안에는 반성이 내재해 있다. 신은 모든 실재의 총체인데, 이 존재 혹은 사유의 반성으로부터 만물이 출현한다. 사유는 처음에는 추상적으로 보이지만, 이제 여기에서 구체적인 것들이 출현한다.

① 순수한 존재 = 순수한 사상(사유)

순수한 존재가 단서이다. 왜냐하면 순수한 존재라는 것은 순수한 사상이기도 하고, 또 아무런 규정도 없는 단순하고 직접적인 것이기도 하기 때문이다. 그러므로 최초의 단서는 아무런 매개도 거치지 않은 것, 그리고 그 이상 더 무어라고 규정할 수 없는 것이다….

② 존재는 시초 : 절대무차별성, 절대동일성 등

존재라는 것을 나는 나, 즉 절대무차별성 또는 절대동일성 기타 등등으로 규정할 수 있다. 아주 확실한 것, 즉 제 자신의 확실성에서 단서를 취하든지, 또는 절대진리의 정의나 직관에서 단서를 취하든지 어디서 단서를 취하든지 간에 이런 데서 단서를 잡으려고 하는 요구에서는 이상의 형식이나 기타 이에 유사한 다른 제형식이 시초가 되어야 한다고 볼 수 있다.

③ 매개가 있으면 안 되며, 매개를 내포하고 있음

그러나 이러한 제 형식 중에는 벌써 매개가 들어 있다. 그러기 때문에 이러한 제 형식을 진정한 시초로 볼 수는 없다. 매개라는 것은 제1차적인 것에서 제2차적인 것으로 옮아가는 것, 그리고 차별상에서 빠져나오는 것을 의미하는 것이다. 가령 "나는 나다"라는 것이나 또는 지적 직관이라는 것이 참으로 유일한 제1차적인 것이라면, 그것은 이러한 순수직접상태의 존재에 불과한 것이요, 이와 반대로 순수한 존재라는 것도 그것이 추상적인 존재가 아니라, 자체 중에 매개를 내포하고 있는 존재인 이상 역시 순수사상이요 직관인 것이다.

④ 존재는 절대자의 술어 : "절대자는 존재이다"

존재를 절대자의 술어라고 말할 수 있다. 그렇다면 "절대자는 존재다"라는 절대자의 최초의 정의가 나올 수 있다. 이것이 사상에 있어서 가장 단초적이고, 가장 추상적이고, 또 가장 무 내용한 정의이다. 이것이 에레아 학파의 정의이다.

⑤ 신은 모든 실재의 총체

그러나 그와 동시에 신은 모든 실재의 총체라는 것도 누구나 잘 알고 있는 정의이다. 즉 신이 모든 실재 중에서 유일한 실재 즉 가장 실재적인 것이 되려면, 모든 실재가 가지고 있는 제한성에서 벗어나야 한다는 것이다.

⑥ 반성을 내포하고 있는 실재

그러나 실재가 이미 그 속에 반성을 내포하고 있다는 것은 야코비가 스

2장 존재론

피노자의 신에 대해서 한 말 중에, 즉, 이것이 모든 존재 중의 존재의 원리라고 한 말 중에 단적으로 표현되어 있다.(헤겔, 『논리학』 § 86, 203-204)[37]

⑦ 순수사상·무규정성이 존재

우리가 생각하기 시작할 때 가지고 있는 것은 하등의 규정도 없는 순수사상 이외의 아무 것도 아니다.… 우리가 여기서 본 바와 같은 무규정성이란 것은 직접적인 것 즉 매개된 무규정성도 아니요, 또 모든 무규정성의 지양도 아니라 무규정성의 직접성, 모든 규정성 이전의 무규정성, 가장 제1차적인 것으로서의 무규정성이다. 그런데 우리는 이것을 존재라고 부른다. 이것은 감각할 수도 없고 직관할 수도 없으며 표상할 수도 없다. 이것은 순수한 사상이요 그러기 때문에 단초가 되는 것이다.… (헤겔, 『논리학』 § 86-1, 204)

⑧ 추상적인 것에서 구체적인 것으로 진행

이제 논리적 이념의 전개가 추상적인 것에서 구체적인 것으로 진행하는 것이 분명하거니와, 그와 마찬가지로 철학사상에서도 맨 앞 계단에 있는 체계는 가장 추상적이고 따라서 동시에 가장 빈약한 체계이다. 그러나 앞에 나오는 철학체계와 뒤에 나오는 철학체계와의 관계는 대체로 논리적 이념의 앞 계단과 뒷 계단과의 관계와 동일하다.… (헤겔, 『논리학』 § 86-2, 205)

[평가1] 헤겔의 유신론

헤겔은 무신론자가 아니고 유신론자이며, 유일신론자이다. 헤겔은 기독교의 요한복음 1장1절에 나오는 "태초에 말씀이 계시니라"를 고스란히 수용하고 있다. 이 구절을 헤겔은 위와 같이 풀어서 쓴 것이다. 따라서 헤겔 좌파는 『논리학』을 유물론적 글이라고 말하는데, 그것은 옳지 않다.

[평가2] 로고스 일원론을 취한 헤겔 :헤겔과 성경의 차이

---

37) 헤겔, 『논리학』, 전원배 역, 파주 서문당(瑞文堂), 2006.10.30.

상기 『소논리학』 § 86를 기독교식으로 표현한다면, "태초에 사유가 있었다"라고 번역될 수 있다. 기독교의 "태초에 말씀이 계시니라"(요 1:1)와 동일한 명제이다. 그런데, 기독교의 명제는 말씀(사유)만 있는 것이 아니라, 존재자도 함께 있다. 우리는 헤겔『논리학』과 성경과 기독교의 '삼위일체 창조론'을 비교해 보아야 한다. 성경의 그 내용은 다음과 같다.

태초에 말씀이 계시니라 이 말씀이 하나님과 함께 계셨으니 이 말씀은 곧 하나님이시니라. 그가 태초에 하나님과 함께 계셨고 만물이 그로 말미암아 지은 바 되었으니 지은 것이 하나도 그가 없이는 된 것이 없느니라. 그 안에 생명이 있었으니 이 생명은 사람들의 빛이라. (요 1:1-4)

기독교에서는 "태초에 존재자(여호와)와 존재자의 말씀이 함께 있다"고 말한다. 두 하나님이 한 하나님으로 있다. 그런데, 헤겔은 존재와 말씀(사유)가 서로 구분되지 않고 그냥 하나이다.

[평가3] 로고스 안에 내재된 반성에 대하여

헤겔은 모든 변화를 '로고스' 안에 '내재된 반성'으로 해석하려 한다. 헤라클레이토스는 자연만물의 변화를 보면서 그 이면의 로고스가 '유전'을 하면서 변화를 유발시킨다고 말한다. 이 자연현상에 있는 변화를 헤겔은 인간의 정신 속에도 반영하려 한다. 이에 반하여 칸트는 인간의 정신은 자연법칙의 인과율을 넘어서는 자유에 속하여 있다고 말한다. 인간의 정신은 이 자유의 세계에 속하여 있는데, 이 정신을 아무런 기능을 할 수 없는 인과율적인 존재로 보면 안 된다. 헤겔은 자연법칙의 인과율을 인간의 정신에 지금 반영하고 있다.

창조의 과정은 정신과 정신은 가지지 않은 자연과의 관계이다. 여기에는 일방적인 로고스의 변화의 원리를 적용할 수도 있겠다. 로고스 자체 내에 있는 반성의 원리가 그렇게 나타나는 것이다. 그런데, 정신에 대해서는 그렇게 적용하면 안 될 것으로 보인다.

인간의 '정신'이 어떤 대상이나 사건이나 타자에 대해서 '대상의식'이 생성되었다. 이때의 정신은 '의식'의 상태이다. 여기에 이제 '정신'의 부정이 발생하면서, '자기의식'이 생성된다. 그러면서 종합을 이루어 '이성'으로 발전한다. 이것은 정신과 대상의 상호관계 속에서 생성되는 것이지, 대상도 존재하지 않는데, 스스로 정신이 의식을 산출하고, 또 의식에 대한 고려도 없이 스스로 자기의식으로, 그리고 이성으로 발전하는 것이 아니다.

로고스 안에 '내재된 반성'을 헤겔은 '대상'은 고려하지 않은 채 무차별적으로 사용하는 경향이 있다. 자연사물에 대한 창조의 원리로서는 이것이 가능하지만, 정신적 존재의 정신의 고양과 관련해서는 그렇지 않다.

다. 순수 무

헤겔은 "순수존재는 순수추상이요 따라서 절대부정적인 것, 즉 직접적으로 보면 무와 동일한 것이다"고 말한다. 헤겔은 변증법적 원리를 적용하여 '순수 존재'의 다음을 추정하는데, 그것은 바로 '순수 무'이다. 기독교에서도 일자(一者, 하나님)에게서 모든 것이 나왔다고 말한다. 그래서 그 전에 어떤 존재가 있으면 안 된다. 이 '일자'의 '마음'에도 그 출발점은 '무'인 것이다. 그런데, 이때의 '무'는 '유'를 분출해 내는 '무'인 것이다. 모든 '존재'가 '무'라야 절대자로서의 신이 성립하는 것이다. 헤겔은 기독교의 유일신론을 고스란히 가져오고 있다. 그래서 '절대자'를 그가 '존재'하기는 하지만, '무'로 정의할 때, 비로소 그가 '절대자'가 되는 것이다. 이 한 존재로부터 빅뱅이론처럼 만유가 폭발하여 나온다. 무에서 유가 나오는 것이다. 이것은 기독교의 로고스도 그렇고, 불교의 공(空)도 그렇고, 도교의 도(道)도 또한 그러하다. 그래서 다음의 명제 곧 "순수존재는 순수추상이요 따라서 절대부정적인 것, 즉 직접적으로 보면 무와 동일한 것이다."가 성립하는 것이다.

① 무와 동일한 순수존재·순수사유

그리하여 순수존재는 순수추상이요 따라서 절대부정적인 것, 즉 직접적으로 보면 무와 동일한 것이다.

② 무로서의 절대자

(1)여기서 절대자의 제2정의 즉 절대자는 무라는 정의가 나온다. 물자체를 무규정적인 것, 즉 형식이나 따라서 내용이 전연 없는 것이라고 하는 말 가운데나, 또는 신을 오직 최고 존재자요 그 밖의 아무것도 아니라고 하는 말 가운데도 사실은 절대자의 그러한 정의가 포함되어 있는 것이다.… 불교도는 무를 만유의 원리 내지 궁극 목적 및 목표로 삼고 있는바 이 무도 역시 마찬가지 추상물이다. (헤겔, 『논리학』, § 87)

③ 순수존재의 대립물로서의 무

(2)유와 무를 이러한 직접성에 있어서의 대립물로 표현할 수 있다.… 사람들은 유와 무와의 이 구별을 예를 들면, 모든 변화하는 것 중에서 변화하지 않는 것, 무한히 규정할 수 있는 질료 기타로 보거나, 또는 만연히 그 어떠한 개별적인 실재, 즉 가장 비근한 감성적인 것이나 정신적인 것으로 본다. 그러나 유가 가령 이러한 여러 가지 구체적인 제규정을 가지게 되면, 그것은 벌써 애초에 직접적으로 있는 바와 같은 순수 유가 될 수 없다. 유라는 것은 오직 이러한 순수 무규정성에서만 또 오직 이러한 순수 무규정성에 의해서 한 무와 동일하며 무엇이라고 말을 붙일 수 없는 것이다. 그리고 유와 무와의 구별이라는 것은 모두 단순한 意思에 불과한 것이다. 요는 이 두 시원 즉 유와 무라는 것이 이와 같이 공허한 추상물인 것, 그리고 둘이 다 같이 공허한 것임을 알아 두어야 한다. (헤겔, 『논리학』, § 87)

④ 유와 무의 구별

유와 무를 구별이라고 한다면 이것이야말로 구별의 시초이다. 다시 말하면 유와 무의 구별 그 자체는 구별이기는 하지만 그러나 아직 구별이라고 작정된 것이 아니다. 우리는 흔히 구별이라는 말을 사용하거니와, 구별이라는 것은 한 규정이 하나에는 있으나 다른 하나에는 없는, 그러한 양자의 관계를 말하는 것이다. 그런데 유라는 것은 무규정적인 것이요 또 이러한 무규정성에서 보면 무이다. 그러므로 유와 무와의 구별이라는 것은 의사 중의 구별, 즉 전연 추상적인 구별인 동시에 하등 구별이 아닌 구별이다.… 유와 무는 공통한 지반이 없는 구별이다. 곧 그러므로 유와 무와의 구별은 하등의 구별이 아니다.(헤겔, 『논리학』 § 87-1)

라. 생성

우리는 순수존재로서의 유가 있고, 순수사유로서의 무가 있다고 말할 수 있다. 순수존재는 유인 것이고, 순수사유는 아직 사유를 발하기 전의 상태이므로 무라고 말할 수 있다. 이제 이 사유가 사유를 시작하면, 존재와 사유가 결합한 그 무엇이 출현하게 되는데, 그것이 곧 성(成)이다. 기독교에서는 이렇게 1위 존재(여호와) 하나님과 2위 말씀(로고스)을 구분하여 생각한다. 존재자는 유이고, 사유는 무인데, 이제 사유가 말씀을 발하기 시작한 것이다. 그러면, 존재와 사유가 결합한 새로운 유가 탄생하는 것이다. 이것이 기독교의 창조론이다. 그런데 이것을 일원론적 입장에서 보면, 무와 유가 종합 혹은 지양되어서 성(成)이 나왔다고 표현된다. 기독교는 이것을 이렇게 쉽게 표현할 수 있는데, 이것을 일원론적 입장에서 해설하려면 많은 어려움을 겪는다.

① 유와 무의 통일이 성(成)
무라는 것은 이와 같이 직접적인 것, 自同的인 것으로 보면 그것은 그 반대 즉 유와 꼭 같은 것이다. 따라서 유와 무와의 진리는 양자의 통일이요 이 통일이 즉 성(成)이다.
② 유나 무는 동일한 것
유와 무는 동일한 것이다. 이 명제는 표상 또는 오성의 입장에서 보면 참으로 들어 말할 가치도 없는 불합리한 명제 같이 보일 것이다. 사실 이 명제는 사유 작용이 추구하기에 가장 곤란한 것 중의 하나다. 왜냐하면 유와 무는 완전한 직접성에 있어서의 대립, 다시 말하면 양자의 관계를 의미하는 규정이 양자 중의 어느 쪽에도 없는 그러한 대립이기 때문이다. 그러나 유와 무는 이러한 규정, 즉 전절에서 말할 바오 k같이 바로 이 양자 중에 동일하게 들어 있는 규정을 포함하고 있다. 그러

한 한에서 유와 무의 통일의 연역은 분석적이다. 왜냐하면 대체로 철학적 사색의 진행이라는 것은 이미 한 개념 중에 들어있는 것을 집어내는 것에 불과한 방법적 진행, 다시 말하면 필연적인 진행이기 때문이다. – 유와 무의 통일은 옳다. 그러나 유와 무와의 구별, 즉 유는 무가 아니고 무는 유가 아닌 것도 역시 옳다. 그러나 그렇다고 여기서 유와 무와의 구별이 아직 규정되어 있는 것은 아니다. 왜냐하면 바로 이 유와 무 그 자체가 아직 직접적인 것이기 때문이다. – 그러므로 유와 무와의 구별 그 자체는 무엇이라고 말할 수 없는 것, 즉 단순한 의사에 불과한 것이다.

③ 유와 무의 통일에 대한 표상

유와 무와의 통일을 이해할 수 없다고 사람들은 흔히 말한다.… 그러나 이해할 수 없다는 말이 오직 유와 무와의 통일을 표상할 수 없다는 것을 의미하는 말이라면 그런 말은 있을 수 없다. 왜냐하면 우리는 사실에 있어서 누구나 이 통일에 관하여 오히려 무한히 많은 표상을 가지고 있기 때문이다. 그럼에도 불구하고 이러한 표상이 없다고 말하는 사람이 있다면, 그 사람은 이 통일의 개념을 무수히 많은 그 여러 표상 중의 어느 하나로 보지도 못하고, 또 이 개념의 사례로 보지도 못하는 사람이다.

가장 비근한 실례가 成이다. 사람은 누구나 성의 표상을 가지고 있고, 또 성이 한 표상인 것, 그뿐만 아니라 이 표상을 분석하면 유의 규정뿐 아니라 유와는 절대로 다른 무의 규정도 이 표상 속에 들어 있는 것, 또 이러한 두 규정이 하나가 되어 성이라는 한 표상 중에 있는 것, 따라서 성은 유와 무와의 통일이라는 것을 승인할 것이다.

시초도 역시 비근한 실례의 하나이다. 시초에는 사물이라는 것이 아직 없다. 그러나 사물이 아직 없더라도 아주 없는 게 아니라 있기도 하다. 그러므로 또 시초 그 자체는 성이지만 또 시초인 이상 그 이상 더 진행할 동기의 의미도 있는 것이다.…

④ 유가 무로 변하고 무가 유로 변한다는 명제, 즉 성의 명제

유가 무로 변하고 무가 유로 변한다는 명제, 즉 성의 명제는 무에서는 무가 나오고, 그 무엇에서는 오직 그 무엇만 나온다는 명제 즉 물질의 영원성이라는 명제, 또는 범신론의 명제와 대립한다. 그 무엇에서는 그 무엇이 되고 무에서는 무가 된다는 이 명제는 사실상 성이라는 것을 부정하는 명제이다.…(헤겔,『논리학』§ 88)
⑤ 성은 최초의 구체적 사상이며 최초의 개념
[補遺] 유와 무가 공허한 추상물이라면 성은 최초의 구체적 사상이요 최초의 개념이다. 그러므로 유도 한 개념이라고 말할 수 있으려면 그것은 유가 성으로 있을 때에 한하여서이다. 왜냐하면 유로서의 성은 공허한 무요, 그러나 무로서의 성은 공허한 유이기 때문이다. 그러므로 유 속에는 무가 있고 무 속에는 유가 있다. 그러나 무 속에서 무와 더불어 있는 유가 성이다. 성의 통일 중에서 차별을 간과하여서는 안 된다. 왜냐하면 이 차별을 간과하면 성이 다시 추상적 유로 돌아가기 때문이다. 그러므로 성이라는 것은 유의 구체화에 불과한 것이다.…성은 최초의 구체적인 것인 동시에 최초의 진정한 사상 규정이다.
⑥ 헤라클레이토스와 파르메니데스
철학사상에서 논리적 이념의 이 계단에 해당하는 것은 헤라클레이토스의 체계이다. 헤라클레이토스의 만물유전설은 성을 만유의 근본 규정으로 본다. 그와 반대로 엘레아 학파(파르메니데스)는 전하는 말과 같이 오직 유 즉, 불변부동의 존재를 유일한 진리로 보았다.…(헤겔,『논리학』§ 88-補遺)

[제안] "유와 무의 층을 달리하는 것"에 대한 검토
 분석철학자 러셀이 말하는 것처럼 여기에서는 언어의 계층을 달리 했으면 한다. 예컨대, 존재적인 측면에서는 유이다. 그러나 로고스적인 측면에서는 무이다. 이 둘은 그 계층이 다르다. 그리고 기독교에서는 셋째 하늘을 여호와, 곧 존재자에게 귀속 시키고, 둘째 하늘, 곧 우리가 생각하는 예지계로서의 그 하늘을 로고스, 곧 최고선(칸트의 도덕적 세계)에게 귀속시킨다.

이때 존재자에게는 이미 존재가 있다. 그러나 로고스에게 있어서는 이제 로고스를 분유하기 직전 상태인 태초이다.

엘레아 학파의 파르메니데스는 부동불변의 존재로서 일자(一者)를 말하였다. 이 존재가 기독교의 1위 하나님이 되었다. 헤라클레이토스는 변하는 존재로서 로고스를 말하였다. 이 로고스가 기독교 세계의 2위 하나님이 되었다. 이 로고스는 창세기 1장에서 말씀 하나님이 되어 말씀을 발하는데, 여호와(존재)의 사유를 바라보며, 이것을 이루기 위해 마음(로고스)이라는 본질을 분유한다. 그렇게 형성되는 것이 하늘나라 예지계이다. 그곳은 이데아의 세계이며, 이곳의 최상위자가 선의 이데아, 곧 로고스이다.

이 로고스의 말씀에 따라 성령이 질료를 빚어서 세상의 창조를 이룬다. 요한복음 1장 1-4절은 이 말씀이 하나님과 함께 계셨고, 수면이라는 질료를 창조한 성령이 이 질료 속에 생명을 주었다고 말한다.

마. 현존 - 특정존재

『(소)논리학』 존재론의 도입부 끝자락의 "발생과 소멸→현존"은 '순수사유의 최초의 운동(생성, Werden)'이 자기 자신을 안정시켜 "규정된 존재(현존)"로 이행하는 결정적인 지점이다. 이 구절에서 헤겔은 "존재-무-생성"의 운동이 단순한 반복이 아니라, 새로운 수준의 존재(규정된 있음)를 낳는다는 것을 보여준다. 즉, 사유의 첫 "자기규정"이 완성되는 단계이다.

헤겔에 의하면, '순수무'와 '순수유'가 통일되어 '성'을 이루는데, 여기에는 단순한 통일만 있는 것이 아니다. 그 진전된 통일은 타자의 모순에 대한 '지양'[38] 속에서 이루어진 성과로 나타난다. 그리고 그것이 곧 '정유(유한자)'이며, '특정존재'이며, '질'이다. 앞에서 살펴본 바와 같이 이 '질'이 나타날 때 '있음'이라는 '존재자'가 나타나게 되는 것이다. '양'은 오로지 외면적

---

[38] 헤겔은 지양에 대해서 다음과 같이 말한다. "독일어의 지양이라는 말이 가진 바 두 가지 의미를 살펴보아야 하겠다. 지양이라는 말에는 우선 폐기한다, 없앤다는 의미가 있다. … 그러나 지양이라는 말에는 보존한다는 또 한 가지의 의미도 있다. 이러한 의미에서 우리는 그 무엇이 잘 지양 되었다고 말한다."(『논리학』 95, 보충)

인 규정성일 뿐이다. 헤겔에게 있어서의 창조는 이렇게 시작된다.

한편, 헤겔에게 있어서 '존재=관념'이기 때문에 이러한 모든 존재의 흐름은 모두 관념에 의한다. 존재의 흐름 이면에는 관념이 흐르고 있는 것이다. 그리고 관념은 '규정성'을 의미하는 것이다. 이에 따라 '특정존재'라는 것은 '규정성'을 가진 존재이며, 이것이 곧 '질'이고, 이때 존재자로서의 '있음'이라고 불리울 수 있게 된다. 한편, 헤겔은 이때 물체의 원소 등을 질로 보는 것 같다. 이에 대해 헤겔은 다음과 같이 말한다. 이에 대해 헤겔은 다음과 같이 말한다.

① 유와 무의 지양으로서의 성(成)-특정존재
성 중에서 무와 동일한 유나 또 유와 동일한 무는 결국 모두 멸하는 것이다. 따라서 성은 자체 내의 자기모순으로 인하여, 유·무 양자가 지양되는 그러한 통일 속으로 끌려 들어가는바 그 성과가 특정존재이다.…
② 유와 무의 통일로서의 특정존재
그 어느 대상이나 개념 중에 모순이 드러날 때, 또 이 모순이 인식될 때 사람들은… 순수무 즉 유를 내포한 무나 무를 내포한 유를 못 보았다. 그러므로 특정존재 즉 정유(定有, 규정된 유로서 '유한자'를 의미함)는 유와 무의 통일이다. 그러나 이 통일 중에서는 유와 무라는 규정의 직접성이 없고, 따라서 유와 무와의 모순관계도 없다. 즉 이 통일은 그 속에서 유와 무가 오직 계기에 불과한 그러한 통일이다. 성과라는 것은 지양된 모순이다. 따라서 그것은 단순한 자기 통일이요 또 그 자신 유 그러나 부정 또는 피규정성을 가진 유이다. 다시 말하면 성과라는 것은 양계기 중의 한 계기, 즉 유의 한 형식에서 드러난 성이다. (『논리학』 89)
③ 지양의 결과 나타난 성
그렇다면 여기서 왜 성이 성 그대로 있지 아니하고 한 성과를 갖느냐 하는 의문이 나온다.… 즉 성이라는 것은 유와 무를 내포하는 바, 더구나 유는 무가 되고 무는 유가되며, 따라서 서로서로 지양한다. 그러므로

성이라는 것은 언제나 불안정상태에 있다. 그러나 성이라는 것은 이러한 추상적인 불안정 상태에 머물러 있을 수 없는 것이다.… 이러한 과정 속에서 나오는 성과는 공허한 무가 아니라 부정과 동일한 유 즉 우리가 정유라고 부르는 것, 그리고 되어 있다는 의미를 가진 것이다. (『논리학』 89, 보충)

④ 특정존재는 규정성을 가진 존재 – 규정성으로서의 질

특정존재라는 것은 규정성을 가진 존재이다. 그런데 이 규정성은 직접적인 규정성 또는 있는 것이라는 규정성이다. 이 규정성이 질이다. 이러한 직접성에서 자기 반성한 특정존재가 특유한 것 즉 있는 그 무엇이다. (『논리학』90)

⑤ 질은 유한자의 범주 – 자연에만 있는 것

…무엇이든지 있는 것은 반드시 질을 가지고 있다. 그러므로 질을 잃어버리면 무엇이든지 있는 그대로 있지 못하는 것이다. 그뿐 아니라 질이라는 것은 본질에 있어서 유한자의 범주에 불과한 것, 그렇기 때문에 또 자연에만 있고 옳게 말하면 정신계에는 없는 것이다. 예를 들면 자연에서는 소위 단순한 물소(물의 원소), 즉 산소 탄소 기타 등등을 실재하는 질로 본다.… (『논리학』90, 보충)

이 지점을 기독교로 연결 짓는다면, 이것은 영적존재들의 창조, 곧 보이지 않는 세계의 창조에 해당한다. 이들은 아직 물질은 가지지 않고 있다. 헤겔 『논리학』에서 "물질적 세계의 창조"는 "3편 개념"의 단계 다음에 나온다. (한편, 위의 본문에 나타나는 "질은 유한자의 범주"와 같은 용어들은 이 문단을 물리적인 세계로 오해하게 한다.)

[보충1] 영적존재들

만일 헤겔의 위에서 언급된 '특정존재'를 기독교식으로 해석한다면, "하늘의 영적존재들의 창조"와 비견시킬 수 있다. 보이는 세계에 대한 창조가 있기 전에 하늘에 보이지 않는 세계가 창조된다. 성경에 의하면, 창세기 1장

전에 천사들의 세계를 말하고 있다. 천사들의 타락도 이미 창세 전에 있었다. 굳이 변증법적 사고를 여기에 적용한다면, 이 천사들의 타락도 변증법적 부정으로 볼 수도 있다. 그렇게 보면, 악도 또한 변증법적 일환으로 신이 허용한 것이다.

[보충2] 영적존재에 대한 창조원리

로고스가 존재를 바라보며, 말씀을 분유한다. 존재를 보았을 때, 아직 로고스 혹은 사유 단계에서 미진한 것이 발견된 것이다. 그래서 부족한 것에 대해서 부정을 하고, 온전한 것에 대해 말씀을 분유한다. 이렇게 해서 고양이 이루어지며, 존재와 말씀이 결합을 하여서 영적인 존재들이 하늘 예지계에서 창조 혹은 출생되어 나온다. 이것이 곧 보이지 않는 세계, 곧 천사들의 세계이다.

[보충3] "특정존재와 질"에 대한 유물론자들의 오해

유물론자들은 여기의 '특정존재'를 유물론적으로 해석하며, 이 '특정존재'로서의 '질'을 물리적인 요소라고 말한다. 헤겔의 『대논리학』의 1편 존재론은 "1장 질, 2장 양, 3장 질량"으로 되어 있기 때문이다. 이에 대해 헤겔 우파의 정통 진영에서는 여기에서는 "질-양-질량"은 사유의 세계에서의 존재라고 말한다. 이것은 달리 말하자면, 기독교식의 영적존재라는 것이다. 헤겔은 '즉자존재'로서 등장시키기 위해 이렇게 "질-량-질량"을 마치 '대상'처럼 위치시킨 것이나.

2. 질

가. 존재론의 '질'에 대한 개략

『논리학』 제1부 존재론의 제1편 '질(Qualität)'은 헤겔 사유의 핵심 – "존재가 스스로를 규정해 가는 첫 운동" – 을 농축해서 보여주는 부분이다. (한편, 다음의 절 표시는 1830년판의 『(소)논리학』이다.)

① 구조 개요

『논리학』의 존재론은 세 부분으로 되어 있고, 그중 첫 번째가 '질'이다.

구분	제 목
1st, 질	존재가 처음으로 규정성을 얻는 단계. "현존(Dasein)"과 "한정(Bestimmtheit)"의 변증법.
2nd, 양	존재가 외적 관계 속에서 양적으로 비교되는 단계.
3rd, 정도	질과 양의 통일. 양적 변화가 질적 변화를 낳음.

② '질(Qualität)'의 일반 개념 (§ 89-§ 90)

"존재는 규정됨으로서 질이다. 규정된 존재(Dasein)는 어떤 것(Etwas)이며, 그 규정은 그 존재의 본질적인 한정이다." 즉, '질'은 존재가 그 자체로서 '무엇인가'가 되는 근본 형식이다. 질이란 단순한 속성이 아니라, "어떤 것이 그것으로서 있는 한에서의 규정성"이다.(§ 89)

③ 질의 내적 전개 구조

『소논리학』의 § 89-§ 105는 대략 다음의 변증법적 구조로 되어 있다.

단계	번호	핵심 의미
1st, 현존	§ 89-91	생성의 결과로서 '있음'. 이제 존재는 "규정된 있음"으로 나타난다.
2nd, 규정된 존재와 어떤것	§ 92-94	존재가 자기 안에서 한계를 가지며, "어떤 것"이 된다.
3rd, 타자	§ 95	'어떤 것'은 자기 외부의 다른 것과의 대립 속에서만 존재한다.
4th, 한정	§ 96-98	어떤 것은 자기 한계를 가짐으로써 자기 자신이 된다. "규정은 곧 부정이다."
5th, 변화와 무한성	§ 99-104	자기 한계를 넘어서 타자 속에서 자기 자신으로 되는 운동.
6th, 질의종합	§ 105	질은 양으로 이행한다. 존재의 규정성이 외적 비교로 전환된다.

④ 단계별 요지

(1)현존(Dasein) : 현존은 '존재와 무'의 변증법의 결과.

생성(Werden)이 정착되면서 규정된 존재(현존)가 생긴다. 존재는 단순히 '있다(Sein)'가 아니라, "무엇으로 있다(Dasein)"가 된다. 첫 규정성의 출현이다. "현존은 규정된 존재, 즉 존재가 자기 안에 부정을 포함하는 것이다."(§ 89)

(2) 규정된 존재와 어떤 것(§ 92-§ 94)
현존은 자기 안에 '무(부정)'를 포함하므로, 이미 자기 한계를 가진 '어떤 것'으로 정립된다. 즉, 존재는 "그 자체로 어떤 것이다." 그러나 이 '어떤 것'은 곧 타자를 전제한다. 자기 동일성은 타자와의 대비를 통해서만 가능하기 때문이다.

(3) 타자(Anderes)(§ 95)
'어떤 것'이 있으려면 '다른 어떤 것'이 필요하다. 그러나 '타자'도 역시 하나의 '어떤 것'이다. 따라서 '어떤 것'과 '타자'는 상호 의존적이며, 이 관계 속에서 '변화'의 개념이 생긴다.

(4) 한정과 부정성(§ 96-§ 98)
'어떤 것'은 그 자신의 한계를 통해 존재한다. 그 한계는 동시에 '타자'와의 접점이므로, 존재는 자기 안에 부정성을 포함한다. 여기서 유명한 명제가 나온다. "규정은 곧 부정이다." 이것은 헤겔이 스피노자를 변증법적으로 재해석한 문장이다. 즉, 존재는 자기 규정을 통해서 자기 부정을 내포하고, 그 부정이 바로 존재의 운동을 가능케 한다.

(5) 변화와 무한성(§ 99-§ 104)
'어떤 것'이 자기 한계를 넘어 '타자'로 이행할 때, 그 자체가 '변화'다. 그러나 그 타자 역시 또 다른 어떤 것이므로, 변화는 끊임없이 자기 자신을 반복한다. 이 반복적 운동 속에서 무한성의 개념이 등장한다. "무한한 것은 자기의 부정(유한한 것)을 자신 안에 포함하여 지양한다."(§ 102) 즉, 유한자는 끊임없이 타자로 이행하며 자기 자신을 부정하지만, 그 부정 자체를 내재화함으로써 진정한 무한(진무한)이 된다.

(6) 질의 종합과 양으로의 이행 (§ 105)
존재는 자기 규정(질)을 통해 자기를 구별하지만, 이 구별이 반복되면서 외적 비교('더 많음/적음')로 바뀐다. 이로써 존재는 '양(Quantität)'의 영역으로 넘어간다. 결국 "질은 존재의 내적 규정성이며, 양은 존재의 외적 비교 가능성이다."

⑤ 주요 철학적 의미

구분	의 미
존재의 자기규정	질은 존재가 자기 자신을 한정함으로써 자기 동일성을 갖게 되는 첫 규정.
부정성의 내재	규정(한정)은 동시에 부정이므로, 존재는 스스로 부정성을 포함한다.
운동의 시작	존재는 이 부정성을 통해 "변화"라는 운동을 낳는다.
진무한의 개념	존재의 자기부정과 자기지양의 통일 속에서 무한성이 나타난다.
양으로의 이행	질적 규정이 외적 비교로 확장되면, 양의 단계로 넘어간다.

⑥ 결론 요약

『소논리학』의 존재론 제1편 '질'은 존재가 단순한 '있음'에서 벗어나, 자기 한계와 부정성을 통해 '규정된 있음', 즉 '무엇인가'로 되는 과정을 보여준다. 이 질적 규정은 존재의 본질적 성격이며, 부정성을 내포함으로써 운동과 변화, 나아가 무한성의 가능성을 낳는다. 따라서 '질'은 존재의 자기규정, 부정의 내재, 그리고 변증법적 운동의 최초의 계기이다.
(챗GPT, 존재론의 '질', 2025.10.7.)

『논리학』의 '존재론'에서의 '질'의 출현은 저 '순수 존재'가 어떤 영적 세계에 최초로 나타난 것이라는 의미를 가지고 있다. 헤겔은 '현존'으로서 '질'을 출현시킨다. '현존'은 "존재의 드러남"이라고 말할 수 있다. 한 존재가 출현한 것이다. 헤겔은 이러한 말은 하지 않지만, 우리는 이 '현존'을 물리적 존재가 아닌 '영적인 존재'라고 부르고자 한다.

[보충] 기독교 세계관에서의 "질-량-정도"에 대한 해설

이 '질'의 출현을 만약 기독교적인 세계관에서 말한다면, 삼위일체 하나님이 계신데, "그 중에 아들이 아버지의 품에 있다가 영원 속에서 독생하였

다"고 말할 수 있다. "순수 존재"의 세계에 "여호와와 그의 계획들"이 한 세계(셋째 하늘)로 자리잡고 있으며, 이제 '무'로 있던 "순수 사유"의 세계에 한 존재자가 나타난 것이다.

그리고 이 "질-량-정도"는 이제 "하늘나라의 영적 존재들이 이렇게 창조되었다(하늘나라의 창조)"고 말할 수 있다. 그 한 존재자의 분유로 말미암아 이제 하늘나라가 탄생한다. 이 세계는 마음의 세계, 예지계 곧 이데아의 세계이며, 이곳에 최고선(사랑)으로서 그 최초의 존재자가 있다. 그는 로고스로서 로고스를 분유한다. 이렇게 하늘세계의 존재자들이 다음에 땅의 창조에 관여한다.

이러한 해설은 "여호와(존재)-로고스(말씀·마음·사유·관조)-성령(생명)"의 삼위일체론을 통해서 기독교식으로 구성한 것이다.

나. 현실태로서의 질

'현존'으로서의 '질' 혹은 '규정성'은 하나의 '현실태'일 수 있다. 영적인 세계에 한 존재가 출현한 것이다. 헤겔은 영적세계를 말하고 있지 않지만, 그의 물리적 세계의 출현은 "존재-본질-객관" 다음에 이루어지기 때문이다. 즉, 헤겔의 『논리학』은 "절대지식" 곧 "영원의 세계 속에서의 사건"을 말하고 있기 때문이다. 이렇게 한 '질'이 현실태로서 하늘에 출현한 것이다.

헤겔에 의하면, 이제 이 '질' 자체에 '부정'이 존재한다. 자체 안에 '부정'이라는 대자적 존재를 포함한다. 그래서 "질 자체의 존재는 대자적 존재이다"고 말해질 수 있다. 그리고 이와 같은 '부정'으로 인하여 출현하게 된 것이 '한계'이며, 이때 비로소 '한 존재자가 된다'고 말할 수 있다. 이때, '부정'은 "본래 있는 것과 달리 있는 것 즉 타재"이다. 이것을 쉽게 설명하면, '질'이 그 안에 있는 '부정성'으로 인하여 서로 규합되어서 '한 존재자'로 나타나는 것을 말하고 있는 것이다. 그런데 이 대자적 존재는 자기 자신을 즉자존재로 하여 다른 대타 존재를 출현시킨다. 질이 양으로 발전하는 것이다. 이것을 헤겔은 다음과 같이 말하고 있다.

① 질 : 현실태
질이라는 것은 유의 규정성으로서 이 규정성 중에 포함되기는 하나, 그러나 이 규정성과 구별되는 부정에 비하면 현실태라고 말할 수 있는 것이다.

② 특정존재가 보유한 부정
그러나 부정이라는 것도 벌써 추상적인 무가 아니라, 일정하게 있는 특정존재 즉 그 무엇으로서 있는 것, 그리고 이런 것들이 가지는 형식에 불과한 것이다. 따라서 부정이라는 것은 있기는 하지만 본래 있는 것과는 달리 있는 것 즉 타재이다.

③ 대자적 존재
이리하여 질은 타재 자체의 규정이기는 하나 타재와 구별되는 것이기 때문에, 대타재요 특정존재 즉 그 무엇의 범위라고 할 수 있는 것이다. 따라서 질 자체의 존재는 이러한 대타 관계에 비하면 대자적 존재라고 할 수 있는 것이다. (헤겔, 『논리학』, § 91)

다. 규정된 존재(정유) : 부정성의 내재

규정된 존재는 그 안에 부정을 내포하고 있다. 이 부정은 그 '규정된 존재'의 이면에 '순수한(완전한) 존재'에 대한 지식에서 온다. 그래서 그 '순수한 존재'에 미치지 못하는 그 자신을 부정하면서 새로운 대타존재를 출현시킨다.

① 정유 : 규정된 존재
규정성과 구별해서 본 유 즉 유 자체라는 것은 유의 공허한 추상에 불과한 것이다. 그리고 규정성이 유와 하나가 된 것이 정유요, 동시에 이 규정성이 부정으로 정해진 것이 한이요 한계이다. 그러므로 달리 있음 즉 타재는 정유와 아무런 관계도 없는 게 아니라 도리어 정유 자체의 계기이다. 그 무엇은 질이 있음으로 해서 첫째 유한적이요, 둘째 변화적이다. 따라서 유한성과 변화성은 그 무엇의 유에 속하는 것이다. (『논리

② 부정의 내포
정유에 있어서는 또 부정이 유와 직접적으로 동일하며, 이 부정이 우리가 한이라고 부르는 바로 그것이다. 있는 것은 무엇이든지 반드시 제한을 가지고 있으며 또 그것은 이 한을 가졌기 때문에 있는 것이다.
③ 전정유에 침투
그러므로 한(限)이라는 것은 정유에 대하여 단순히 외적인 것이 아니라 도리어 전정유(정유 이전의 존재)를 침투하는 것이다.… 인간이라는 것도 그것이 현실적으로 있으려면 반드시 정유라야 한다. 그리고 인간이 정유가 되려면 인간 그 자체가 반드시 일정한 한을 가져야 한다. 그러므로 이러한 유한자(有限者)가 아닌 인간이 있다면 그 인간은 전연 현실성이 없는 인간이요, 추상상태에 있는 인간 즉 자기 자신이 없는 인간이다.…(헤겔, 『논리학』, § 92-보충)

한편, 위의 '그 무엇'은 이제 또 다시 그 안에 내포한 '부정'으로 인하여 '다른 것'을 산출한다. 이에 대해서 헤겔은, "대체로 말하면 유한성을 가진 것은 무엇이든지 '그 무엇'으로서 '다른 것'에 대하여 아무 상관 없이 대립하는 것이 아니라 자체 중에 자체와 다른 것을 가지고 있고, 그러므로 변화한다"(『논리학』92, 보충)고 말한다. 이렇게 '다른 것'의 지속적인 산출이 있다.

마. 완성된 '질'로서의 대자적 존재
헤겔에게 '존재자'는 '대자적 존재'와 '즉자적 존재'로 양분된다. 이때 전자는 '관념성'을 가진 존재자이고, 후자는 '자연사물'로서 '타자에게 대한 존재'로 국한 된다. 헤겔에게 '질'이란 '있음(존재자)'을 의미하는데, "대자적 존재는 완성된 질이다"고 말한다. 이러한 대자적 존재에게서 관념이 산출되어 모든 대상의 존재자들을 떠받치게 된다.

① 대자적 존재

대자적 존재라는 것은 대자 관계로 보면 직접성이요 부정적인 것의 대자 관계로 보면 대자적으로 존재하는 것, 즉 '일(一)' 다시 말하면 그 자체에 있어서 무차별한 것, 따라서 자기 자체 중에서 타자를 배제하는 것이다. (헤겔, 『논리학』, § 95)

② 완성된 질
대자적 존재는 완성된 질이다. 그리고 완성된 질로서의 대자적 존재는 그 자체 중에 유와 정유를 자기의 관념적 계기로 삼아 내포하는 것이다. 존재로서의 대자적 존재는 단일한 대자 관계요 정유로서의 대자적 존재는 단일한 대자 관계요 정유로서의 대자적 존재는 즉 정유를 규정하는 것이다. 그러나 그러니까 이 규정성은 벌써 '그 무엇'이 '다른 것'과 구별되는 유한적 규정성이 아니라 도리어 이 구별을 지양하여 내포하는 무한적 규정성이다.

③ 대자적 존재 : 나
대자적 존재의 비근한 실례는 '나'이다. 우리는 우리가 여기 있어 다른 정유와 다르고 다른 정유와 관계하는 것을 안다. 그뿐만 아니라 우리는 또 이러한 정유의 전 범역을 축소하면 그것이 대자적 존재의 단일 형태가 되는 것을 안다. 우리는 '나'라는 말을 사용하거니와 이 '나'라는 말은 무한적인 동시에 부정적인 대자적 관계를 표현하는 말이다. 우리는 사람과 짐승, 따라서 자연일반과의 구별이 사람은 자기가 '나'인 것을 알며, 따라서 동시에 '나'라는 입장에서 말하나 자연적 사물은 자유스런 대자적 존재가 되지 못하고, 도리어 정유에 국한되어 언제든지 타자에 대한 존재인 점에 있다고 말할 수 있다. 그뿐만 아니라 대자적 존재는 모두 관념성으로 나타나지만 정유는 그와 반대로 본래 실재성으로 나타난다. 그렇기 때문에 사람들은 흔히 관념성과 실재성을 동등한 독립성을 가지고 서로 대립하는 한 쌍의 규정으로 본다. 따라서 사람들은 실재성 이외에 관념성이 따로 있다고 말한다. 그러나 관념성이라는 것은 실재성 이외에 따로 또 실재성과 나란히 있는 무엇이 아니라 도리어 실재성의 진상을 표현하는, 다시 말하면 실재성 그 자체 내용을 드러내고, 실재성

그 자체를 관념성으로 나타내는 것이다. (헤겔, 『논리학』, § 95-보충)

3. '양' - '질'의 지양

가. '존재론의 양'에 대한 개략

『소논리학』 제1부 '논리학'의 존재론은 세 부분으로 구성돼 있고, 그 두 번째가 바로 '양(量)'이다. 이 부분은 '질'에서 발전된 존재의 두 번째 규정성, 즉 "존재가 외적으로 비교 가능한 상태"로 전환되는 과정을 다룬다. 질이 "무엇으로 있음"이었다면, 양은 "얼마나 있음"이다.

① 질에서 양으로의 이행 (§ 105-§ 106, 챗GPT의 번호 이용)
헤겔은 질에서 양으로 넘어가는 과정을 이렇게 설명한다: "질은 존재의 내적 규정성이지만, 그 규정이 완전히 한계로 굳어지지 않고, 존재가 그 한계를 넘어 비교될 때, 그 규정은 양이 된다."
즉, 질은 "이것이 이것으로 있는 한정되는 것"이며, 양은 "그 한정이 더 많고 적은 정도로 변할 수 있는 것"이다. 양은 질보다 더 자유로운 규정성, 즉 변해도 그 존재의 동일성이 유지되는 규정성이다.
② 양의 일반 개념 (§ 106-§ 107)
양의 개념을 정의한다면, "양이란, 존재의 규정이 그 존재와 더 이상 내적으로 동일하지 않고, 외적으로 있는 것이다." 즉, 존재가 자기의 한계를 초월하여, 외적 비교·측정의 대상이 되는 상태이다. 예컨대, 길이, 무게, 수, 부피, 거리 - 모두 "어떤 질"이 아니라 "양적 크기"이다. 그래서 양은 존재가 자기 규정으로부터 어느 정도 '자유로워진 상태'이다. 즉, 변할 수 있지만 여전히 동일한 존재로 남는다.
③ 『소논리학』에서의 '양'의 세부 전개
『소논리학』 § 106-§ 114는 '양(量)'의 구조를 세 단계로 전개한다.

단 계	절 번호	의 미
1st, 순수한 양	§ 106-§ 108	질적 규정을 완전히 떠난 단순한 크기. (예: 순수한 연속성)

2nd, 정량(定量)	§ 109- § 111	한정된 양 - 즉, '얼마나 되는가'로 규정된 양.
3rd, 정비례(정량의 한계)	§ 112- § 114	양이 관계로 구성될 때 — 비율, 비례, 차이 등. (양의 내적 구조)

(a) 순수한 양

존재의 규정이 질적 차이로부터 완전히 벗어난 상태이다. "더 크거나 작음"만 남고, "무엇인가임"은 사라진다. 즉, 연속적 확대·축소가 가능한 존재의 형식이다. 수학적으로는 '연속량(continuum)'에 해당한다. "순수한 양은 질적 규정의 완전한 지양이며, 동일한 것의 단순한 자기동일성이다."(§ 107)

(b) 정량(Quantum)

순수한 양이 한계를 가지게 될 때, '정량(定量)'이 된다. 즉, 양이 일정한 범위 안에서 규정된 상태이다. 예컨대, 길이가 2m, 무게가 5kg 등이다. 그러나 이 규정은 외적 비교에 의해 성립한다. "정량은 그 한계에 있어 양 자체의 내적 규정이 아니다. 한계는 외적으로 주어져 있다." (§ 109) 즉, '2m'라는 길이는 본질적으로 '3m'이나 '4m'와 비교될 수 있으며, 그 자체로 본질적이지 않다. 그래서 질적 규정은 내부적 필연이지만, 양적 규정은 외적 관계다.

(c) 정비례

이제 양은 단순한 크기가 아니라, 비율·비교·차이의 관계 속에서 규정된다. 예컨대, 2:3, 1/2, 1.5배 등이다. 양의 본질은 단일 수치가 아니라, 관계 그 자체에 있다. "양은 그 본질상 관계이다. 양은 자기 자신을 초월하여 타자와 관계 맺는다."(§ 113)

여기서 '관계'라는 개념이 등장하면서, 존재는 단순한 크기에서 벗어나, 구조적 질서의 단계로 발전한다. 이게 바로 다음 장 '정도(Maß)'로 넘어가는 계기이다.

④ 질과 양의 근본 차이

2장 존재론

구분	질(Qualität)	양(Quantität)
규정의 성격	내적 규정성 (변하면 존재가 변함)	외적 규정성 (변해도 존재 동일)
변화의 결과	질적 변화는 존재의 본질을 바꿈	양적 변화는 본질을 유지
예시	"뜨겁다–차갑다" (질의 차이)	"100도–90도" (양의 차이)
논리적 기능	존재의 동일성 유지	존재의 외적 한계 설정
통일의 결과	"정도(Maß)"에서 질·양 통합	존재의 실제적 현실성 발생

⑤ '양'의 변증법적 의의

(a) 자유로운 규정성 : 양은 질처럼 자기 안에 갇히지 않는다. 따라서 존재가 자기 한계를 넘어 비교될 수 있는 첫 계기이다.

(b) 비교의 가능성 : 양은 외적 비교를 통해만 의미를 가진다. 즉, 관계를 통해 자기 의미를 얻는다.

(c) 정도(Maß)의 전제 : 양이 질과 결합할 때, 일정한 한계를 넘는 양적 변화가 질적 변화를 낳는다. 이것이 바로 다음 장의 핵심 주제이다. 예컨대, 물의 온도가 99℃에서 100℃로 바뀌면, 단순한 양적 변화가 질적 변화를 일으켜 액체가 기체로 변한다.(헤겔이 "정도(Maß)"에서 자주 쓰는 예)

⑥ 결론 요약

『소논리학』 존재론의 '양'은 '질'에서 한정된 내적 규정성이 외적·비교 가능한 크기로 선환된 단계를 의미한다. 양은 존재가 자기 동일성을 유지한 채 변할 수 있는 가능성, 즉 '자유로운 규정성'의 형식이며, 이 외적 비교가 질과 결합하면 '정도(Maß)'라는 구체적 현실성이 생긴다.(챗 GPT, 존재론의 양, 2025.10.8.)

나. 진무한

신화적 메타포(비유)에서 영적세계에서는 '한 존재'가 자신을 다른 존재에게 한없이 나누어준다. 하늘나라의 그 영적 존재들은 모두 이와 같이 분유된 영들이다. 한 절대자로서의 로고스(Logos)가 로고스(logos)를 끝없이 나누어준다. 아리스토텔레스는 이 로고스를 정신 혹은 영혼이라고 말한다. 또 로고스의 구성물 중에 '미'가 있다고 하자. 그리스 철학에서 이 '미'의 이름은 아프로디테이다. 이 '미'의 여신은 끝없이 자신의 '미'를 온갖 만물에 분유한다. 창조자 중의 하나이다. 이들을 모두 묶어서 성경에서는 "여호와와 그의 총회"라고 하여 "엘로힘(엘로하+엘림)"이라고 부른다. 헤겔의 '진무한'은 이와같은 신화적 세계에서의 '분유'를 말하고 있다.

① 분유
'그 무엇'은 '다른 것'이 된다. 그러나 '다른 것' 자체는 '그 무엇'이다. 그리하여 이 '그 무엇'은 또 '다른 것'이 되며 이리하여 어디까지 가도 한이 없다.… (헤겔, 『논리학』, § 93)

② 진무한
정유의 두 계기 즉 '그 무엇'과 '다른 것'을 분리시켜서 생각하면 '그 무엇'이 '다른 것'이 되고 '다른 것' 자체가 또한 '그 무엇'이 되며, 이 '그 무엇' 자체가 또 '다른 것'으로 변하며 이와 같이 하여 무한히 계속하게 된다. 따라서 반성의 입장은 여기서 퍽 높은 '그 무엇', 아니 가장 높은 '그 무엇'에 도달한 것 같이 생각한다. 그러나 이러한 무한과정이라는 것은 참다운 무한이 아니다. 참다운 무한이라는 것은 오히려 '그 무엇'이 '다른 것'을 자기로 아는, 다시 말하면 '그 무엇'이 '다른 것'에서 자기를 보는 그러한 과정이다. 그리하여 참다운 무한성의 뜻을 충분히 이해하여 무한 과정의 무한성에서 벗어날 줄 알아 두는 것이 대단히 중요하다.… (헤겔, 『논리학』, § 93-보충)

③ 회귀
…그것은 '다른 것'의 '다른 것'이 된다. 이리하여 부정의 부정으로서 유가 회복(恢復, 넓혀지며 다시 복구되는 것)되는 이것이 대자적 존재이다.… 참다운 무한은 다만 일면적인 산(酸, 신 성질)과 같은 성질의 것이 아니라 도리어 자성을 보유하는 것이다.… (헤겔, 『논리학』, § 94)

2장 존재론

다. 일(一)과 다(多)

헤겔은 대자적 존재로서 먼저 '일(一)'을 말한다. 그리고 이 '일(一)'의 지양으로서 '다(多)'를 말한다. 그리고 지양된 '질'로서의 '양'을 말한다. 헤겔의 존재론에 있어서의 '양'이란 '수'에 대한 관념을 말한다. '질'로서 '하나'의 '있음, 혹은 존재자'가 성립하자, 이젠 '다'의 '있음'을 말하는 과정 속에서 '수'로서의 '양'을 말하고 있는 것이다.

① 일(一)의 상호반발

부정적인 것의 대자 관계는 부정적 관계, 따라서 일자 자체 내의 구별, 즉 '일'의 반발, 다시 말하면 여러 '일'의 지정이다. 대자적 존재의 직접성에 의하면 이러한 여러 '일'이 존재한다. 그리고 존재하는 '일'의 반발이라는 것은 그러한 여러 '일'이 대립하고 있는 한, '일'의 상호반발 또는 상호배제를 의미하는 것이다. (헤겔, 『논리학』, § 96)

② 다(多)로의 전화

… 우리는 이 반발의 과정을, '일'은 '반발하는 것'으로 '다'는 '반발 당하는 것'으로 알아서는 안 된다. 도리어 앞에서도 말한 바와 같이 '일'이라는 것은 자기에게서 자기를 배제하며, '다'로서 지정하는 것에 불과한 것이다. 그러나 '다' 중의 '일'은 모두 그 자체가 '일'이요 또 이 '일'이 이러한 것이기 때문에 따라서 그 전면적인 반발은 그 반대, 즉 견인(牽引, 이끄는 것)으로 전화한다. (헤겔, 『논리학』, § 96, 보충)

라. 대자적 존재의 지양

헤겔은 여기에서의 일에서 다로 나아가는 것은 "대자적 존재의 지양"이라고 말한다. 이것은 신화적 메타포의 분유와 일치하며, 피타고라스의 수와 일치한다. 헤겔은 일에서 다로 나아가는 것이 원자론 철학에도 존재한다고 말한다.

① 대타적 존재의 지양

그러므로 반발은 본질에 있어서 견인이다. 이리하여 타를 배제하는 '일' 즉 대자적 존재는 지양된다. 따라서 '일'에서, 즉자 및 대자적으로 규정된 유에 도달한 질적 규정성은 지양된 규정성 즉 양으로서의 유에 이행하여 있는 것이다. (헤겔, 『논리학』, § 97)

② 원자론적 철학의 원리

원자론적 철학은 이념의 역사적 발전상의 한 중요한 계단이다. 그리고 이 철학의 원리는 대체로 말하면 '다'의 형태에 있는 대자적 존재이다.…왜냐하면 원자라는 것은 그 자체가 사실에 있어서 사상이기 때문이다. 그리고 따라서 물질을 원자로 구성된 것이라고 보는 것도 역시 일종의 형이상학적 물질관이기 때문이다. 뉴턴은 물리학이 형이상학에 대항하여 자기를 보호하기를 경고하기까지 하였다.… 고대 원자론 철학자들은 '전(全)'을 '다(多)'로 보고, 허공에 정동하는 제원자를 결합하기 위해 우연이 있어야 한다고 말하였거니와, 오늘날에 있어서도 이렇게 생각하는 사람이 더러 있다. 그러나 '다'의 상호관계는 결코 단순한 우연이 아니다. 도리어 이 관계의 근거는 앞에서도 말한 바와 같이 '다' 그 자체 중에 있는 것이다. 물질을 반발과 견인의 통일로보아 물질관을 완정한 공로자는 칸트이다. 견인을 대자적 존재의 개념 중에 포함되어 있는 한 계기로 보아야 하고, 따라서 또 견인도 반발과 마찬가지로 그 질에 있어서 물질에 속한다는 말에는 정당한 점이 있다. 그러나 유감이지만 비소위 역학적 물질구조설에는 반발과 견인이 덮어놓고 요청되었고, 연역되지 않는 결함이 있다.…그런데도 불구하고 근래에 와서는 대다수 물리학자들이 또다시 원자론적 처지로 돌아가는 경향이 보인다. 그리하여 그들은 그들의 동료인 케시넬 씨의 경고가 있음에도 불구하고, 물질을 제원자라고 부르는 무한소의 물질로 구성되어 있다고 본다. 그리고 나서 그들은 이 제원자가 이 제원자에 부착한 반발력과 견인력 기타 임의의 제력에 의하여 상호관계한다고 본다. 이것도 역시 일종의 형이상학이다. 그러나 무사려한 이 형이상학을 경계하여야 할 충분한 이유가 있다. (헤겔, 『논리학』, § 97-보충1)

③ 지양된 질로서의 양

양이라는 것은 지양된 질 이외의 아무것도 아니다. 그리고 여기에서 고찰한 질의 변증법에서 질이 지양되는 것이다. 최초에 유와 그리고 이 유의 진상으로서 성이 나온다. 성은 정유로의 이행이다. 우리는 이 이행의 진상이 변화인 것을 알았다. 그러나 변화의 성과는 타자와의 관계와 타자에의 이행에서 빠져나온 대자적 존재이다.… 그러므로 우리는 첫째 사물을 그 질의 시점에서 관찰한다. 따라서 질은 사물의 '유'와 동일한 규정성이다.… 모든 사물은 그 양이 더하든지 덜하든지, 또 크든지 작든지 여전히 존재한다. 따라서 우리는 그만큼 양이라는 것이 그리 중요하지 않은 외적 규정성의 표상인 것을 얼른 알 수 있다.(헤겔, 『논리학』, § 97, 보충2)

[보충] 원자 이면의 존재

헤겔은 위의 내용에서 데모리투스의 원자론에서 원자를 견인하는 것은 우연이 아니라, 사유라고 말한다. 헤겔은 이것을 칸트가 발견하였다고 말한다. 칸트의 코페르니쿠스적 전회가 바로 그것이었다. 데모크리투스의 원자 이면에 작용하는 것은 사유인 것이다.

마. [보충] 기독교 세계관에서의 대자적 존재의 진무한

'순수존재'에 의해 전개된 '셋째 하늘'이 있다고 전제하자. 1위 하나님 여호와가 자신의 사유에 따라 별쳐낸 세계이다. 이깃은 '순수존재'외 사유인데, 이 사유는 순식간에 하늘에서 존재로 자리잡는다. 이 세계에 형성된 것에 따라서 예정과 섭리가 진행된다. 그리고 이 세계에는 지금도 변화가 존재할 수도 있다. 성경에서는 천사장의 타락을 말하고 있기 때문이다. 그러나 이것은 허용된 타락으로서 변증법의 일환일 수 있다.

이 '순수존재'(존재: 여호와)와 '순수사유'(말씀, 로고스)가 함께 있었는데, 이때 '순수사유'의 세계는 '무'이다. 여기에 이제 '현실태'로서 아버지(1위 하나님)의 품에 있던 로고스가 '독생'을 한다. 이것이 헤겔이 말하는 '질'의 '현

상', '나타남'이다. 하늘의 사유·마음·이데아의 세계 속에 '최고선'의 로고스가 '인격적 존재'로 탄생한 것이다. 기독교에서는 이 존재자를 '인자(사람이 된 아들, 헬라어 직역)'라고 부른다.

이 '인자'에게 '정신과 의식'이 있는데, 이 '인자'의 정신은 '존재'와 맞닿아 있다. '의식'은 사유의 세계에 있다. 이 '인자'의 정신은 '존재'의 세계를 보고 있으므로, 여기에 미치지 못하는 모든 것들에 대해 '부정'을 산출한다. 이것이 '대자적 존재'로서의 '질'이다. 그래서 '존재의 세계'(셋째 하늘)에 펼쳐진 것과 동일한 세계를 '이데아(사유·마음)의 세계'에 고스란히 펼쳐놓는다. 이것이 헤겔의 '진무한'이며, '양'이다. 하늘나라에도 이와 같이 "질과 양"이 존재한다. 기독교의 삼위일체론은 이렇게 세 개의 층위에서 개념들이 펼쳐진다. (필자)

4. '질량' - 완성된 유

가. 존재의 '질량'에 대한 개략

존재론의 마지막 부분이 바로 '질량(質量, Maß, Maßverhältnis)'이다. 이 부분은 헤겔 존재론 전체('질-양-질량')의 정점이자 완결점이다. 그리고 본격적인 개념론으로 넘어가는 다리이다.

① 정의

'질량'이란, 질과 양의 통일이다. 즉, 질은 존재의 '본질적 규정성'이며, 양은 존재의 '외적 크기'이고, 질량(Maß)은 "질이 양적 변화 속에서 한계를 갖는 상태"를 말한다. 따라서 '질량'은 단순히 물리적 mass가 아니라, 존재가 자기의 질적 성격을 유지할 수 있는 양적 한계의 체계이다. 즉, "양이 질로 전환되는 경계선"을 뜻한다.

② '질량(Maß)'의 세부 구성 (§ 115-§ 124, 챗GPT의 번호 이용)

2장 존재론

단계	절 번호	내용 요약
① 즉자적 질량	§ 115-§ 117	질과 양이 단순히 결합된 상태. (예: 온도와 물의 상태)
② 정립된 질량	§ 118-§ 120	질과 양이 상호 규정하는 관계. (예: 비례·비율·관계적 한계)
③자체적 질량, 질량관계	§ 121-§ 124	여러 질량들의 상호 연관. 한 존재의 변화가 다른 존재의 질을 결정하는 상호체계.

③ 첫 단계 — 즉자적 질량 (§ 115-§ 117)
존재의 질과 양이 단순히 '연결된 상태'이다. 예컨대, 물이 0°C에서는 얼고, 100°C에서는 수증기가 된다. 양(온도)이 질(상태)을 결정한다. 이때 존재의 질은 일정한 양적 한계 속에서만 유지된다. 이것을 "질적 동일성의 한계"라고 한다. "어떤 질은 특정한 양적 한계 안에서만 존재한다. 이 한계를 넘으면 질이 변한다."(§ 116) 즉, 양적 변화가 질적 변화를 낳는 첫 계기이다.

④ 두 번째 단계 — 정립된 질량 (§ 118-§ 120)
질과 양의 상호 규정성이다. 이제 질과 양은 단순히 외적 결합이 아니라, 서로를 규정하는 내적 관계가 된다. 예컨대, 산의 고도(양)가 기온(질)을 규정하고, 기온의 질이 다시 특정고도 범위에서만 유지된다. 여기서 '한계(limit)'의 개념이 논리적으로 완성된다. "질량은 존재의 실체적 규정성이다. 존재는 자기의 질량 안에서만 스스로를 유지한다."(§ 119)

⑤ 세 번째 단계 — 질량관계(§ 121-§ 124)
여러 질량들이 서로 연관되어 새로운 체계를 형성한다. 질량이 서로 연결되면, 하나의 질적 변화가 다른 질의 변화를 불러온다. 예컨대, 화학적 반응비, 음계(音階)에서의 음정 관계 등이다. 이때 존재는 개별적 한계를 넘어서 관계적 전체로서 존재한다. 즉, 질량의 체계, 비례의 질서이다. "질량관계는 존재의 구체적 현실성이다. 존재는 이제 단순한 규정이 아니라, 관계적 전체로 나타난다."(§ 122)
이 단계에서 존재는 더 이상 단순한 '있음'이 아니라, 관계망 속에서 자기 의미를 규정하는 체계적 존재, 즉 '현실적 존재'로 발전한다. 이것이 바로 '본질론(Wesen)'으로 넘어가는 논리적 문턱이다.

⑥ 철학적 의미

항목	내 용
변증법적 핵심	질량은 "양적변화→질적변화"의 변증법을 표현한다.
존재의 통일	질(내적)과 양(외적)이 하나의 통일체로 작용한다.
과학적 예시	물의 상태 변화, 생물의 생존 온도 범위, 사회의 임계점 등.
논리적 기능	존재가 "스스로 관계를 맺는 체계"로 발전하는 계기.
다음단계 이행	질량관계→본질 - 존재의 내적 근거 탐구로 넘어감.

⑦ 대표 문장 정리 (요약 번역)
"질량은 질과 양의 통일이다."(§ 115)
"질은 특정한 양적 한계 내에서만 존재한다."(§ 116)
"양의 변화가 질의 변화를 낳을 때, 존재는 질량으로 규정된다."(§ 117)
"질량은 존재의 실체적 규정성이다."(§ 119)
"질량관계는 존재의 구체적 현실성이다."(§ 122)

⑧ 결론 요약
『소논리학』 존재론의 '질량(Maß)'은 질(내적 규정)과 양(외적 규정)의 통일로서, 존재가 자기 한계 안에서 변화하며 스스로를 유지하는 구체적 현실성(Realität)의 첫 형식이다. 즉, "양이 질을 넘어 질량이 되는 순간", 존재는 단순한 있음이 아니라 자기 안의 법칙적 체계로 성립한다. 이 지점에서 논리학은 존재의 단순한 층위를 벗어나, 본질(Wesen)의 탐구 -"무엇이 그것을 그렇게 있게 하는가"- 로 넘어간다. (챗GPT, 존재론의 질량, 2025.10.8.)

나. 규준 - 완성된 유

헤겔은 양과 질과의 통일인 동시에 완성된 유로서 '규준'을 말한다. 이것은 완성된 종류를 말하는 것으로 보인다. 헤겔은 질과 양의 통일로서의 완성된 규준을 다음과 같이 말한다. 한편, 우리는 헤겔에게 있어서 질과 양과

2장 존재론

통일로서의 규준은 아직은 의식에서 일어나는 반성 혹은 관념이라는 것을 알아야 한다. 이제 이것이 현상하여 나타나는 것이 사물들이다. 이것을 헤겔은 그의 『논리학』의 본질론에서 다룬다.

① 규준 : 정유, 질적인 정량
규준이라는 것은 질적인 정량이다. 그리고 첫째 직접적인 것으로 보면 정유 또는 질과 결부한 정량이다. (헤겔, 『논리학』, § 105)
② 규준 : 양과질의 통일, 완성된 유
따라서 규준이라는 것은 양과 질과의 통일인 동시에 완성된 유다. 우리가 말하는 유라는 것은 첫째 전연 추상적이고 무규정적인 것으로 나타난다. 그러나 유는 본질에 있어서 자기 자체를 규정하는 것이다. 그리고 유의 완성된 규정성이 바로 규준이다. 우리는 규준을 절대자의 한정으로 볼 수도 있다. 따라서 신을 만물의 척도라고도 말할 수 있다.…
③ 대상적 세계에서의 규준
그러면 지금 대상적 세계에서는 규준이 어떻게 나타나는가? 우선 자연에는 그 본질적 내용이 규준이 되는 그러한 존재가 있다. 예를 들면 태양계가 이것이다. 우리는 이 태양계를 대체로 완전한 규준의 세계라고 본다. 그 다음 또 무기적 자연을 관찰하여 보자. 여기서는 규준이 말하자면 마치 배후에 멀리 숨고, 다만 양적 규정과 질적 규정이 자주 서로 아무 관계 없는 것같이 나타난다. 그래서 예를 들면 암석의 질 또는 하천의 질이 일정한 양과 결부되지 않는 것 같다. 그러나 좀더 자세히 살펴보면, 이러한 제대상도 전연 무규준한 것이 아닌 것을 우리는 발견한다. 왜냐하면 하천의 물이나 암석의 각 성분도 화학적으로 연구하여 보면, 역시 그 속에 포함되어 있는 원소의 관계에 의하여 제약된 일정한 질인 것이 분명하기 때문이다. 그런데 유기적 자연에 있어서는 얼른 보아도 규준이 뚜렷이 나타난다. 각종 식물과 동물은 그 전체에 있어서나 또 그 각 부분에 있어서나 일정한 규준을 가지고 있다. 그러나 불완전한 유기물 즉 무기적 자연에 근사한 유기물은, 그 규준이 대단히 불

확실하기 때문에 고급 유기체와 구별된다는 것을 주의하여야 한다.…
(헤겔, 『논리학』, § 105, 보충)

다. 규준의 진행과정이 본질

한편, '규준의 진행과정이 본질'인데, 헤겔은 본질이란 "잠재적으로 있는 것을 드러내 놓는 과정이다"고 한다. 즉, 헤겔에게 존재는 관념으로 있는 것과 같은 잠재적인 것을 의미하고, 본질은 현재적(顯在的, 나타남)으로 나타난 것을 의미한다. 전자(존재)는 사실은 관념이고, 후자(본질)는 이 관념의 현상으로서의 사물을 의미한다. 지금까지 논한 존재론은 사실 관념에 관한 것이었다. 그리고 본질론에서는 이제 이것이 현상하여 실물세계에 나타난다. 이 본질이 곧 규준의 진행과정인 것이다.

① 질과 양의 양면

무한자 즉 부정의 부정인 긍정은 유와 무 또는 '그 무엇'과 다른 것 기타 등등의 추상적인 양면 대신에 이제는 질과 양을 제 양면으로 가지게 되었다. (a)첫째 질은 양으로, 양은 질로 이행한다. 따라서 질과 양은 부정으로서 지양된다. (b)그러나 질과 양은 그 통일(규준)에도 불구하고 우선 구별된다. 그리고 하나는 다른 하나를 매개해서만 존재한다. (c)질과 양과의 통일의 직접성이 지양된 다음에 이 통일 그 자체 즉 단순한 그 대자관계가 드러난다. 즉 이 통일은 지양된 유일반과 그 제형식을 내포하고 있다는 사실이 드러난다. 유나 직접성이라는 것은 제 자신의 부정에 의하여 제 자신과의 관계라는 것도 역시 직접태에까지 지양된다. 이러한 유나 직접성이 즉 본질이다. (헤겔, 『논리학』, § 109)

② 규준의 진행과정

규준의 진행과정은 부단히 질이 양으로 변하고 양이 질로 변하는 형태에 있어서의 무한진행에서 보는 바와 같은 악무한에 불과한 것이 아니라, 그와 동시에 타아와 자아의 일치라는 참다운 무한이다. 규준에 있어서는 질과 양이 처음에는 그 무엇과 다른 것으로서 서로 대립한다. 그런데, 이제는 질 그 자체가 양이요 양 그 자체가 질이다. 이리하여 질과 양은 규준의 진행과정에서 상호 이행한다. 그러나 그러함으로서 질과 양의 양규정은 각기 본래의 제 자체가 되어 갈 뿐이다.

③ 제 규정을 부정 당한 지양된 유일반 : 본질

우리는 여기서 제 규정을 부정 당한 지양된 유일반을 보는바 이것이 본질이다. 규준 중에는 벌써 본질이 잠재적으로 있다. 그리고 규준의 진행과정이라는 것은 요컨대 잠재적으로 있는 것을 드러내놓는 과정에 불과한 것이다. 일상적 의식은 사물을 있는 대로 파악하여 이것을 질·량, 그리고 규준에 의하여 관찰한다. 그러나 이러한 직접적 규정은 고정불변한 것이 아니라 늘 이행하는 것이다. 본질이라는 것은 바로 이러한 변증법의 성과이다.…(헤겔, 『논리학』, § 109, 보충)

3장 본질론

1. '본질론'에 대한 개략

가. '본질'의 개략

"본질(Wesen)"은 "사유의 내면화 단계", 즉 "사유가 자기 자신을 되돌아보는 단계"를 뜻한다. 헤겔의 '본질'은 일반적으로 다음과 같이 정의된다.

① 본질(Wesen)의 기본 정의

『소논리학』 § 126-127 요약: "본질은 존재의 진리이다." "본질은 자기 자신으로의 반성이다." 즉, 존재(Sein)는 단순히 "그냥 있음"이다. 하지만 사유가 발전하면서 "그냥 있음"이 아니라, "왜 그런가?"의 "그 근거는 무엇인가?"를 묻게 된다. 그 "이유(Grund)"를 찾으려는 운동 — 그것이 곧 본질이다. 따라서, "본질은 존재의 내면화된 사유, 근거를 찾는 반성적 사유"를 뜻한다.

② 본질의 성격

구 분	내 용
직접성의 부정	존재의 단순한 '있음'을 부정한다. "그냥 있다"는 말로는 충분하지 않다.
매개와 근거	본질은 항상 무엇의 근거(Grund)로 작용한다. 즉, 스스로를 다른 것과 매개하며 이해된다.
자 기 반 성 (Reflexion)	본질은 자기 자신을 되비추며, 자기 안에서 스스로를 규정한다.
진리의 층위	존재의 진리는 본질이다 — 존재가 단순히 "있음"에서 "근거 있음"으로 바뀜.

③ 본질의 구조 (세 부분으로 구성)

단계	절 번호 (1830년)	의 미
1st. 본질 그 자체	§ 125-§ 133	존재가 사라지고, 자기 자신 속으로 반성한 상태. "내면적 존재."
2nd. 현상	§ 134-	본질이 자기 자신을 외적으로 드러내

	§ 142	는 단계. "본질의 외화."
3rd. 현실성	§ 143- § 163	본질과 현상이 하나가 되어, 자기 근거가 외적으로 실현된 상태.

④ 단계별 해설
(a) 본질 그 자체(§ 125-§ 133)
존재가 자기 자신 속으로 반성하여 내면화된 상태를 말한다. 존재는 단순한 "있음"이지만, 그 "있음" 속에는 이미 "근거"를 찾는 힘이 들어 있다. 본질은 바로 그 "근거를 찾는 사유" 자체이다. 이때 사유는 "직접적"이 아니라 "매개적(Reflektiert)"이 된다. 존재가 직접적이라면, 본질은 간접적이다. 존재는 '그저 있음'이지만, 본질은 '왜 있음'을 묻는다.
(b) 현상(Erscheinung, § 134-§ 142)
본질은 자기 안에 머물 수 없고, 밖으로 드러난다. 본질은 단지 내면이 아니라, 자신을 현상(appearance)으로 표현한다. 하지만 이 "현상"은 단순한 겉모습이 아니라, 본질이 자기 자신을 외적으로 드러내는 방식이다. "본질은 현상한다." 즉, "겉"은 단순히 속을 감추는 것이 아니라, 그 속이 외적으로 자기 자신을 드러내는 장(場)이 된다.
(c) 현실성(Wirklichkeit, § 143-§ 163)
본질이 자기 자신을 완전히 현상 속에서 실현한 상태이다. 본질과 현상이 완전히 일치할 때 "현실성"이 된다. 즉, "내적 근거"가 "외적 현상" 속에 완전히 실현된 것이다. 여기서 가능성, 필연성, 실체 개념이 등장한다. 현실성은 "근거가 자신을 느러낸 것"이다.
⑤ "본질은 정립된 개념이다"(§ 127)의 의미
"본질은 정립된 개념이다."는 존재가 단순한 "있음"을 넘어 자기 자신을 사유 속에서 '세운' 단계를 말한다. 즉 개념(Begriff)의 씨앗이 된 상태이다. 본질은 아직 개념 자체는 아니지만, 이미 개념이 스스로를 반성하고 세워기는 운동 속에 있다.
⑥ 변증법적 운동 요약
존재(Sein) → 본질(Wesen) → 현상(Erscheinung) → 현실성

　　　　(직접성의 부정)　　　(자기반성)　　　　　　(본질의 외화)
즉, 존재는 사라지지만 그 진리로서 본질이 남고, 본질은 스스로를 드러내며 현실이 된다.
⑦ 비유로 이해하면

단계	예시 (인간에 비유)
존재	"나는 있다." (단순한 자각)
본질	"나는 왜 있는가?" (내면적 자기반성)
개념	"나는 나의 본질을 스스로 안다." (자기이해, 자기정립)

본질은 이 가운데 "내면으로 들어가 자기 근거를 묻는 단계"이다.
⑧ 요약 문장
본질은 존재의 진리이자, 존재가 자기 자신 속으로 반성하여 근거를 세운 상태이다. 본질은 단순히 "있음"이 아니라, "왜 있음", "무엇에 의해 있음"을 묻는 사유의 내면화된 단계다. 본질은 자기 안의 부정과 반성을 통해 스스로를 세운 개념의 전단계로서, "정립된 개념"이라고 불린다.
『논리학』에서 본질(Wesen)은 "존재가 자기 자신을 반성하여, 자기 근거를 찾고 세우는 단계", 즉, 사유가 외적 세계로부터 자기 자신 속으로 되돌아가 내적 필연성을 형성하는 사유의 내면적 논리이다.(챗GPT, 본질의 개념, 2025.10.8.)

나. 본질의 개념 : 정립된 개념으로서의 개념

헤겔은 본질을 "정립된 개념으로서의 개념"이라고 말한다. 여기에서 '정립된 개념'의 의미는 "반성을 통해 세워진 개념"을 의미하며, 맨 마지막의 '개념'은 '자기의식'을 말한다. 그래서 "정립된 개념으로서의 개념"은 "반성을 통해 세워진 개념으로서의 자기의식"이라고 말할 수 있다. 따라서 본질은 "존재가 스스로 제 자신 속을 비추어서 드러나게 한 개념들의 총체"라고 말할 수 있다. 그것이 곧 그 존재의 내용물이다.
　헤겔의 『논리학』은 "절대지식(신)의 어떠함"을 다루는 학문이다. 절대자는 존재이다. 즉, 존재의 시작이자 총체이다. 이 절대자가 스스로를 반성했을 때, 절대자의 존재의 총체가 그의 사유 속에 드러나게 되는데, 이것이 절대자의 본질이며, 존재의 본질이다. 이것을 헤겔은 "절대자는 본질이다"고 표현한다. 즉 절대자의 반성된 사유 전체를 본질이라고 한 것이다. 그런데, 이러한 반성이 어떻게 일어나는가? 자기 자신에 대한 반성, 곧 부정성에서 일어난다. 반성은 본질 자체의 고유한 규정이다. 헤겔은 그 내용을 다음과 같이 말한다.

① 본질 : 제 자신 속을 비추는 존재
본질이라는 것은 정립된(반성을 통해 세워진) 개념으로서의 개념(자기의식)이다. 그리고 본질에 있어서는 제규정이 다만 상대적일 뿐이고 아직 철저히 반성되어 있는 것이 아니다. 그러므로 여기서는 개념이 아직 자각태로서 있는 것이 아니다. 제 자신의 부정성에 의하여 제 자신을 제 자신과 매개하는 유인 본질은, 타자와의 관계인 한에서만 제 자신과의 관계다. 그러나 여기서 타자라고 함은 직접적으로 존재하는 것을 말하는 것이 아니라, 타자라고 마련된 것, 즉 매개된 것을 말하는 것이다. 따라서 본질은 제 자신 속을 비추는 존재이다.

② 절대자는 본질
절대자는 본질이다. - 이 정의는 존재가 역시 제 자신에 대한 단순한 관계인 한에서, 절대자는 존재이다는 정의와 동일한 것이다. 그러나 이와 동시에 절대자는 본질이라는 정의가 보다 더 고차적이다. 왜냐하면 본질이란 것은 제 자신 속으로 들어간 존재이기 때문이다. 즉 존재의 단순한 대자 관계라는 것은 부정적인 것의 부정, 제 자신 중에서 제 자신을 매개하는 것이라고 마련된 관계이기 때문이다. …

③ 내면적 부정성
이 부정성은 존재에 대하여 외면적인 것이 아니라 존재에 고유한 변증법이다. 그렇기 때문에 존재의 구체적인 진상, 즉 본질이란 것은 제 자신 속으로 들어간, 다시 말하면 제 자신 속에 있는 존재로서의 존재이다. 그러므로 본질과 직접적 존재('~이 있음'으로서의 존재를 의미)와의 구별은 본질이 제 자신을 비추는 반성에 있다. 따라서 반성은 본질 자

체의 고유한 규정이다. (헤겔, 『논리학』, § 110)[39]

한편, 헤겔은 존재와 사유의 층위를 구분하지 않는다. 따라서 존재 스스로 자신을 반성한다. 그런데, 기독교에서는 삼위일체론을 말한다. 즉 존재(여호와, 존재자)와 사유(로고스, 말씀)의 층위가 다르다.

[비판] 삼위일체론 관점에서의 '본질' 혹은 '반성의 대상'
기독교는 영(정신)·혼(의식)·몸(신체)의 3분법을 취하는데, 헤겔은 영혼·몸의 2분법을 취하는 것으로 보인다. 기독교식으로 해설한 반성의 대상이다. 그리고 이 반성의 대상이 헤겔식의 본질을 형성한다.

① 『정신현상학』에서의 반성의 대상·본질
『정신현상학』에서의 반성행위를 보면 다음과 같다: 몸(신체)을 통하여 '대상의식'이 내 안에 들어와서 '정신' 속에 '즉자적'으로 자리잡는다. 이때의 내 정신상태를 '의식'이라고 말한다. 이때 내 '정신'은 자신 안에 자리잡은 '의식'에 대해 '반성'과 '부정'하는 행위를 하는데, 이 '정신'은 뭔가의 이데아를 알고 있다. 이것과 비추어서 '의식'에 대한 반성과 부정의 작업을 하는 것이다. 그렇게 하여 의식이 고양되는데, 그것이 곧 '자기의식'이다. 이 '자기의식'이 곧 '종합'의 상태이다. 이 '자기의식'은 정신의 상태이면서, 의식의 상태이다. 내 안에 들어온 의식 스스로 반성하여서 부정을 하고 변화되는 것이 아니다. 뭔가의 이데아를 알고 있는 정신이 그 반성행위를 하는 것이다. 그런데, 헤겔에 의하면, 의식이 정신을 통해 자신을 비추는 것이 아니라, 스스로 반성을 하며 변화를 한다.(필자)
② 『논리학』에서의 반성의 대상·본질
『논리학』은 '절대지성' 곧 '신'의 사유에 대한 연구이다. 기독교의 절대자는 삼위일체적이다. "존재(정신)-말씀(의식)-성령(생명)"의 세 하나님이 한 실체로 존재한다. 기독교에서는 하늘들을 말하며 삼층천을 말한다.

---
[39] 헤겔, 『논리학』, 전원배 역, 파주 서문당(瑞文堂), 2006.10.30.

이 삼층천에 대해서는 알려진 바가 없다. 딱 한 가지 지식이 있는데, 사도 바울이 하나님이 "창세 전에 모든 것을 예정하였다"는 이야기만 전해진다. 존재자의 계획인 것이다. 어떻게 보면, 이 세계가 여호와의 계획이 존재로 자리잡은 참 존재의 세계이다. 이곳에는 이미 창조부터 인류의 역사와 종말과 새하늘과 새땅까지 이미 존재한다. 이것이 셋째 존재 하늘의 내용물로 보인다.

하나님의 아들이 2위 하나님으로서 말씀 하나님인데, 여기에서 '말씀'이란 '사유' 혹은 '의식'을 말한다. 처음에는 순수 무였다. 여기에 최초의 '질'로서 '인자'가 탄생하였는데, 이 '인자'의 '정신'은 바로 '존재'이다. 이 '존재'를 보고, 이 '인자'의 '의식'은 '반성행위'를 하는 것이다. '존재'의 계획에 일치하기까지 이 '인자'의 '의식'은 반성행위를 하는 것이다. 그래서 결국은 이 최초의 '질량'의 존재자로서의 '인자'의 의식은 '존재'와 일치하기까지 반성행위를 하는 것이다. 여호와의 계획 혹은 사유, 그것이 곧 로고스인 인자의 의식인 것이다. 이 의식으로 채워지는 것이 곧 로고스이신 인자의 본질이다.

이에 반하여 헤겔의 경우, 존재는 그 스스로 자기 자신을 비추어서 사유를 한다. 존재와 사유가 구분되지 않는다. 그리고 헤겔의 존재는 현재 순수 무, 곧 아무 것도 없는 상태이다. 따라서 비교대상이 없이 스스로 반성한다. 이에 반하여 기독교의 존재는 셋째 하늘로서 '1위 하나님의 계획'이 셋째 하늘에 존재로 펼쳐져 있다. 이 셋째 하늘의 존재와 비교를 하며, 반성을 한다. 이렇게 기독교적으로 설명을 해야 이해가 가능할 것이다.

③ 인간 정신의 반성의 대상·본질

그렇다면, 더 나아가 인간의 본질은 무엇인가? 칸트는 우리의 정신이 예지계에 맞닿아 있다고 말한다. 사실 우리의 정신은 신으로부터 부여받은 것이다. 이 인간의 정신이 곧 '인자'의 '정신'과 같은 본질이다. 따라서 인간 정신의 본질도 또한 신의 정신과 동일하다고 보아야 할 것이다. 기독교에서는 인간을 '하나님의 형상'에 따라 지어졌다고 말한다. 고

대세계의 "형상과 질료의 이론"에서 '형상'은 '정신'을 말한다. 한편, 헤겔은 다음에 언급되겠지만, 일원론을 취하기 때문에 인간의 정신의 경우에도 신적인 세계로의 도약은 존재하지 않는다.(필자)

다. 본질의 확장된 개념 : 매개된 반성

본질은 존재에 대한 반성 혹은 존재의 자기반성인데, 이때 헤겔은 "매개된 반성"이라고 말한다. 즉, 헤겔의 개념에 의하면, "생성된 사유가 자기 자신을 부정하고, 그 부정(타자)을 통해 다시 자기 자신의 사유로 돌아오는 운동"이다.

이것을 삼위일체론적으로 말하자면, "생성된 사유가 존재를 바라보고, 존재의 그것과 비교하면서 자기의 사유를 부정하고, 존재가 주는 새로운 사유로 돌아오는 운동"이다고 표현될 수 있다. 본질을 대자존재로 파악했을 경우의 해설이다. 한편, 이 문장은 "존재가 생성된 사유를 바라보고, 새로운 사유를 부정을 하면서, 새로운 사유를 제공한다"고 표현될 수도 있다. 이것은 대자존재를 존재에 두었을 경우의 해설이다. 이것은 주체를 어디에 두고 설명하느냐의 문제일 뿐이다.

그런데, 위에서 삼위일체론적 관점이 후설과 같은 현상학자와 실존주의 철학자들의 개념과 일치한다. 헤겔은 사유 자체의 반성이다. 그런데, 후설과 같은 경우에는 '의식'이 '순수의식(정신)'에 의해서 반성을 한다. 반성에 대한 이러한 이해 하에 헤겔의 말을 이해할 수 있다.

헤겔에 의하면, 본질은 존재의 가상 혹은 반영인데, 이 가상은 존재가 반성으로 비추어낸 것이다. 예컨대, 어떤 사유가 들어왔거나 생성되었다. 이때 존재는 이 사유를 부정하면서 진정한 사유를 그곳에 반영하는 것이다. 이것이 곧 "매개된 유"이다. 일차적으로 어떤 즉자존재로서의 사유가 있은 후에 여기에 대자존재로서의 존재가 부정과 종합을 수행해 내는 것이다. 존재자의 새로운 의식·사유가 탄생하는 것이다. 이것이 신의 본질의 나타남이다. 이것이 반복되면서 누적되면서 존재의 총체가 사유 속에 자리잡게 된다. 이것이 "존재의 총괄 혹은 총체로서의 본질"이다. 이때 신은 모든 본질의 총체이기 때문에 "최고의 본질"이라기 보다, "유일한 본질"이다. 헤겔은 최고 본질에 대한 신의 본질을 이렇게 인식할 수 있다고 말한다. 그동안 모든 오성을 중시한 신학자나 철학자들은 신의 본질을 언급하는 것을 금기시하여 왔으나, 헤겔은 이렇게 과감하게 언급을 한 것이다. (참조: 신의 본질을 이렇게 언급하여 들어간 철학자는 오리게네스의 삼위일체론 이후 처음으로 보인다. 그런데, 그리스 철학자들은 바로 이 신의 내면을 탐구하였다. 기독교 세계에서 금기시한 이유도 있어 보인다.)

① 본질 : 존재의 지양된 유(존재의 가상·반영)
우리는 본질을 논할 때 직접적인 존재를 본질과 구별하고, 이 직접적 존재를 본질에 대한 관계에서 단순한 가상으로 본다. 그러나 이 가상은 완전한 무가 아니라 도리어 지양된 유다.

② 존재의 반성이 본질
본질의 입장은 본래 반성의 입장이다. 반성이란 말은 최초에 광선에 관해서 사용된 말이다. 그 까닭은 광선이 사면(斜面)상에 곧게 비치면 반사하기 때문이다.

③ 매개된 반성
따라서 반성에는 두 가지 것, 즉 하나는 직접적으로 있는 것('~이 있음'으로서의 존재)과 또 하나는 매개에 의하여 드러난 것('유'로서의 존재)이 있다. 우리가 한 대상을 반성한다느니 회상한다 할 때에도 그와 마찬가지이다. 왜냐하면 여기서 우리가 한 대상을 반성하거나 회상하는 것은 그 대상을 직접성에서가 아니라 매개된 것으로 알기 위하여서이기 때문이다. …

④ 총괄 또는 총체로서의 본질
일상생활상에서는 흔히 본질이라는 것이 총괄 또는 총체라는 뜻을 취한다 따라서 예를 들면 사람들은 신문계, 우편사무, 세제 기타 등등을 의미하는바, 이런 말들은 신문이나 우편이나 세제의 개별적인 직접 내용을 의미하는 게 아니라, 이 개별적인 내용의 복합체를 의미하고 나중에는

이 내용의 여러 가지 관계까지 의미하는 것이다. 그리하여 이러한 용어 중에는 거의 본질에 가까운 뜻이 있는 것을 우리는 발견한다.…

⑤ 최고의 본질로서의 신 : 유일한 본질로서의 신

그리고 그 위에 최고의 본질이 있다거나 또 따라서 신을 최고의 본질이라고 부르는데, 여기서는 주의할 점 두 가지가 있다. 첫째는, 이 최고의 본질이라는 말이 유한적인 본질을 암시하고 있는 점이다. 그리하여 우리는 예를 들면 이러저러한 많은 유성이 있다거나, 또는 이러저러한 식물이 있고, 또 이러한 성질을 가진 식물이 있다고 말한다. 따라서 이러한 것은 그것 밖에 또 그것과 동시에 다른 그 무엇이 있다는 것을 암시하고 있는 것이다. 그러나 절대무한적 본질인 신은 그것 외에 또 그것과 동시에 다른 본질이 있는 그러한 본질이 아니다. 만일 신 이외에 그 무엇이 있다면 그것은 신과 떨어져 있는 것이기 때문에 하등 본질성도 없는 것, 아니 신과 분리하여 하등의 본질도 없는 것, 즉 단순한 가상에 불과한 것이다.

그리고 둘째로, 신을 막연히 최고의 본질이라고 부르는 것은 적당한 말이 아니다. 왜냐하면 이 말 가운데 들어있는 양의 범주는 사실에 있어서 유한자의 영역에서만 적용되는 것이기 때문이다. 예를 들어 가령 우리가 이 산은 지구상에서 가장 높은 산이다 할 때에는, 이 산 외에 또 다른 높은 산이 있다는 것을 암시하는 것이다.… 그런데 신은 본질 중의 한 최고 본질이 아니다. 도리어 유일한 본질이다.…

⑥ 최고의 본질로서의 신에 대한 인식여부

그러나 최고의 본질로서의 신은 인식될 수 없다는 주장이 흔히 나온다. 이것이 일반적으로 근대 계몽정신의 입장이요 좀더 자세히 말하면 추상적 오성의 입장이다. 만일 신을 최고의 피안적 본질로 본다면, 이 세계는 직접으로 확고하고 적극적인 그 무엇이 되고, 그 결과는 본질이라는 것이 바로 모든 직접적인 것의 지양인 것을 망각하게 될 것이다. 신이 추상적인 피안적 본질이요, 따라서 모든 차별성과 규정성이 그 밖에 있는 것이라면, 그러한 신은 사실에 있어서 단순한 이름, 즉 추상적 오성의 해골에 불과한 것이다. 그러므로 신에 대한 참다운 인식은 사물의 직접적 존재에는 하등의 진리도 없는 것을 아는 데에서 시작하는 것이다. (헤겔, 『논리학』, § 110, 보충)

라. 대자존재로서의 본질

 헤겔은 이 존재 내에 있는 본질이 어떻게 그 본질을 확대하여 나가는 지를 설명하는데, 먼저 본질을 존재의 대자존재로 파악한다. 즉 존재가 즉자로서 '직접태' 혹은 '즉자존재'를 제시한다. 그러면 본질이 대자존재로서 여기에서 모순을 발견하고, 부정을 하며 반성행위를 한다. 그래서 그 존재를 완성하여 간다. 헤겔이 이렇게 논리를 전개할 수 밖에 없는 이유는 헤겔에게 '존재'는 "정말로 아무것도 없는 것" 곧 '순수 무'이기 때문이다. 여기에서 기독교의 일자(하나님)와 충돌을 한다.
 헤겔은 이 대자존재가 존재가 내놓은 즉자존재로서의 사유를 매개태로 바라보며, 반성의 작용을 일으켜서 존재 내의 비본질을 부정하고, 새로운 본질로 확장한다. 이때 본질 내에는 두 가지의 사유가 나타나는데, 하나는 존재가 준 사유(즉자태)이며, 또 하나는 본질이 대자존재로서 제시하는 사유(대자태)이다. 즉 즉자태로서의 본질과 대자태로서의 본질이다. 헤겔은 이것을 본질의 이중적 동일성이라고 말한다.

① 대자존재로서의 본질
본질 중에 포함되어 있는 대자 관계리는 것은 동일성 자기 반성의 형식이다. 여기서는 이 형식이 존재의 직접태 대신에 나타난다. 그리하여 양자는 대자 관계의 동일한 추상이다.…(헤겔, 『논리학』, § 111)
② 본질의 이중적 동일성
이 동일성은 본래 존재에서 유래한 것이기 때문에 우선 오직 존재의 규정에 부착한 채로 나타나고, 그 다음에는 외재적인 것과 관련해서 나타난다. 그런데 이 외재적 존재가 본질과 분리 되었을 때 그것이 즉 비본질적인 것이다. 그러나 본질이라는 것은 자기내 존재이다. 따라서 본

질의 본질 다움은 그것이 자기 자체 중에 자기의 부정, 다시 말하면 대타관계 즉 매개를 가지고 있는 한에서만이다. 그러므로 본질 중에는 제 자신의 반조인 비본질이 있는 것이다. 그러나 반조나 매개 중에는 구별이 포함되어 있다. 그렇기 때문에 본질과 구별되는 것은, 이 구별되는 것이 그 속에서 나오기는 하였으나 벌써 그 속에 있지 아니하고, 또 있다 하더라도 가상으로서 있는 동일성과 구별되면서 역시 직접성의 형식을 보유한다.

③ 직접태(존재의 형식)로서의 본질과 대자로서의 본질

따라서 본질은 자기를 자기와 관계시키는 직접태 또는 존재의 형식으로 존재한다. 그러므로 본질의 영역은 직접태와 매개태와의 불완전한 결합의 영역이다. 이 영역에서는 모든 것이 자기를 자기와 관계시키는 동시에 또한 자기를 넘어 앞으로 진행하게시리 마련되어 있는 것이다. 즉, 반성의 존재로서, 다시 말하면 자체 중에서 타자를 반조하는 동시에 또한 타자 중에서 자기를 반조한다.

④ 존재 영역의 모순이 본질 영역에서 해소되는 반성

그러므로 본질의 영역이라는 것은 또한 존재의 영역에서 오직 잠재적으로 있던 모순이 현재적(顯在的)으로 나타나는 영역이라고도 말할 수 있다. (헤겔, 『논리학』, § 112)

[평가] 헤겔과 기독교의 대자존재 논쟁(필자)

『정신현상학』에서는 "인간의 의식의 발전과정"을 "(대상)의식-자기의식-정신-절대지식"의 순으로 전개한다. 먼저, 바깥에 있는 대상에 의해서 의식이 생성되는데, 이것을 직접태라고 하며, 내 안에 고스란히 자리잡는다. 그리고 실존주의 철학자들(후설, 베르그송 등)에 의해 밝혀진 바로는 이 '의식'을 붙들고 있는 존재는 '정신'이다. '정신'이 대자존재이다. 이때 '정신'은 선험적으로 진리에 대한 인식이 있다. 그래서 이것과 비추어서 그 '대상의식'의 '모순'에 대해 부정을 한다. 그 전체를 부정하는 것이 아니다. - 헤겔은 일반적으로 전체를 부정한다. 그런데, 위의 본문에서도 본질은 존재의 모순에 대해 부정을 한다고 말한다. 이것은 앞뒤가 맞지 않는 논리전개이다. - 이러한 모순이 반영되어서 '의식'이 '자기의식'으로 발전을 한다. '의식' 스스로 반성하고 발전하는 것이 아니다. '의식'이 대자존재가 아니다.

헤겔은 '정신과 의식'의 일원론을 취하고 있다. 그렇다면, 그 '의식'이 자신 안에 있는 '정신'과 비추어서 부정을 하고 반성을 하는 것이다. '의식'은 '존재'로 파생된 존재인데, '의식'이 스스로 발전하는 것이 아니다. 그 안에 '정신'이 있어서 스스로 발전하는 것으로 보인다. 여기에서 헤라클레이토스의 오류가 시작되었고, 헤겔의 오류가 시작된 것으로 보인다.

만일, 대상이 의식으로서 내 안에 주어지고, 그 '대상의식'이 나 자신을 이루고, 또 다시 이 '대상의식'이 스스로 자기부정을 하면서 '자기의식'으로 발전한다면, 즉 정신의 존재를 거의 백지상태로 두어버린다면, 이것은 '유물론'이다. 물질이 내 안에 의식으로 들어오고, 그 의식이 자기의식으로 발전하여, 이성과 정신을 경유하여, 절대지식에 이른다면, 이것은 물질이 발전하여 절대지식 곧 신이 된 것이다. 이것이 곧 유물론이다. 헤겔 철학은 헤겔 좌파 철학자들에게 이렇게 이용을 당했다.

『논리학』은 "존재자(신)의 의식의 발전과정"을 살펴본다. 우리는 이것을 삼위일체의 개념으로 살펴볼 수 있고, 헤겔방식으로 살펴볼 수 있다.

헤겔의 경우, 맨 처음의 '존재'로서의 '유'가 '무'(아무 것도 없는)의 '사유'를 출현시키면서, '생성'을 이루어 '질'이라는 개별자를 출현시켰다. 이 개별자의 '본질'이 무엇이냐이다. 헤겔의 경우, 이 '본질'은 '존재'로부터 나온 '가상·사유·반성'인데, 이 '본질'이 대자존재가 되어서, '존재'로부터 나온 '모순'을 부정하여, 새로운 "가상·사유·반성'을 출현시킨다. '존재'는 '무'에 가깝고, '본질'은 완성을 향하여 나아간다.

그 결말은 무엇인가? 전진하여 나아갈수록 완전하여 진다. 이제 이 '본질'은 '개념'에 의해 부정을 당할 것이다. 존재는 본질보다 작고, 본질은 개념보다 작아서, 그 다음에는 '사물'에 의해 '개념'이 부정을 당할 것이다. 나중에 존재는 마치 없는 것이나 마찬가지가 된다. 이것은 유물론적 귀결을 맞게 된다.

　기독교의 존재자(一者, 하나님)에 대한 지식이 사도 바울에 의해 계시로서 흘러나왔는데, 하나님은 영원 전에 계획을 가지고 있었다. 이것은 "이미 존재를 하늘에 펼쳐놓은 것(하나님의 계획)"으로서, 이 안에 "예정·창조·섭리·역사·구속·종말·새하늘과 새땅"까지 이미 모두 존재로 생성되어 있다. 여호와의 계획은 그 자체로 존재이기 때문이다. 존재자는 또 다른 개별적 존재자를 분유하여 하나의 세계를 형성한다. 이것이 하늘들 중에서 삼층천이다. 이것이 기독교 세계에서의 1위 하나님 '존재'의 모습이다. 존재는 이렇게 '유'이다.
　한편, 여기에서 한 아들이 영원 전에 아버지의 품에 있다가 독생하여 나왔다. 이 존재는 '무'이다. 이 존재는 로고스인데, 고대세계에서 이 로고스는 말씀·의식·사유·관조·형상으로 표현된다. 여기에서는 '사유'라고 표현하고자 한다. 이 '사유'는 대상이 존재하지 않으므로 '무'이다.
　이때 '사유'는 '무'를 바라보는데, 이것이 '대상의식'처럼 된다. 그런데, '존재'를 보았을 경우, 이 '무'는 부정을 당한다. '존재' 속의 이미지가 이 '무'를 대체하며, '존재' 속의 세계가 이 '사유' 속에 들어오게 된다. 이것이 '본질'이다. 결국 '존재'와 '본질'은 시간이 경과하면서 서로 일치를 하게 된다. '사유'가 어떻게 '무'를 바라볼 수 있을까? 이 '무'를 '무'로 볼 것이 아니라, '유의 결여'로 볼 필요가 있다.
　기독교적 관점에서 '존재'는 이미 꽉 차있고, '본질'은 그 후에 하나씩 주어지는가? 아니면, '존재'와 '본질'이 동시에 차 가는가? 기독교에서는 이 양자를 동시에 취한다. 심지어 '대상·물질'을 의미하는 '개념'까지 함께 셋이 동시에 진행된다. 따라서 사유의 '대상'까지 물리적으로 존재한다. 하나님의 예정과 섭리는 이미 완성되어 있으면서도, 그것은 숙명론이 아니다. 함께 완성되어 간다. 신학의 세계에서는 이것을 과정신학이라고 말한다.
　결론적으로, 본질의 사유는 존재를 바라보는 것이 아니라, 바깥을 바라본다. 바깥으로부터 안으로 들어온 것을 바라본다. 그리고 존재가 대자존재가 되어서 사유·의식의 본질에 대해 부정과 고양의 행위를 한다. 존재가 본질보다 더 크다. 헤겔과 정반대의 입장이다.

결국, 기독교적인 관점에서의 대자존재는 누구인가? 그것은 본질(로고스·사유)이 아니라, 존재이다. 성경이 그것을 말해준다고 받아들인다. 성경에서 존재는 여호와 하나님이다. 여호와라는 이름이 '존재자'라는 의미를 가지고 있다. 그리고 그의 아들이 '로고스'인데, 이것의 의미는 '말씀, 마음, 사유, 의식 등'으로서 '본질'을 말한다. 성경은 그를 1위 하나님의 '근본본체'라고 말해진다. 이 양자간의 관계에 대하여 요한복음에서는 로고스의 성육신이신 예수께서 "아버지(존재, '여호와'가 존재라는 의미임)는 나(로고스, 사유, 본질)보다 크다"(요 14:28)고 말하고 있다. 그리고 "자신은 아버지께로부터 듣고 본 것만 행하며, 스스로 하는 것은 없다"(요 5:19, 요 8:28, 요 8:42, 요 10:18, 요 14:10)고 말한다.

2. 본 질

가. 순수반성규정 : 존재와 본질의 자기 동일성

우리는 먼저 "본질은 대자관계에 불과한 것이다. 그러나 직접적인 대자관계가 아니라 반성된 대자관계 즉 자기와의 동일성이다."라는 명제를 이해할 필요가 있다. 본질이란 외적 대립(직접적인 대자관계)의 상태가 아니라, 자기 자신 속에서 자기 자신을 대립시키는 "자기와의 동일성"이다. 그리고 그 대립을 매개하여 통일하는 자기반성적 존재라는 뜻이다. (우리는 이것을 기독교적인 삼위일체론적 개념을 섞어서 설명할 필요가 있다.) 존재와 본질은 2위1체, 즉 2개의 개별적 실체(hypostáseis)이지만, 1개의 몸(ousía)이다. 그래서 본질 속에 존재가 들어온다. 그리고 본질로 들어온 이 존재에 의해서 기존의 본질에 대한 반성이 일어나, 새로운 본질로 거듭난다.

이것은 주어와 술어의 사유법칙의 관계로도 표시되는데, 기존의 맨 처음 본질이 술어로 있다. 여기에 존재가 주어로 들어오면서 "존재는 본질이다"

라는 명제가 나온다. 예컨대, "나(존재)는 현명(본질)하다"가 된다. 그런데, '현명'만이 본질의 전체가 아니다. 존재로서 드러나야 할 본질들이 무수하다. 이것이 존재의 본질을 향한 부정을 통해서 다른 모든 본질들이 드러나게 된다. 예컨대, 존재는 전능하다, 존재는 선하다. 존재는 지혜롭다 등인데, 이것이 곧 존재자의 본질이다. 존재자 안에 있는 것들이 본질로 드러난 것이다. 그래서 존재와 본질이 동일하다.

① 대자관계로서의 본질 : 자기자신을 반조함
본질은 자기 내에서 반조한다. 즉 순수본질이다. 따라서 본질은 대자관계에 불과한 것이다. 그러나 직접적인 대자관계가 아니라 반성된 대자관계 즉 자기와의 동일성이다. …
② 주어로서의 존재
절대자를 한 명제의 주어로 삼아서 동일성과 결합시키면, 절대자는 자기와 동일한 것이라는 명제가 된다. … 가령 이 명제의 본의가 구체적 동일성에 있다면, 그것은 우선 첫째 기저요 또 좀더 구체적으로 말하면 개념이다. …
③ 주어와 술어의 사유법칙
본질의 제규정을 본질적인 규정으로 해석하면, 그것은 본질적이기 때문에 전제된 주어 즉 모든 것의 술어가 된다. 사람들은 이에 의하여 성립하는 제명제를 일반적인 사유법칙이라고 불러 왔다. 따라서 동일률은 이렇게 표시된다. 즉 "모든 것은 자기와 동일한 것이다. 갑은 갑이다"라고. 그리고 부정적으로 말하면 "갑은 갑인 동시에 비(非)갑이 될 수 없다"는 것이다. —이 명제는 참다운 사유법칙이 아니라 추상적 오성의 법칙에 불과한 것이다. 이 명제의 형식 그 자체가 벌써 자기 모순이다. 왜냐하면 명제라는 것은 주어와 술어와의 구별을 약속하는 것인데, 이 동일률의 명제는 명제의 형식이 요구하는 것을 들어주지 않기 때문이다. 그리하여 동일률은 이 법칙의 반대를 법칙으로 삼는 이 다음에 나오는 사유법칙에 의하여 지양된다. …(헤겔, 『논리학』, § 113)

④ 신의 절대동일성

신에 대한 眞知는 신이 절대동일성인 것을 아는 데에서 시작한다고 말할 수 있다. 신을 이와 같이 절대동일성으로 알게 되면 이 세계의 모든 능력과 영광이 신 앞에서 雲散霧消(구름이 흩어지고 안개가 사라짐)하고 다만 신의 능력과 영광의 가상에 불과하게 된다.… (헤겔, 『논리학』, § 113, 보충)

나. 본질 안에 내포된 차별성 : 한 본질 안에 모두 내포된 대립

그러면서도 이 본질은 '부정성'으로서 '자기에 대한 반발'이기 때문에 '차별성'을 동시에 포함한다. 이 부정이 '구별, 드러난 유, 매개된 유'로서 존재하는 것이다. 한편, 이와 같이 부정으로 드러난 '구별'은 '차별'이며, '상이'이다. 그리고 '구별'은 '대립'이며 '타자'이다. '대립'은 사물 속에 있는 양극적인 구별을 가리킨다. 남자와 여자, 더하기와 빼기, 좌측과 우측 등의 구별이 그것인데, 대립은 서로를 결합하거나 배척하는 관계에 있으며, 서로 의존하는 하나의 불가분의 두 측면으로 존재한다.

또한 '구별'은 두 개의 어떤 존재에 대하여 한편은 공존관계에 있고 다른 한편은 배척의 관계에 있는 '모순'이기도 하다. 따라서, 모든 '제 자신의 규정'은 오직 '타자에 대한 대립적인 관계' 중에서만 가진다. 이것은 타자도 마찬가지이다. 그런데 이러한 '모순개념의 대립이란 것은 공허한 것'이다. 즉 모든 것은 '타자와의 관계성' 속에서 그 정체성이 드러나기 때문이다. 그러므로 '모든 각자는 (어떤 면에서는) 다지가 아닌 것'이다. 존재자의 본질에는 이 모든 대립이 공존한다.

① 본질의 차별적 규정, 즉 부정성

본질이라는 것은 자기를 자기에게 관계시키는 부정성, 따라서 자기에게 대한 자기의 반발인 한에서만 보면 순수한 동일성이요 자기 자체 내의 반조이다. 따라서 본질은 본질적으로 차별의 규정을 포함한다.

② 드러난 유, 매개된 유로서의 차별성

여기서는 타재가 질적인 타재 즉 규정성이나 한계가 아니라, 본질 즉 자기를 자기에게 관계시키는 것 중에 존재한다. 그러므로 여기서는 부정이 동시에 관계로서 즉 구별, 드러난 유, 매개된 유로서 존재하는 것이다. (헤겔, 『논리학』, § 114)

③ 동일적 관계와 상이한 관계

차별 그 자체는 본질의 차별 즉 적극적인 것과 소극적인 것과의 차별이다. 따라서 전자 즉 적극적인 것은 소극적인 것이 아니라는 의미에서 자기에 대한 동일적인 관계요, 후자 즉 소극적인 것은 적극적인 것이 아니라는 의미에서 자기 스스로 피차 상이한 것이다. 즉 모든 각자는 타자가 아니다. 그러나 모든 각자는 타자에서 반조되며 따라서 오직 타자가 있어야만 존재하는 것이다. 그러므로 본질의 구별은 대립이다. 따라서 구별을 가진 자는 이 대립성 때문에 타자일반이 아니라 자기의 타자를 자기에게 대립시키고 있는 자이다. 다시 말하면 모든 것은 각기 제 자신의 규정을 오직 타자에 대한 관계 중에서만 가지는 것이다. 즉 모든 것들은 각기 타자 중에서 반성됨으로써만 자기 중에 반성되는 것이다. 그리고 타자도 역시 마찬가지다. 따라서 모든 것은 각각 타자의 타자이다.…이른 바 모순개념의 대립이란 공허한 것이다.…(헤겔, 『논리학』, § 117)

④ 한 본질 안에 양자를 모두 포함시키는 차별

…지남철에 있어서는 북극은 남극이 있을 수 없고, 남극은 북극이 없이 있을 수 없다. 지남침을 양분한다고 한 토막이 북극, 다른 한 토막이 남극인 것은 아니다. 역시 그와 꼭 마찬가지로 전기에 있어서도 양전과 음전이 전연 다른 별개의 독립적인 유체가 아니다. 이리하여 대립 중에서는 대체로 구별되는 자가 다른 한 구별되는 자와 대립하는 게 아니라 자기 자신의 타자와 대립하는 것이다.… (헤겔, 『논리학』, § 117, 보충1)

⑤ 대립과 구별을 내포하고 있는 존재

추상적 오성의 명제인 배중율에 의하여 이것이냐 저것이냐 라고 말할 게 아니라, 차라리 모든 것은 대립한다고 말하여야 한다. 오성이 주장하는 바와 같은 이러한 추상적인 "이것이냐 저것이냐"는 하늘에도 없거니와 땅에도 없으며 정신계에도 없거니와 자연계에도 없다. 존재하는 것은 모두 구체적인 것, 따라서 자체 내에 구별과 대립을 내포하고 있는 것이다. 모든 사물의 유한성은 그 직접적 정유가 그 구체성에 일치하지 않는 점에 있는 것이다. 그리하여 예를 들면 무기적 자연에 있어서는 산 그 자체가 동시에 염기이다. 다시 말하면 산은 절대로 그 타자와의 관계에서만 존재한다. 그러나 그렇다고 해서 산은 대립 중에 가만히 고정하고 있는 게 아니라 그 진상을 드러내려고 애쓴다.(헤겔, 『논리학』, § 117, 보충2)

다. 근거 : 동일성과 부정성(차별성)의 통일

'동일성'과 '부정성'의 통일을 헤겔은 '근거'40)라고 말한다. 즉, 헤겔은 "본질의 자기내 존재를 이와 같이 규정한 것이 근거이다"고 말한다. 헤겔에 의하면, '본질상의 구별'이라는 것은, 그 진상에 있어서는 '제 자신과 제 자신과의 구별에 불과한 것'이기 때문에 '동일적인 것을 내포'하고 있다. 의식의 반조에 있어서의 동일성과 부정성이 통일 된 것은 이제 완성된 개념을 이룰 수 있다. 그렇다면, 이제 이것이 이제 존재 혹은 그 개별물의 근거가 되는 것이다. 그리고, 이것이 곧 실재로 나타나는 존재자로서의 열매인 것이다. 존재자에 의해서 모든 다양한 창조, 곧 실재로 드러나기 위해서는 이렇게 동일성 안에 구별성이 통일성으로 공존하여야 한다.

① 동일성 안의 구별

단도직입적으로 말하면 본질상의 구별이라는 것은, 그 진상에 있어서는 제 자신과 제 자신과의 구별에 불과한 것이기 때문에 따라서 동일적인

---

40) 근거 개념은 전통적으로는 두 가지 의미를 지닌다. 즉 논리적인 관점에서는 추리 내지 논증에서의 귀결에 대한 이유, 논거(전제)를 의미하며, 존재론적 관점에서는 어떤 사항 내지 사물의 사실존재 및 양상존재의 이유(원인)를 의미한다[네이버 지식백과]. 따라서, 이 '근거'는 '존재의 근거', 혹은 '개별적 본질'이라고 생각할 수 있다.(필자의 견해)

것을 내포하고 있다. 그러므로 구체적·전체적인 구별은 구별 자체와 아울러 동일성을 가지고 있는 것이다. 즉 구별이라는 것이 자기와 자기와의 관계에 있어서의 구별이라면, 그런 의미에서 구별은 또한 이미 제 자신과의 동일이라고도 말할 수 있는 것이다. 그러므로 또 일반적으로 말하면 대립자는 하나와 다른 하나, 자기와 자기의 대립자를 자체 중에 내포하는 것이다. 본질의 자기내 존재를 이상과 같이 규정한 것이 근거이다. (헤겔, 『논리학』, § 118)

② 근거 : 동일과 구별의 통일

근거라는 것은 동일과 구별과의 통일이다. 따라서 구별과 동일은 바로 이 근저로부터 나오는 것이다. 즉 이유나 근거라는 것은 자기내의 반성인 동시에 타자내의 반성이요 또 거꾸로 타자 내의 반성인 동시에 자기내의 반성이다. 요컨대 근거란 것은 본질의 총체성으로 드러난 것이다. 근거율에 의하면, "모든 것은 충분한 근거를 갖고 있다"고 한다. 다시 말하면 무엇이든지 그 무엇의 참다운 본성은 자기와 동일한 것이나 상이한 것이라는 규정도 아니요, 또 적극적인 것이나 소극적인 것이라는 규정도 아니라, 도리어 그 무엇이 자기의 존재를 타자 중에 가지고 있다. 따라서 이 타자가 그 무엇과 동일한 것, 그 무엇의 본질인 점에 있다는 것이다. 그러나 이 타자도 역시 추상적인 자기내의 반성이 아니라 타자내의 반성이다. 그러므로 근거라는 것은 자기 내에서 존재하는 본질이다. 그리고 본질은 본질적으로 근거이다. 따라서 근거는 그것이 그 무엇의 근거, 다시 말하면 타자의 근거인 한에서만 비로소 근거가 되는 것이다. (헤겔, 『논리학』, § 119)

③ 근거에서 나오는 실재

본질이라는 것은 결국 자기 반조요 자기 매개이다. 그리하여 본질의 자기 통일이라는 것은 매개의 총체이기 때문에 구별, 따라서 매개의 지양으로 나타나는 것이다. 따라서 이것은 직접태 또는 존재의 부활이다. 그러나 여기서 부활된 존재라는 것은 매개의 지양에 의하여 매개된 것 즉 실재이다. 실재라는 것은 아직 하등 구체적으로 규정된 내용을 가지고 있는 것도 아니요 또 목적도 아니다. 그렇기 때문에 활동적인 것도 아니요 생산적인 것도 아니다. 실재라는 것은 다만 근거에서 나오는 것에 불과한 것이다.… (헤겔, 『논리학』, § 120)

라. 實在 : 개별자로서의 실재

'근거'를 기반으로 하여서 '실재'가 나타나는데, 이것이 곧 하나의 실재자이며, 더 나아가서는 세계이다. 정신 자신이 자신을 지양하여 이렇게 실재자와 세계로 드러난 것이다. 이 세계는 이러한 실재자들의 총체이다. 한편, 여기에서의 세계는 여전히 정신 내의 관념으로서의 한 세계이다. 헤겔에 의하면, 이것이 곧 실재이다. 그리고 이제 이것이 현상으로 나타나며, 현실로 나타나는 것이다. 따라서, 헤겔에 의하면 이 실재가 곧 칸트가 말하는 그 물자체인 것이다.

① 실재 : 근거와 그것의 결과의 총체
실재라는 것은 자기내 반성과 타자내 반성과의 직접적 통일이다. 그러므로 자기 내에서 반성된 것인 동시에 타자 내에서 반조된 것인 실재라는 것은 상대적인 실재자의 무한정한 집합체요, 따라서 근거와 결과가 상호 의존하고 또 무한히 상호 관련하는 하나의 세계다. 근거는 그 자체가 실재이다. 그리고 모든 실재라는 것은 여러 가지 방면으로 보아 근거인 동시에 근거에서 나온 것 즉 결과이다. (헤겔, 『논리학』, § 121)
② 실재 : 근거에서 나온 존재
실재라는 말은 나와 있다는 것을 의미하는 말이다. 즉 실재는 근거에서 나온 존재, 다시 말하면 매개의 지양을 통하여 부활된 존재이다.
③ 지양된 존재인 본질이 실재로 부활
지양된 존재인 본질은 결국 자기 내의 반조로서 나타나는 바, 이 반조 재규정이 바로 '동일'과 '구별'과 '근거'이다. 그런데 '근거'는 '동일'과 '구별'과의 통일이다. 그렇기 때문에 근거는 동시에 자기와 자기와의 구별이다.… 즉 근거는 제 자신의 지양인 동시에 또 지양된 제 자신이다.

그리고 근거의 부정의 결과가 실재이다. 그런데 실재는 근거에서 나온 것이기 때문에 제 자체 중에 근거를 내포하는 것이다. 따라서 근거는 실재의 등 뒤에 남아 있는 게 아니라 근거의 지양이 즉 실재이다. 다시 말하면 근거는 실재로 옮아가는 것이다. 우리가 그 무엇의 근거를 고찰하여 보면 이 그 무엇의 근거는 추상적·내재적인 것이 아니라, 오히려 근거 그 자체가 역시 실재하는 것임을 알 수 있다. 일상적 의식에 있어서도 역시 그와 마찬가지이다. 그리하여 예를 들면 우리는 화재를 볼 때 건물에 화재를 일으킨 근거가 낙뢰인 것을 알고, 그와 마찬가지로 한 민족의 인륜관계와 생활관계를 그 민족적 사회제도의 근거로 본다. 그런데 이상은 대체로 말하면 실재의 세계가 자기 내에 반성되는 동시에 타자 내에 반성되면서, 혹은 근거가 되고 혹은 결과가 되어 상호대립하는 실재자의 무한정한 집합체로서 반성에 나타나는 최초의 형태이다.

④ 실재자의 총체인 이 세계

그리하여 결국 실재자의 총체인 이 세계의 만화경 속에는 고정독립한 것은 하나도 없고, 모든 것은 다만 타자에 의하여 제약되는 동시에 타자를 제약하는 상대적인 것으로 나타난다. 반성적 오성은 이러한 전면적인 제관계를 심사하고 추구하기를 일삼는다. 그러나 반성적 오성의 입장에서는 궁극 목적에 대한 문제가 미해결된 채로 남는다. 여기서 이성적 인식의 요구는 논리적 이념의 광범한 전개에 의하여 그와 같이 단순한 상대성의 입장을 넘어서 전진하는 것이다. (헤겔, 『논리학』, § 121, 보충)

⑤ 물 자체로서의 실재자의 총체

그러나 실재자의 타자내 반성은 자기내 반성과 분리되는 것이 아니다. 따라서 타자내 반성과 자기내 반성과의 통일이 근거요 실재는 이 근거에서 나오는 것이다. 그러므로 실재자는 상대성과 동시에 다른 실재자와의 다면적인 관련을 내포하며 근거로서 자기반성이 된다. 따라서 실재자는 물이다. 칸트 철학에서 말썽이 많은 '물 자체'는 여기서 그 유래가

2장 존재론

말하자면 추상적인 자기내 반성인 것이 분명하다. 따라서 이 자기내 반성으로서의 물 자체는 타자내 반성 및 구별된 제규정일반과 대립하여 그 공허한 근기(根基, 근본적인 기초)가 되어 있는 것이다. (헤겔, 『논리학』, § 122)

⑥ 물 자체 : 물 일반

물 자체라는 것은 전연 추상적이고 무규정적인 물 일반에 불과하다.… 물을 오직 그 '자체'로 고정시키는 것은 오성의 임의(任意)이다.… 그러나 좀더 엄밀히 말하면 전반적인 물자체에 있어서와 마찬가지로, 모든 대상의 단순한 자체를 고집하는 것은 모든 대상을 구체적으로 파악하는 것이 아니라, 도리어 단순한 추상의 일면적인 형식을 파악함에 지나지 않는 것이다. 가령 인간 자체를 소아라 하자. 소아는 이러한 추상적이고 미발전적인 '자체' 내에 고집하는 것이 아니라, 최초에 오직 '즉자'에 불과한 것이 '대자'로 말하자면 자유스럽고 이성적인 인간으로 되어 가는 것이다.… 또 이와 마찬가지 의미에서 종자도 식물 자체로 볼 수 있다.… 모든 사물은 최초에는 즉자적이다. 그러나 그것은 이 즉자에 머물러 있는 게 아니라 식물 자체인 종자와 같이 자기를 발전시키는 것이다. 그와 마찬가지로 물 일반도 또한 추상적인 자기 내 반성에 불과한 단순한 자체를 넘어서 자기를 발전시키고 타자내 반성으로 나타난다. 이리하여 물은 속성을 갖는다. (헤겔, 『논리학』, § 122, 보충)

[보충] '실재'에 대한 이해

철학사에서 일반적으로 '실재(實在)'는 깊이 감춰인 '존재 혹은 존재자'를 지칭하는 용어이다. 즉, 현상(드러난 것) 이면의 존재이다. 그래서 '절대자'의 또 다른 이름으로까지 사용된다. 한편, 헤겔의 경우 '실재(實在)'는 '현상'으로 나타나기 바로 전 단계의 존재 정도이다. 헤겔의 경우, '실재' 이면에 '본질'이 있고, 더 깊은 이면에 '존재'가 있다. 그런데, 헤겔의 용어사용이 더 풍성하다.

헤겔의 '실재' 개념을 신화적 창조 개념에 적용해 볼 수 있다. 신화적 메타포에 의하면, 신적인 존재들에 두 종류가 존재하는데, 하나는 '영혼으로서의 형상'이고, 또 하나는 '성질로서의 형상'이다. 이제 영혼으로서의 형상이 질료 속으로 침투해 들어갈 때, 성질로서의 형상이 그곳에 진(지혜), 선, 미(아름다움)를 공급한다. 헤겔의 '실재'는 바로 이 중간단계의 존재로 보인다. 이 중간단계의 존재들로서의 '실재'는 하늘에 있다.

그리고 헤겔은 이것을 '물 자체'라고 부르려 한다. 세상의 모든 물적인 것들은 이 '물 자체'로부터 무엇인가를 분유 받아서 생겨난 것이기 때문이다. 이때 아리스토텔레스는 이 물 자체로부터 나온 영혼을 '형상'이라 했으며, 재료와 같은 물질적인 것들을 '질료'라고 하였다. 이것이 '형상과 질료' 이론인데, 그리스 철학에 능통한 헤겔은 이 개념을 여기에 가져온 것으로 보인다. 이때 헤겔은 '질료'를 하늘에 존재하는 '영적 질료' 개념으로 택한다.

마. 물(物) 자체 : 근거와 실재의 총체

헤겔은 물 자체를 정의하기를, 물이라는 것은 '근거와 실재라는 두 규정이 발전하여 하나로 나타난 총체'라고 한다. 여기에서 '규정'이란 정신이 내리는 개념이나 정의 등과 같은 규정을 말한다. 그리고 이 '물 자체'는 '물 자체 내에 있는 구별을 통하여서 특정한 물'이 되는데, '물이라는 것은 그 타자내 반성을 통하여 나타나는 것이기 때문'이다. 즉, 어떤 타자를 대상으로 삼고, 그곳에 반성이 나타남을 통해서 형성된다. 헤겔은 총체적인 물과 개별적인 물의 관계를 이와 같이 설명하고 있는 것이다.

> 물이라는 것은 근거와 실재라는 두 규정이 발전하여 하나로 나타난 총체이다. 그러므로 물이라는 것은 그 타자내 반성이라는 계기에서 구별을 포함하고 있는 것이다. 따라서 물이라는 것은 바로 이 구별을 가지고 있기 때문에 특정한 구체적인 물이 되는 것이다.… (헤겔, 『논리학』, § 123)

첫번째, 헤겔은 이에 따라 "물은 속성의 다발이다"고 한다. 물에 내재해

2장 존재론

있는 이 '구별' 때문에 '구체적인 물'이 되는 것인데, 이것은 '정신의 규정'에 의하여 되어지며, '물 속에 있는 제 자신의 반성'을 통해서 이루어진다. 그리고 '이러한 규정이 곧 물의 속성'이다. 그렇기 때문에 '물과 속성과의 관계는 물이 속성을 갖는 관계'인 것이다. 또한 이때 '갖는다는 것은 무엇이 있다는 것인데, 이것은 여러 가지 질을 가지는 것'을 말한다. 따라서 물은 여러 가지 속성의 다발이다. 물이라는 것은 속성을 가져야만 비로소 실재하는 것이다.

두 번째, 헤겔은 이제 물의 속성으로서 질료를 말하는데, 여기서의 질료는 추상적 규정성으로서의 질료를 말한다. 헤겔은 "속성은 자기내 반성으로서의 규정성이기 때문에, 구체적으로 있는 물이 아니라 추상적 규정성(즉 질료)로서 자기 내에서 반성된 실재이다"고 한다. 즉, "물의 자기내 반성이 질료이다"고 말하고 있는 것이다.

세 번째, 헤겔은 이제 형식(혹은 형상)을 이러한 질료를 통합시키는 대자존재로 파악한다. 헤겔에 의하면 '이러한 질료가 하나의 질료'로, 다시 말하면 '동일성이라는 반성규정을 가진 실재로 통합'되는데, 이 '여러 가지 규정성이 한 물 속에서 서로 관계하는 그 외적 관계가 형식'이다. 이때 '질료는 형식에 대하여 있는 대타적인 것'이 된다. 이때 '대타적인 것'인 이유는 질료는 '타자내 반성'이기 때문이다. 한편, 헤겔이 '자기내 반성'이라는 용어를 사용하지 않은 것은 '자기내 반성'은 물 자체이기 때문일 것이다.

결국, "물은 질료와 형식으로 나뉘는데, 이 질료와 형식은 제 각기 물성의 총체로서 서로 독립하여 있는 것이다."

① 물 자체는 속성의 다발

이러한 모든 규정은 서로 다르다. 왜냐하면 이러한 모든 규정은 제대로 있는 것이 아니라 물 속에 제 자신의 반성을 가지고 있는 것이기 때문이다. 따라서 이 모든 규정은 물의 속성이니, 그러므로 물과 속성과의 관계는 물이 속성을 갖는 관계이다.

갖는다는 것은 그 무엇이 있다는 관계를 말하는 것이다. 그러나 그 무엇은 단순히 있을 뿐만 아니라 또한 여러 가지 질을 가지고 있는 것이다. 그러나 이와 같이 '가짐'을 있음으로만 보아서는 안 된다. 왜냐하면 질이라는 규정성은 그 무엇과 직접적으로 하나가 되어 있는 것이어서 질을 잃으면 그 무엇이 없어지기 때문이다. 그러나 물이라는 것은 또 그 구별 즉 그 규정성과는 다른 동일성인 자기내 반성이다. '가짐'이라는 것은 어느 나라 말에서나 과거를 표시하는 말로 사용되고 있다. 이것은 정당하다. 왜냐하면 과거라는 것은 '지양된 있음'이요, 과거의 자기 내 반성이 즉 정신이기 때문이다. 따라서 과거라는 것은 오직 정신 중에서만 있는 것이다. 그러나 정신은 제 자신 중에서 자기와 지양된 있음을 구별한다. (헤겔, 『논리학』, § 123)

…우리는 지금 물이 여러 가지 속성이 서로 결합된 다발인 것을 알았다.… 물이라는 것은 오직 그 속성을 가져야만 비로소 실재하는 것이다.… (헤겔, 『논리학』, § 123, 보충)

② 추상적 질료로서의 물

타자내 반성이라는 것은 근저에 있어서는 그 자체가 또한 직접적으로 자기내 반성이다. 그러므로 속성이라는 것도 역시 자기동일적인 것, 독립적인 것, 따라서 물과의 결부에서 이탈할 수 있는 것이다. 그러나 모든 속성은 자기내 반성인 물의 여러 가지 서로 다른 규정성이기 때문에, 그 자체가 구체적인 것으로 있는 물이 아니라 추상적 규정성 즉 '질료'로서 자기 내에서 반성된 실재이다. 질료 즉 예를 들면 전기질료・자기질료 같은 것은 물이라고 부를 수 없다. 이러한 질료라는 것은 그 있음과 밀착한 특질, 즉 반성되어 실재되어 있음이라는 직접성에 도달한 제규정태이다. (헤겔, 『논리학』, § 124)

그러므로 질료란 것은 추상적 또는 무규정적인 타자내 반성인 동시에 바꾸어 말하면 규정된 자기내 반성이다. 따라서 물질은 일정하게 있는 물성 즉 물을 있게 하는 것이다. 이리하여 물의 자기내 반성이 질료이다. 따라서 물은 제 자신에 의하여 존립하는 것이 아니라 여러 가지 질료에 의하여 존립하는 것, 그리고 여러 가지 질료의 표면적인 관련, 외

면적인 결합에 불과한 것이다. (헤겔, 『논리학』, § 125)
③ 대자존재로서의 형상
여러 가지 질료는 한 질료로, 다시 말하면 동일성이라는 반성규정을 가진 실재로 통합된다. 그리하여 이러한 여러 가지 규정성과 대립하여 이 여러 가지 규정성이 한 물 속에서 서로 관계하는 그 외적 관계가 즉 '형식'이다. 따라서 이 형식은 구별의 반성 규정이기는 하나 실재성과 통체성이 있는 것이다. 아무런 규정도 없는 이 한 질료는 결국 물 자체와 동일한 것이다. 그러나 물 자체는 전연 추상적인 것이고, 질료는 대타적인 것, 결국 형식에 대하여 있는 것인 점에서 구별된다.
그러나 물을 구성하는 여러 가지 질료는 결국 타자와 동일한 것이다. 우리는 여기서 한 질료 일반을 보는바 따라서 구별은 이 질료 일반에 대하여 외면적인, 다시 말하면 단순한 형식으로 나타난다. 모든 물의 밑바닥에는 동일한 질료가 있고, 다만 외면적으로, 다시 말하면 그 형식상에서만 구별이 있다고 보는 것이 보통일반의 반성적 의식이다. 그렇게 보면 질료라는 것은 그 자체에 있어서 어디까지든지 무규정적인 것으로서, 오히려 모든 규정을 받을 수 있는 동시에 부단히 교대하고 변화하면서 또한 영구불변하는 것으로 보아진다.… 태초에 질료가 있다. 또 있되 그 자체에 있어서 아무런 형식도 없이 있었다고 보는 질료관은 꽤 오랜 역사를 가지고 있다. 우리는 이런 질료관을 벌써 그리스인에게서 발견한다.… (헤겔, 『논리학』, § 126, 보충)
④ 물 지체 : 청상(형식)과 질료
이리하여 물은 질료와 형식으로 나뉘는바, 이 질료와 형식은 제 각기 물성의 통체(統體, 통합된 하나)로서 서로 독립하여 있는 것이다. 그러나 적극적이고 무규정적인 실재라고 하는 질료도 실재인 이상에는 자기 내 존재와 동시에 타자내 반성을 내포하는 것이다. 따라서 질료라고 하는 것은 이러한 제규정의 통일이기 때문에 그 자체가 형식의 통체이다. 그러나 형식은 그것이 바로 제규정의 통체이기 때문에 제 자신의 반성을 가지고 있는 것이다. 다시 말하면 형식은 자기를 자기와 관계시키는

형식이기 때문에 질료라는 규정이 될 수 있는 것을 가지고 있는 것이다. 따라서 형식과 질료는 본래 동일한 것이다. 그리하여 양자의 이러한 통일성이 간접적으로 드러난 것이 대체로 질료와 형식과의 관계이다. 따라서 양자는 동일한 것인 동시에 구별되는 것이다. (헤겔, 『논리학』, § 127)

3. 현 상

가. '본질'의 나타남으로서의 '현상'

헤겔에 의하면, '본질은 나타나고야 마는 것'이다. 한편, 이것은 모두 정신적인 작용으로서 의식에 관한 것이다. 그리고 이 정신적인 내면의 사건들이 의식 속에 비로소 나타난 것이 곧 '현상'이다. 한편, 이 '본질' 안에는 '형상(형식)'과 '질료'가 통체를 이루어서 '물 자체'를 이루고 있었는데, 이것이 곧 '현상'으로 나타나는 것이다. (참조로, 헤겔의 '현상'은 물리적 세계가 아니라, 의식 특히 절대자의 의식 속에 나타나는 '현상'이다.)

이 '본질'은 어떻게 나타나는가? 헤겔은 이 모든 것을 '정신' 안에서 설명을 하고 있는 것이다. 그렇다면, 이 '현상'은 '본질이 자기를 직접태에까지 지양함'을 통해서 나타나는 것이다. 이때 헤겔은 본질 내에 존재하는 대자존재로서의 '형상(형식)'이 즉자존재로서의 '질료'를 지양함을 통해서 '본질이 현상으로 현존하게 한다'는 것이다.

① 본질은 나타나고야 마는 것 : 본질이 자기를 직접태까지 지양

본질은 '나타나고'야 마는 것이다. 본질이 제 자신 중에 나타난다는 것은 본질이 자기를 직접태에까지 지양함을 의미하는 것이다. 그러므로 이 직접태를 자기내 반성으로 보면 그것은 존립하는 것 즉 질료요, 또 타자내 반성으로 보면 '자기를 지양하는 것' 즉 형식이다. 도대체 본질이 나타난다는 것은 본질이 단순한 존재가 아니라 본질을 본질이 되게 하는 규정이다. 이리하여 벌어져 나타남이 즉 현상이다. 그러므로 본질이라는

것은 현상의 배후 또는 피안에 있는 것이 아니라 현존하는 것이다. 그러므로 현존하는 것이 즉 현상이다. (헤겔, 『논리학』, § 129)
② 신이 부여하는 선
…본질인 동시에 선인 신은 제 빛깔의 여러 가지 계기를 실재에 부여하여 이 세계를 창조함으로써, 동시에 이 세계에 대한 권능과 또 이 실재의 세계의 내용이 실재하기를 원하는 한에서, 단순한 현상으로 나타나게 할 권리를 가지고 있는 것이다.… (헤겔, 『논리학』, § 129, 보충)

이때 우리는 유심히 바라보아야 할 사안이 하나가 존재하는데, 이 헤겔의 말에는 '형상(형식)'과 '질료'만 존재하는 것이 아니라, '본질'이면에 누군가가 존재한다. 그렇기 때문에 '본질이 현상으로 지양되는 것'이다. 헤겔은 여기에서 '형상'이 지양된다고 하지 않는다. 그렇다면, 헤겔에게도 최초의 본질로서의 불변자가 존재한다.[41] 즉 헤겔에게는 삼자가 존재하는데, '주체로서의 본질'과 '대자로서의 형식(형상)'과 '즉자로서의 질료'이다.

나. 현상의 세계

이제 헤겔에 의하면, '현상하는 것은 있는 것'인데, '그 존재가 직접적으로 지양되어 있는 것'이다. 즉, 불변자의 정신이, 혹은 존재의 본질이 실재를 이루고 궁극적으로 밖으로 나타나(현상하여) 있는 것이다. 헤겔은 이 세계를 이와 같이 '절대자의 본질이 현상한 것'으로 바라보는 것이다. 그 내용은 다음과 같다.

현상하는 것은 있는 것이다. 그러나 그 존재가 직접적으로 지양되어 있

---

[41] 헤겔은 헤라클레이투스의 변증법만을 고려하여 '로고스'로서의 존재론을 펼치고 있어서 변증의 주체는 아예 변화만 존재한다고 하였는데, 여기에서 나타난 바로는 헤겔의 변화 이면에 불변자로서의 존재가 있다는 것을 의미한다. 그리고 '형상'은 이 '불변자'를 기준으로 삼고 즉자존재를 향하여 '지양'의 활동을 하는 것이지, 의미나 방향이 없는 지양이 아니다. 즉, 이 불변자는 파르메니데스의 '일자'이다. 따라서, 기독교 교부들이 삼위일체론을 전개할 때, 일자를 두고, 여기에 관련하여서 2위의 로고스를 둔 것은 바람직한 것일 수 있다. (필자)

는 것이다. 그러므로 그것은 형식 그 자체의 한 계기에 불과한 것이다. 왜냐하면 형식이라는 것은 존재 또는 질료를 제 자신의 한 규정으로 삼아서, 제 자신 중에 내포하고 있는 것이기 때문이다. 그리하여 현상하는 것은 직접태에 대한 자기반성, 즉 제 본질인 이 형식 중에 제 근거를 가지고 있는 것이다. 그러나 그렇다고 하더라도 현상하는 것은 다만 형식이 가진 바 다른 하나의 제규정에서 그 근거를 가지는 것이다. 그런데 현상의 이 근거도 역시 현상하는 것이다. 따라서 현상이라는 것은 형식, 따라서 비존재를 통하여 존재를 한없이 매개시켜 나간다. 이 무한적 매개는 동시에 제 자체에 대한 관계의 통일이다. 이리하여 '실재'는 '반성된 유한성의 통체' 즉 '현상계'로 발전한다. (헤겔, 『논리학』, § 130)

다. 내용과 형식

우리는 앞에서 물자체는 '형식(형상)'과 '질료'의 통체라고 하였으며, 이것이 나타난 것이 현상계였다. 그렇다면, 이제 현상계에서도 동일하게 '형식(형상)'이 '질료'에 대한 대자적인 존재로서 그 '내용'이고, 더 나아가서는 '현상의 법칙'이다. 그런데, 헤겔에 의하면, 이제 이 '형식'은 내적 형식으로서의 '내용'과 이것을 담고 있는 '외적 형식'으로 구분된다. 예를 들어 사람이라고 하다면, 그 사람의 '내용'이 있고, 외적인 모습으로서의 '외적 형식'이 있다는 것이다. 이 '내용'이 고스란히 '외적형식'으로 나타나야 하나, 이 '내용'과 관련이 없어 보이는 부분으로서 '부정되어야 할 부분, 혹은 변화되어야 할 부분'으로서의 '외적 형식'이 존재한다. 헤겔은 이 양자는 '상호전환'한 것에 불과하다고 한다. 헤겔은 전통적인 형상의 개념 속에 이렇게 내용과 외형이 있는 것을 간파하고, 자신의 철학에도 이와 같이 반영하고 있다.

현상계에서 형식은 내용을 이루고, 또한 물소(物素, 사물의 소재) 혹은 질료의 외적형식을 이룬다. 헤겔은 이에 대해 양자는 똑같이 본질적인 부분이라고 한다. 어떻게 보면 외형적인 형식은 내용을 담는 그릇이다.

헤겔은 이에 대한 예로서, 일리아스 오딧세이에서의 트로이전쟁이라는 내용과 이것을 담고 있는 시의 형식을 말하며, 과학과 철학(특히 논리학)과의

2장 존재론

관계에서 논리학이 외형적인 형식이라면 과학은 그 내용이다.

① 형식과 내용

…이리하여 현상의 대자관계는 완전히 규정되어 있는 것, 다시 말하면 그 자체 중에 형식을 가지고 있는 것이다. 왜냐하면 형식은 이 현상의 동일성 중에서 본질적인 것으로 존립하는 것이기 때문이다. 따라서 형식은 내용이다. 그리고 충분히 발전된 규정성에서 보면 형식은 현상의 법칙이다. 자기 내에서 반성되지 않은 형식 중에는 현상의 부정적인 부분, 즉 비독립적이고 변화적인 것이 있는바 이것이 내용과 상관없는 '외적 형식'이다.

…형식에는 두 가지가 있는바 하나는 자기내 반성된 때의 내용의 형식이요, 또 하나는 자기내 반성되지 아니한 때의 내용에 하등 상관없는 외적 형식이다. 여기에 즉자적이기는 하나 형식과 내용으로 전환한 것, 그리고 형식이란 내용이 형식으로 전환한 것에 불과한 것이다. 이 전환이라는 것은 가장 중요한 규정의 하나이다. 그러나 이 규정은 '절대적 관계중'에서 비로소 명백히 드러나는 것이다. (헤겔, 『논리학』, § 131)

② 형식과 질료

… 반성적 오성은 내용을 본질적이고 독립적인 것으로 보고, 그와 반대로 형식을 비본질적이고 비독립적인 것으로 본다. 그러나 그와 반대로 사실에 있어서는 이 양자가 똑같이 본질적이라는 것을 알아 두어야 한다. 따라시 형식 없는 내용이나 형식 없는 물소(物素, 사물의 소재)라는 것이 없는 동시에, 이 양자(내용과 물소 또는 질료)는 서로 구별되는 것이다. 왜냐하면 물소 또는 질료는 그 자체에 있어서 형식 없이 존재하는 것은 아니지만, 이 형식과 하등 상관없이 존재하는 반면에, 내용으로서의 내용은 제 자체 중에 완성된 형식을 내포하여야만 비로소 존재하는 것이기 때문이다. … (헤겔, 『논리학』, § 130, 보충)

③ 새로운 형식과 질료 개념

그리하여 이 진정한 형식이라는 것은 내용에 대하여 무관한 것이 아니라 오히려 내용 그 자체인 것이다. 곧 그러므로 진정한 형식이 없는 예술 작품은 결코 진정한, 다시 말하면 참다운 예술작품이 될 수 없다.…
… 만일 내용이라는 것이 손으로 붙잡을 수 있는 것, 아니 일반적으로 말하여 감관으로 지각할 수 있는 것에 불과한 것이라면, 물론 철학일반 특히 논리학이 이상과 같은 감각적 내용을 전연 가지고 있지 않다는 것을 당연히 승인하여야 할 것이다. 그러나 상식상이나 일반용어상으로 보아도 내용이라는 것을 단순히 감관으로 지각할 수 있는 것이나 또는 대체로 단순한 존재라고 고집할 수는 결코 없는 것이다.… (헤겔, 『논리학』, § 130, 보충)

[평가] 형상과 질료 vs 형식과 질료
헤겔은 기존의 철학사에서 말하는 형상과 질료이론과 다른 개념을 가지고 있다. 기존의 철학사에서는 형상은 영혼 혹은 정신적인 것이며, 질료는 물질을 말한다. 그래서 질료가 형상을 담는 그릇이다. 그런데, 헤겔은 형식이 있고, 내용물로서 질료가 있다. 그래서 기존의 철학적 개념을 가진 사람들은 혼돈에 빠질 수 있다.

라. 관 계
헤겔은 이제 현상으로서의 관계를 설명하고 있다. 정신에 의해서 본질 혹은 실재로서의 물자체가 이제 현상계에 투영되어 나타났는데, 이 "실재하는 모든 것은 관계 중에 놓여 있고, 이것이 실재의 진상"이다. 따라서 실재라는 것은 "타자 중에서 자기와 관계하고 있는 것"이다. 즉 실재의 진상은 '관계'이며, 이제 이것이 '현상계'에 그대로 반영되어 나타나있다. (참조: 헤겔은 이것을 인과율의 자연법칙이라고 생각하는 것 같다.)
따라서 '실재'를 현상으로 파악하는 경우 모든 현상은 통체적인 관계를 맺는다. 이때, '내용'과 '외적 형식'의 관계는 각각 '전체와 부분', '힘과 표현', 그리고 '내면과 외면' 등의 관계로 설명된다. '내용'은 '전체, 힘, 내면'과 관련이 되고, '외적형식'은 '부분, 힘의 표현, 외면'과 관련이 된다.

2장 존재론

먼저, 관계는 전체와 부분의 관계인데, 이것은 직접적인 관계로 간주된다. 앞에서 언급한 '내용'은 '법칙'이고 '개념'이며 '전체'이며, '(외적)형식'은 '부분'인데 이것은 '전체의 반대'이다. '다시 말하면 부분은 그것이 모두 총괄되어서 전체를 형성하는 한에서만 부분이 되는 것'이다. 따라서 헤겔에 의하면, '전체와 부분은 그 개념상으로나 그 실재성으로나 서로 일치하지 않는 것'이다. 이제 이 '부분'은 계속 '전체'를 향하여 지양되기 시작할 것이다. 이것이 바로 '힘과 그 표현'이라는 관계이다.

두 번째는, 힘과 힘의 표현의 관계이다. 헤겔에게 있어서 '전체'는 형상 중에서 '내용' 혹은 '개념' 혹은 '현상의 법칙'을 의미하며, '부분'은 '외적 형식'으로서 내용이 아직 미실현된 상태이다. 따라서 이제 이것을 '매개태'로 하여서 '부정'이라는 '사유(思惟)'가 작용하게 되는데, 이것이 곧 '힘과 힘의 표현'의 관계이다.

이때 '힘'은 '본체적인 힘'을 말하며 '전체 혹은 내용'와 관계되며 이것이 '현상계의 법칙'으로서 '내적인 것'이다.[42] 한편, '표현'은 '힘의 나타남'을 의미하고 '부분 혹은 형식'과 관계된 힘을 말하는데, 이 후자의 '힘의 표현'이 곧 현상계에 가시적으로 등장하는 '외적인 것'이다.『논리학』139에서 헤겔은 "내적인 것은 힘의 표현에 의하여 실재로 드러난다"고 말한다. 한편, 이와 같이 전체와 부분이 서로 부정운동을 일으키며 변증법으로 나아간다면, 그 힘은 무한으로 나아갈 것이다. 그러나, 이 힘이 자체 내로 회귀한다면 유한적이게 될 것이다.

세 번째는, 현상계는 이제 내면과 외면이 관계로서 존재한다. 헤겔에 의하면, 현상계의 '내면과 외면과의 체계'는 '기술한 두 관계(즉, 전체와 부분의 관계, 본질과 현상의 관계)의 통일'인 동시에 '단순한 상대성과 현상일반의 지양'이다.(『논리학』138, 보충) 이때 우리는 내면을 정신계로 외면을 자

---

42) 이 힘에 대해서 헤겔은 "힘이라는 것은 외부로부터의 유발을 필요로 한다"(『논리학』134)고 말함을 통해서 이 '힘의 본체' 그 자체에 대한 것을 말하는데, 이것을 여기에서 좀더 구체적으로 말하지는 않는다. 아마 이 힘의 근원은 현상계내에서 찾을 것이 아니라, 오히려 본질 혹은 물자체에서 찾아야 할 것이다. (논자의 견해)

연계로 이해해도 무방할 것이다. 이 양자는 분명히 본질의 드러남이기 때문에 동일한 것이면서도, 한편으로는 가시적으로 나타난 외면(외적형식)에는 그 내용상의 이념이 아직 미실현된 상태이며, 다양하게 잡다한 일반(다양한 존재)이라는 점에서 서로 대립한다.

① 본질적인 관계 : 실재하는 모든 것은 관계 중에 놓임
본질적인 관계는 현상의 일정한 보편적 양식이다. 실재하는 모든 것은 관계 중에 놓여 있는 바 이 관계가 즉 모든 실재의 진상(眞相, 진정한 바탕)이다. 따라서 실재라는 것은 추상적으로 고립해서 있는 것이 아니라 타자 중에서 있는 것이다. 그러나 이것은 이 타자 중에서 자기와 관계하고 있는 것이다. 그러므로 관계라는 것은 대자관계와 대타관계와의 통일이다.… (헤겔, 『논리학』, § 133, 보충)
② 전체와 부분의 관계
직접적인 관계는 전체와 부분과의 관계이다. 즉 내용이라는 것은 전체요 따라서 이 전체의 반대 부분 즉 형식으로서 성립하는 것이다. 부분이라는 것은 모두 서로 다른 것 즉 독립적인 것이다. 그러나 부분이라는 것은 오직 서로 동일관계 중에 부분이 되는 것, 다시 말하면 부분은 그것이 모두 총괄되어서 전체를 형성하는 한에서만 부분이 되는 것이다. 그런데, 총괄은 부분의 반대 즉 부분의 부정이다. (헤겔, 『논리학』, § 133) 전체와 부분은 그 개념상으로나 그 실재성으로나 서로 일치하지 않는 것이다.… 전체라는 개념은 부분을 내포하고 있는 개념이다.… 하찮은 국가나 또는 병든 육체도 물론 실재할 수는 있는 것이다. 그러나 이러한 국가나 육체는 참다운 것이 아니라. 왜냐하면 이러한 국가나 육체는 그 개념과 현실태가 서로 일치하지 않기 때문이다.… (헤겔, 『논리학』, § 133, 보충)
③ 대자관계의 반성을 통한 관계
따라서 이 관계의 동일한 실질, 즉 이 관계 중에 존재하는 대자관계는 직접 부정적인 대자관계이다. 그리고 직접적이기는 하나 그러나 동일한

2장 존재론

실질이 무차별적이면서 동시에, 자기에 대한 부정적 관계가 되는 그러한 매개태인 것이다. 따라서 이 부정적 관계는 그 자체가 자기내 반성으로 구별에 부딪혀서, 자기를 타자내 반성으로서 실재하는 것이라고 정립하는 동시에, 또 그 반면에 이 타자내 반성을 자기 자신에 대한 관계로 따라서 무차별성에 까지 환원시킨다. 이것이 힘과 그 표현과의 관계이다.… (헤겔, 『논리학』, § 134)

전체와 부분과의 관계는 직접적인, 따라서 사유에 매개되지 않은 관계이다. 따라서 이 관계는 자기 동일성이 차별성으로 전환하는 관계이다. 이리하여 전체는 부분으로 전환하고 부분은 전체로 전환한다. 따라서 부분에서는 전체와 부분과의 대립을 모르고 전체에서는 부분과 전체와의 대립을 모른다. 왜냐하면 일면으로 보면 모든 것은 그 자체에 있어서 전체인 동시에, 타면으로 보면 부분도 독립적인 실재로 생각되기 때문이다.… 그리하여 언제든지 하나를 본질적인 것으로 보면 다른 하나는 비본질적인 것으로 보인다.…

물질의 가분성에 관한 무한진행에도 이러한 관계가 적용될 수 있는바, 여기서는 이 관계의 양항 즉 전체와 부분이 덮어 놓고 교대한다. 그리하여 한 사물은 일면 한 전체로 보이기도 하고, 그 다음에는 부분규정으로 전환하기도 한다. 그러나 이제는 이 규정을 망각하고 부분인 것이 또 전체로 보인다. 이리하여 또다시 부분의 규정이 나온다. 이와 같이 하여 한없이 진행한다. 그러나 이 무한성을 사실, 그렇지만 부정적인 것으로 생각하면, 그것은 관계 그 자체에 대한 부정적 관계이다. 예를 힘을 그 자기내 존재로 보면 그것은 자기 동일적 전체이나, 그러나 힘은 이 자기내 존재를 지양하고 자기를 표현한다. 그리고 힘의 표현은 사라져도 또 다시 힘으로 환원한다. (헤겔, 『논리학』, § 134)

힘과 그 표현과의 관계는 전체와 부분과의 관계인 면에서 무한으로 볼 수 있다. 왜냐하면 그 가운데에는 전체와 부분과의 관계 중에 다만 함축적으로 들어있는 양항의 동일성이 명백히 드러나 있기 때문이다. 전체는 부분에서 성립하는 것이지만, 그러나 그것이 분할되면 전체가 되지 못한다. 그와 반대로 힘이라는 것은 그것이 표현되어야만 비로소 힘이 되고, 또 그 표현에서 다시 제 자신 즉 힘으로 환원된다. 왜냐하면 표현은 그 자체가 또한 힘이기 때문이다. 그러나 그렇기 때문에 또 힘과 힘의 표현과의 관계는 유한적이다.… (헤겔, 『논리학』, § 134, 보충1)

힘이라는 것은 그 자체가 동시에 제 자신에 대한 부정적 관계인 전체로서, 제 자신으로부터 떼밀어서 자기 자신을 표현하는 것이다. 그러나 이 타자내 반성 즉 제구분의 구별도 역시 자기 내 반성이기 때문에, 따라서 힘의 표현은 힘이 다시 자기 자신으로 돌아가서 힘이 되게 하는 매개태이다.… 그러므로 힘과 힘의 표현과의 진상(眞相, 진정한 바탕)은 관계요, 따라서 이 관계의 양계기는 오직 내면적인 것과 외면적인 것으로만 서로 구별되는 것이다. (헤겔, 『논리학』, § 135)

④ 내면적인 것과 외면적인 것의 관계

…내면적인 것과 외면적인 것과의 동일성은 충실한 동일성, 다시 말하면 힘의 운동 중에 드러난, 자기내 반성과 타자내 반성과의 '통일' 즉 내용이다. 그리하여 내면적인 것과 외면적인 것은 같은 하나의 통일체이다. 그리고 이 통일이 양자를 내용으로 삼고 있는 것이다. (헤겔, 『논리학』, § 136)

그러므로 외면적인 것이나 내면적인 것이나 동일한 내용이다. 내면적인 것은 외면적으로도 존재하고, 또 그와 반대로 외면적인 것은 내면적으로 존재하는 것이다. 따라서 현상은 본질에 없는 것을 나타내는 것이 아니고 본질에는 나타나지 않는 것이 있는 게 아니다. (헤겔, 『논리학』, § 137)

그러나 내면적인 것과 외면적인 것은 또 그 형식규정으로 보면, 하나는 자기동일성의 추상으로서, 다른 하나는 단순한 잡다성 또는 현실성의 추상으로서 어니까지나 대립한다.… (헤겔, 『논리학』, § 138)

이제 이 '현상'은 '현실'로 나타난다. 이 '현실'은 '본질'과 '현상'의 통일로서의 '현실'이며, 여기에서의 '현실'은 이 세계로서의 '현실'이 아니라, 영적인 세계에서의 현실이다.

4. 현 실

가. 헤겔 『논리학』의 '현실'에 대한 개략

헤겔의 '현실(Wirklichkeit, actuality)'은 『논리학』의 '본질론'의 세 번째 부분("현실성, § 142-§ 163 부근")에서 등장하는 핵심이다. 이것은 우리가 일상적으로 말하는 '현실(Realität, reality)'과는 완전히 다른 뜻이다. 헤겔은 '현실(Wirklichkeit)'을 단순한 '있는 것(Realität)'이 아니라, "자기 근거를 자기 안에 가진 존재, 즉 내적 필연성을 실현한 존재"라고 정의한다. 즉, 현실(Wirklichkeit)은 "본질이 자기 자신과 현상을 통일시킨 결과"로서, '개념(이념)'으로 나아가기 바로 전의 완성 단계이다.

① 헤겔의 기본 정의
『(소)논리학』 § 142에서 "현실이란, 본질과 존재의 통일이다." 즉, 본질(Wesen)은 사물의 내적 근거, 원리, "왜 있는가?"이며, 존재(Dasein/Existenz)는 사물의 외적 드러남, "어떻게 있는가?" 헤겔은 변증법으로 본질 근저에 있던 '순수 무'의 '존재(Sein)'가 변증법적 작용을 통해 다시 본질 밖으로 나온 '존재'(Existenz)로 발전한다. 현실(Wirklichkeit)은 "그 근거가 자기 외적 존재 속에 실현되어 하나가 된 상태"이다. 다시 말해, '현실'이란 "본질이 실제로 존재하는 것"이다. 또는 "존재가 자기 근거를 자기 안에 둔 것"이다.

② 'Wirklichkeit'과 'Realität'의 차이

구분	독일어	라틴어 어원	의미
Realität	현실성, 실재성	res(사물)	단순히 "있다", "눈앞에 존재한다"
Wirklichkeit	실현된 실제	wirken (작용하다)	"자기 근거에 따라 작용하고 실현된 존재"

즉, "Realität = 존재하는 것(being)"이며, "Wirklichkeit = 자기 원인

으로서 작용하는 존재(acting actuality)"이다.

③ "현실(Wirklichkeit)"의 논리 구조

헤겔은 "현실"을 단순한 '있음'이 아니라, 세 단계로 전개되는 논리적 구조로 설명한다.

단 계	내 용	의 미
1단계: 가능성	사물이 될 수 있는 내적 조건 (가능태)	"~이 될 수 있다"
2단계: 우연성	외적 조건과의 결합	"될 수도 있고 안 될 수도 있다"
3단계: 필연성	내적 근거가 외적 조건을 포섭함	"그럴 수밖에 없다"
통 일: 현실 (Wirklichkeit)	내적 근거와 외적 존재가 일치	"그것이 실제로 작동하고 있다"

즉, 현실은 "가능성과 필연성의 통일"이다. "내적 근거가 외적 존재 속에서 완전히 실현된 것"이다.

④ 예로 설명해보면

예시	본질(Wesen)	존재 (Existenz)	현실(Wirklichkeit)
씨앗	생명 원리(성장의 근거)	싹, 줄기, 잎 등	완전한 나무로 성장했을 때
국가	이성적 질서 (법, 제도)	실제 제도, 법률	그 법이 국민의 생활 속에서 작동할 때
인간 행위	의지와 목적	행위 결과	의지가 실제로 실현되어 구체적 결과로 드러날 때

즉, 현실은 "결과"가 아니라, "근거가 스스로 현실화되어 작동하는 상태"이다.

⑤ 본질론의 논리 흐름 속 위치

"본질(Wesen)→ 현상(Erscheinung) → 현실(Wirklichkeit)"

여기에서 '본질'은 내적 근거, '현상'은 외적 드러남 이며, '현실'은 두 개가 일치한 통일 상태이다. 즉, 현실(Wirklichkeit)은 "본질이 현상 속에서 자신을 실현한 결과"이다.

현대적 용어로 위의 내용을 다시 말하자면, 본질(Wesen)은 "내적 원리,

의미, 법칙"이며, 존재(Existenz)는 "외적 표현, 사실로 드러남"이며, 현실(Wirklichkeit)은 "의미와 사실이 일치한 작동적 실재" 즉 "근거가 자기 자신을 실현한 상태"를 말한다.

⑥ 요약
헤겔의 '현실(Wirklichkeit)'은 단순히 '존재하는 것'이 아니라, 그 존재가 자기 근거(이성·개념·필연성)를 자기 안에 가지고 실제로 작동하는 상태를 뜻한다. 따라서 "진정으로 현실적인 것만이 이성적"이며, "이성적인 것만이 진정으로 현실적"이다.
"현실(Wirklichkeit) = 본질과 현상의 통일"이며, "가능성과 필연성이 하나로 작동하는 존재"이고, "자기 근거를 자기 안에 둔 실재(自爲的 實在)"이다. (챗GPT, 논리학의 현실, 2025.10.9.)

나. 두 번째 존재의 출현
헤겔의 '현실'에 대한 개념 전개에는 새로운 '존재'가 나타난다. 헤겔 논리학에서 '본질(Wesen)' 앞에 있는 '존재(Sein)'와 "본질 뒤에 다시 나타나는 '존재(Existenz / Dasein)"는 어떻게 다른가?

① 존재가 두 번 등장하는 이유
'존재(Sein)'는 『논리학』의 맨 처음과 '본질론'의 끝부분에서 다시 등장한다. 하지만 그 의미가 완전히 달라진다.

구분	첫 번째 존재	두 번째 존재
위치	논리학의 시작 (존재론)	본질론의 끝 (현실 편 이후)
형태	단순한 직접적 있음	매개된, 반성된 있음 (Existenz)
사유 단계	사유의 가장 추상적 출발점	사유가 자기 근거를 거쳐 나온 결과
의미 요약	"그냥 있다(단순 있음)"	"자기 근거로부터 나온 있음(현현된 본질)"

즉, 처음의 존재는 "아직 아무 근거도 없는 순수한 있음(Sein)"이고, 뒤의 존재는 "본질이 자기 자신을 드러낸 결과로서의 있음(Existenz)"인데, 헤겔은 앞에 있던 '있음(Sein)'이 부정을 당하여 폐기되고, 변증법적

순환 원리에 따라 "새로운 '있음'으로의 부활"이다고 말한다. (필자 추가)
② 첫 번째 존재 ― 순수 직접성
『논리학』의 출발은 '존재(Sein)'라는 말 그대로의 직접적 존재이다. "순수한 존재(Seyendes)는 단순히 자기 자신이며, 그 안에는 어떠한 규정도 없다."(『대논리학』 제1권, "존재의 논리") 이 단계의 존재는 아무 근거도 없고, 아직 무엇으로도 규정되지 않았으며, 단순히 '있다'는 말 이상의 의미가 없다. 그래서 헤겔은 곧바로 말한다. "순수 존재는 무(Nichts)와 동일하다." 존재와 무가 서로 구별되지 않기 때문이며, 여기에서 '생성(Werden)'이라는 운동이 발생한다. 즉, 첫 번째 존재는 "직접적 있음, 근거 없는 있음, 추상적 순수성"이다.
③ 본질의 등장 ― 반성을 통한 내면화
이제 사유는 단순한 '있음'으로 만족하지 않고 묻기 시작한다. "왜 있는가? 무엇에 의해서 있는가?" 이 질문이 바로 본질(Wesen)의 시작이다. 존재는 "그냥 있음"으로부터 "자기 근거를 찾는 사유"로 바뀐다. 이때 "직접적 존재"는 부정되고, 사유는 "자기 자신으로 되돌아오는 반성(reflection)"을 통해 내적 구조(근거, 원리)를 탐구하게 된다.
즉, 본질 단계에서는 존재가 사라지고, 대신 "근거로서의 사유"가 중심이 된다.
④ 본질 이후 다시 나타나는 존재 ― 현실로서의 존재 (Existenz)
그러나 본질은 영원히 내면에 머물 수 없다. 그는 자기자신을 드러내려는 필연성을 가진다. 그래서 본질은 스스로를 다시 현상(Erscheinung)으로 나타내고, 그 드러남이 완전히 자기 근거와 일치할 때 비로소 현실(Wirklichkeit), 즉 "본질의 현존하는 모습"이 된다. 이때 나타나는 '존재'가 바로 '반성된 존재(Existenz)' 또는 '현실적 존재(Wirkliche Existenz)'이다. 즉, 처음의 존재(Sein)는 아무런 근거 없는 직접성이고, 나중의 존재(Existenz)는 "자기 근거를 거쳐 나온, 본질이 스스로 현현한 존재"이다.
⑤ 헤겔의 표현 정리

개념	독일어	핵심 정의
Sein	존재, 있음	직접적, 근거 없는 있음
Wesen	본질	존재가 자기 자신 속으로 반성하여 근거를 찾은 상태
Existenz / Dasein	(다시)존재	본질이 자기 근거를 통해 외적으로 나타난 것
Wirklichkeit	현실성	본질과 존재가 통일된 상태

⑥ 도식으로 보면

[1] 존재(Sein) → [2] 본질(Wesen) → [3] 존재(Existenz)
   (부정, 반성)   (자기 근거의 현현)

이 두 번째 '존재'는 단순히 반복된 게 아니라, 질적으로 변형된 "자기근거적 존재"이다. 즉 "본질이 자기 자신을 외화한 존재"이다.

⑦ 정리 문장

구분	첫번째 존재	본질	두 번째 존재
사유의 형태	직접성	반성	자기복귀
근거와의 관계	근거 없음	근거를 탐구	근거가 자기 자신
운동의 방향	밖으로(외적)	안으로(내적)	밖으로(자기 실현)
논리적 성격	단순함	매개	통일

"존재는 본질로 사라지고, 본질은 존재로 나타난다."(『소논리학』 § 131)이다. 그래서 헤겔에게 "존재"는 두 번 나타나지만, 두 번째는 이미 본질을 내포한 존재, 즉 "반성된 존재" 또는 "현실적 존재"이다.

한편, 필자는 위의 헤겔의 공상적 시나리오를 기독교적 관점, 삼위일체론적 관점에서 재구성하였다. 기독교의 삼위일체론적 관점에 의하면, 헤겔의 '존재'는 기독교의 '존재'가 아니며, 헤겔의 '존재'는 '유물론적 존재'이지 '유신론적 존재'는 결코 아니다. 헤겔에게 '최초의 존재자'는 사라지고, '자연법칙'과 같은 손재만 남아있다. 심지어는 '사물'을 '존재자, 하나님'이라고 말할 수도 있다.

모든 그리스도인들은 요한계시록 4장에 있는 "보좌에 앉으신 이"가 존재하는 것을 믿으며, 기도를 한다. 그런데, 이 헤겔의 존재론에 따라 맨 처음의 그 하나님을 보면, 그 하나님은 사라져버리고 없었다. 이 양자의 차이가 곧 정통신학과 헤겔신학의 차이이다.

이러한 것이 유물론 좌파 철학자들에게 철저히 이용을 당하였다. 그래서 헤겔 철학의 영향을 받은 포이엘바하나 마르크스와 같은 철학자는 기독교의 신은 예수라는 인물이 자기 안의 대상의식을 신으로 발전시켜 낸 것이라고 말하였다. 헤겔의 변증법을 고스란히 이용한 것이다. 헤겔 『논리학』의 결말이 이와 같다.

[비판] 헤겔에게 일자(一者, 하나님, 최초의 존재)는 존재하는가?

기독교에서는 최초의 '존재'가 '일자(하나님)'이다. 그런데, 헤겔에게서 이 '존재(Sein)'는 사라지고, '본질' 다음에 나오는 '존재(Existenz)'로 바뀐다. 이제 'Sein'으로서의 '존재'는 '시원'에서는 찾을 수 없으며, '본질'이 '시원'의 자리를 차지한다고 볼 수 있다. 그래서 이 '존재(Existenz)'는 물리적인 존재 이면의 '자연법칙' 정도의 위치를 차지하게 된다. 헤겔에게서 최고의 '존재'는 물리적 존재이다. 헤겔 철학은 '유신론'과 '유물론' 철학의 중간지점이다. 헤겔의 '신'은 헤라클레이토스의 '로고스'이다. 헤겔은 파르메니데스의 영원토록 존재하는 '일자'를 놓치고 있다. 엄밀한 의미에서의 기독교의 하나님으로부터 벗어나 있다. 기독교의 하나님은 '삼위일체의 하나님'이다. 일자가 1위의 개체(개별적 실체)이며, 로고스가 2위의 개체이다. 그리고 이 둘이 한 실체이다.

다. 본질과 현상의 통일로서의 '현실(현실적인 것)'

헤겔은 현실이라는 것을 '본질의 가상(假象, 실제 현실이 아닌, 생각으로 지어낸 현상)'이라고 하며, '내적인 것이 힘의 표현에 의하여 실재(현실)로 드러난 것'이라고 한다.(『논리학』139) 즉, 내면적인 것과 외면적인 것 혹은 본질과 현상의 統一이 현실이다. 본질과 현상은 개개의 사물이 지닌 일면의 진리를 가리킨다. 그러나 현실의 사물은 본질과 현상의 통일로서 구체적

2장 존재론

인 형태를 가리킨다.

이에 대해 헤겔은 다음과 같이 말한다. 현실이라는 것은 본질로서의 물자체가 정신 속에서 현상으로 구체화된 후, 여기에 힘과 힘의 발현을 통하여서 나타난 것이다. 또한 현상계에 있는 내적인 것(내용으로서의 형식)이 힘에 의해서 외적인 형식으로 나타난 것이다.

> 현실이라는 것은 본질과 현상 또는 내적인 것과 외적인 것과의 직접적인 통일이다. 현실의 표현은 현실적인 것 그 자체이다. 따라서 현실은 그 표현에 있어서도 의연히 본질적인 것으로 남아 있는 것이다. … 현상적인 것은 이 통일이 간접적으로 드러난 것 즉 자기동일적으로 된 관계이다. 그러므로 그것은 이행에서 벗어나온 것이다. 그리고 그 표현이 즉 그 현세력(現勢力, 나타난 힘)이다. 따라서 현실적인 것은 제 자신 중에서 반성되는 것이다. 그러므로 현실적인 것의 외적존재는 오직 현실적인 것, 제 자신의 표현이요 타자의 표현이 아니다. (헤겔, 『논리학』, § 140)

라. 현상계와 현실계

헤겔은 먼저 '현실과 사상(혹은 이념)'을 예로 들어서 현실와 현상의 관계를 말한다. 헤겔의 견해에는 이 세상의 가시적, 감각적으로 나타난 현실계가 존재하고, 그 이면에 법칙의 세계, 이념의 세계, 혹은 가지적 세계(감각 너머의 세계)로서의 현상계가 존재한다. 그리고 얼핏 보기에 이 현상계와 현실은 서로 다른 것으로 보이지만, 일단 이 양자는 서로 대립하는 것이 아니며, 오히려 현실은 어디까지든지 이성적인 것이라고 한다.

> 세속 학자들은 현실과 사상 내지 이념을 흔히 대립시킨다. 따라서 사람들은 한 사상의 정당성이나 진리성에 대하여 애당초 이의를 부르짖을 수 없다는 말을 잘 듣는다. … 다시 말하면 현실에서는 그러한 사상을 찾아낼 수 없다. … 고정불변한 대립으로까지 보며, 따라서 이 현실적인

세계에서는 이념을 우리의 머리에서 일소하여야 된다고 주장하거니와, 우리는 이런 주장을 상식이나 학문의 이름으로 단연 버려야 한다.… 현실은 단순한 현상과 달라서 첫째 내적인 것과 외적인 것과의 통일이기 때문에 타자로서의 이성과 대립하는 것이 아니다. 오히려 현실은 어디까지든지 이성적인 것이다. 따라서 비이성적인 것은 바로 그렇기 때문에 현실적인 것으로도 볼 수 없는 것이다.… (헤겔, 『논리학』, § 140, 보충)

마. 가능태와 현실태

헤겔은 현실(현실계)에서의 존재자를 아리스토텔레스의 가능태와 현실태의 개념을 원용하여 설명한다.

아리스토텔레스는 모든 실체는 그것을 형성하는 소재로서의 질료(質料, hyle)와 이 질료를 일정한 종류의 사물로 현실화시키는 원리로서의 형상(形狀, eidos)과의 결합체라고 보았다. 이때, 질료는 일정한 실체로 나타날 가능성을 가진 가능태(可能態, dynamis)이며, 이 가능태가 형상을 실현한 것을 현실태(現實態, energia)라고 하였다.[43] 한편, 이것을 동적인 상태에서 고찰하였을 경우에는, 먼저 순수 현실태가 이데아의 세계에 먼저 존재한다. 그리고 이 순수 현실태가 순수 가능태인 질료와 결합을 하면서 현실태라 불리우는 실체를 이 세계(현실) 속에 형성한다. 그런데 이때의 현실태는 '필연성'의 완전한 현실태가 아니라 '우연적인' 현실태이다. 또한 이 우연적인 현실태는 또 다른 타자에 대해서는 그 재료로 사용되어지는 가능태이기도 하다. 그래서 이러한 우연적인 현실태 혹은 가능태는 완전한 현실태를 향하여 발전적 운동을 한다. 그리고 아리스토텔레스의 완전한 현실태는 '부동의 원동자', 곧 '신'이었다. 한편, 헤겔이 다음에서 말할 때의 가능태는 우연성을 가진 현실태이면서, 동시에 또 다른 타자에 대한 가능태이다. 헤겔은 아리스토텔레스의 실체 개념을 자신의 변증법적 이론에 접목시켜서 '현실(현실계)'을 설명한 것이다.

---

[43] 『한국민족문화 대백과 사전』

먼저, 헤겔에 의하면, 플라톤과 아리스토텔레스의 참다운 이념은 '본질적인 현실태'였는데, "그것은 완전히 밖으로 드러난 내적인 것, 따라서 내적인 것과 외적인 것과의 통일로서의 현실(현실태)였다"고 말한다. 즉 플라톤과 아리스토텔레스가 추구한 바는 이데아가 이 세계 속에 온전히 실현되는 것이었다. 즉, 이 현실세계가 가능태적 존재에서 현실태적 존재로 발전하는 것을 이념으로 삼았다는 것이다.

한편, 헤겔은 이 '현실(현실세계)'은 '가상(假象, 생각으로 지어낸 환상)'이라고까지 말한다. 우리 눈에 보일 때는 현실이 실상인 것 처럼 보이나 정신의 입장에서 보면 이 '현실'은 '가상'이다. 정신의 반성으로 나타난 환상이어서, 현실에 나타난 '현실태'라는 것은 동일성 일반으로 보면 첫 번째 '가능태'이다. 또한 이 '가능태'는 '현실태'의 내용이다. 따라서 현실(현실계)은 현상(현상계)과 다르지 않고 현상의 반영이어야 하는 것이다.

① 아리스토텔레스의 철학원리 : 현실태의 이념
아리스토텔레스의 철학의 원리는 현실이다. 그러나 아리스토텔레스의 원리인 현실은 직접적으로 존재하는 보통일반의 현실이 아니라 현실로서의 이념이었다는 것을 알아야 한다.… 플라톤이나 아리스토텔레스가 똑같이 유일하게 참다운 것으로 볼 수 있는 이념을 본질적인 현실태, 즉 완전히 밖으로 드러난 내적인 것, 따라서 내적인 것과 외적인 것과의 통일, 다시 말하면 아리스토텔레스가 분명히 강조하고 있는 말의 의미에 있어서의 현실로 보고 있는 점에 있는 것이다. (헤겔,『논리학』, § 140, 보충)

② 현실태는 첫째 가능태
현실은 이러한 구체적인 것이기 때문에 이상 말한 모든 규정과 그 구별을 가지고 있는 것이며, 그러므로 또 이 모든 규정의 전개이기도 하는 것이다. 따라서 현실 속에서는 동시에 이 모든 규정이 가상, 다시 말하면 반성된 것으로만 규정되어 있는 것이다. '현실태'라는 것은 '동일성' 일반으로 보면 첫째 '가능태'이다. 즉 '현실태'라는 것은 현실적인 것의

구체적 통일체에 대하여, 추상적이고 비본질적인 본질태로 나타난 자기 내 반성이다. 다시 말하면 가능태는 현실태에 대하여 본질적인 것이다. 그러나 그와 동시에 현실태도 또한 가능태에 불과한 것이다.(헤겔, 『논리학』, § 140, 보충)

바. 가능태의 규칙으로서의 우연

그럼에도 불구하고 일차적으로 이 '현실'은 '현상'이 모두 반영되지 않아서 '현상'과는 다른 '가능태'로서의 '현실'이다. 일차적으로는 가능태로서의 현실이며, 여기에서 현실태로 이행을 하게 된다. 그리고 헤겔은 이 가능태로서의 현실이 어떻게 현실태로 이행하는지를 설명하고자 하는 것이다. 한편, 이 가능태에 있어서의 규칙은 형상을 수용할 수 있는 질료이기 때문에, 무엇이든지 수용할 수 있는 가능성이다. 그러나 가능성이라는 것은 그 용어 자체가 의미하는 바와 같이 모든 가능성이 모두 현실에 실현될 수 없으므로, 그 자체가 불가능성도 내포하고 있는 것이다. 따라서 이 '가능태'의 규칙은 '우연'이라고 말할 수 있다. 이 '가능태'로서의 이 현실의 일차적인 나타남은 '우연'인 것이며, 이것이 이 '현실'의 모습이기도 하다.

① 가능태에 있어서의 규칙
결국 가능태라는 것은 구체적 현실적인 것에 대하여, 자기동일성이라는 단순한 형식에 불과한 것이기 때문에, 가능태에 있어서의 규칙은 오직 그 무엇이 제 자신에 있어서 제 자신과 모순되지 않는다는데, 따라서 그러한 한에서만 모든 것이 가능하다는 데에 있는 것이다.… 그러나 모든 것은 또한 불가능하기도 한 것이다. 왜냐하면 구체적으로 존재하는 모든 내용 중에서는 그 내용의 규정성이 일정한 대립으로서 따라서 모순으로 파악되기 때문이다. (헤겔, 『논리학』, § 141)
② 가능한 것과 현실적인 것
… 따라서 사람들은 말하기를 모든 것은 가능하나 그렇다고 가능한 모든 것이 현실적인 것이 아니라고 한다.… (헤겔, 『논리학』, § 141, 보충)

③ 우연으로서의 가능태

그러므로 현실적인 것 그 자체는 가능한 것에 불과한 것으로 규정되는 것이다. 따라서 단순한 가능태의 가치상에서 보면, 현실적인 것은 '우연적인 것'이요 그와 반대로 가능태는 단순한 '우연' 그 자체이다. (헤겔, 『논리학』, § 142)

④ 우연성

… 가능태는 외적인 현실태 즉 우연성에 불과한 것이다. 우연적인 것은 본래 제 존재의 근거를 제 자신 중에 가지고 있는 것이 아니라 타자 중에 가지고 있는 것이다. 이것이 첫째 그 중에서 현실이 의식면에 나타나며, 또 자주 현실 그 자체와 혼동되는 우연성의 형태이다.… 이것은 자연에서 볼 수 있는 사실이다.… 그와 마찬가지로 정신계에도 이미 앞에서 의지에 관해서 말한 바와 같이 이러한 우연이 있다.… 학문 특히 철학의 임무가 우연의 가상(假相, 임시적 바탕) 속에 숨어 있는 필연성을 인식하는 데에 있다는 말은 전연 옳다.… (헤겔, 『논리학』, § 143, 보충)

사. '조건, 사실, 활동'의 세 계기와 '필연성'

헤겔은 이제 위와 같은 '우연'과 '가능성'의 세계에서 '조건, 사실, 활동'의 세 계기를 통해서 '필연성'의 '실체'를 도출한다. 즉 '우연적인 것'은 '직접적인 현실태(형상이 직접적으로 결합된 것)'이면서 동시에 '타자의 가능태'로서 타자를 수용할 수도 있다. 이것을 헤겔은 '조건'이라고 한다. 따라서, 헤겔이 말하는 '조건'은, 타자의 실현에 도움을 주는 것을 의미한다. 즉, 우연적인 현실태는 타자를 위한 가능태가 되며 타자는 자신을 실현하기 위해서 이러한 '조건들'이 갖추어져야 한다.

그리고 이러한 '조건'의 총체로부터 생겨난 또 다른 가능성을 '사실'이라고 한다. '조건'은 '사실'을 위한 재료로 사용되고 '사실'의 내용으로 되어간다. 철학사적으로 '사실'의 일반적인 의미는, 관찰이나 경험 등을 통해 참이나 믿을만한 것으로 확립된 내용이라는 의미인데, 여기에서의 '사실'은 '가능성과 직접적 현실성이라는 두 규정의 한 고리'로서 '현실의 외재성' 혹은 '현실적 가능성 일반'을 의미한다.

또한, 이와 같이 '사실'을 현실화하는 운동을 '활동'이라 한다. 활동이란, 자기를 현실성에까지 지양하는 운동을 의미한다.

이러한 세 가지의 조건이 모두 갖추어졌을 때, '우연적인 것'은 '필연적인 것'으로 이행한다. 이것을 '필연성'이라고 한다. 이것이 '가능태'에서 '현실태'로의 지양이 이루어지는 모습이다.

그리고 이러한 발전을 이루는 그러한 '필연성'을 가진 것이 곧 '실체'이다. '필연성'이란 '우연성'이 제거되고 궁극적으로 남아있는 그 무엇이다. 따라서 그 '필연성의 그 무엇'이 곧 '실체'였던 것이며, 이것의 확장이 곧 '속성'이었던 것이다. 즉, 헤겔은 '가능태에서 현실태까지' 이르는 '형상에서의 현실까지'의 그 전체를 한 실체와 속성으로 보는 것이다. 이에 따라 여기에서 말하는 헤겔의 '실체'는 스피노자가 말하는 그 '실체'와 그 성격이 같다.

① 조건 : 존재하는 가능태

우연적인 것은 직접적 현실태인 동시에 타자의 가능태이다. 그러나 그것은 우리가 맨 처음에 본 단순한 추상적 가능태에 불과한 것이 아니라 존재하는 가능태이다. 따라서 이것이 '조건'이다. 우리는 한 사물의 조건을 운운하거니와 이 조건에는 두 가지 뜻이 있다. 즉 하나는 정유(定有)·실재(實在), 대체로 말하면 직접적인 것이라는 뜻이요, 또 하나는 이 직접적인 것의 규정이 지양되어 타자의 실현에 도움이 된다는 뜻이다. 직접적 현실태는 그러므로 대체로 말하면 마땅히 있어야 할 대로 있는 것이 아니라 좌절된 유한적 현실태로서 그 본분을 상실한 것이다. 그러나 그 반면에 현실태는 또 그 본질성을 가지고 있다. 현실태의 이면은 현실태의 내면 즉 첫째 단순한 가능태에 불과한 것이지만 역시 지양되어야 할 것으로 마련된 것이다. 그것은 지양된 가능태로서 첫째 직접적 현실태의 전제하에 한 새로운 현실태를 출현시키는 것이다. 이것이 조건이라는 개념이 내포하고 있는 변화이다.

2장 존재론

우리가 한 사물의 조건을 관찰하면, 조건이라는 것이 전연 타의가 없는 그 무엇같이 보인다. 그러나 사실에 있어서는 이러한 직접적 현실은 그와 전연 다른 타자가 될 씨를 내포하고 있는 것이다. 이 타자는 처음에는 오직 가능적인 것에 불과한 것이다. 그러나 이 가능적인 것은 그 뒤 그 형태를 지양하여 현실로 바꾸어지는 것이다.… 현실 과정은 일반적으로 이상과 같은 형태로 진행하는 것이다. 현실은 단순한 직접적 존재에 불과한 것이 아니라, 제 자신의 고유한 직접성을 지양하면서 자기를 자기와 매개시키는 본질적 존재이다. (헤겔, 『논리학』, § 144, 보충)

② 사실

이상과 같이 전개된 현실의 외재성은 가능성과 직접적 현실성이라는 두 규정의 한 고리, 다시 말하면 이 두 규정을 서로 얽어놓는 매개이기 때문에 현실적 가능성 일반이다. 그러나 그 뿐만 아니라 이 외재성은 그러한 '고리'이기 때문에 또 통체성이요, 따라서 내용 즉 구체적으로 규정된 '사실'이다.

③ 활동

그리고 그와 동시에 이 외재성은 그 통일성 중에 포함되어 있는 제규정의 구별에서 보면 형식 그 자체의 구체적 통체 즉 내적인 것이 외적인 것이 되고, 또 외적인 것이 내적인 것이 되는 직접적 자기 전환이다. 이와 같이 이 형식의 자기 운동이 활동 즉 자기를 현실성에까지 지양하는 현실적 근저인 활동, 다시 말하면 우연적 현실 즉 자기를 반성하여 자기를 다른 현실, 사실의 현실에 까지 지양하는 제조건의 활동이다.

모든 조건이 구비하게 되면 사실은 현실적이 되지 않을 수 없는 것이다. 그리고 보면 사실은 그 자체가 제조건의 하나이다. 왜냐하면 사실은 첫째 내적인 것으로서 먼저 나타나는 것이기 때문이다. 이리하여 전개된 현실성은 내적인 것과 외적인 것과의 교대의 귀일(歸一), 즉 한 운동에 귀일하는 그 대립운동의 교대로 볼 수 있기 때문에 '필연성'이다. (헤겔, 『논리학』, § 145)

④ 필연성

필연성을 가능성과 현실성과의 통일이라고 규정하는 것은 물론 옳지 않은 것이 아니다.… 왜냐하면 필연성은 개념 그 자체이기 때문이다. 그러나 필연성은 개념 그 자체이긴 하나, 그 체계기가 아직 현실성을 가지고 있는 것이다. 그러므로 필연성은 동시에 오직 형식으로서, 다시 말하면 자기 분열하여 타자로 이행하는 형식으로서 파악되어야 한다. (헤겔, 『논리학』, § 145)

아. 실체관계

헤겔의 실체는 스피노자의 실체와 유사하다. 따라서 필연성을 가진 정정한 한 실체에 의하여 출현하였다. 또한 스피노자는 이 실체로부터 파생되어 나온 모든 것들을 이 실체의 속성이라고 하는데, 헤겔도 이와 유사한 논리를 취하고 있다. 한편, 헤겔이 생각하는 이 실체의 형이상학적 정체성이 상당히 궁금해지는데, 이 실체는 플라톤 『티마이오스』의 '데미우르고스(인격적 존재로서의 창조자)'를 연상하게 한다. 사실 헤겔의 실체와 속성은 스피노자의 실체와 속성에 변증법이 가미된 것이며, 이 실체는 인격적 존재로서의 창조자였다.

① 필연적인 것
필연적인 것은 그 자체에 있어서 절대적 관계 즉 이상에서 본 바와 같이 관계가 스스로 절대적 동일성에까지 올라가는 발전과정이다.
② 실체성과 속성과의 관계
필연적인 것은 그 직접적 형식에서 보면 실체성과 속성과의 관계이다. 이 관계의 제 자신과의 절대적 동일성이 실체 그 자체이다. 그런데 실체 그 자체는 필연성을 가진 것이기 때문에, 내면성이라는 제 자신의 형식을 부정하고 현실로서 드러나는 것이다. 그러나 그와 동시에 실체 그 자체는 또 모든 외면성의 부정이다. 따라서 직접적으로 현실적인 것은 속성적인 것에 불과한 것이다. 그런데 이 속성적인 것은 이러한 단순한 가능성에 의하여 다른 현실로 이행한다. 그러나 이 이행은 실체적

동일성의 형성 활동에 불과한 것이다. (헤겔, 『논리학』, §148)
③ 실체는 모든 속성의 통일체
따라서 실체라는 것은 모든 속성의 통일체이다. 그러므로 실체는 모든 속성 중에서 그 속성의 절대적 부정 즉 절대권력인 동시에 모든 내용의 충실로서 표현된다. 그러나 이 내용은 이 표현 자체에 불과한 것이다. 왜냐하면 그 자체에 있어서 내용으로 반성된 규정성은 그 자체가 실체의 권력으로 이행하는 형식의 오직 한 계기에 불과한 것이기 때문이다. 이리하여 실체성은 절대적인 형식 활동, 즉 필연성의 권력이요 따라서 모든 내용은 오직 이 과정 중에 속하는 계기에 불과한 것이다. 그러므로 형식과 내용은 절대적으로 상호전환 한다. (헤겔, 『논리학』, §149)
④ 스피노자의 실체 철학
우리는 철학사상에서 실체가 스피노자 철학의 원리인 것을 발견한다.… 스피노자가 신을 실체로서, 그리고 오직 실체로서만 파악하였다.… 첫째, 실체라는 것이 논리적 이념의 체계 내에서 차지하고 있는 그 지위에서 분명하여 진다. 실체라는 것은 이념발전 과정상의 한 중요한 계단이다. 그러나 실체는 이념 그 자체 즉 절대이념이 아니라 아직 필연성이라는 제한된 형식에 있어서의 이념이다. 그런데, 신은 물론 필연성에 틀림없고 또 절대적인 사실이라고도 말할 수 있다. 그러나, 그와 동시에 신은 또한 절대적인 인격이기도 하는 것이다. 그런데 스피노자는 아직 이 점 즉 신을 절대적인 인격으로 보기까지에 이르지 못하였다.… 이 원리는 스피노자 철학과 동시대에 라이프니츠의 단자론 중에서 처음으로 철학적 형태로 나타났다.… 스피노자의 철학은 신을 부정하지 않았을 뿐만 아니라 도리어 오직 신만이 참다운 존재하는 것을 승인하고 있는 이상, 스피노자 철학을 무신론이라고 하는 비난은 아무런 근거도 없는 것을 알 수 없다. 또 스피노자는 신을 유일한 참다운 신이 아니라고, 따라서 신이 아니라고 주장할 수는 없는 것이다.…
스피노자 철학의 내용의 결함은 형식이 내용에 내재하는 것을 모르고, 그렇기 때문에 형식을 오직 외적이고 주관적인 것으로 삼아 내용에 부가시키고 있는 점에 있는 것이다. 스피노자는 실체를 그 이전의 변증법적인 매개가 없이 직접적으로 파악하였다. 그러하였기 때문에 실체는 보편적 부정적인 위력, 즉 말하자면 특정한 모든 내용을 통틀어 자체 중에 흡수하여 버리고, 하등 적극적인 내용을 산출하지 못하는 암흑(暗黑)하고 공막(空漠, 빈 사막)한 심연과 같은 것이 되고 말았다. (헤겔, 『논리학』, § 149, 보충)

자. 인과관계

헤겔은 "실체라는 것은 절대위력이기 때문에 제 자신을 오직 내적인 가능성으로서 제 자신에게 관계시키는 것, 따라서 제 자신을 속성으로 규정하는 위력이다"고 하며, 따라서 "이러한 계기에서 보면 실체라는 것은 관계 즉 인과관계이다"고 한다. 즉, 실체는 속성으로 이행하는 원인이며, 이 원인은 필연성에서 오직 결과로만 이행한다. 즉, 현실은 실체가 동일성의 관계 속에서 속성으로 발전한 것이다. 그런데 이때 실체는 자신을 자기로부터 구별된 속성으로 규정하는 동시에 부정을 함을 통해서 속성으로 발전하게 한다. 그리고 이 경우에 실체는 원인이고 드러나게 된 속성은 결과이다. 이러한 실체와 속성의 관계에서 인관관계가 등장하게 된다. 이에따라 원인은 결과 중에서 비로소 현실적이 되고 결과는 원인 없이는 있을 수 없다. 헤겔에 의하면, 이러한 인과의 관계는 무한진행을 한다.

① 원인으로서의 실체

실체는 원인이다. 왜냐하면 실체는 제 자신이 속성으로 이행하는 것을 어기고 제 자신을 반성하며(여기서 '어기고'의 의미하는 바는, 곧바로 이행하는 것이 아니라 본성을 반성함을 통해서 이행한다는 의미임), 그리하여 시원적인 사실이 되는 까닭이다. 그리고 동시에 실체는 자기반성 또는 그 단순한 가능성을 지양하여 제 자신을 제 자신의 부정으로 정립하며, 이리하여 한 결과 즉 한 현실을 일으키는바, 이 현실은 매개에 의하여 드러난 것이기는 하지만, 그러나 그와 동시에 일어나는 과정에 의하여 필연적인 것이다.

② 결과로 이행하는 원인

원인은 시원적인 사실이므로 절대 독립성의 규정과 또 결과에 대항하여 자기를 보존하는 것이라는 규정을 가지는 것이다. 그러나, 원인은 필연성에서 (이 필연성의 동일성은 아까 말한 시원성 그 자체에서 나오는 것이다) 오직 결과로만 이행한다.…

③ 유한계에서의 인과관계

유한계에 있어서는 서로 관계하고 있는 이 두 형식규정(원인과 결과)의 구별밖에 모르기 때문에 교대로 원인이 또 매개된 것 즉 결과로 규정되고, 또 이 결과는 다시 다른 원인을 갖게 된다. 이리하여 여기서도 결과로부터 원인으로 거슬러 올라가는 무한적 진행이 일어난다. 또 원인에서 결과로 밟아 내려가는 진행도 마찬가지이다.… (헤겔, 『논리학』, § 151)

차. 상호작용

교호작용이란 둘 이상의 사물이나 현상이 서로 원인과 결과가 되는 작용을 의미한다. 현실은 실체가 원인이 되어 능동적으로 작용하여 생긴 결과 혹은 속성으로서 사물들이 존재한다. 이때 사물들은 서로가 서로에 대해서 즉자관계가 되며, 또한 서로가 서로에 대해서 대자관계가 된다. 이것은 이들 상호간에 작용과 반작용이 일어난다는 것이다. 따라서 이와 같은 교호작용이 바로 '완전히 전개된 인과관계'인 것이다. 그런데 이러한 충돌에 대한 진정한 지양은 이 양사를 모두 포괄하는 '개념'이 출현할 때에 만족을 얻을 수 있다. 따라서 교호작용은 '개념의 입구'인 것이다.

① 구별

교호작용 중에서 구별이라고 단단히 고수 되는 모든 규정은 즉자적으로 동일한 것이다. 즉 양방이 같은 원인 · 시원적 · 능동적 · 수동적인 것 기타 등등이다.… 그러므로 원인을 둘로 구별하는 것은 무의미한 것이다. 그것은 즉자적으로 '하나'에 불과한 것이다. 그리하여 이 '하나'가 실체로서의 결과도 되고, 또 결과를 내는 작용 중에서 비로소 독립적인 원인이 되기도 하는 것이다. (헤겔, 『논리학』, § 153)

② 대자적으로 있는 통일

그러나 이 통일은 대자적으로도 있다. 왜냐하면 이 전교대(全交代)는 원인의 자기정립이요 오직 원인의 이 자기 정립만이 원인의 존재이기 때문이다. … (헤겔, 『논리학』, § 154)

③ 교호작용 : 완전히 전개된 인과관계

교호작용이라는 것은 완전히 전개된 인과관계이다. … 교호작용이라는 것은 물론 원인과 결과와의 궁극적 진상(眞相, 진정한 바탕)이요 말하자면 개념의 입구이다. … 교호 작용관계의 적용에 있어서의 결함은 이것을 좀더 따져 보면, 이 관계가 개념의 대용물로 통용하지 못하고 도리어 개념 그 자체로 행세하는 점에 있다. 왜냐하면 교호 작용하는 관계의 양항이라는 것은 그 자체를 직접적 소여로 볼 것이 아니라, 이상 제항에서 본 바와 같이 보다 더 높은 제3자 즉 개념의 계기로 알아야 하는 것이기 때문이다. (헤겔, 『논리학』, § 154, 보충)

카. [보충] 영적 현실계의 존재여부

헤겔이 말하는 현실계는 영적인 현실계이다. 헤겔은 이 "세계의 원리" 혹은 "인과율로 구성된 자연법칙"을 말하면서 그것을 영적인 현실계로 소개하고 있다. 이 '자연법칙'과 '이 세계'는 서로 분명히 상관관계가 있을 것이다. 이것을 염두에 둔 헤겔의 배치로 보인다.

한편, 헤겔이 말하는 영적인 현실계는 기독교적인 개념으로 하늘에 존재하는 현실계이다. 그곳에 이 세계의 원형이 되는 세계가 존재한다. 그런 세계가 실제로 있을 수도 있다. 많은 신비를 체험한 사람들은 그와 유사한 것을 말한다. 이 세계의 원형이 하늘에 존재하고 있을 수도 있다.

4장 개념론

1. 개념론 일반

가. 『논리학』의 '개념론'에 대한 개략

'개념론'은 헤겔의 사유 전체 – 변증법의 목적, 정신의 자기의식, 이성의 자기실현 – 이 집약되어 있는 내용이다. 간단히 말해, 개념(Begriff)은 "사유가 자기 자신을 아는 존재"이자 "존재의 내적 필연적 형식"이다. 『논리학』의 '개념론'은 일반적(챗GPT)으로 다음과 같이 정리된다.

① 『논리학』의 세 단계 속 위치
헤겔의 '개념론'을 이해하기 위해서는 『논리학』의 전체 구조를 먼저 볼 필요가 있다.

단계	핵심 운동	결과
1st, 존재론	"그냥 있음"(직접성)	질-양-정도
2nd, 본질론	"왜 있음"(반성)	근거-현상-현실
3rd, 개념론	"자기 자신을 아는 사유" (자기복귀)	개념-판단-추론-이념

즉, 존재론이 "세계의 외적 구조", 본질론이 "세계의 내적 근거", 개념론은 "사유가 자기 자신 속에서 세계를 재구성하는 단계"이다. (필자 : 헤겔은 서두에 '절대지식' 혹은 '신'의 사유를 다루겠다고 하였다. 그런데, 결국 "존재론, 본질론, 개념론"은 세계의 모습이었다. 혹은 헤겔은 이 세계를 신으로 묘사하여 범신론에 빠졌다.)

② 개념론의 기본 정의 (§ 160)
"개념은 존재와 본질의 통일이다."(『소논리학』 § 160) 즉, 존재(Sein)는 외적 직접성이며, 본질(Wesen)은 내적 근거이고, 개념(Begriff)은 내적 근거가 외석 형태 속에서 지기 자신을 인식하는 사유의 구조이다. "존재와 본질이 하나로 작동하며 자기 자신을 의식하는 상태"이다. 이것이 바로 개념론이 다루는 영역이다.

③ 개념론의 세 부분

『소논리학』 §160-§244 또는 『대논리학』 제3권 전체가 개념론이고, 그것은 세 부문으로 나뉜다.

구분	내용 요약	비유
주관적 개념	개념의 내적 구조 — 사유의 형식	"마음속의 개념 구조"
객관성	개념이 외적 세계에 실현됨	"개념이 외부에서 활동함"
이념	개념이 자기 자신과 현실을 통일한 상태	"이성의 완성, 진리"

④ 존재론-본질론-개념론의 구조적 대비

단계	핵심 범주	운동 방식	사유의 형식
존재론	질, 양, 정도	직접성	감각적 즉자성
본질론	근거, 현상, 현실	반성	내적 매개
개념론	개념, 판단, 추론, 이념	자기복귀	자기의식적 사유

따라서 개념론은 사유가 스스로를 알게 되는 최종 단계, 즉 "자유로운 이성의 자기인식"이다.

⑤ 헤겔의 개념과 칸트의 개념의 차이

구분	칸트	헤겔
개념의성격	경험을 조직하는 형식(범주)	존재의 내적 운동 그 자체
개념의위치	인식 주관의 도식	존재의 본질적 구조
결과	인식론적 (인간 중심)	존재론적(세계-정신 중심)

즉, 칸트의 개념은 "인식의 틀"이고, 헤겔의 개념은 은 "존재의 자기사유"이다.

⑥ 요약 도식

존재(Sein)
　→ 본질(Wesen)
　　　→ 개념(Begriff)
　　　　　↳ 판단(Urteil)
　　　　　　　↳ 추론(Schluss)

　　　　　　　↳ 이념(Idee)
　　　　　　　　↳ 절대이념(Absolute Idee)
　개념은 "존재와 본질의 통일"이며, 이념은 "개념과 현실의 통일"이다. 즉, 철학의 운동은 "존재→본질→개념→이념→절대이념"으로 귀결된다.
⑦ 결론적 문장
　개념론은 "본질이 자기 자신을 완전히 의식하고, 자기 근거를 자기 안에서 세우며, 현실 속에서 스스로를 실현하는 사유의 단계"이다. 여기서 사유는 단순한 반성이 아니라, "자기 자신을 목적이자 결과로 삼는 자유로운 자기운동"이다. "개념은 자유의 형태이며, 이념은 개념이 자기 자신을 실현한 자유의 실체다."(『소논리학』, § 160-213 요약)(챗GPT, 개념론, 2025.10.9.)

　나. 존재와 본질의 이행으로서의 개념
　우리는 '본질의 현실'로서의 '실체'를 살펴보았으며, 이 '실체의 진리(원리)'가 곧 '개념'이었다. 헤겔은 이 '실체'의 관계로서 실체는 힘이므로 내면성이라는 자신의 형식을 부정하고 현실로서 드러난다고 하였다(148절). 이것은 실체의 즉자적 단계이다. 그런데 실체는 또한 원인이어서 '시원적 사실에 근거하여 제 자신을 반성함' 오직 결과로만 이행한다. 이것은 실체의 대자적 단계이다(151절). 그리고 이렇게 산출된 것들 상호간에 대자즉자가 되어서 서로 '교호작용'을 하며 '필연성'으로 이행 하는데, 이것은 '더 높은 개념의 계기'가 되게 된다. 이내, 이 필연성은 타자로 이행하는 부정이 아니라 자신에게로 돌아오는 자기동일성을 확보하는 운동이다. 그리고 이러한 것이 '실체'의 진리(원리)인데, 이러한 '실체의 진리(원리)'가 곧 '개념'이다. '실체'의 진리(혹은 원리)로서 '개념'은 순서적으로 보면 이와 같이 '존재'와 '본질'의 결과물이다.

　다. 존재와 본질의 진상(진정한 바탕)으로서의 개념
　그런데 헤겔은 "개념은 존재와 본질의 진상(진정한 바탕)이다"고 한다. 개념은 존재가 제 자신 중으로 심화하여 가서 '제 자신의 내부를 폭로하는 진행'이기 때문이다. 이에 대해 헤겔은 다음과 같이 말하고 있다.

> 개념은 존재와 본질과의 진상이다. 왜냐하면 자기내 반성의 조명(혹은 照光)은 동시에 독립적 직접성이요, 여러 가지 현실성의 이 존재(실체)는 직접으로 자기내 반성이기(반성을 하기) 때문이다.44)
> 개념은 존재와 본질과의 진상(진정한 바탕)이므로 존재와 본질은 개념에서 자기의 근저로 돌아가는 것이다. 그러므로 거꾸로 말하면, 개념은 그 자체의 근저인 존재에서 발전하는 것이다. 따라서 전자의 진행은 존재가 제 자신 중으로 심화하여 가서 제 자신의 내부를 폭로하는 진행으로 볼 수 있고, 둘째 진행은 불완전한 것에서 완전한 것이 나오는 진행으로 볼 수 있다.… 따라서 개념은 존재의 자기내 반성과 매개와의 지양이기 때문에 그것은 직접적인 것의 전제이다. 그러나 이 전제는 자기 복귀와 동일한 것인바, 이 동일성이 자유와 개념의 내용이 되는 것이다.…(헤겔,『논리학』, § 157)45)

라. '개념'으로서의 '실체'

헤겔은『논리학』157절에서 "개념은 단순한 제 자신과의 관계 또는 제 자신과의 통일의 직접태인 존재를 갖는다"고 말한다. 한편 박만준은 "완성된 실체가 다름 아닌 개념이다"46)고 말한다. 헤겔의 '실체'는 사실은 데미우르구스와 같은 인격적인 창조자를 말하는데, 이 '실체'의 내용물이 '개념'이라는 것이다.

그리고 더 나아가서, 이 개념적 실체의 속성으로서의 '필연'은 '자유'로 이행을 하며, "이 자유를 자각적 생존자로 보면 '자아'요, 그 통체성에까지 발

---

44) 개념은 실체와 하나로서 존재하는 그 이면의 존재의 조명에 의해서 나온다는 의미이다. (논자의 견해)
45) 헤겔,『논리학』, 전원배 역, 파주 서문당(瑞文堂), 2006.10.30.
46) 박만준, "헤겔의 〈논리학〉 다시 읽기(Ⅱ)"에서 인용,
http://cafe.daum.net/jangphil/42CZ/31?q=%C7%EC%B0%D6%20%B0%B3%B3%E4%B7%D0&re=1,

전한 것으로 보면 '자유정신'이다, … (이에 따라) 스피노자의 위대한 실체관은 유한한 독립적 존재로부터의 즉자적인 해방이다"고 말한다.

> 개념을 존재와 본질과의 관계에서 규정한다면 개념은 단순한 직접태인 존재에 복귀한 본질이다. 따라서 이 본질의 반조(反照)는 이 존재로의 복귀에 의하여 현실성을 갖는 바, 이 본질의 현실성이 동시에 자유스런 자기내 반조이다. 이리하여 개념은 단순한 제 자신과의 관계 또는 제 자신과의 통일의 직접태인 존재를 갖는다. 존재는 그와 같이 심히 빈약한 규정이다. 따라서 존재는 개념 중에서 지적할 수 있는 것 중의 가장 미소한 것이다.
> 필연에서 자유로 또는 현실에서 개념으로 이행하기는 가장 어려운 것이다. … 자유는… 현실적인 것이 필연성의 위력에 의하여 얽매여 있는 다른 현실적인 것 중에서, 이를 타자로가 아니라 도리어 제 자신의 존재와 정립으로 가짐을 의미하는 것이다. 이 자유를 자각적 생존자로 보면 '자아'요, 그 통체성에까지 발전한 것으로 보면 '자유정신'이요, … '사랑'이요, '천복'이다. 스피노자의 위대한 실체관은 유한한 독립적 존재로부터의 즉자적인 해방이다. 그러나 개념 자체는 필연성을 자각적으로 굴복시키는 것이요 또한 현실적 자유이다. (헤겔, 『논리학』, § 157)
> 그와 같이 개념이 존재와 본질과의 진리라면, 왜 개념으로부터 출발하지 않느냐 하고 질문할 사람이 있을 것이다. … (헤겔, 『논리학』, § 157, 보충)

이에 따라 이제 객관적 논리학은 주관적 논리학의 시원을 이루게 된다. 이제 이 '개념으로서의 실체'는 '절대자로서의 자아'이며, 이제 자신 안의 사유를 논리적으로 전개함을 통해서 자신을 세계 속에 전개할 수 있게 된 것이다. 헤겔은 이와 같이 주관논리학의 시원으로서의 객관논리학을 말하고 있는 것이다. 이에 대해 박만준은 다음과 같이 말하고 있다.

결국 현실태의 자기 관계로서의 운동성은 실체의 완성으로 마무리되며, 이 완성된 실체가 다름 아닌 "개념"이다. 그러므로 실체의 변증법적 운동은 곧 개념의 직접적인 발생을 뜻한다. 여기서 우리는 개념의 관계 양식을 문제 삼기 이전에 이 글의 관심사에 직결되는 아주 중요한 사실에 주목해야 한다. 그것은 바로 헤겔에 있어서의 주체성은 객관적 논리학의 시원적 정립을 요구하고 있다는 사실이다. 물론 헤겔 자신도 "객관적인 논리학은 본래적인 의미에서의 개념의 발생 기원에 대한 서설"이며, 따라서 "개념은 오직 실체를 그의 직접적인 전제로 삼고 있다"고 말한다. 그러나 우리는 이러한 "발생 기원" 혹은 "직접적인 전제"라는 표현을 발전적 단계의 선후로서만 이해해서는 안 된다.[47]

마. 오성논리학과 절대관념론의 입장에서의 '개념'

헤겔에 의하면, 절대관념론적 입장에서, "개념은 자각적으로 존재하는 실체적 위력이기 때문에, 모든 의식 혹은 개념은 실제적으로 존재하는 것"이다. 그런데 칸트식의 오성논리학의 입장에서 "개념은 단순한 사유형식에서 나타나는 일종의 일반 표상"이다. 이 양자의 가장 큰 차이는 전자는 개념은 절대 정신의 내부에서 밖으로 나아가는 현상의 현실화이며, 후자는 개별자로서의 정신이 외부의 상을 보고 인식하면서 나타나는 보편적 표상으로서의 현상이다. 헤겔은 이에 대해 다음과 같이 말한다.

> 오성논리학에서의 개념은 그 자체는 죽은 것, 공허한 것, 추상적인 것이며,… 초보적인 관념론에서 나오는 것이다. 그러나 사실에 있어서는 그와 정반대로 개념은 모든 생명의 원리요, 따라서 동시에 어디까지나 구체적인 것이다. 그렇기 때문에 개념은 종래의 전윤리적 운동의 결과인 것이 분명하다.… (헤겔,『논리학』, § 158)

개념의 진행이라는 것은 타자로의 이행도 아니요 또 타자 내의 반조도

---

47) 박만준, "헤겔의 〈논리학〉 다시 읽기(Ⅱ)"에서 인용,
http://cafe.daum.net/jangphil/42CZ/31?q=%C7%EC%B0%D6%20%B0%B3%B3%E4%B7%D0&re=1.

아니라 발전이다. 왜냐하면 개념 중에서 상이한 것들은 동시에 서로 직접동일하고, 또 전체 중에 있어서도 동일한 것, 즉 개념 전체 중에서 자유스런 존재라는 규정성이기 때문이다. (헤겔, 『논리학』, § 159)

타자로의 진행은 존재의 영역에 있어서의 변증법적 과정이요, 타자 내의 반조는 본질의 영역에 있어서의 변증법적 과정이다. 그런데, 개념의 운동은 이미 함축적으로 존재하여 있는 것이 개시적으로 드러나는 발전이다. 자연 중에는 유기적 생명이 있는 바 이것은 개념의 계단에 조응(照應)한다. 그리하여 예를 들면 식물은 그 맹아(萌芽, 싹)에서 발전한다. 맹아는 이미 전식물을 내포한다. 그러나 관념적 형식으로 내포하는 것이다.… 소위 생물전개설이다.… 그것은 개념이 그 과정을 통하여 제 자신을 잃지 않고 또 하등 새로운 내용을 가하여 가는 게 아니라 다만 형식변화만 일으킨다는 점이다.…

개념의 운동은 말하자면 일종의 장난이다. 왜냐하면, 개념의 운동에서 드러나는 타자는 사실은 타자가 아니기 때문이다.… (헤겔, 『논리학』, § 159, 보충)

2. 주관적 개념

가. "주관적 개념"에 대한 개략

『(소)논리학』 제3부 '개념' 중의 제1절, '주관적 개념'은 헤겔 논리학 전체의 "사유의 자기운동이 본격적으로 시작되는 지점"이다. 이 부분은 『소논리학』 § 163-§ 178(1830년판)에 해당하며, '개념'의 내적 구조, 즉 사유가 자기 자신을 형성하고 규정하는 방식을 다룬다. 이에 대해 일반화된 정리(챗GPT)는 다음과 같다.

① 위치와 구조
『소논리학』의 '제3부: 개념론'은 세 부분으로 구성된다.

구 분	내 용
Ⅰ. 주관적 개념	사유의 내적 구조 — 개념의 형식 그 자체
Ⅱ. 객관성	개념이 외부세계 속에서 자신을 실현하는 단계
Ⅲ. 이념	개념과 현실이 통일된 진리의 단계

즉, '주관적 개념'은 개념이 아직 자기 안에 머무르고 있는 내적 자기운동의 국면이다. 이건 단순히 "나의 주관적 개념"이라는 뜻이 아니라, "사유가 자기 자신을 내적으로 형성하고 규정하는 단계"를 말한다.

② 헤겔의 기본 정의 (§ 163)

"개념은 자유로운 존재의 진리이며, 자기 자신을 내용으로 삼는 사유이다." 즉, '존재(Sein)'는 외적인 즉자성(그냥 있음)이었고, '본질(Wesen)'은 그 존재의 내면적 근거였으며, '개념(Begriff)'은 그 근거와 현상을 모두 자기 안으로 통일한 사유의 구조이다. 따라서 '주관적 개념'은 "사유가 더 이상 외부의 근거를 찾지 않고, 자기 자신을 내용으로 삼아 규정하는 자유로운 구조"라고 할 수 있다.

③ 주관적 개념의 3단계 구조 (§ 163-§ 178)

헤겔은 주관적 개념을 세 가지 내적 순간으로 나눈다.

단계	의미	핵심 내용
보편성 (개념)	개념의 내적 보편적 본질	"개념은 자기 자신으로부터 출발한다." - 아무 외적 근거 없이 스스로 일반성을 세운다.
특수성 (판단)	보편성이 자기 안에서 차이를 낳은 상태	"보편성이 자기 안에서 규정을 낳는다." - 차이, 규정, 다양성이 여기서 나온다.
개별성 (추리)	보편성과 특수성이 하나로 통일된 실재적 주체	"보편성과 특수성이 하나가 된 구체적 단일성." - '나'로서의 사유.

즉, 개념은 외부에서 규정되는 게 아니라, "보편성→특수성→개별성"의 운동 속에서 스스로 규정되고 통일되는 자기운동적 구조이다.

④ 보편성

"개념의 본질은 자기 자신으로부터 출발하는 자유다." 보편성은 외적 경험에서 추상된 공통점이 아니라, 개념 자체가 자기 자신을 내용으로 가지는 자기동일성. 즉, '보편성'은 자유의 형식이다. 그는 "모든 특수성과 개별성을 가능하게 하는 내적 근원"이다.

⑤ 특수성

"보편성은 자기 자신을 규정함으로써 특수성을 낳는다." 특수성은 보편성이 단순히 머물지 않고, 자기 안에서 차이를 내며 구체화되는 운동이다. 즉, 보편성이 자기 자신을 한정함으로써 내용화되는 과정이다. 이건 외부의 제약이 아니라 내적 자기규정이다.

⑥ 개별성

"개별성은 보편성과 특수성의 통일이다." 개별성은 보편성과 특수성이 서로 대립하면서도, 그것을 다시 자기 안에서 통일시킨 실제적 주체(실현된 개념)이다. 이 단계에서 개념은 "추상적 형식"이 아니라, 구체적 자기('나는 생각한다')로 현존하게 된다.

⑦ 세 단계의 도식

보편성(Allgemeinheit)→특수성(Besonderheit)→개별성(Einzelheit)
　　　　　　　　자기 규정　　　　　자기 통일

이 운동은 정태적 구조가 아니라, 끊임없이 자기 규정하고 통일하는 '자기생성적 순환'이다.

⑧ "주관적 개념"의 철학적 의의

개념은 외부 원인 없이 자기 자신을 규정하고 통일한다. 즉, '자유로운 존재'의 논리적 구조이다. 그리고 개념은 외적 경험이 아니라, 자기 안에서 차이를 낳고 그것을 포섭한다. 주관적 개념의 운동이 다음 단계인 '객관성(Objektivität)'으로 나아가, 개념이 실제 세계를 구성하게 된다. 주관적 개념은 사유가 외부 대상 없이 자기 자신을 내용으로 삼아 보편성-특수성-개별성의 운동 속에서 스스로를 규정하고 통일하는 자유의 자기운동이다. 여기서 개념은 단순한 인식의 틀이 아니라, 존재의 살아 있는 논리적 생명체로 드러난다. (챗GPT, 주관적 개념, 2025. 10. 9.)

가. (주관적)개념 : 보편성

만일 '실체'와 '개념'을 동전의 양면과 같이 본다면, 이제 실체의 사유는 (주관적)개념의 전개가 되며, 이것은 실체의 운동이 되고 하나의 창조 원리가 된다. 그리고 헤겔은 이제 여기에 기존의 형식 논리학을 수정하여 적용한다.

기존의 형식 논리학에서는 개념이 사물의 인식으로부터 시작하여 '특수성'을 모두 제거하고 단순히 공통적인 것을 추출하여 '보편성'을 발견함을 통해서 '개념'을 정립한다. 헤겔식으로 보면 이 개념은 인간과 같은 제2정신의 행위이다.

그런데 지금 여기에서 논의되는 것은 제1정신의 행위이다. 이 '정신, 혹은 개념으로서의 실체'는 자신 안의 '개념'을 '보편성, 특수성, 및 개별성' 각각의 계기를 통해서 자신과의 '구별'을 드러내는 것이다. 이때 보편성은 개념 자신과의 동일성이 되며, 특수성은 자신과의 구별성을 이루며, 개별성은 이 양자의 통일로서의 개별적 존재 근거가 되는 것이다. 이에 따라 모든 실체로부터 산출된 것들은 신과 동일한 속성을 가지고 있으며, 차별성이 있으며, 자신의 개별적 실체를 가진다. 다음의 내용들은 이것을 말하고 있다.

① 개념의 3계기 : 보편성-특수성-개별성
개념에는 그 자체의 특질 중에 제 자신과의 자유스런 동등성인 보편성의 계기와, 또 보편성이 의연히 제 자신을 잃지 않고 보유하는 규정성인 특수성의 계기와, 끝으로 보편성과 특수성이란 양규정의 자기내반성인 즉 제 자신과의 부정적 통일이 즉자적 및 대자적으로 규정된, 그리고 동시에 자기동일적인 또는 보편적인 개별성과의 3계기가 있다. (헤겔, 『논리학』, § 161)

② 자신과의 매개(반성)로서의 개념
개념이라는 것은 물론 단순히 존재나 또는 직접적인 것만이 아니라 또한 매개적인 것이다. 그러나 이 매개는 개념 자체 내에서의 매개이다. 따라서 개념은 제 자신에 의하여 제 자신과 매개된 것이다.… (형식논리

4장 개념론

학에서 처럼) 오성적 조작에 의하여 개념을 구성하는 우리의 주관적 작용이 나중에 거기에 나타난다고 보는 것은 잘못된 생각이다.

그와 반대로 개념이 참다운 최초의 것이고 사물은 그 사물 속에 내재하며, 그 사물 속에서 나타나는 개념이 작용에 의하여 존립하는 것이다. …(헤겔, 『논리학』, § 161, 보충2)

③ 개념은 구체적인 것 : 보편성, 특수성, 및 개별성

개념은 어디까지나 구체적인 것이다. 왜냐하면 제 자신과의 부정적 통일 그 자체가 개별성, 즉 즉자적 및 대자적으로 규정된 존재로서 제 자신에 대한 관계 즉 보편성이기 때문이다. 그러한 한에서 개념의 제계기는 분리되는 것이 아니다. 모든 반성규정은 제 각기 대립규정에서 분리하여 파악하기도 하고 통용하기도 한다.…

보편성, 특수성, 및 개별성은 추상적으로 생각하면 동일성, 구별성, 및 근거와 마찬가지 것이다. 그러나 보편적인 것은 그와 동시에 특수적인 것과 개별적인 것을 내포하고 있다는 의미에서 제 자신과 동일한 것이다. 그리고 특수적인 것은 구별된 것 즉 특정한 규정을 가진 것이다. 그러나 그것은 보편을 내포하고 있는 것, 그리고 개별적인 것으로서 존재하는 의미에서 그러한 것이다. 그와 마찬가지로 개별적인 것은 류와 종을 내포하는 것이며, 또 그 자체가 실체적인 것인 주체나 기체라는 의미를 가진 것이다. 이것은 이 제계기가 구별되면서도 또한 얽히어 있다는 사실을 의미하는 것이다. (헤겔, 『논리학』, § 162)

[보충] 칸트의 범주론 vs 헤겔의 개념론

칸트는 그의 『순수이성비판』을 통해 인식에 대한 코페르니쿠스적 전회를 하였다. 그것은 우리의 인식구조가 경험을 통해 자연법칙을 발견하는 구조로 되어 있다는 것이었다. 더 나아가서는 이 자연법칙을 산출한다. 이 형식을 우리의 순수이성의 범주를 통해 발견하였다.

이제 헤겔은 이 지점을 더 밀고 들어간다. 인간이 세운 보편적 개념이 특수화된 후에 고스란히 개별화되어 현실 속에 드러난다고 말한다. 인간이 세

운 개념이 사물적 존재로 나타난다. 인간의 개념이 자연세계의 법칙과 같은 역할을 한다. 이것이 헤겔의 '개념론'이다. 이것을 염두에 두고 다음의 논리 전개를 이해해야 한다.

나. 판 단 : 특수성의 반성작용

헤겔에 의하면, 이제 우리는 '개념'을 '실체' 곧 "절대자로서의 순수 자아"로 이해해야 된다. '개념'으로서의 '자아'는 이제 자체 내에서 반성의 작용을 하는데, 그것이 곧 '판단'이며 판단의 작용을 통해서 개념이 분화된다. 우리는 여기에서 '판단'을 통하여서 어떻게 '개념'이 '보편성'과 '특수성'으로 구별 되는 지를 살펴보고자 하는 것이다. 한편, 판단의 사전적 정의를 다음 백과사전에서는 "어떤 대상에 대하여 무슨 일인지를 단정하는 인간의 사유작용, 또는 그 언어 표현으로서, 논리학에서는 판단을 명제라고[48] 부르기도 한다. 보통 'S는 P이다(아니다)'의 형식을 취하며 주어(S)와 술어(P)의 두 개념 사이의 관계를 긍정적으로 또는 부정적으로 서술한다"고 말한다.

한편, 우리는 지금 절대적 관념론의 전제 하에서 논의를 전개하고 있으므로, 이러한 개념의 분화를 존재의 분화로 이해할 수 있어야 한다. 사실은 판단의 활동에 의하여 개념만 분화되는 것이 아니라 존재가 분화되는 것임을 알아야 한다.

① 판단 : 개념의 자기반성

헤겔은 개념의 제계기(諸契機)로서의 '판단'을 '개념의 부정적 자기반성'이며, '개념의 자발적인 분화'이며, '개념의 특수성'이라고 말한다. 그 내용은 다음과 같다.

> 개념의 제계기는 개별성의 계기에 의하여 비로소 구별로 드러나는 것이다. 왜냐하면 개별성이라는 것은 개념의 부정적인 자기 반성이요, 따라서 결국 개념의 규정성을 드러내는 최초의 부정, 즉 개념의 자발적인

---

[48] 헤겔은 어떤 측면에서는 판단은 명제와 본질이 다르다고 말한다.(「논리학」165)

4장 개념론

분화이기 때문이다. 그러나 동시에 개념의 규정성은 특수성으로서, 즉 첫째 여러 가지 개념 계기의 규정성만이 서로 대립하여 가지고 있느 구별성과, 그 다음에 이 여러 가지 개념 계기가 이것이나 저것이나 모두 마찬가지라는 동일성으로서 드러난다. 이와 같이 드러나는 개념의 특수성이 판단이다. (헤겔, 『논리학』, § 163)

판단이라는 것은 특수성에 있어서의 개념이다. 다시 말하면 판단이라는 것은 서로 독립하여 있으면서, 타자와 일치하지 아니하고 제 자신과 일치하는 개념 제계기의 구별적인 관계이다. (헤겔, 『논리학』, § 164)

② '있음'의 '주어(명사)'에 대한 '판단'이 '술어'

사실 최초의 순수 '개념'은 '있음'으로서 '주어' 혹은 '명사'만 존재한다. 그런데, 이것은 참 명제가 아니다. 이것이 완전한 '명제'가 되기 위해서 사유가 적용되는 것이 '판단'인데, 이 '판단'은 "주어(S)는 술어(P)이다"가 된다. 이 판단은 곧 "개별은 보편이다"[49]는 명제가 된다. 이에 따라 '판단'은 '개념의 자기분열'인 것이다. 즉, '계사(繫辭, 매이게 하는 말, ~이다)'는 개념이 제 자신을 외화하면서, 그 외화가 개념 제 자신과 일치하는 개념의 본성에서 나오는 것이다. 그러므로 '판단은 첫째 개념의 특수성'이다. 절대관념론에서 이와 같은 개념의 분화는, 처음에는 순수자아로서의 주체만 존재하던 것이 이제는 술어로서의 존재들을 산출하게 된 것을 의미한다. 헤겔은 창조의 시작을 이렇게 설명하고 있는 것이다. 창조자는 먼저 보편자를 지으신 셈이 된다.

사람들은 흔히 생각하되, 판단 중에는 첫째 독립적인 양극단 즉 주어와 술어가 있는 바, 주어는 한 사물 또는 한 규정이고 술어도 역시 말하자면, 내 머리 속에 있는 주어 이외의 일반적 규정으로서, 이것들이 나에 의하여 결합되며 이래서 판단이 성립된다고 말한다. 그러나 계사 즉 '이

---

[49] 아리스토텔레스의 논리학에서는 고유명사는 개별자가 되며, 술어를 이루는 형용사와 추상명사는 보편자가 된다. 이때 이 보편자는 한 개별자에만 귀속되는 것이 아니라, 한 유나 종에 속하는 모든 개별자에게 분유된다.

다'는 주어에 관한 술어를 말하는 것이므로, 외면적 주관적인 저 포섭 작용은 다시 지양되며, 따라서 판단이 대상 그 자체의 한 규정으로 생각되게 된다. 판단이란 말의 어원학적 의미를 캐어보면,… 독일어 판단 (urteil)이란 말은 첫째 개념의 통일을 표시하고, 그 다음에 개념의 자기분열을 원시적(ur) 분할(teil)로 표시하는바 이것이 판단의 참뜻이다. 추상적 판단은 '개별은 보편이다'라는 명제이다. 개별과 보편은 주어와 술어가 맨 처음으로 서로 상대하였을 때에 갖는 두 규정이다. 왜냐하면 여기서 개념의 제계기가 그 직접적 규정성 또는 최초의 추상성에서 이해되고 있기 때문이다. 개별적인 것은 보편적인 것이다. 좀더 규정지어 말하면 주어는 술어이다(가령 예를 들면 신은 절대정신이다)라는 명제는 여하한 판단 중에도 있는 말이다.…
계사 즉 '이다'는 개념이 제 자신을 외화하면서, 그 외화가 개념 제 자신과 일치하는 개념의 본성에서 나오는 것이다. 개별성과 보편은 개념의 양계기이기 때문에 서로 고립할 수 없는 그러한 양규정이다. 종래의 모든 반성규정도 상호관계를 가지고 있는 것이다.… 그러므로 판단은 첫째 개념의 특수성이다. 왜냐하면 판단이라는 것은 보편성의 성격을 잃지 않는 개념의 규정 또는 구별이기 때문이다. (헤겔, 『논리학』, § 164)
… 개념이라는 것은 물론 즉자적으로는 이미 특수적인 것이기는 하나, 그러나 개념으로서의 개념 중에는 본래 특수적인 것이 아직 뚜렷이 드러나 있는 게 아니라 보편적인 것과 흐림 없이 통일되어 있는 것이다. 그리하여 가령 예를 들면, 전에도 말할 바와 같이 식물의 씨앗은 물론 뿌리라든가 가지라든가 잎사귀라든가 기타 등등의 특수적인 것을 내포하고 있기는 하다. 그러나 이 특수적인 것은 겨우 즉자적으로 존재할 뿐이요, 식물의 판단이라고 볼 수 있는 씨앗의 전개에 이르러 비로소 뚜렷이 그 존재를 드러내는 것이다. (헤겔, 『논리학』, § 164, 보충)
… 따라서 모든 사물은 판단이다. 다시 말하면 모든 개별적인 것인 동시에 보편성 즉 사물의 내면적 본성을 가지고 있는 것이다. 둘러 말하면 모든 사물은 보편적인 동시에 개별적인 것이다. 이리하여 모든 사물

중에는 보편성과 개별성이 구별되면서 또한 동시에 일치하고 있는 것이다. (헤겔, 『논리학』, § 165)

③ 판단 : '현실적 존재'와 그 '보편적 본질'(그 육체와 정신)의 결합
 헤겔은, 이때 "개별적인 것은 보편적인 것이다"라는 추상적 판단의 의미하는 바에 대하여, '판단으로 말미암은 사물의 규정성'은 '사물의 현실적 존재와 그 보편적 본질'(그 육체와 정신)의 결합이라고 말한다. 그래서, '주어의 규정성은 그 주어의 내용'이 되며, '주어의 정체는 술어 중에서 비로소 진술되는 것'이라고 한다. 즉 '판단의 활동'은 사물에 정신을 불어넣는 것이 되며, 이것이 곧 창조의 행위가 되는 것이다. 그런데, 이러한 '판단의 활동'은 주어 자체 내의 반사에서 나오는 것이기 때문에 동일성은 유지된다.

 판단의 입장은 유한성이다. 그리고 사물의 유한성은 판단의 입장에서 보면 사물이 판단이라는 점에, 다시 말하면 사물의 현실적 존재와 그 보편적 본질(그 육체와 정신)이 물론 결합하여 있기는 있으나(이것이 결합하여야 사물이 존재함), 그러나 이 양계기가 구별되고 또 흔히 분리되는 점에 있는 것이다. (헤겔, 『논리학』, § 166)
 '개별적인 것은 보편적인 것이다'라는 추상적 판단에서는, 주어가 스스로 자기에게 부정적으로 관계하는 것이기 때문에 직접적이고 구체적인 것이다. 그와 반대는 술어는 추상적이고 무규정적이며 보편적인 것이다. 그러나 이 주어와 술이는 '이다'에 의하여 관계하는 한, 술어도 그 보편성 중에 주어의 규정성을 내포하는 것이다. 따라서 이 규정성이 특수성이다. 그리고 이 특수성이 뚜렷이 드러난 주어와 술어와의 통일성이다. 따라서 주어와 술어와의 이 형식적 구별을 무시하고 보면 주어의 규정성은 내용이 된다.
 주어는 술어 중에서 비로소 그 뚜렷한 규정성과 내용을 가지는 것이다. 그러므로 주어 그 자체만을 따로 떼어서 본다면, 그것은 단순한 표상 또는 공허한 명칭에 불과한 것이다. '신은 모든 것 중에서 가장 실재적

인 것이다'라든가, 또 '절대자는 제 자신과 동일한 것이다'라든가 하는 따위의 판단 중에있는 신이나 절대자라는 것은 단순한 명칭에 불과한 것이다. 왜냐하면 주어의 정체는 술어 중에서 비로소 진술되는 것이기 때문이다. …(헤겔, 『논리학』, § 167)

④ 판단활동의 지속 : 유와 종의 나타남

그렇다면, 이제 이러한 '판단의 활동'이 계속 될 경우 어떠한 양상이 전개되는가? 이와 관련한 것을 더욱 깊이 고찰하기 위해서, 먼저 '주어와 술어의 규정'을 좀더 면밀히 고찰하는데, 먼저 '주어'는 '본래의 밑바탕'과 같이 고정하여 있는 것이며, 여기에 '술어'로서의 보편자는 원래 주어와 초월하여 독립적으로 존재하나 '주어'에 내속(內屬)되어 나타나서, 그 내용을 이룬다. 그 후, 이 판단이 계속하여 진행될 경우, 보편자가 확장되고 또 다양하게 결합됨을 통해서 '유(類)'와 '종(種)'이 나타난다. 이에 대해 헤겔은 다음과 같이 말한다.

주어와 술어의 규정을 좀더 따져 보면, 주어는 제 자신에 대한 부정적 관계로서 술어가 거기서 제 자신의 존립을 갖고 관념적으로 존재하는 밑바닥에 고정하여 있는 것이다(즉 술어는 주어 속에 내속한다). 그리고 주어는 본래 직접적으로 구체적인 것이기 때문에, 술어의 일정한 내용은 주어의 수다한 규정성 중의 오직 하나에 불과한 것이다. 따라서 주어는 술어보다 내용이 풍부하고 범위가 넓은 것이다.
그러나 술어는 보편적인 것으로서, 주어가 있든지 없든지 상관 없이 독립적으로 존재하는 것이다. 술어는 주어를 초월하여 이것을 제 자체 중에 포섭(包攝)하며 따라서 주어보다 범위가 넓은 것이다. 술어의 일정한 내용만이 주어와 술어와의 동일성을 형성하는 것이다.(헤겔, 『논리학』, § 168)
주어·술어, 그리고 일정한 내용 또는 동일성 등등은 판단 중에서 관계하면서도, 또한 우선 구별되고 분리되어서 나타나는 것이다. 그러나 즉

4장 개념론

자적으로는, 다시 말하면 관념상으로 보면 이것들은 결국 동일한 것이다. 왜냐하면 주어의 구체적 통체성이라는 것은 그 어떠한 무규정적인 잡다성이 아니라 개별성, 즉 동일성에서 관계하고 있는 특수적인 것과 보편적인 것이기 때문이다. 그리고 바로 이 통일이 즉 술어이기 때문이다.

그뿐만 아니라, 계사 내에서도 주어와 술어와의 동일성이 물론 드러나기는 한다. 그러나 이 동일성은 결국 추상적인 '이다'에 불과한 것이다. 이 동일성에 의하면 주어는 술어의 규정 중에서도 드러나고, 따라서 술어는 주어의 규정 중에서도 드러나며 계사가 충실하여 진다. 이리하여 판단은 결국 내용 있는 계사를 통하여서 그 규정을 추론에까지 끌고 나가는 것이다. 결국 판단에 있어서 판단을 계속 규정한다는 것은 최초에 추상적이고 감성적인 보편성을 총체성에까지 즉 유와 종에까지. 그리고 전개된 개념의 보편에까지 규정하여 가는 것을 의미하는 것이다.…(헤겔, 『논리학』, § 169)

⑤ 판단의 종류들

한편, 주어의 술어는 그 자체로 확장할 뿐 아니라, 또한 다양한 술어들의 결합이다. 이에 따라 다양한 판단이 나타나는데, 칸트는 질의 판단, 양의 판단, 관계의 판단, 및 양태의 판단으로 구분하였는데, 이에 대해 헤겔은 이것은 경험적 잡다성에 의한 구분이라고 하며, 오히려 판단은 '사유에 의하여 규정된 총체성'을 의미하는 것으로 보아야 하다고 하며, 그 판단은 '질적 판단', '반성의 판단', 및 '필연성의 판단'으로 그 판단을 구분하는데, 이것은 각각 '존재'와 '본질'과 '개념'의 각 단계 마다에 조응(照應)하는 것이다.

⑥ 질적판단 : 직접적 판단

먼저, '질적판단'이다. 이것은 '직접적 판단'이라고도 하는데, '무엇이 있음'과 같은 '정유'에 대한 인식은 그 '무엇'이 있을 때 비로소 일어나므로, 이

질적판단은 '존재'에 대한 인식이므로 가장 먼저 일어나는 판단으로서, 이는 '긍정판단'이다. 그런데 이때 나타나는 계사로서의 '~이다'는 눈에 보여진 것에 불과하며, 사물의 본성과 전혀 일치하지 않는다. 따라서 여기에는 '부정판단'이 동시에 성립한다. 그렇다고 모두 부정되는 것은 아니다. 이에 따라 그 판단은 그 자체가 둘로 갈라져서, '동일판단'과 '무한판단'으로 나뉜다. 그 내용은 다음과 같다.

[질적판단] 직접적 판단은 일정한 질적 규정을 가진 정유의 판단이다. 여기서 주어는 자기의 술어인 보편성에서 정립되는 바, 이 술어가 직접적인 (따라서 감성적인) 질이다. 이것이 긍정판단, 즉 개별적인 것은 특수적인 것이라는 판단이다. 그러나 개별적인 것은 한 특수적인 것이 아니라, 좀더 따져 말하면 이 개별적인 질은 주어의 구체적 성질에 일치하는 것이 아니다. 이것이 부정판단이다. (헤겔, 『논리학』, § 170)
(그런데) 장미화는 붉다든가 안 붉다든가 하는 이러한 질적판단에 진리가 포함될 수 있다는 것은 가장 뿌리깊은 논리적 선입견의 하나이다.… 직접적·개별적인 것에 대하여 한 추상적인 질을 술어로 부가하는 직접적 판단은, 가령 그것이 아무리 옳다하더라도 거기에는 아무런 진리도 있을 수 없다. 왜냐하면 이 판단 중의 주어와 술어는 실재와 개념으로서 서로 관계하는 것이 아니기 때문이다.… 그러나 장미화는 구체적인 것이기 때문에 비단 적색 뿐만 아니라 또 향취도 있고 적색이라는 술어 중에 없는 기타 여러 가지 규정과 특정한 형식도 가지고 있는 것이다. 그리고 이 적색이라는 술어는 오직 이 주어에만 한하여 속하는 것이 아니다.… (헤겔, 『논리학』, § 170, 170-보충)
따라서 판단은 그 자체가 둘로 갈린다. 이는 '개별은 개별이다'고 하는 공허한 동일관계로서의 동일판단과, 주어와 술어의 사이에 전연 일치점이 없는 판단, 소위 무한판단이 그것이다. (헤겔, 『논리학』, § 171)

⑦ 반성적 판단

두 번째 단계로서 '반성의 판단'이다. 이제 '정신, 실체, 혹은 자아'는 판단 중에 나타난 술어에 대해서 '타자'로서 관계하여서, 이제는 '타자, 즉 외적세계와의 관계'를 가지며, 이에 대해서 일정한 '질'을 갖는다. 이러한 명제로는 '이 식물은 약이 된다'와 같은 명제이다. 그리고, 이때의 주어의 보편성에 따라서 '단칭판단', '특칭판단', 및 '전칭판단'이 있다. 그리고 '전칭판단'으로서 '모든 개별적인 것을 총괄하는 외면적인 다발'로 나타나는 것이 '보편'이며, '류'인데, 참으로 말하면 '보편은 개별의 근본 · 근저 · 실체'이다.

[반성의 판단] 개별적인 것이 (자기 반성되어) 개별적인 것으로서 판단 중에 나타나자 그것은 한 술어를 갖는다. 그와 동시에 주어는 제 자신을 제 자신과 관계시키는 것이기 때문에 이 술어에 대하여 타자로서 관계한다. 현실적 존재에 있어서는 주어가 벌써 무매개적으로 일정한 질을 가지고 있는 게 아니라, 타자 즉 외적 세계와의 관계와 관련 중에서 일정한 질을 가지고 있는 것이다. 여기서 보편성은 이러한 상대성의 의미를 획득한다. (헤겔, 『논리학』, § 172)
… '이 식물은 약이 된다'는 판단에서는 우리는 주어 즉 이 식물을 그 술어 즉 그 약효를 통하여, 타자 즉 이 약효에 의하여 치료되는 질병과 관계시켜서 보고 있는 것이다. '이 물체는 탄력성이 있다', '이 기구는 유용하다', '이 형벌은 가혹하다' 등의 판단도 그와 마찬가지이다. 이러한 판단의 술어는 모두 반성규정이다. … 그러나 그렇다고 아직 그 개념까지 드러나는 것은 아니다. (헤겔, 『논리학』, § 172, 보충)
단칭판단에서는 주어가 보편적인 것으로 규정된다. 그렇기 때문에 이 단칭 판단에서는 주어가 그 단순한 개별자로서의 자기에게서 벗어나 온다. 가령 '이 식물이 약이 된다'는 판단을 들어보자. 이 판단 중에는 오직 개별적인 이 식물만이 약이 된다는 것을 의미하는 게 아니라, 약이 되는 식물이 그 이외에도 또 약간있다는 것을 의미하는 것이다. 여기서 특칭판단('약간의 식물은 약이 된다' '약간의 인간은 발명력이 있다' 등)이 나온다. … 특칭판단은 긍정적일 수도 있고, 또 부정적일 수도 있다.… 따라서 여기서 또 반성의 3형태, 즉 예를 들면 '모든 인간은 죽는다', '모든 금속은 탄력성이 있다' 등의 전칭판단이 나온다.…

… 여기서는 보편적인 것이 다만 고립적으로 존재하는, 따라서 그 사이에 하등의 관련도 없는 모든 개별적인 것을 총괄하는 외면적인 다발로 나타난다. 그러나 참으로 말하면 보편은 개별의 근본·근저·실체이다. 가령 예를 들면, 한 도시나 한 나라에 속하는 김씨나 박씨나 이씨나 기타 이 도시에 속하는 모든 주민을 보면, 그들은 모두 같은 인간이요 따라서 그들에게는 비단 그들의 공통성 뿐만 아니라 그 일반성 그 류(類)가 있다. 그리고 이 모든 개인은 그들의 이 류를 떠나서는 결코 존재하지 못하는 것이다.

… 그리고 이 보편성은 기타 추상적인 諸質이나 단순한 제반성규정 이외에, 또 이것과 따로 병존하는 것이 아닐 뿐만 아니라, 도리어 이 모든 특수를 관철하고 제 자신 중에 포옹하는 것이다. (헤겔, 『논리학』, § 173, 보충)

⑧ 필연적 판단

세 번째 '필연성의 판단'이 있는데, 철학에서의 필연성은 '법칙이나 규범 따위에 불가피하게 제약받고 있는 성질'을 말한다. 즉, '주어'에 대한 다양한 반성이 있지만, 위에서와 같이 궁극적으로 '모든 주어'도 역시 '보편적인 것'으로 규정이 되게 되며, '주어와 술어의 동일성'이 드러나게 된다. 여기서 사실로 드러나는 것은 '개념 그 자체인 주어와 술어와의 통일'이다. 헤겔에 의하면, 이것을 '필연적'이라고 하며, 우리의 상식은 이렇게 '반성의 판단'에서 '필연성의 판단'으로 진행한다.

주어도 역시 보편적인 것으로 규정된다. 이 점에서 주어와 술어와의 동일성이 드러나고, 또 따라서 이 점에서 판단 규정 그 자체가 그리 대단한 의미가 있는 게 아닌 것을 알 수 있다. 주어의 부정적 자기 반성과 동일한 보편성인 내용의 이러한 통일이 판단관계를 필연적 관계가 되게

하는 것이다. (헤겔, 『논리학』, § 174)

모든 것에 속하는 것은 류에 속하며 따라서 필연성이라고 우리는 흔히 말하거니와, 그러한 한에서 보면 벌써 우리의 상식에서도 반성의 판단이 필연성의 판단으로 진행하는 것을 알 수 있다. 우리가 말하는바 모든 식물, 모든 인간 기타 등등은 그러므로 식물·인간 기타 등등과 마찬가지인 것이다. (헤겔, 『논리학』, § 174, 보충)

[필연성의 판단] 내용이 구별되면서도 동일한 것이라는 필연성의 판단에는 정언판단·가언판단·선언판단의 세 종류가 있다.

정언판단은 그 술어 중에 한편으로는 주어의 실체 또는 본성 즉 구체적인 보편인 류가 있고, 이 보편은 또한 부정적인 규정성을 내포하고 있는 것이므로, 또 한편으로는 배타적인 본질적 규정성 즉 종이 있는 판단이다.

가언판단은 필연성의 판단에 있어서는 주어와 술어의 양방이 그 실체성에 응하여 각기 독립적 현실성의 형태를 취하고 오직 내면에서만 일치한다. 그러므로 일방의 현실성은 제 자신의 현실성인 동시에 제 자신의 현실성이 아니라 타방의 존재이다. 이러한 관계를 가진 것이 가언 판단이다.

선언판단은 개념의 이상과 같은 외화와 동시에 내면적 동일성이 표면에 드러나게 되면, 따라서 보편은 류 즉 그 배타적 개별성 중의 자기 동일적인 것이 된다. 이러한 보편을 주어와 술어와의 양방에, 한편으로는 보편으로시의 보편과 다른 한편으로는 이 보편을 서로 배제하는 특수화의 원환으로 삼아서 가지고 있는 (그리고 이러한 특수화의 '이것이냐 저것이냐' 또는 '이것도 저것도'가 류이다) 그러한 판단이 선언판단이다. 이리하여 보편성이 처음에는 류로서, 그리고 그 다음에는 이 류에 속하는 종의 범역으로서 통체적으로 규정되고 드러난다. (헤겔, 『논리학』, § 175)

정언판단('황금은 금속이다', '장미화는 한 식물이다' 등등)은 필연성의 직접적 판단이요 본질영역에 있어서의 실체관계에 대응하는 것이다. 모든 사물은 그 고정불변한 근저가 되는 실체적 본성을 가지고 있는 정언 판단이다. 우리가 사물을 그 류에 주안점을 두고 볼 때에, 그리고 이것을 필연성에 의하여 규정시켜 볼 때에, 비로소 판단은 참다운 판단이 되기 시작하는 것이다. '황금은 비싼 것이다'는 판단과 '황금은 금속이다'는 판단을 동일한 계단에 놓고 보는 것은 논리적 교양이 부족한 탓이다.… 그러나 좀더 따지고 보면 정언판단은 그 중에서 특수성의 계기가 아직 그 권리를 발휘하지 못하고 있는 한에서 또 하나의 결점을 가지고 있다.

따라서 가령 일례를 들면 금은 물론 금속임에는 틀림없다. 그러나 은이나 동이나 철 기타 등등도 금속이다. 따라서 금속성 자체는 그 여러 가지 종류의 특수성에 대하여 무차별적으로 대한다. 이 점에 '만일 갑이 있다면, 을이 있다'는 공식으로 표현되는 정언판단에서 가언판단으로의 진행이 있는 것이다. 우리는 이 진행에서 전에 실체성의 관계에서 인과성의 관계로의 진행과 동일한 진행을 본다. 가언판단 중에서는 내용의 규정성이 매개되어서, 다시 말하면 다른 내용에 의존해서 나타나는 바 이것이 바로 원인과 결과와의 관계이다. 그러므로 가언판단은 대체로 말하면 보편을 그 특수화의 성격에서 나타냄에 의미가 있는 것이다. 여기서 우리는 필연성의 판단의 제3형식 즉 선언판단을 획득한다. '갑은 을이 아니면, 병이 아니면, 정이다',… '색은 청 황 적 기타 등등 중의 어느 하나이다'. 선언판단 중에서는 주어와 술어의 양방이 동일적이다. 류는 그 종의 통체요 종의 통체는 류이다. 보편과 특수와의 이러한 통일이 개념이요, 이것이 이제 판단의 내용이 되는 것이다. (헤겔, 『논리학』, § 175, 보충)

⑨ 개념의 판단

마지막 단계는 개념의 판단이다. 개념의 판단은 그 내용에 개념, 즉 단일한 형태로 있는 통체성, 즉 완전한 규정성을 가진 보편성을 가지고 있는 판단이다. 여기에는 '단언판단', '개연판단', '확연판단'이 있다.

4장 개념론

특수존재가 그 보편성의 반성을 술어로 가지고 있는 개별적인 것이다. 이 술어는 특수존재와 그 보편성이란 양규정과의 일치 또는 불일치… 등등이다. 이러한 판단이 단언판단이다.… 이때 이 판단이 개개인에게 주관적일 경우에는 개연판단이다. 그리고 그 주어 중에서 주어의 특수성이 주어의 존재성으로 드러나게 될 경우… 이것이 확연판단이다. (헤겔, 『논리학』, § 177-178)

⑩ 추리로 진행

이리하여 주어와 술어는 그 자체가 각기 완전한 판단이다. 그리고 여기서 사실로 드러나는 것은 개념 그 자체인 주어와 술어와의 통일이다. 그러면서도 주어와 술어는 서로 각각의 독립적 존재로 구별되어 있기 때문에, 이제는 이 양자 사이에는 '추리'가 나타나게 된다. 즉 우리의 의식 혹은 정신은 이제 '판단'에서 '추리'로 이행하게 되는 것이다.

이리하여 주어와 술어는 그 자체가 각기 완전한 판단이다. 주어의 직접적 상태는 첫째 현실적인 것의 개별성과 그 보편성과의 사이를 매개하는 기저로서 즉 판단의 기저로서 나타난다. 여기서 사실로 드러나는 것은 개념 그 자체인 주어와 술어와의 통일이다. 개념은 공허한 계사 '이다'의 충실이다. 그리고 그와 동시에 개념의 계기는 주어와 술어로서 구별되어 있는 것이기 때문에, 개념은 이 주어와 술어와의 통일, 다시 말하면 주어와 술어를 매개하는 관계, 즉 '추리'로 나타난다. (헤겔, 『논리학』, § 178)

다. 추 리 : 개별성

헤겔에게 있어서 '실체'는 '개념'이다. 그리고 이 '개념'이 '주어'가 되어서, 자신에 대한 반사를 통하여, 즉 '판단'을 통하여 '술어'로 구별되어 나타나서 명제를 이루게 된다. 그래서, 기본적인 명제는 'S(주어) is P(술어)'이다. 이때 여기의 'is(~이다)'를 '계사'라고 한다. 이 '계사'는 선험적으로 발생하는 것 같은데, 이에 대한 작용이 곧 '추리'이다. 따라서 '추리는 판단의 논증'이다. 이제 이 '계사' 혹은 계사의 원리인 '추리'는 '주어, 실체, 개념'에서 '술어, 구별, 판단'으로 나아가기도 하고, 역으로 '술어, 구별, 판단'에서 '주어, 실체, 개념'으로 전개되기도 한다. 한편, 헤겔의 경우, 이곳에서의 '추리'의 개념을 통해 설명하고자 하는 것은, '판단은 추리에서 개념과의 통일로 돌아가는 것'이라고 말함을 통해서, '개념과 판단과의 통일로서의 추리'를 설명하고 있다. 그리고, 이러한 '계사의 원리'로서의 '추리'를 정식화한 것이 형식 논리학의 '삼단논법'을 수정하여 원용하였다.

한편, '주어'에서 '술어'로 이행되는 '추리'는 '개념의 확장'으로서의 '창조'로 연결이 되며(헤겔은 이런 측면에서 '절대자는 추리이다'고 함), '술어'에서 '주어'로 이행되는 추리의 경우에는 신이나 자연법칙 등의 지식을 획득하는 방법으로 활용될 수 있다.

추리는 개념과 판단과의 통일이다. 추리를 판단의 형식적 구별이 귀일하는 단일한 동일성으로 보면 그것은 개념이요, 그와 동시에 추리가 실질성에서 즉 그 제 규정의 구별에서 나타나면 그것은 판단이다. 추리는 이성적인 것, 그리고 이성적인 것의 모든 것이다. …
추리는 밖으로 드러난 실재적인 개념이다. 그러므로 추리는 모든 참다운 것의 본질적인 근저이다. 따라서 절대자가 무엇이냐 하면 그것은 여기서 추리를 의미하는 것이다. 또 이 규정을 명제의 형식으로 표현한다면 '모든 것은 추리이다'고 할 수 있는 것이다. 모든 것은 개념이요 또 개념의 특수존재는 개념 諸契機의 구별이다. 따라서, 개념의 보편적 본성은 특수성을 통하여 외적실재로 나타나며, 그리함으로써 또 부정적인 자기 반성으로서 개별성이 되는 것이다. 또 거꾸로 말하면 현실적인 것은 특수성을 통하여 보편성으로 확대하며, 제 자신을 제 자신과 일치시키는 개별적인 것이다. 현실적인 것은 '하나'인 것인 동시에 개념의 제계기가 분리된 것이다. 따라서, 추리는 개념 제계기의 원환이요 현실적인 것은 이

원환에 의하여 '하나'인 것으로 나타나는 것이다. (『논리학』179)
사람들은 흔히 추리를 개념이나 판단과 마찬가지로 우리의 주관적인 사유형식으로 보며, 따라서 추리를 판단의 논증이라고 부른다. 물론 판단은 추리로 이행하는 것이기는 하나, 그러나 판단은 다만 이렇게 이행하는 우리의 주관적 작용에 불과한 것이 아니라 판단 그 자체가 스스로 추리로 나타나는 것이며, 따라서 판단은 추리에서 개념과의 통일로 돌아가는 것이다. 좀더 따져 말하면 확연판단이 추리로 이행하는 것이다. 우리의 확연판단 중에서 제 자신의 상태를 통하여 제 자신의 보편성 즉 제 자신의 개념과 관계하고 있는 개별적인 것을 보았다. 여기서는 특수가 개별과 보편과의 사이를 매개하는 중간항으로 나타나는 바 이것이 추리의 근본형식이다. 형식적으로 보면 이 추리의 근본형식은 개별과 보편도 이 중심항의 위치를 취함에서 그 이상의 전개를 보며, 따라서 주관성으로부터 객관성으로 이행한다. (헤겔, 『논리학』, § 179, 보충)

이제 헤겔은 '판단은 추리에서 개념과의 통일로 돌아가는 것'이라고 말하고, '개념과 판단과의 통일로서의 추리'라고 말하였는데, 이것을 헤겔은 '삼단논법'을 통해서 설명하고 있다. 결국 '추리'를 말하는 헤겔의 의도는 "현실적인 것은 '하나'인 것인 동시에 개념의 제계기가 분리된 것이다"는 것을 입증하고자 하는 데에 있다. 즉 정신을 통해서 모든 사물이 나왔으며, 또한 정신에게로 귀일하고 있는 것을 말하고자 하는 것이다. 절대적 관념론에서는 관념과 사물이 일치한다. 관념이 이와 같이 모두 구별이 실체로 돌아가고 있다면 모든 사물도 또한 이와 같이 절대자를 향하여 돌아가고 있다는 것이다. '매개의 원환'은 이것을 시사한다.

① 직접적 추리(질적추리)
먼저, 헤겔은 '직접적 추리'를 설명하는데, 이는 '질적추리'라고도 하며, 여기에서 1~3격의 추리를 말하고 있는데, 이것은 기존 형식논리학의 3단논법을 원용한 것이다. 1격은 '개별-특수-보편형의 추리'이며, 2격은 '보편-

개별-특수 형의 추리'이고, 3격은 '특수-보편-개별'의 형식이다. 이때 2격 추리와 3격 추리가 나타나게 되는 가장 근본적인 이유는 1격 추리의 '대전제'와 '소전제'의 무한퇴행을 대체하기 위해서였다. 이에 따라 1격의 '개별-특수'의 전제는 3격(특수-보편-개별)에서, 그리고 1격의 '특수-보편'의 전제는 2격(보편-개별-특수)에서 매개된다. 한편, 헤겔은 4격 추리로서 '양적, 수학적 추리'를 말하지만 큰 의미를 부여하고 있지는 않다.

직접적 추리는 개념의 제 규정이 오직 외면적 관계 중에서 추상적으로 상호 대립하는 그러한 추리이다. 따라서 여기서 대립하고 있는 이 양극단이 개별성과 보편성이다. 그러나 매개도 이 양극단을 결부하는 중간항이기 때문에 역시 추상적 특수성에 불과하게 된다. 따라서 이 양극단은 서로 또 중간항에 대해서도 남남스런 고립적 존재로 나타난다. 그렇기 때문에 이 추리는 개념이 없는 이성적인 것, 즉 형식적인 오성추리인 것이다. 이 추리에서는 주어가 제 자신의 규정성과는 별개의 규정성과 얽혀 있는 것이다. 다시 말하면, 보편이 이 매개를 통하여 제게 외면적인 주어를 포섭한다. 그러나 이성적인 추리는 주어가 이 매개를 통하여 제 자신과 얽힌다. 이리하여서 주어가 비로소 주체가 된다. 다시 말하면 주어가 주체일 때에 비로소 이성적 추리가 된다.…(헤겔, 『논리학』, § 180)

[질적추리] 최초의 추리는 논술한 바와 같이 특정 존재의 추리 즉 질적 추리이다. 그런데 이 추리 중에는 '개별-특수-보편'형의 (3단논법) 추리, 즉 개별적인 것인 한 주어(개별, 小名辭 = 소전제)가 한 질(특수, 媒辭 = 매개념)에 의하여 한 보편적 규정성(보편, 大名辭 = 대전제)과 결부하는 추리가 있다. 주어 즉 소명사는 개별성이라는 규정보다도 좀더 넓은 규정을 가지고 있으며, 타극단인 결론의 술어 즉 대명사도 역시 다만 보편적인 것이라기 보다는 좀더 다른 규정을 가지고 있는 것이다.50)(헤겔, 『논리학』, § 181)

---

50) 1격 추리 : 예컨대 "가우스는 죽는다"는 결론을 도출하는 추리인데, 이것을 기

4장 개념론

특정존재의 추리의 예로서, … '이 장미는 붉다. 불겅이(붉은 빛이 나는 물건)는 한 색이다. 그러므로 이 장미는 한 색을 가졌다'고 말하거니와, 이 추리 형식은 특히 보편논리학에서 흔히 다루는 형식이다. 지금까지 사람들은 추리를 모든 인식의 절대적 규칙으로 보아 왔다.… 이 추리는 그 규정성에서 보면 전연 우연적이다. 왜냐하면 추상적 특수성인 매어는 주어의 그 어떠한 한 규정성에 불과한 것이며, 또 주어는 직접적인 것, 따라서 경험적·구체적인 것으로서 그러한 규정성을 더 많이 가지고 있고, 따라서 많은 다른 보편성과 결부될 수 있으며, 또 개별적 특수성도 역시 여러 가지 규정성을 내포하고 있는 것이기 때문에, 결국 주어는 동일한 매어(媒語)를 통하여 여러 가지 보편성과 관계를 가질 수 있는 까닭이다.…(헤겔,『논리학』, § 182)

직접적 추리(개별-특수-보편)에서는 개별적인 것이 보편적인 것과 매개되며 그 결론에서 보편적으로 나타난다. 따라서 개별적 주어는 그 자체가 보편적인 것이기 때문에 양극단의 통일이요 매개자이다. 여기서 추리의 2식이 나온다. 이 추리식은 '보편-개별-특수'식으로서 매개가 개별에서 성립하고, 따라서 약간 우연적인 제1격의 진리를 표시하는 것이다.[51]

호로 표현하면 'E-B-A(개별성-특수성-보편성)'인데, B(특수성)는 '판단'에서의 계사가 추리에서의 '매사'이다. 1격 추리에서 이것은 다음과 같이 표시된다. (대전제)모든 인간은 죽는다(B-A), (소전제)가우스는 인간이다(E-B), (결론)그러므로 가우스는 죽는다(E-A). 이때 여기서 매사(인간, B)는 한번은 주어이고 한번은 술어여서 한번은 포섭되어야 하고 한번은 내속하는 관계여야 한다. 이때 형식논리학에서는 대전제와 소전제가 진리여야 결론이 진리가 된다. 따라서 대전제와 소전제를 위한 증명이 요구되는데, 이때 이 명제들을 증명하려면 이제 4개의 전제가 요청된다. 또 이 4개를 증명하려면 8개가 요청된다. 무한퇴행하게 된다. 이것을 극복하기 위해서 2격추리와 3격추리가 요청된다.

51) 2격 추리: 1격추리의 대전제였던 "인간은 죽는다"는 결론을 도출하기 위한 추리인데, 이것을 기호로 표시하면 'B-E-A(특수-개별-보편)'인데, 여기서 개별(E)은 '매사'이다. 2격 추리에서 이것은 다음과 같이 표시되는데, 이때의 대전제는 1격의 결론을 그대로 가지고 온다. (대전제)가우스는 죽는다(E-A, 1격의 결론), (소전제)가우스는 인간이다(E-B), (결론)따라서 인간은 죽는다(B-A). 한편, 여기에서 문제가 되는 것이 있는데, 매사가 두 번다 주어여서, 매사는 누 번다 포섭된다. 이에 따라 매사가 한번은 술어의 위치에 오도록 E와 B를 환위하여야 한다. 이것을 환위하면, '가우스는 죽는다, 어떤 인간이 가우스이다, 따라서 어떤 인간은 죽는다.'이다. 이때 나타나는 특징은 이제 그 결론 B-A는 반드시 전칭

(헤겔, 『논리학』, § 184)

제2격은 보편을 특수와 결합시킨다. 그런데 제1격의 결론에서 개별에 의하여 규정된 보편이 제2격에서는 직접적 주어의 위치를 차지한다. 그리하여 보편은 이 결론에 의하여 특수로 따라서 양극단의 매개자로 나타난다. 그리고 이제는 다른 것이 그 양극단의 위치를 차지한다. 이리하여 추리의 제3격, 즉 '특수-보편-개별'식이 나온다. …52) (『논리학』185) 이로써 결국 형식상에 나타나는 점을 요약하여 말하면, 어느 계기나 媒語의, 따라서 전체의 규정과 위치를 취득하는 동시에 그 추상의 일면성이 즉자적으로 소멸하며, 그리하여 오직 즉자적이기는 하나, 다시 말하면 오직 서로 전제하고 있는 매개의 원환으로서이기는 하나 여하간 매개가 완성된다. 제1격 즉 '개별-특수-보편'식에 있어서는 '개별-특수'와 '특수-보편'의 양전제가 아직 매개되어 있는 게 아니다. 왜냐하면 전자는 제3격에서, 그리고 후자는 제2격에서 매개되는 것이기 때문이다. 그러나 이 양추리식이 각기 제 자신의 전제를 매개시키려면, 그 외의 두 가지 추리식을 전제하여야 되는 것이다. (헤겔, 『논리학』, § 187)

② 반성추리

한편, 위의 '현존재 추리' '직접적 추리'로서의 '질적 추리'에 있어서의 한

(모든 인간)이 아니라 특칭(어떤 인간)이 된다는 것이다.
52) 3격 추리: 1격 추리의 소전제였던 "가우스는 인간이다" 결론을 도출하기 위한 추리인데, 이것을 기호로 표시하면 'E-A-B(개별-보편-특수)'인데, 여기서는 보편(A)이 '매사'이다. 3격 추리에서 이것은 다음과 같이 표시되는데, 이때의 대전제는 2격의 결론을 그대로 가지고 오며, 소전제는 1격의 결론을 그대로 가지고 온다. (대전제)인간은 죽는다(B-A, 2격의 결론), (소전제)가우스는 죽는다(E-A, 1격의 결론), (결론)따라서 가우스는 인간이다(E-B). 한편, 여기에서 중요한 것은 두 개의 전제가 모두 앞의 1격과 2격 추리에서 매개를 통해서 완성된다는 것이다. 이러한 순환구조를 헤겔은 오히려 '추리의 한계'가 아니라, 고양되어 완성에 이르는 '추리의 지양'으로 본다. 그리고 오히려 3격추리의 매사가 보편임을 근거로 하여, 3격의 추리가 마치 1,2격의 진리인 것처럼 간주한다. 그리고, 대전제와 소전제의 술어가 모두 보편인 것을 근거로 하여 그 '전제들이 모두 공리'인 것처럼 파악하는 '수학적 추리'인 4격 추리로 진전을 한다. 따라서 헤겔의 '직접적 추리'는 이러한 '매개'의 '지양성' 여부로 인하여, 여기에서 완성을 보는 것이 아니라 '반성추리'로 나아간다.

4장 개념론

계는 가장 근본적인 추리 도식인 '1격 추리'의 매사가 '추상적 특수성'에 지나지 않는 '무규정적 추리'이다는 것이다. 한편, 이 반성추리에서의 근본도식은 'B-E-A', 예컨대 '모든 인간은 죽는다'인데, 이것은 위의 직접적 추리 중 1격 추리의 '매사' 명제이다. 헤겔은 이에 대해, "제1격 즉 '개별-보편-특수'식에 있어서는 '개별-특수'와 '특수-보편'의 양전제가 아직 매개되어 있는 게 아니다. 왜냐하면 전자는 제3격에서, 그리고 후자는 제2격에서 매개되는 것이기 때문이다.… 그러므로 개념의 매개적 통일은 벌써 단순히 추상적 특수성으로만 나타나는 것이 아니라 도리어 개별성과 보편성과의 발전적 통일로,… 나타나야 되는 것이다. 이러한 매어에서 반성추리가 나온다"고 말한다.

'직접적 추리'에서는, 1격 추리의 매어는 '특수(예: 인간)'였는데, 이것은 "가우스는 인간이다(E-B)"라는 명제로 나타났다. 그리고 이 명제를 증명하기 위해서는 또 다른 전제들이 추가되며 무한퇴행에 빠졌으며, 이것을 대체하기 위해 2격추리가 나타났고, 이 2격 추리의 결론은 "B-A, 혹은 B-E-A(예: 인간은 죽는다)"였다. 이 명제에 대한 입증이 1격 추리의 진리 여부를 판가름하게 되었다. 헤겔은 이 명제에 대한 증명으로서 '반성추리'를 말하고 있다. 따라서 반성추리의 근본도식은 'B-E-A'이다.

그리고 이때 '반성추리'에서의 매사 E는 개별성인데, "이때 개별성이긴 하지만 반성추리의 관계성 속에 있기 때문"에, 이때는 '하나의 개별'이 아니라 '모든 개별'을 의미하는 범유성이다 53) 따라서 반성추리의 최초 추리는 범유성 추리이다. 이제 위의 E는 'e+e+e+…'이 되며, 이것은 개별 하나하나에 대한 경험들을 통해서 정당성을 입증해 나가는 귀납추리가 된다.54) 로서, 귀납법의 추리를 요구하고 있는 것이다. 그런데, 이러한 귀납추리로도 모든 개별물들을 모두 경험할 수 없다는 한계가 나온다. 이에 대한 보완이 유추추리(類推推理)인데, 유추란 한 사물의 동일한 속성에 따라 분류되기 때문

---

53) 이정은, "헤겔 『대논리학』의 자기의식 이론", 연세대학교대학원(박사, 1998), 146.
54) 이정은, "헤겔 『대논리학』의 자기의식 이론", 151.

에 이제 개별이 보편을 대표할 수 있으므로 귀납추리의 불완전함을 보완한다. 이에 따라, 이젠 "매사는 더 이상 개별적인 질이 아니라, 구체적인 것의 자기 내 반성인, 따라서 구체적인 것의 본성인 보편성이다(WdL. Ⅱ, 387). 이때 매사는 단순히 보편인 것이 아니라 '개별인 보편'이다. 그래서, 매사가 보편성임에도 불구하고, 개별이 여전히 영향력을 행사한다."55) 따라서 위의 모든 반성추리를 합하여 '총체성의 추리'라고도 한다.

총체성의 추리는 여러 개의 개별을 매어로 삼고 있는 귀납법의 추리를 요구한다. 가령 '모든 금속은 도전체(導電體)이다'하면 이것은 모든 개별적인 금속물에 의한 시험에서 결과되는 경험적 명제이다. 따라서 우리는 여기서 아래와 같은 형태를 가진 귀납법의 추리를 얻는다.

특수(B)   -   개별(e)   -   보편
개별(e)
개별(e)
개별(e)

금은 금속이다, 은은 금속이다, 동이나 아연 기타 등등은 금속이다. 이상이 대전제이다. 그 다음에 '이 모든 물체는 도전체이다'는 소전제가 서고, 따라서 거기에 '모든 금속은 도전체이다'는 결론이 나온다. 이리하여 여기서는 여러 가지 개별성이 총체성이 되어서 매어의 역할을 한다.··· 이것은 일정한 영역에 있어서의 관찰과 경험의 완성을 전제한다. 그러나 여기서 문제가 되는 것은 결국 여러 개별성이기 때문에 이 추리는 또 다시 개별들로 한없이 진행된다.··· 그렇기 때문에 모든 귀납법은 불완전한 것이다.···

이러한 결함에서 유추가 나온다. 유추추리 중에서는 일정한 류(類)에 속하는 사물에 일정한 속성이 있다고 보기 때문에, 동일한 류에 속하는 사물에 일정한 속성이 있다고 보기 때문에, 동일한 류에 속하는 그 이외의 사물에도 동일한 속성이 있다고 본다. 따라서 가령 예를 들면 사

---

55) 이정은, "헤겔 『대논리학』의 자기의식 이론", 157.

람들은 지금까지 "모든 유성에서 동일한 운동법칙을 발견하였다. 따라서 새로 발견된 한 유성도 확실히 이 동일한 법칙에 의하여 운동할 것이다"고 말하면 이것이 유추의 추리이다. 경험과학상에서는 이 유추를 중요시하며 이 유추에 의하여 대단히 중요한 성과를 거두었다.… 그런데, 유추는 피상적이고 무근거한 유추가 될 수도 있다.…(헤겔, 『논리학』, § 188, 보충)

③ 필연성 추리

추리의 근거는 매사였다. 매사에 대한 선재적인 지식에 근거해서 각종 결론의 명제들이 나온 것이었다. 직접적 추리에서의 매사는 '특수'였다. 더 나아가서 우리는 위의 반성추리의 진행과정에서 매사인 '개별' 속에서 '보편'이 증대되는 과정을 살펴보았다. 특히, 유추추리에서 '구체적 개별성이 모든 계기들을 자신 안에 담지하는 보편'으로 되고, '이 보편이 계기들을 스스로 전개하게 됨'으로써, 매사가 '보편, 즉 실체로서 보편'이 되기에 이르른 것이다.[56] 매사가 '보편'인 것은 3격 추리를 의미하며, 이것은 '직접적 추리'의 1격 추리의 '소전제'였던 3격 추리의 매사였다. 따라서 반성추리(1격 추리의 대전제로서의 2격 추리)의 완성이 자연스럽게 가져오게 된 3격 추리의 완성은 1격 추리의 소전제를 완성하는 추리가 됨으로써, 이것은 '직접적 추리'의 완결된 구조가 된 것이다. 헤겔에게 있어서 추리의 완결된 구조에서 추리의 진리는 매사의 총체성인 '보편성'을 정립하는 데서 이루어지는데, 이것은 궁극적으로는 '유로서의 보편'을 의미해야 한다. 이에 대해 이 정은은 다음과 같이 헤겔의 필연성 추리를 소개한다.

개별이 매사인 반성추리의 매 단계는 개별 속에서 보편이 증대하는 과정이다. 유비 추리에서 구체적 개별성이 모든 계기들을 자신 안에 담지하는 보편으로 되고, 이 보편이 계기들을 스스로 전재하게 됨으로써, 필연성 추리의 매사인 보편, 즉 실체로서 보편에 이르렀다. 필연성 추리의

---

[56] 이정은, "헤겔『대논리학』의 자기의식 이론", 161.

근본도식은 헤겔에게 있어서는 3격 추리(형식 논리학의 2격 추리)이다. 이것은 필연성 추리의 매사가 개별도, 특수도 아닌 '보편'이라는 것과 관련해서만 의미를 지닌다. 현존재추리(직접적 추리)의 완결적 구조에서 추리의 진리는 매사의 총체성인 '보편성'을 정립하는 데서 이루어진다. 이것은 궁극적으로는 유로서의 보편을 의미해야 한다. 그러나 현존재 추리(직접적 추리)에서는 타자관계적 개별성이라는 의미의 보편성에서 그쳤다. 헤겔이 추리의 중심을 유로서의 보편으로 놓은 것은, 아리스토텔레스가 추리의 중심을 특수성에 놓았던 것과 비교된다. 왜냐하면 헤겔에게서 유의 보편은 규정가능성으로서 질료, 단순한 가능성이 아니라, 최종급에서 이념 또는 절대정신, 즉 자신을 특수화하는, 그리고 자기의 특수 속에서 자기와의 법칙으로서, 구체적, 개별적, 보편적 개별에게 복귀하는, 모든 현실성의 영원히 생동하는 법칙으로서 절대정신이기 때문이다. 즉 절대이념으로서 구체적 보편을 현시하는 보편이 추리의 중심이기 때문이다. …

상이한 추리들의 전진을 통해서 매사의 의미가 전환되고 정립된다. 현존재 추리의 근본도식(E-B-A)에서 매사인 특수성은 '추상적이고 단순한 규정적 보편성'이다. 반성추리의 근본도식(B-E-A)에서 매사인 개별성은 규정적 구별을 지닌, 양 항이 전체적 규정성을 지닌 '객관적 보편성'이다. 그리고 나서 필연성 추리의 근본도식(E-A-B)에서 매사는 '내용이 충만된 규정적 구별을 정립하면서 자기 내로 반성, 복귀한 '단순한 동일성'이 된다. 이러한 매사는 "어떤 밖의 직접적 내용이 아니라, 양 항들의 규정성을 자기 내 반성한 것이기 때문에 필연성 추리이다. 양 항은 매사에서 내적 동일성을 지닌다"(WdL. Ⅱ, 391).

사유하는 개념의 객관성을 정립하는 필연성 추리는 개념의 영역이기 때문에, 반성 범주와 같은 실체와 속성의 관계가 아니라, 유와 종차를 내용으로 삼는다. 그래서 유와 종의 관계로서 세 가지 개념규정들이 전개되고, 개별의 성질은 이제 개별의 '본질 또는 본성'에 해당되는 것만이 문제시 된다. 그래서 연관의 중심과 내용성이 되는 매사는 개별이 아니라 보편성이며, 주어와 술어 간의 필연적 연결 또는 양자의 실체, 즉 종을 지니는 유이다. 매사 작용을 하는 중개념은 실체적 동일성으로서 개념의 통일을 이룬다. 필연성 추리의 매사는 필연성을 지닌 내적 동일성을 정립하고 있기 때문에, "매사의 내용규정들은 양 항의 형식규정들이다"(WdL. Ⅱ, 391). 그래서 매사의 내용은 각 항을 결합하는 '본질적 동일성'이고, 양 항들은 '비본절적 존립'이다. 필연성추리임에도 부구하고 양 항이 지닌 비본질적 존립은 필연성 추리의 대전제에 영향을 미쳐서, 세 가지 판단 종류로 드러난다.57)

④ 객관성의 정립

필연성추리로서의 정언추리와 가언추리 및 선언추리에 의해서 이제 '매개를 통해서 전개되었던 추리가 지양되고, 직접적 존재가 재건'된다. 이것은 '객관성의 정립'이다. 이에 대해서 이정은은 헤겔의 말을 다음과 같이 요약한다.

> 필연성 추리에서 첫 번째 추리인 "정언추리는 정언 판단을 하나의 전제 또는 두 개의 전제로 지닌다"(WdL. Ⅱ, 392). … 정언추리는 필연성 추리의 최초 추리라서, 직접적 추리이며 'E-B-A의 도식'을 지닌다. 그러나 정언 추리의 매사는 현존재 추리와는 달리 cnt아적 보편도, 개별적 질도 아니고, '개별의 본질적 본성(성질)'(WdL. Ⅱ, 393)에 해당된다. 그러므로 "주어가 어떤 하나의 매사를 통해서만 어떤 하나의 질과 합치되는 우연성은 제거된다"(WdL. Ⅱ, 393). 보편성 자체가 '필연적 규정성'이며 실체이기 때문에, 실체로서 보편이 매개하는 항들은 '유의 구별의 종적인 것'이다. 현존재 추리와 같이 증명을 위한 '무한누진'이나 다른 격들을 자기의 전제로 삼는 것이 아니다. 그리고 반성추리와 같이 '결론을 자기의 전제로' 삼아서, 전제도 결론의 성격을 지니게 되는 것이 아니다. 실체를 통하여 주어가 매개되지만, 실체적 내용이 주어 자체이기 때

---

57) 이정은, "헤겔『대논리학』의 자기의식 이론", 161-163.

문에, 결론을 전제하지 않는다. "명사들(Termini)이 실체적 내용에 따라 즉자대자적으로 존재하는 상호 동일적 관계로 놓여 있다. 세 가지 명사들을 관통하는 본질이 현존하며, 거기에서 개별성, 특수성, 보편성 규정들은 단지 형식적 계기들일 뿐이다"(WdL. Ⅱ, 393). 본질적 동일성 속에서 양항은 매사의 내용이며, 매사 자체가 '양 항의 내용으로 충만된 동일성'이다. 그러나 매사 속에서 양 항의 동일성에도 불구하고, 양 항 자체는 자립성을 지니며, 자립적 양 항들은 '유' 즉 실체적 보편성((WdL. Ⅱ, 394)을 이루기 때문에, 정언추리는 주관적이지 않고, '객관성'(WdL. Ⅱ, 394)을 정립한다.58)

그러나 '개념 또는 매사에 대립하는 양 항들의 무관심한 존립은 추리의 주관적인 면'(WdL. Ⅱ, 394)을 여전히 보여준다.… 지금까지의 논의에 비추어 볼 때, 필연성 추리에서 내적 동일성이 정립됨에도 불구하고, 정언추리에서는 "앞서의 동일성이 여전히 동일성 또는 내용으로 있지만, 동시에 아직은 형식적 동일성으로 있지 않은 주관적인 것이다"(WdL. Ⅱ, 394). 정언추리에서 개별은 단순한 개별로 그치는 것이 아니라, '자기의 객관적 보편성인 매사'(WdL. Ⅱ, 394)와 스스로 관계한다. 그러나 동시에 개별은 보편이 아니기 때문에,… 개별은 매사에 대해서 '객관적 보편성을 지니면서 동시에 자립적 본성'을 지닌다. 주어인 개별이 매사에 대해 지니는 이러한 관계는 매사와 다른 항과의 관계에도 공히 적용된다.… 정언 추리의 매사인 보편성은 긍정적 동일성에 대립하는 부정성을 지니면서, 직접성의 지양 속에서 가언추리로 이행을 한다.… 가언추리는 실체적 내용 동일성을 지니는 정언 추리와 달리, 매사가 부정성을 지닌다. 이 부정성은 외적 상이성으로서 형식에 의한 연관을 드러낸다. 가언추리("만약 A가 있으면 B가 있다. 이제 A가 있다. 따라서 B이다")에서는 가언판단과 같은 연관성이 그대로 목도된다.…59)

가언추리는 형식적 추리의 2격(A-E-B)과 같이 개별성이 매사였으나,

---

58) 이정은, "헤겔 『대논리학』의 자기의식 이론", 164-165.
59) 이정은, "헤겔 『대논리학』의 자기의식 이론", 167-168.

4장 개념론

선언추리는 '형식적 추리의 3격 E-A-B'의 도식을 지니며, 매사는 보편성으로서 앞서의 모든 과정을 거쳐 정립된 것이다. 그러므로 선언추리의 매사는 '형식과 함께 충족된 보편성이고, 총체성, 즉 전개된 객관적 보편성'(WdL. Ⅱ,398)이다. 매사가 되는 보편성은 추상적 보편성이 아니라 동시에 특수성과 개별성이다. 개념의 세 계기인 개념규정들 각각의 총체성을 정립하고 매개하는 추리의 완성은 이렇게 선언추리의 매사 속에서 이루어진다.… 즉 선언추리에서는 매개의 완전한 실현과 동시에 매개의 지양이 출현하므로, 매개를 통하여 전개되었던 추리가 지양되고, 직접적 존재가 재건된다. 이것은 객관성의 정립이다.…60)

3. 객 관

가. '객관' : 개념의 실재화

지금까지 우리는 순수의식 혹은 절대정신의 자기의식을 의미하는 '주관'을 살펴보았다. 그리고 이 '주관'이 이제 '개념'으로 정립되었다. 이 명제에는 아무런 논리적 하자가 없으므로 이것은 '진리'이다. 그렇다면, 이 '진리'는 '실재화'로 나타난다. 이러한 '개념의 실재화'를 헤겔은 객관이라고 한다. 철학에서 객관이란 '인식하는 주관에 대해서 나타나는 상대'를 의미하며, objekt의 번역어로서 '대상(對象)'으로 번역되기도 한다. 관념론으로는 '주관이 있는 뒤의 객관'이며, 객관은 '자립적인 것이 아니라 주관의 작용으로써 만들어진 2자적(二次的)인 것'이다. 따라서, '주관적 개념의 실재화가 객관'인데, '세계일반 전체'를 의미한다.

① 개념의 실재화

개념의 실재화(實在化)가 즉 객관이다. 좀더 따져 말하면, 보편이 제 자신에 돌아가서 하나의 통체가 되고, 또 이 통체의 제구별이 역시 이러한 통체가 되며, 따라서 매개의 지양에 의하여 직접적인 통일로 규정

---

60) 이정은, "헤겔 『대논리학』의 자기의식 이론", 169-172.

된 개념의 실재화한 것이 객관이다. …

② 완전성이 개념의 통체

사람들은 흔히 객관을 단순히 추상적 존재, 또는 실재물 또는 현실적인 것 전체로 보지 아니하고, 그 자체에 있어서 완전한 독립적·구체적인 것으로 보는 바 이 완전성이 즉 개념의 통체이다. 객관이 대상도 되고 타자에 대하여 외적인 것도 되거니와, 이 사실은 객관이 주관적인 것과 대립해서 나타나는 한에서 차후에 규정될 것이다. …

③ 객관적 세계일반·신·절대적 객관

객관은 본래 하나의, 아니 그 뿐만이 아니라 그 자체에 있어서 하등의 규정도 없는, 전체 즉 객관적 세계일반·신·절대적 객관이다. 그러나 객관은 또한 제 자신의 구별을 가지고 객관적 세계인 무규정적 다양태로 자기분열한다. 따라서 개별화한 이 모든 계기도 또한 한 객관, 즉 그 자체에 있어서 구체적이고 완전하고 독립적인 특정 존재이다.(헤겔, 『논리학』, § 191)

한편, 이러한 '객관'은 당시의 근세철학자들 간에 그 개념 정의와 관련하여 상당한 차이를 지니고 있다. 헤겔의 '객관'은 칸트의 '물자체'와 유사하며, 스피노자의 '실체'와도 유사성을 지니고 있고, 라이프니츠의 '단자'와도 유사성을 지니고 있다. 먼저 '객관'에 대한 『두산백과』에서의 설명을 들어보면 다음과 같다.

중세의 스콜라 철학에서 오브젝툼(objectum)이란 '건너편으로 던져진 것'을 뜻하였으며, 의식의 지향적인 대상, 즉 표상(表象)을 의미하였다. 따라서 그것은 의식의 내재적인 것, 즉 오늘날 말하는 주관적인 것에 가까운 뜻을 지니고 있었다. 이와 같은 스콜라 철학적 용어법은 근세 유럽에도 전통적으로 계승되어 17세기 무렵까지는 이 용어법이 지배적이었다. 예를 들면, R.데카르트에 있어 '객관적 실재(realitas objectiva)'는 의식 내의 표상적 존재를 뜻하며, 의식의 밖인 현실존재를 뜻하는 형상적 실재 또는 현실적 실재와 대응된다. 또한, 스피노자의 객관적 존재(esse objectivum)와 형상적 존재(esse formale)와의 구별도 마찬가지이다.

그러나 르네상스 이후의 근세 유럽에서는 'objectum'이란 말은 점차 의식 밖에 있는 존재자를 뜻하게도 되었는데,… 이와 같은 용어법이 명확해지고 일반화된 것은 영국의 로크 이후의 일이다. 로크에 있어 관념(idea)은 '마음의 직접적인 object'를 가리킴과 동시에 관념 밖의 존재인 물질적 실체(corporeal substance)도 또한 'object'라고 하였는데, 이와 같은 용어법이 로크 철학의 영향을 받아 18세기에는 유럽 사상계에 일반화되기에 이르렀다. 이것이 명확하게 자각된 것은 18세기 말부터 19세기 전반에 걸친 I.칸트와 독일 관념론에 의해서이다. 칸트는 경험적 의식과 구별하여 선험적 의식 또는 의식 일반을 따로 구분하였다. 이것은 개인의식의 경험적 내용을 전부 사상(捨象)하여 단지 '나는 생각한다'는 순수한 의식만을 끌어낸 것으로, 개인의식이면서도 그 어떤 개인의식에도 적용되는 초개인적인 뜻을 지니는 것이다. 자기의 육체나 자기의 경험적인 심리과정도 다같이 'Objekt'로 보는 의식주관의 뜻이 여기에서 명확해졌고, 여기에서 비로소 의식주관의 근대적 의미가 형성되었으며, 이에 따라 'Objekt'를 '객관'이라고 번역할 수 있는 단서가 구축된 것이다.

칸트가 선험적 의식 외에 불가지의 '물자체'를 상정한 데 반하여 J.G.피히테는 자아(自我:Subjekt)에 의한 비자아(非自我:Objekt)의 정립(定立)을 주장하여 물자체를 제거하였고, F.W.셸링은 다시 Subjekt와 Objekt의 절대적 무차별을 주장하였으며, G.W.F.헤겔은 자각적 자기운동의 Subjekt로서의 '절대정신'의 변증법적 전개로 일체의 자연과 역사를 설명하였는데, 이리하여 모든 것을 Objekt로써 고찰할 수 있는 Subjekt의 개념이 명확하게 확정되었다.(두산백과, 객관, 2025. 10. 9.)

나. '객관'과 '구별들'과의 '몰교섭'적 성격

헤겔의 '객관'은 그 자체 속에 지양되어 있는 구별에 대하여 몰교섭(무관계)한 직접적 존재이다. 이것은 라이프니츠의 단자론의 '창문이 없는 단자'의 성격과 유사하다. '주관'의 반영으로서의 '객관'이므로, '객관 내에서의 구별들'과의 관계에 관하여는 '몰교섭'하다는 것이다. 만약 어떤 관계가 존재한다면 '주관'에서 존재하고, 이후에 '객관'에는 이에 대한 반영으로만 나타날 것이다. 이렇게 말한 헤겔은 또 다시 이것은 '모순'이라고 말한다. 이에 대해 헤겔은 다음과 같이 말한다.

① 몰교섭한 직접적 존재
객관이라는 것은 그 자체 속에 지양되어 있는 구별에 대하여 몰교섭한 직접적 존재이다. 다시 말하면 객관이라는 것은 그 자체 내의 통체성인 동시에, 이 동일성은 제계기의 즉자적인 동일성에 불과한 것이기 때문에, 또한 그 직접적 통일에 대하여서도 무관심한 것이다. 즉 따라서 객관이라는 것은 여러 가지로 구별되는 바, 이 모든 구별은 그 자체가 통체성이다. 그러므로 객관이라는 것은 뭉쳐서 복잡한 것의 완전한 독립성과, 갈려서 구별되는 것의 완전한 비독립성과의 절대적 모순이다.

② 객관과 라이프니쯔의 단자
'절대는 객관이다'는 정의는 라이프니쯔의 단자 중에 가장 뚜렷이 들어 있다. 이 단자는 즉자적이기는 하나 객관을 표상하며, 더구나 세계 표상의 통체성이라고 라이프니쯔는 말한다.… 밖에서 단자 속으로 들어오는 것은 하나도 없다. 단자는 그 자체에 있어서 완전한 개념이요, 다만 개념에 고유한 발전의 다소에 의하여서 구별될 뿐이다. 따라서 이 단자를 단일통일체는 절대다의 구별로 갈려서 독립적인 여러 단자가 된다. 그런데 모든 단자와 모든 단자의 내적 발전의 예정조화 중에 있어서는, 이 제실체가 다시 비독립성과 관념성으로 환원된다. 따라서 라이프니쯔 철학은 완전히 전개된 모순이다. (헤겔, 『논리학』, § 192)

다. '주관'과 '객관'의 관계

4장 개념론

'객관'은 '개념의 실재화'이기 때문에, 그리고 '개념'은 '진리로서의 명제'이기 때문에 '법칙'이다. 그래서 "고정불변한 무과정적인 것"으로 이해되어서, 인간의 주관은 결코 고려될 수 없는 고정불변한 '절대자로서의 신'과 같은 존재로 보여질 수도 있다. 마치 스피노자의 실체와 같다. 더 나아가서 '주관성과 객관성을 하나의 고정한 추상적 대립'으로 볼 수 있다. 그러나 헤겔은 진정한 신과 그에 대한 신앙은 "주관성과 객관성을 극복하는 데에 그 본질이 있다"고 하며, "주관성과 객관성을 하나의 고정한 추상적 대립으로 보는 것은 불합리하고, 이 '객관'은 '고정불변한 무과정적인 것이 아니라, 동시에 이념까지 전진하는 주관적인 것으로 나타나는 과정을 취한다"고 말한다. 즉, '객관'이 즉자적인 것이라면 '주관'은 대자적인 것이고, '이념'은 즉자대자적인 것이라는 것이다.

① 절대자로서의 객관 : 피히테

절대자(신)을 객관으로 보고 또 그렇게만 보는 것은 근세철학자, 그 중에서도 피히테가 정당하게 지적한 바와 같이 대체로 말하면 미신이나 비굴한 공포의 입장이다. 물론 신은 객관, 더구나 절대적인 객관이어서 이에 비하면 우리의 특수한 (주관적) 의사나 의욕에는 하등의 진리도 없고 또 하등의 가치도 없는 것이다. 그러나 신은 바로 절대적인 객관이기 때문에 암울한 적대력으로서 주관성과 대립하는 게 아니라, 도리어 이 주관성을 본질적인 계기로 삼아서 자체 중에 내포하고 있는 것이다. 이 사실은 기독교의 교의 중에서 뚜렷하게 알 수 있다. 왜냐하면 기독교의 교의 중에는 말하기를, 신은 모든 인간이 구원 받기를 원하며 또 모든 인간이 복 받기를 원한다고 하기 때문이다. 그러므로 인간은 신과 하나가 됨으로써 구원을 받고 또 복을 받는다. 따라서 신은 단순한 객관만이 아니요,… 따라서 신을 그렇게 보게 되면 주관성과 객관성과의 대립이 즉자적으로 해소되는 것을 알 수 있게 되며,… 그래서 종교나 종교신앙이 주관성과 객관성과의 대립을 극복하는 데에 그 본질이 있듯이, 학문 특히 철학의 임무도 다른 것이 아니라 이 대립을 사유에 의해서 극복하는 데에 있는 것이다.… 상술한 바에 의하여 주관성과 객관성을 하나의 고정한 추상적 대립으로 보는 것이 얼마나 불합리인 것을 알아야 한다.

② 개념 : 이념까지 전진하는 주관적인 것
이 양자는 어디까지나 변증법적인 것이다. 개념이란 것은 우선 주관적인 것에 불과한 것이기는 하나 거기서 한 걸음 더 나아가 하등의 외적 질료나 물소를 필요치 않고 특유한 활동에 의하여 객관화하는 것이며, 바로 그렇기 때문에 객관이라는 것은 고정불변한 무과정적인 것이 아니라, 동시에 이념까지 전진하는 주관적인 것으로 나타나는 과정을 취하는 것이다.…(헤겔, 『논리학』, § 192)

라. 객관성의 형태
헤겔은 객관성의 형태로서 기계론과 화학론과 목적론의 세 가지 형태를 말하며, 이것은 하나의 변증법적 단계를 말해준다. 이러한 변증법적 이행을 통해서 '주관'은 '객관'으로, 또 다시 '객관'은 '이념'으로 이행을 한다.

① 객관성 : 기계론
객관성은 기계론 · 화학론 · 목적론의 세 가지 형태를 내포하고 있다. 기계론적으로 규정된 객관은 직접적 외면적인 객관이다. 이 객관은 물론 제구별을 내포하고 있으나 그러나 이 제구별은 상호간에 하등의 상관도 없고, 따라서 이 제구별이 결합된다 해도 그것은 오직 외면적인 결합에 불과한 것이다.

② 화학론
그런데 화학론에 있어서는 객관이 본질을 달리하고 나타나며, 따라서 객관은 오직 그 상호 관계에 의해서만 객관이 되며 그 상호간의 차이가 객관의 질이 된다.

③ 목적론
객관성의 셋째 형태, 즉 목적론적 관계는 기계론과 화학론과의 통일이

다. 목적이라는 것도 역시 기계론적 객관과 마찬가지로 그 자체에 있어서 완결된 통체성이기는 하나, 그러나 화학론 중에서 나타난 차이의 원리에 의하여 내용이 풍부하여진 것, 따라서 이 차이를 대립적인 객관으로 삼아서 관계하는 것이다. 그러므로 목적의 실현은 이념으로의 이행이 되는 것이다. (헤겔, 『논리학』, § 192, 보충)

마. 기계론

객관은 주관의 입장에서 보면 주관의 직접태로서 즉자적인 개념이다. 이것은 개념 밖에 있으며 외적인 것으로 나타난다. 이것을 형식적 기계론이라고 하는데, 우리의 오성에 표상으로 나타난다. 그런데 대상에는 이렇게 외면적으로 나타나는 것 외에 정신이나 욕구와 같은 내면적인 요소들이 존재하는데 이것은 간과된다.

객관이라는 것은 그 자체의 직접태에서 보면 오직 즉자적인 개념이며, 즉자적인 개념은 주관적인 것이기 때문에, 최초에는 이 개념 밖에 있고 따라서 모든 규정성의 외적인 것으로 나타난다. 그러므로 객관이라는 것은 모든 구별된 것의 통일로써 보면, 한 합성체 한 집성체요 따라서 타자에 대한 그 관계는 외면적 관계이다. 이것이 형식적 기계론이다.… 밀고 밀리는 것은 기계적 관계이거니와, 그와 마찬가지로 우리가 말의 뜻을 모르는 감각이니 표상이니 사추니 하는 말들을 외면적으로 대하며, 또 역시 외면적으로 그 말들을 늘어놓는 것도 기계적이요 암기식이라는 것을 우리는 알고 있다. 인간의 행동이… 그의 정신이나 의지에 대하여 외면적인 때에는 그런 행동이나 신앙 기타 등등도 역시 기계적이다. (헤겔, 『논리학』, § 193)

기계론은 객관성의 최초 형태이기 때문에 또한 오성이 대상적 세계를 고찰할 때에 나타나는, 따라서 오성이 흔히 고집하기 쉬운 범주이기도 하는 것이다. 그러나 이것은 자연에 관해서나 또는 정신계에 관해서나 충분히 맞지 않는 피상적이고 또 사상적으로 빈곤한 고찰 방식에 불과한 것이다. 자연계에서 기계론에 지배되는 것은 오직 아직 그 자체가 충분히 전개되지 못한 질료의 전연 추상적인 관계뿐이다.… 그러므로 기계론의 범주와 전연 다른 또 그보다 더 고차원적인 범주가 필요한데도 불구하고, 여전히 기계론의 범주만을 죽자 하고 고집하고, 또 그리함으로써 진정한 자연인식의 길을 봉쇄하는 것은 근세 자연과학의 본질적인 아니 근본적인 결함이라고 보지 않을 수 없다.(헤겔, 『논리학』, § 193, 보충)

이때, 객관이라는 것은 전개된 개념 자체이기 때문에 제규정의 하나는 그 다음 하나 속으로 지양되는 게 아니다. 객관이라는 것은 제 자신의 부정, 즉 제 자신의 비독립성에 의하여 제 자신을 제 자신과 연결시키고 그리함으로써 비로소 독립적인 것이 된다. 이것을 이합적(離合的) 기계론이라고 한다.

이어서 이러한 추리는 내재적 부정성이 한 객관의 추상적 중심으로서 일정한 매개자를 통하여 타방의 극단인 비독립적 제객관과 관계함을 의미한다. 따라서 이 매개자는 제객관의 중심성과 비독립성을 자체 내에서 통합하는 상대적 중심이다. 이것이 절대적 기계론이다.

바. 화학론

'존재ㆍ실재ㆍ현실성으로서의 개념'으로서의 '객관'은 먼저 '실재의 직접태'로 나타나는데, 이것을 기계론이라고 한다. 그런데, 그 직접태는 이제 일정한 매개자를 통하여 즉자적으로 부정이 되고 분리된 객관으로서, 이 '객관의 본성'이 되고, '객관을 실재케 하는 내재적 규정성'을 가지고 나타난다. 이것을 화학론이라고 한다. 따라서 '기계론'이 '개념'의 '대자관계'로서 나타난 것이라면, '화학론'은 그 자체 내의 매개에 의한 '대타관계'로서 나타난 것이다. 그러나 궁극적으로 보면, 기계론이나 화학론은 개념과 즉자적관계이며, 목적론이 오히려 대자적관계이다.

4장 개념론

이 모든 객관이 절대적 기계론 중에서 가지고 있는 실재의 직접태는, 독립성이 그 상호 관계를 통하여, 따라서 그 비독립성을 통하여 매개되어 있는 바로 그것 때문에 즉자적으로 부정된다. 이리하여 객관은 그 자체의 실재성에서 그 자체의 타자와 대립·분리한 것으로 나타나게 되는 것이다.(헤겔,『논리학』, § 197)

분리된 객관은 이 객관의 본성이 되고 또 이 객관을 실재케 하는 내재적 규정성을 가지고 있다. 그러나 이 객관은 개념의 통체성이 드러난 것이기 때문에 이러한 그 통체성과 그 실재성과의 모순이다. 그러하지만 객관은 이 모순을 지양하여 자기 자신의 특수 존재를 개념과 일치시키려고 노력하는 것이다.(헤겔,『논리학』, § 198)

화학론이라는 것은 객관성의 범주 중의 하나이다. 그렇기 때문에 화학론은 기계론과 전연 별개의 것이 아니라 도리어 기계론과 한데 총괄되는 것이다. 따라서 기계론과 화학론은 기계적 관계라는 공통 명칭 하에 총괄되어서 흔히 목적성의 관계와 대립한다. 그러면 그 이유는 무엇인가? 그것은 기계론과 화학론과는 오직 즉자적으로만 실재하는 개념이 되려는 공통성이 있으나, 목적은 대자적으로 실재하는 개념으로 보아야 하는 것이기 때문이다. 그러나 좀더 따져 보면 기계론과 화학론과의 사이에도 뚜렷한 구별이 있다. 즉 기계론의 형식에서 본 객관은 첫째 무차별적인 대자관계이나 그와 반대로 화학론적 객관은 어디까지나 대타관계로 나타난다. 그런데, 기계론에 있어서도 그것을 전개하면 대타관계가 나온다.…(헤겔,『논리학』, § 198, 부충)

사. 목적론

화학론에서 '즉자적으로 존재하던 개념'이 해방되어, 이제 목적론에서는 '대자적으로 존재하게 되는 개념'이 된다. 그럼에도 이것은 여전히 원래의 '개념'에 대해서는 '즉자적'이다. 이것은 어떻게 보면, '개념의 즉자존재로서의 직접태'가 '대자적 존재로 걸어나온 것'이다. 따라서 이 '목적론적 객관'은 주관적인데, 이렇게 주관적이라는 것은 '객관성과 대립하는 개념'이며, 이것은 개념의 통체성에 비하면 일면적이고, 더구나 목적 그 자체에 대하여 일면적이다.

> … 개념은 그것이 그 속에서 객관으로 매몰되어 있는 외재성(外在性)과 직접성이 이러한 부정을 통하여 자유를 획득하며, 따라서 이 외재성과 직접성에 대하여 독자적인 것 즉 목적으로 드러나는 것이다.(헤겔, 『논리학』, § 201)
> 화학적 과정의 양 형식이 서로 대립한 채로 지양되는 바로 그 가운데에, 화학론으로부터 목적론으로의 이행이 포함되어 있는 것이다. 이 이행에서 어떠한 결과가 나오느냐 하면, 그것은 화학론과 기계론 중에서 겨우 즉자적으로 존재하던 개념의 해방이요, 따라서 여기서 대자적으로 존재하게 되는 개념이(개념인데 본질적으로는) 즉자적이다.(헤겔, 『논리학』, § 201, 보충)
> 목적이라는 것은 직접적인 객관성이 부정을 통하여 자유로운 실재에 걸어나온 대자적으로 존재하는 개념이다. 목적이라는 것은 주관적으로 규정되어 있는 것이다. 왜냐하면 이 부정은 첫째 추상적이고 따라서 또 그러므로 목적은 객관성과 대립하는 개념이기 때문이다. 그러나 주관성이라는 이 규정은 개념의 통체성에 비하면 일면적이고, 따라서 더구나 목적 그 자체에 대하여 일면적인 것이다. 왜냐하면 목적 중에는 모든 규정성이 지양된 것으로서 나타나기 때문이다. 따라서 전제된 객관은 목적에 대한 일개의 관념적인 계기, 다시 말하면 무로서의 실재성에 불과한 것이다. 목적이란 것은 목적 그 자체의 자기동일성과 이 목적 중에서 드러나는 부정 및 대립과의 모순이기 때문에, 그 자체가 지양 작용, 즉 대립을 부정하여 이것을 목적 제 자체와 일치시키는 활동이다. 이것이 목적의 실현이다. 그런데 이 목적 실현에 있어서는 목적이 제 자신의 관성과는 다른 것이 되고, 따라서 객관화함으로써 목적의 주관성과 객관성과의 구별을 지양하여, 오직 제 자신을 제 자신과 연결시키고 제 자신을 보유하는 것이다. …(헤겔, 『논리학』, § 202)

목적론적 관계는 주관적 목적이 한 매개자를 통하여 그에게 외적 객관성과 연결하는 추리이다. 그리고 이 매개자를 합목적적 활동으로 보면 주관적 목적과 외적 객관성과의 통일이요, 또 직접목적으로 정립되는 객관성으로 보면 수단이다. (헤겔, 『논리학』, § 204)

목적에서 이념에 이르기까지의 발전은 첫째 주관적 목적, 둘째 실현자, 셋째 실현된 목적 등의 3계단을 밟는다. 최초에 우리는 주관적인 목적을 갖는 바, 이것은 대자적으로 존재하는 개념이기 때문에 그 자체가 개념 제계기의 통체성이다. 이 제계기 중의 첫째 계기는 제 자신과 동일적이 보편자 즉 모든 것이 그 가운데에 들어있으나, 그러나 아직 분리되지 않은 중화적(中和的)인 최초의 물과 같은 것이다. 그 다음에 둘째 계기는 이 보편자의 특수화로서 보편자는 이 특수화에 의하여 특정한 내용을 획득한다. 그 다음에 이 특정한 내용이 보편자의 활동에 의하여 밖으로 드러나게 되면 보편자는 그로 인하여 제 자신에게 돌아가서 제 자신과 연결한다.… 여기에서 단순한 주관적 목적으로부터 밖으로 돌아간 합목적적 활동으로서의 진행이 나온다. (헤겔, 『논리학』, § 204, 보충)

4. 이 념

가. '이념'의 개념

헤겔에게 있어서 '개념'은 스피노자의 실체와 같은 큰 덩어리이지만 동시에 인격적 실체로서의 자기의식이 있으며, 이 인격적 실체의 자유가 곧 '주관'이다. 그리고 이에 대한 즉자적 관계로서의 '객관'이 출현한다. 그리고 또다시 이 '객관'은 대자로서의 '주관, 혹은 개념'에 의해 '매개'되어 '부정'되고 '지양'하여서 '절대적 통일'로서의 '이념'으로 등장한다. 따라서 이 '이념'은 '개념'이 '객관'에 매개되고 부정되어 지양된 모습이다.

헤겔에 의하면 이와 같이 '진리'란 이러한 '객관성'이 '개념'에 대응하는 데에서 성립한다. 우리는 '진리'를 우리의 이성이 외적사물로부터 참다운 것을 인식하는 것으로 생각하는데, 그렇지 않고 진리란 '순수의식의 표상'이다. 그리고 이 '자기의식의 표상'으로서의 외적사물이 존재한다. 따라서, 이러한 '현실적인 모든 것'이 참다운 것인 한에 있어서는 모두 이념이다. 따라서, 오직 이념을 통하여서만, 또 오직 이념의 힘에 의해서만 개별적인 사물들은 제자신의 진리를 획득하는 것이다. 그러므로, 모든 개별적인 사물들은 '이념'의 일면이다. 즉, '절대이념'이 원시분할하여 특정한 이념의 체계로 특수화하는 이념들일 뿐이다. 따라서 이 특수적인 이념은 유일한 이념 즉 그 이념의 진리에 귀환하는 것에 불과한 것이다. 이러한 판단에서 이념은 첫째 유일한 보편적 실체라는 결론이 나온다.

① 이념 : 개념과 객관과의 절대적 통일
이념이라는 것은 즉자적으로나 대자적으로나 참다운 것 즉 개념과 객관과의 절대적 통일이다. 이념의 객관적 내용은 모든 규정을 구유(具有, 구체적으로 있게 하는)한 개념 이외의 아무것도 아니며, 그 실재적 내용은 이 개념의 표현에 불과한 것이다. 그런데 개념은 외적 특수형식으로 표현되며, 다시 이 특수 존재로서의 형태를 제 자신의 관념성 중에 흡수하여 이것을 제 위력 하에 두면서 이 속에서 자기를 보유하는 것이다.
② 절대자 정의 : 절대자는 이념이다
'절대자는 이념이다'라고 하는 절대자의 정의는 그 자체가 곧 절대적이다. 절대자에 대한 종래의 모든 정의는 이 정의에 귀일하는 것이다. 이념은 진리이다. 왜냐하면 진리라는 것은 외적 사물이 우리의 표상에 조응하는 데에서 성립하는 게 아니라, 객관성이 개념에 대응하는 데에서 성립하는 것이기 때문이다. 나의 표상이라는 것은 '나'라는 '이것'이 가진 바 진정한 표상에 불과한 것이다.
③ 이념을 통해서만 획득되는 진리
그런데 이념에 있어서는 '이것'이나 표상이나 외적사물이 문제가 아니다. 그러나 현실적인 것도 그것이 참다운 것인 한에서는 모두 이념이요, 따

라서 오직 이념을 통하여서만, 또 오직 이념의 힘에 의해서만 제자신의 진리를 획득하는 것이다. 개별적인 존재는 다 이념의 일면에 불과한 것이다. 그러므로 개별적인 존재는 그 이외의 여러 현실성을 요구하고 있는 것이다. 그런데 이 여러 현실성도 그와 같이 제 각기 따로 존립하는 특수로서 나타나는 것이다. 이리하여 개념은 오로지 이러한 것들 중에서 그것들의 관계 중에서 실재화하는 것이다. 개별적인 것은 단독으로 제개념에 조응하는 게 아니다. 개별적인 특수존재는 이러한 제한성을 갖고 있기 때문에 유한하고 또 생멸하는 것이다.

④ 이념은 유일한 보편적 실체

개념을 단순히 특정한 개념으로만 알아서는 안 되는 것과 마찬가지로, 이념도 그 무엇의 이념으로만 알아서는 안 된다. 절대는 원시분할하여 특정한 이념의 체계로 특수화하는 보편 또는 유일한 이념이다. 따라서 이 특수적인 이념은 유일한 이념 즉 그 이념의 진리에 귀환하는 것에 불과한 것이다. 이러한 판단에서 이념은 첫째 유일한 보편적 실체라는 결론이 나온다. 그러나 이념의 전개된 참다운 현실성은 이념이 주체, 따라서 정신으로 존재하는 점에 있다.…(헤겔,『논리학』, § 211)

나. '진리의 실현' 혹은 '존재'의 변증법적 이행으로서의 '이념'

헤겔은 진리를 개념과 실재, 혹은 개념과 객관성의 일치로 본다. 헤겔에게 있어서 그의 논리학에서 말해온 '존재·본질·개념·객관성의 제계단'은 바로 이 '개념과 객관성의 일치로서의 이념'으로의 과정이었던 것이다. 즉 동일한 존재가 이와 같이 나타난 것이다.

① 진리의 참뜻은 객관성이 개념과 일치하는 점에 있음

진리란 것을 사람들은 첫째 내가 그 무엇이 어떻게 있는가를 아는 것같이 생각한다. 그러나 그렇게 이해하면 진리라는 것은 의식과의 관계, 다시 말하면 형식적 진리, 즉 단순한 정당성에 불과하게 된다. 그와 반대로 진리의 참뜻은 객관성이 개념과 일치하는 점에 있는 것이다. 가령 예를 들면, 참다운 국가나 참다운 예술품을 논하는 경우에 있어서는 이상 말한 바와 같은 참다운 의미에 있어서의 진리가 문제되고 있는 것이다. 이 국가나 예술품 등은 그것들이 마땅히 있어야 할 대로 있을 때, 다시 말하면 그 실재성이 그 개념에 일치할 때에 참다운 국가나 참다운 예술품이 되는 것이다. 이리하여 참답지 못한 것은 달리 말하면 나쁜 것과 같은 것을 의미하는 것이다. 나쁜 인간은 참다운 인간 즉 인간이란 개념 또는 인간이란 규정에 어그러지게 행동하는 인간이다. 따라서 개념과 실재와의 일치를 떠나서는 전연 아무것도 존재하지 못한다. 나쁜 것이나 참답지 않은 것도 그 실재성이 여하한 형식으로든지 그 개념에 대응하는 한에서만 존재한다. 그러므로 절대로 나쁘든지 또는 개념에 배반되는 것은 자멸하는 것이다. 이 세상 만물은 오직 개념에 의해서만 존립하고 있는 것이다. 다시 종교적인 관념의 말로 말하면, 모든 사물은 그 속에 내재하는 신적 사상, 따라서 창조적 사상에 의하여서만 바로 그 사물이 되는 것이다. 이념을 운운할 때 우리는 이 이념을 요원한 피안적인 그 무엇으로 알아서는 안 된다. 오히려 이념은 어디가지나 현재적인 것이다. 따라서 이념은 아무리 혼탁·왜곡된 형태로나마 어느 의식에나 들어 있는 것이다. 우리는 세계를 신에 의해 창조된 거대한 한 전체를 따라서, 더구나 이 세계 중에는 신이 자기를 계시하고 있다는 것을 알고 있다. 그뿐만 아니라 우리는 세계가 신의 섭리에 의하여, 본래 거기서 유래한 통일 중으로 복귀하여 그 속에서 적당히 제 자신을 향유한다고 본다.···

② 이념이 진리

이념이 진리라는 것은 지금 여기서 비로소 증명에 도달된 것이 아니라, 사유에 관한 지금까지의 모든 설명과 전개가 이 증명을 포함하고 있는 것이다. 이념은 이런 사유전개 과정의 성과이다. 그러나 그렇다고 해서 이 과정의 성과인 이념을 마치 오직 이념 이외의 타자에 의해 매개된 것처럼 알아서는 아니 된다. 지금까지 보아 온 존재·본질·개념·객관성의 제계단은, 이러한 그 구별을 가지고 고정불변하는 것이 아니라 도리어 변증법적으로 나타난다. 따라서 이러한 제계단의 진상은 오직 이념의 제계기가 되려는 점에 있다. (헤겔, 『논리학』, § 214, 보충)

다. '추상적 오성'으로 이행하는 '이념'

헤겔은 '이념'을 '이성'으로 이해하고자 한다. 이때의 '이성'이란 오성과 같은 감각적 능력과 구별되는 개념에 의한 사유능력을 의미한다. 그런데 이에 대해 '추상적 오성'이라고 말할 수도 있다. 오성은 이와 같은 인식기능을 의미하는데, 이때 자칫 어떤 대상을 인식하는 것과 같은 형태로 오해를 불러일으킬 수 있다. 그런데, 여기에서 말하고자 하는 '이념으로서의 오성'은 그러한 오성이 아니라 '추상적 오성'이다. 이것은 '이념 그 자체가 영원히 자기 동일적인 것과 차별적인 것'을 인식하는 '영원한 정신의 변증법'을 의미하여서, '제 자신의 영원한 관조'를 통해 '제객관성에서 자신을 완성하는 행위'를 말한다. 따라서 오성적 인식의 형태를 취한 '이념의 무한판단'을 말하는 것이다.

① 이성으로서의 이념
이념을 이성이라고 이해할 수 있다… 왜냐하면 이념은 오성의 모든 관계를, 더구나 그 무한한 복귀와 동일성을 내포하고 있는 것이기 때문이다.
② 이념은 영원한 정신의 변증법
…이념은 그 자체가 영원히 지기동일적인 것과 차별적인 것, 주관적인 것과 객관적인 것, 유한적인 것과 무한적인 것, 정신과 육체와를 분리하고 구별하며, 따라서 오직 그러한 한에서 영원한 창조, 영원한 생명, 영원한 정신인 변증법이다. 그리하여 이념은 그 자체가 추상적 오성으로 이행하면서 혹은 제 자신을 오성으로 전신(轉身)하면서 또한 영원히 이성인 것이다. 왜냐하면 이념은 오성의 유한적인 본성과 그 생산물의 독립성이라는 그릇된 가상(假相)에 관한 이 오성적 분별적 이해를 재이해하여 통일로 돌려놓는 변증법이기 때문이다. 이 이중 운동은 시간적도

아니요 또 여하한 형식으로나 분리되어 구별되는 것도 아니라, 도리어 타자에 있어서의 제 자신의 영원한 관조, 즉 제객관성에서 제 자신을 완성하는 개념이요, 내적 합목적성, 본질적인 주체성인 객관이다.
③ 이념은 무한판단
…이념은 무한판단이며 이 판단의 각 측면은 모두 독립적 통체성이다.…(헤겔, 『논리학』, § 212)

헤겔은 "이념은 그 본질에 있어서 과정이다"고 하며, 이 이념은 '생명', '인식', 및 '절대이념'이라는 형태로 나타난다고 말한다. 이때 여기서의 '생명'은 '육체'를 필요로 하는 '영혼'으로서의 생명을 말하여서 '인간'과 같은 구체적인 인격적 존재의 출현을 의미하고 있다.

과정으로서의 이념은 세 가지 계단을 밟아서 발전한다. 이념의 제1형태는 생명 즉 직접적 형태에 있어서의 이념이요, 그 다음의 형태는 간접적 형태 또는 분리형태에 있어서의 이념이니, 이것은 이론적 이념과 실천적 이념이라는 이중의 형태로 나타나는 인식으로서의 이념이다. 그런데, 인식의 과정은 결국에 가서 구별에 의하여 풍부하여진 통일을 회복하는바, 여기서 절대이념이라는 이념의 제3형태가 나온다. 절대이념이라는 것은 논리적 과정의 마지막 계단인 동시에, 오직 제 자신에 의해서만 존재하는 진정한 최초의 존재로 나타나는 것이다. (헤겔, 『논리학』, § 213, 보충)

라. 생 명
헤겔은 '이념의 직접태를 생명'이라고 하며, 이 '생명은 이념으로 발전한 개념이 영혼으로서 육체 중에 실재화한 것'이다. 헤겔이 이 말은 마치 오리게네스가 선재하는 예수 그리스도의 영혼을 말하는 것을 연상하게 한다. 오리게네스는 로고스(이데아)가 한 영혼으로 담겨져서 한 인격적인 존재가 되어지는 것을 말한다. 그리고 이러한 영혼이 육체를 입는 것은 자연스러운 것이라고 말한다. 헤겔의 '이념으로서의 생명'은 오리게네스의 선재하는 로고스로서의 예수 그리스도의 영혼과 서로 같은 이미지이다. 이에 준용하여 볼 때, 헤겔의 이념으로서의 '생명'은 제1인간으로서의 예수 그리스도, 혹은 이에 대한 형상으로서의 '아담'과 같은 존재와 비견된다. 이 '생명'에 의해서 '이념'이 펼쳐지는데, 이 '생명'의 '(추상적인) 오성적 인식'에 의해서 가시적인 '사물'로서 구체화되기 시작한다.

① 생은 직접적인 이념
생은 직접적인 이념이다. 개념은 영혼으로서 육체 중에서 실재화한다. 그런데 정신은 첫째 육체라는 외재성에서 직접적으로 제 자신과 관계하는 보편성이요, 그 다음에 영혼은 육체가 제 자신이 가지고 있는 개념 규정 이외의 여하한 다른 구별도 표현하지 못하도록 육체를 특수화하는 것이요, 마지막으로 영혼은 무한한 부정성인 개별성이다. 이러한 제과정은 독립적인 존재라는 가상(假象)에서 주관성으로 돌아간 육체의 개별적인 객관성의 변증법이다.… 이리하여 생은 본질적으로 산 것이요, 더구나 그 직접성에서 보면 개별적인 특정한 산 것이다. 여기서는 이념이 직접적인 것이기 때문에 유한성은 정신과 육체로 분리되는 규정을 갖는다. 여기에서 생존자의 가사성이 나온다.…(헤겔, 『논리학』, § 214)
② 생에서 보이는 개념과 이념
…우리는 생에서 개념 그 자체를 보며, 좀더 따져 말하면 개념으로서 실재하는 직접적인 이념을 본다. 그것은 그렇다 하고 또 여기서 생의 결함을 말하지 않을 수 없다. 그러면 생의 결함은 어디에 있는가? 그것은 개념과 실재가 서로 아직 참으로 일치하지 않는 점에 있다. 정신은 말하자면 육체 중에 충일하는 것이요, 그리하여야만 비로소 육체가 감수성을 갖는다. 그러나 그렇다고 아직 자유스런 자각적 존재가 되는 것은 이니다. 그 다음에 생의 과정은 생이 생을 속박하고 있는 직접성을 극복하는 데에 있는바, 이 과정은 그 자체가 또다시 세 가지 계단을 밟아 결국 판단의 형태에 있어서의 이념, 다시 말하면 인식으로서의 이념으로

나타난다. (헤겔, 『논리학』, § 214, 보충)

이러한 '생자(生者)'에 의해서 이제 구체적 세계가 펼쳐지는데, 먼저 생자의 활동은 '추리'를 통해서 이루어진다. 이 생자는 먼저 '제 자신을 분리하여 제 육체를 제 객관으로 전화'시킨다. 그리고 '제 자신을 재생산함'으로서 '제 자신을 유지'한다. 또한 '개념의 판단(분열)을 통하여 무기적 자연을 방출'한다. 그리고 '자기의 외적 객관성을 제 자신에 동화'시킨다.

① 추리로서의 생자

생자는 추리요 이 추리의 제계기는 그 자체가 또 체계 및 추리이다. 그러나 이 추리는 활동하는 추리, 즉 활동 과정이요 따라서 생자의 주체적 통일이 취하는 오직 한 과정에 불과하다. 그리하여 생자는 결국 세 가지 과정을 밟아 제 자신을 제 자신과 연결하는 과정이다. (헤겔, 『논리학』, § 215)

② 객관으로 분리

첫째 과정은 제 자신을 분리하여 제 육체를 제 객관으로, 무기적 자연으로 전화시키는 그러한 자체 내부의 과정이다.… 제 자신을 재생산함으로써 제 자신을 유지한다. (헤겔, 『논리학』, § 216)

③ 자유인 개념의 판단

자유인 개념의 판단(분열)은 그러나 부단히 독립적 통체인 객관적인 것을 제 자신 중에서 방출하며, 생자의 제 자신에 대한 부정적 관계는 직접적 개별성으로서 제게 대립하는 한 무기적 자연을 전제한다.… 그런데, 생자는 이러한 대무기적(對無機的) 자연의 과정 중에서 제 자신을 유지하고 발전시키고 또 객관화한다. (헤겔, 『논리학』, § 217)

④ 제 자신에게 동화시키는 것

생자는 무기적 자연과 대립하여 이 무기적 자연에 대한 위력처럼 행동하며 이것을 제 자신에게 동화시키는 것이다.… 무기적 자연이 이와 같이 생자에게 복종하는 그 이유는 생이나 무기적 자연에 공통한 것이 생

에 있어서는 대자적이지만 무기적 자연에 있어서는 즉자적이기 때문이다.… (헤겔, 『논리학』, § 217)

마. 인식일반

이념으로서의 생이 갖는 인식의 본질적인 의미는 '이념 자체 내부에서의 순수한 구별'이며, '이념의 직관'이다. 그리고 더 나아가서 '통체로서의 제 자체를 제 자체로부터 추방'하여, '제 자체를 외적 우주로 전제하는 일보 진전한 판단(원시분할)'이다. 이 '인식'은 먼저 이 세상에 대하여 '즉자적'으로 나타나고, 또 한편에서는 '대자적'으로 나타난다. 이에 대해 헤겔은 "전자는 진리에 대한 지식의 충동 즉 인식 그 자체 곧 이론적 활동이요, 후자는 진리를 실현하려는 선의 충동·의지, 즉 이념의 실천적 활동이다"고 말한다.

① 보편성으로 규정된 이념의 주관성 : 직관의 원시분할

이념은 보편성을 제 실재(實在)의 지반(地盤)으로 가지거나 또는 객관성 그 자체가 개념으로서 존재하거나, 이념이 제 자신을 대상으로 가지거나 하는 때에 한하여서만 자유로 자각적으로 실재하는 것이다. 보편성으로 규정된 이념의 주관성은 이념 자체 내부에서의 순수한 구별이요, 이러한 동일적 보편성 중에서의 직관이다. 그러나 이념은 규정된 구별로 보면 통체로서의 제 자체를 제 자체로부터 추방하여, 더구나 제 자체를 외적 우주로 전제하는 일보 진전한 판단(원시분할)이다. 그것은 즉자적으로는 동일한 판단이시만, 아직 동일한 판단이지만, 아직 동일한 판단으로 드러나지 않은 두 가지 판단이다. (헤겔, 『논리학』, § 221)

② 두 가지 이념의 관계는 반성적 관계

즉자적으로 또는 생명으로서 동일한 이상 두 가지 이념의 관계는, 그렇기 때문에 이 마당에 있어서의 유한성의 규정이 되는 상대적인 것이다. 이 관계는 반성적 관계이다. 왜냐하면 이념 그 자체 내부에 있어서의 구별은 최초의 판단(분할), 즉 아직 정립되지 않은 정립이기 때문이요, 따라서 객관적 이념이 주관적 이념에 대하여 주어진 직접적 세계로 있

거나, 그렇잖으면 이념이 생명으로서 개별적인 실재의 현상 중에 있거나 하기 때문이다. 이 판단(분할)이 이념 자체 내부에서의 구별인 이상, 이념은 대자적으로 제 자신인 동시에 또한 이념의 타자이기도 하다. 그래서, 이념은 제 자신과 즉자적으로 존재하는 이 객관적 세계와의 동일성의 확실성이다. 이성은 동일성을 정립하여 그 확실성을 진리에까지 올려 놓을 수 있는 절대적 신념을 가지고, 또 이성에 대하여 즉자적으로 무의미한 대립을 또한 사실적으로도 무의미한 것으로 정립하는 충동을 가지고 이 세계에 나타난다. (헤겔, 『논리학』, § 222)

③ 이념의 실천적 활동 : 주관성과 객관성의 대립과 지양

이러한 과정이 일반적으로 인식이다. 주관성이라는 일면성과 객관성이라는 일면성과의 대립이 인식이라는 하나의 활동 중에서 지양된다. 그러나 이 지양은 우선 오직 즉자적으로 나타난다. 그러므로 이 과정 자체는 직접적으로 이 마음의 유한과 얽히며, 따라서 형태를 바꾸어 가지고 나타난 충동의 운동으로서 두 갈래로 분열한다. 그리하여 한 갈래는 존재하는 세계를 자체 중에 즉 주관적인 표상과 사유(思惟) 중에 흡수하여 가지고 이념의 주관성이라는 일면성을 지양하고, 따라서 이념 자체의 추상적 확실성의 내용을 이처럼 참답게 보이는 객관성으로써 채우며, 또 한 갈래는 그와 반대로 여기서 오직 한 가상(假象) 제우연성의 한 집합체, 또는 본래 무의미한 제형체로 보이는 객관적 세계의 일면성을 지양하여, 이것을 여기서 참으로 존재하는 객관적인 것처럼 통용하고 있는 주관적인 것의 내용으로써 규정하고 실린다. 전자는 진리에 대한 지식의 충동 즉 인식 그 자체곧 이론적 활동이요, 후자는 진리를 실현하려는 선의 충동·의지, 즉 이념의 실천적 활동이다. (헤겔, 『논리학』, § 222)

바. 절대이념

헤겔에게 있어서 개념이 한 인격적 존재였듯이, 개념의 발전적 과정으로서의 이념도 또한 인격적 존재인데 이 세계 속의 생명이다. 이제 이 생명은 자신을 재생산하며, 자신의 인식으로 자연을 형성해 나가는데, 이것은 자신

의 반사함을 통해서 방출하여 즉자적인 존재를 형성해 내는 것이다. 그리고, 이 자연이 자신에게 이르지 못한 부분에 대해서 대자적으로 이 매개하고 부정하고 지양하여 자신과 동일화시킴을 통해서 이제는 모든 자연과 자신이 한 몸이 되게 한다. 이것을 헤겔은 절대적 이념을 '주관적 이념과 객관적 이념의 통일'이라고 하는데, 이것은 '이론적 이념과 실천적 이념과의 통일'인 동시에 '생명의 이념과 인식의 이념과의 통일'이다. 이 '양자의 통일과 진리가 즉자적 및 대자적으로 존재하는 것'이 절대이념이다. 즉, 이 절대이념이란 완성된 세계를 의미하는데, 절대정신의 외화로서의 완성이다. 헤겔은 이것이 절대정신은 이렇게 자신을 전개시켜나가고, 또한 이렇게 전개된 모든 자연을 자신에게 통일시켜나가는 과정인 것이다.

① 이념의 개념 : 주관적 이념과 객관적 이념의 통일로 본 이념
주관적 이념과 객관적 이념과의 통일로 본 이념이 이념의 개념이다. 이 개념에 있어서는 이념 그 자체가 대상이다. 다시 말하면 이념은 모든 규정을 종괄(綜括, 모으고 묶는 것)하고 있는 객관이다. 그리하여 이 통일이 절대적 진리, 전체적 진리, 제 자신을 사유하는 이념, 그리고 특히 논리학 중에 사유하는 이념, 논리적 이념으로 나오는 진리이다.
② 절대이념
절대이념은 첫째 이론적 이념과 실천적 이념과의 통일인 동시에 생명의 이념과 인식의 이념과의 통일이다. 우리는 인식 중에서 이념이 분화의 형태를 가지고 있는 것을, 그리고 인식의 과정은 이 분화의 극복과 통일의 회복 과정인 것을, 따라서 이 통일 그 자체는 그 직접성에서 보면 첫째 생의 이념인 것을 알았다. 생의 결함은 생이 오직 즉자적으로 존재하는 이념인 점에 있다. 그런데 인식은 일면인 형식에서 역시 오직 대자적으로 존재하는 이념이다. 이리하여 양자의 통일과 진리가 즉자적 및 대자적으로 존재하는, 따라서 절대적인 이념이다. 지금까지 우리는 이념이 그 여러 가지 발전 계단을 밟아서 우리의 대상이 되어 온 것을 보았거니와, 이제는 그러나 이념이 제 자신의 대상이 되었다. 이것이 아

리스토텔레스가 벌서 이념의 최고 형식이라고 부른 '사유의 사유'이다. (헤겔, 『논리학』, § 234)

③ 절대자의 형상으로서의 절대이념

절대이념 중에는 이행도 없거니와 전제도 없고, 따라서 유동적이나 투시적도 아닌 하등 규정성도 없기 때문에, 절대이념은 자각적으로 제내용을 제 자신으로 직관하는 개념의 순수형식이다. 절대이념은 그것이 제 자신을 제 자신과 관념적으로 구별하여 구별된 제 자신의 하나를 제 자신과 동일시하는 한에서 자기가 자기의 내용이 된다. 그러나 이 동일성 중에는 형식의 통체성이 여러 가지 내용 규정의 체계로 포함되어 있는 것이다. 이 내용이 논리적인 것의 체계이다.…(헤겔, 『논리학』, § 235)

… 절대이념의 진정한 내용은 우리가 지금까지 고찰하여 온 전 발전의 체계 이외에 다른 것이 결코 아니다. 그러므로 여기에서 또 절대이념은 보편이라고도 말할 수 있다. 그러나 이 보편은 단순히 다른 특수한 내용과 대립하는 추상적 형식이 아니라, 모든 규정 모든 내용이 거기에 귀착하는 절대적 형식이다.… 지금까지 보아온 각 계단은 모두 절대자의 한 형상이다. (헤겔, 『논리학』, § 235, 보충)

헤겔의 '절대이념'을 기독교에 적용시킬 수 있는데, 기독교의 '천국'이 이와 같다. 기독교의 '천국'은 '로고스, 이념, 정신'로서의 '하나님의 아들'이 외화 되어서 나타난 그의 '몸'이다. 한편, 기독교의 절대자는 처음의 존재를 유지한 채로 자신을 외화시켜 나간다.

4부 법철학

1장 법의 지반 : 자유와 자유의지

1. 『법철학』의 주제 등

가. 『법철학』의 '서문'

헤겔 『법철학』의 〈서문〉은 이 책 전체의 정신적 선언문이자, 당시 현실(특히 나폴레옹 이후 유럽 질서)에 대한 철학적 입장 표명이다. 형식상 서문이지만, 내용상으로는 "자유와 현실, 철학과 시대정신"에 관한 깊은 변증법적 논설로 구성되어 있다. 이에 대해 일반화된 정리(챗GPT)는 다음과 같다.

① 서문의 전체 주제
"이성적인 것은 현실적인 것이고, 현실적인 것은 이성적인 것이다." 이 한 문장이 서문의 핵심이다. 즉, 이성이 단순한 사변이 아니라 현실 속에서 자기 자신을 실현한다는 원리, 그리고 철학은 그 현실 속에서 이성을 인식하는 작업이라는 주장이다.

② 서문의 주요 내용 전개
(가) 철학의 과제: "자기의 시대를 사유로 파악하는 것"
철학은 "세상을 고치려는 이상주의적 설교"가 아니라, 이미 현실 속에서 전개된 이성의 형태를 개념으로 파악하는 것이다. 철학자는 시대를 초월해 앞서나가는 것이 아니라, 시대의 본질을 사유로 파악하는 자이다. 따라서 철학은 "어떻게 세상을 만들어야 하는가"가 아니라, "이미 이루어진 세계 속에 이성이 어떻게 현현하고 있는가"를 탐구한다. 즉, 철학은 혁명 이전이 아니라, 혁명 이후의 사유다.

(나) 현실과 이성의 일치
"이성적인 것은 현실적이고, 현실적인 것은 이성적이다." 이 문장은 흔히 '보수적' 문장으로 오해되지만, 헤겔의 뜻은 단순히 "현실은 옳다"가 아니라, 진정한 의미에서의 현실(Wirklichkeit) – 즉 이성의 내적 필연성을 실현한 존재만이 참으로 현실적이라는 뜻이다.

즉, "현실 ≠ 단순한 존재(Dasein)"이다. 현실이란, 이념(Idee)이 스스로를 실현한 상태이다. 따라서, 부조리하거나 타락한 제도는 아직 현실적이지 않으며, 이성의 자기실현 과정 속에서 폐기될 운명에 있다.

㈐ 이념의 자기현실화

이념은 단순한 생각이 아니라, 사유와 존재의 통일, 즉 "자기 안의 목적을 외적으로 실현하는 운동"이다. 『법철학』은 바로 이 이념, 즉 자유의 개념이 외적 세계 속에서 구체화되는 운동을 다루는 학문이다. "법은 자유의 현실이다."

㈑ 철학과 종교, 사유와 신앙의 관계

종교와 철학은 모두 절대정신의 표현이다. 다만 종교는 이를 '표상'(상징적 직관)으로, 철학은 '개념'(사유)으로 인식한다. 따라서 철학은 종교의 적이 아니라, 종교적 진리를 사유로 파악한 형식이다.

㈒ 철학의 "늦게 오는 부엉이"

"미네르바의 부엉이는 황혼이 내릴 때에야 비로소 날기 시작한다." 철학은 항상 역사의 완성 이후에만 등장한다. 현실이 이미 성숙해 하나의 시대가 저물 때, 철학은 그것을 개념으로 이해하고 마무리한다. 철학은 미래를 예언하는 것이 아니라, 이미 형성된 현실의 필연성을 사유로 정리하는 것이다.

③ '서문'이 말하는 『법철학』의 위치

핵심 주제	설 명
자유	법철학의 근본 원리. 자유는 정신의 본질이며, 법은 그 현실적 형태.
이성	현실을 합리적으로 조직하는 내적 원리.
국가	자유의 구체적 실현이며, 윤리적 전체.
철학의 역할	현실 속에 내재한 이성을 인식하고 개념화하는 일.
역사의 시간성	철학은 시대가 무르익은 뒤, 즉 "황혼"에 나타난다.

(챗GPT, 법철학 서문, 2025.10.23.)

요약하자면, 〈서문〉은 이 책의 주제인 '자유의 현실화'를 시대적·철학적으로 선포하는 선언문이다. 『법철학』 전체를 관통하는 사유의 핵심인 "법=자유의 현실화=이성의 자기실현"이 바로 이 서문에서 출발한다.

나. 『법철학』 '서론'
헤겔 『법철학』의 〈서론〉은 〈서문〉과 달리, 정치적·시대적 논평이 아니라, 이 책의 학문적 출발점과 방법론을 체계적으로 제시하는 부분이다. 즉, "법철학이 무엇을 다루는가?", "어떤 방법으로 사유해야 하는가?"를 규정한다. 이에 대한 일반적 정리(챗GPT)는 다음과 같다.

① 서론의 기본 위치와 목적
『법철학』의 구조는 다음과 같다. 서문은 시대정신과 철학의 역할을 선언한다. 서론은 법철학의 개념·범위·방법 규정한다. 본문(§ 34-360)은 객관정신의 세 영역, 즉 추상적 권리, 도덕성, 윤리적 삶을 다룬다.
따라서 〈서론〉은 철학적 전제와 개념적 도입부로, 헤겔이 '법(法)'을 단순한 규범이 아니라 "자유의 개념의 현실화"로 규정하는 논리적 근거를 제시하는 부분이다.
② 서론의 핵심 주제: '법의 개념'
헤겔은 서론 첫머리에서 다음과 같이 말한다: "법의 영역은 자유의 왕국이다." 즉, 법철학의 대상은 법률, 제도, 행정 같은 외적 사물이 아니라 '자유의 이념', 다시 말해 자유로운 의지가 현실화되는 구조 자체이다.
따라서, 법의 정의는 "법이란 자유의 개념이 일반적인 실존을 취한 것이다." 의지가 자유로운 것이라는 본질을 갖고, 그 자유가 이적 형태로 실현된 것이다. 따라서 법철학은 "자유의 개념을 현실 속에서 따라가는 학문"이 된다.
③ '자유로운 의지'의 세 단계
〈서론〉의 가장 중요한 내용은 '의지(Wille)'의 변증법적 구조를 제시하는 부분이다. 헤겔은 자유로운 의지를 세 단계로 구분한다.

단 계	내 용	설 명
(a)즉자적 의지	자연적 욕망 충동의 단계	아직 반성하지 않은 의지. 단순한 욕구의 표현.
(b)반성적 의지	주관적 선택의 단계	욕망을 반성하고 선택하지만, 외적 동기·조건에 종속됨.
(c)보편적 의지	이성적 자유의 단계	자기 안의 보편적 법칙(이성)을 통해 자기 자신에게 법을 부여하는 의지.

즉, 이 셋의 운동이 곧 자유의 자기전개 과정, 즉 『법철학』 전체의 내적 구조(권리-도덕-윤리)로 이어진다.

④ 철학적 방법론: 변증법적 논리

헤겔은 법철학의 방법을 '외적 경험'이 아니라 개념의 자기운동에서 찾아야 한다고 강조한다. "법철학은 사변철학적(=변증법적) 방법으로 법의 이념을 다루어야 한다." 즉, 단순한 경험적 법학은 현상만 다루는 불완전한 학문이다. 반면, 철학적 법학은 법의 내적 필연성(이념의 자기운동)을 탐구해야 한다고 본다. 이때 '사변철학적 방법'은 개념이 자기 안에서 모순을 통하여 발전하며, 그 모순이 상위 통일로 매개되는 과정을 포착하는 것이다. 예를 들어, '자유로운 의지'는 처음에는 단순한 개인적 욕망이지만, 그 한계를 부정하고, 결국 보편적 제도(국가) 속에서 자신을 실현한다는 식이다.

⑤ "법철학과 경험적 법학의 차이"

구분	경험적 법학	철학적 법학
연구대상	제도·법률·관습의 사실	자유의 개념과 그 현실화
방법	경험적·분석적	사변적·논리적(변증법)
목적	법률 해석·적용	법의 필연적 구조 인식
기초	인간사회의 경험	이성의 자기전개

즉, 헤겔에게서 '법철학'은 단순한 법 이론이 아니라 자유의 존재론적 형식이다.

⑥ 의지와 자유의 개념 요약

1장 법의 지반 : 자유와 자유의지

개념	정 의	설 명
의지	자유의 자기결정력	스스로를 규정하고, 그 규정 속에서 자유로움.
자유	자기 자신에게 법을 부여하는 능력	외적 강제가 아닌 자기법칙적 존재.
법	자유의 외적 존재형태	자유가 제도·규범·행동으로 드러난 것.

따라서, 『법철학』의 서론은 "자유로운 의지의 자기현실화"를 법의 본질로 규정하며, 이 개념적 틀을 가지고 전체 체계를 전개한다.(챗GPT, 법철학 서론, 2025.10.23.)

요컨대, '서문'이 "철학이 시대의 이성을 사유로 파악한다"는 선언이라면, '서론'은 "법철학이 자유의 이념을 개념적으로 전개하는 작업"이라는 학문적 선언이다.

다. 『법철학』의 주제 : '법의 지반'으로서의 '자유와 자유의지'

헤겔은 법의 지반을 정신에 둔다. 즉 우리 정신에 내재한 '자유'에 둔다. 이때 칸트의 '자유'는 우리의 정신(특히 실천이성)이 세상의 '인과율'에 영향을 받지 않는 '도덕율'을 쏟아낸다는 것이었다. 즉, "정신의 '인과율'(세상이 법)로부터의 자유"이다. 여기서 헤겔은 한걸음 더 나아가서 우리의 '정신' 속에 있는 '자유'는 "정신이 자기 자신 안에서, 그리고 세계 안에서 자신을 실현까지 하는 것"이다.

그리고 이 정신은 자유로운 의지를 가지고 있다. 즉 의지의 본질이 곧 자유이다. 자유가 없는 의지는 빈말이기 때문이다. 이때 의지는 사유의 실천적인 태도를 말한다. 헤겔은 이 자유의 의지가 반영되어 나타나는 것을 법이라고 말한다. 즉, 자유가 외면적으로 나타나서 하나의 정신세계를 이룬 것이다. 이것을 헤겔은 제2의 자연이라고도 말한다. 따라서 "법의 체계란 실현된 자유의 왕국이며, 정신 스스로가 제2의 자연으로서 산출해 낸 정신의 세계이다"는 것이다.

① 법의 요소 : 자유와 자유의지

법의 요소를 이루는 것은 정신적인 것이며, 그 구체적인 입각점과 출발점이 되는 것은 자유로운 의지이다. 자유야 말로 법의 실체와 사명을 이루며, 또한 법의 체계란 실현된 자유의 왕국이며, 정신 스스로가 제2의 자연으로서 산출해낸 정신의 세계이다.(§ 4)

② 의지의 근본규정으로서의 자유

의지의 자유는 물리적인 자유를 참조하는 데서 가장 잘 설명된다. 즉 자유라는 것은 중력이 바로 물체의 근본규정인 것과 꼭 마찬가지로 의지의 근본규정이기 때문이다. "물질은 무겁다"라고 할 때 이 술어는 단지 우연적일 뿐이라고 생각될 수 있지만 사실은 그렇지가 않다. 왜냐하면 물질치고 그 어느 것도 무게가 없는 것은 없기 때문이다. 물질은 오히려 무게 그 자체이다. 무겁다는 것이 곧 물체를 구성하며, 이것이 그대로 물체인 것이다. 자유와 의지도 이와 마찬가지여서, 자유로운 것이 다른 아닌 의지이다. 의지는 자유가 없이는 빈말일 뿐이며, 자유 역시 오직 의지일 때 그리고 주체 또는 주관일 때 비로소 현실적인 것이다.

③ 의지 : 사유가 스스로 현존하는 세계로 옮겨가는 방식

그런데 의지와 사유가 서로 어떻게 연관되어 있는지에 대해서는 다음과 같은 점을 지적해 두어야만 하겠다. 정신은 사유 일반이며, 사유에 따라 인간은 동물과 구별된다.… 사유와 의지의 구별은 이론적인 태도와 실천적인 태도를 구별하는 것과 같은데, 여기에는 두 개의 능력이 있는 것이 아니라 사유의 특수한 한 가지 방식이다. 즉 의지란 사유가 스스로 현존하는 세계로 옮겨가는 방식이며, 스스로가 현실로 존재하고자 하는 충동으로서의 사유이다. (헤겔, 『법철학』, § 4, 추가)

[보충] 『법철학』의 주제

헤겔 『법철학』(1820)의 핵심 주제를 한마디로 말하면, "자유(Freiheit)의 개념이 현실적 세계 속에서 자신을 실현하는 과정"이다. 이에 대한 일반화

1장 법의 지반 : 자유와 자유의지

된 정리(챗GPT)는 다음과 같다.

① 중심 주제 : 자유의 자기실현

헤겔은 이 책을 '법철학'이라 부르지만, 여기서 '법'은 단순히 법률(Law)이 아니라, "자유로운 의지의 객관적 현실태"를 뜻한다. 그의 기본명제는 다음과 같다: "법의 영역은 자유의 왕국이다." 즉, 인간의 자유가 단순한 내적 감정이나 추상적 권리가 아니라, 가족·시민사회·국가라는 제도적 현실 속에서 구체적으로 실현되는 것이 바로 법의 본질이라는 것이다.

② 『법철학』 주제의 철학적 구조

단계	영역	자유의 형태	핵심 의미
추상적 권리	개인의 형식적 자유	"나는 자유로운 인격이다."	사적 소유와 계약의 세계. 자유의 외적 현실화.
도덕성	주관적 자유	"나는 내 안에서 자유롭다."	의도, 동기, 선과 악. 자유의 내적 반성.
윤리적 삶	공동체적 자유	"나는 공동체 속에서 자유롭다."	가족·시민사회·국가. 자유의 구체적 실현.

결국, 자유는 "즉자적(추상적)→대타적(주관적)→대자적(구체적)" 단계를 거쳐 '객관정신' 완성된다.
(챗GPT, 법철학 주제, 2025.10.23.)

"법은 자유의 현실이다." "국가는 이성의 현실태이며, 자유의 실체적 의지이다." 즉, 『법철학』의 주제는 '자유의 철학'이니, 그 지유는 법·도덕·국가의 제도적 질서 속에서 객관화된 정신으로서 현실화된다.

2. 의지의 세 계기

가. 의지의 세 계기에 대한 변증법적 이해

『법철학』에서 말하는 '의지의 세 계기'는 단순히 나열된 단계가 아니라, 자유의 개념이 자기 자신을 매개하며 발전하는 변증법적 구조이다. 즉, '의지'

헤겔철학

란 고정된 실체가 아니라, 자유가 자기 자신을 인식하고 현실화하는 과정이라는 뜻이다. 다음의 내용은 일반적으로 인정된 정리(챗GPT)의 내용이다.

① 전체 구조 개관
헤겔은 §5-§7에서 이렇게 말한다: "의지는 사유적인 것의 현존이며, 사유는 의지의 본질적 성질이다." 이 사유로서의 의지가 자기 자신을 전개할 때, 세 가지 계기가 생겨난다:
(1) 보편성 : 의지가 자기 자신 안에 머무르는 단계
외적 대상이나 구체적 목적 없이 "나는 자유롭다"는 추상적 자기의식이다. 아직 아무 규정도 없기에 '무규정적 자유'라 할 수 있다. 이것의 변증법적 성격은 '긍정(thesis)'으로서 '순수한 자기동일성'이다. 그러나 내용이 없기 때문에 현실성이 없는 공허한 자유다. 따라서 의지는 자기 안에서 '부정'을 일으킨다 — 자기를 규정하려는 충동이다.
(2) 특수성 : 의지가 자기 자신을 규정하고, 외화하는 단계
의지가 자기 안에서 차이를 내어, 특정한 욕망·목적·의도 등을 설정한다. 즉, 자유가 "무엇을 원한다"로 구체화된다. 하지만 이렇게 규정된 순간, 자유는 오히려 '한정된 것', 즉 '비자유'가 된다. 이 단계는 부정의 단계로서 자유가 자기 스스로를 한정함으로써 '타자화'되는 순간이다. 이때 의지는 외적 사물, 충동, 욕망 등에 매여 '주관적·한정적'이 된다. 그러나 이 한정 속에서 의지는 다시 "자기 자신을 목적화하고 통일하려는 운동"을 일으킨다.
(3) 단독성 / 개체성 : 자기 규정과 보편성이 하나로 통일되는 단계
이 세 단계가 곧 "의지의 변증법적 운동", 즉 자유의 자기매개 구조이다. 의지가 자기의 보편성과 규정을 통일하여 하나로 회복하는 단계이다. 즉, 의지가 '특정한 내용'을 가지되, 그 내용을 스스로의 법칙으로 승인한다. 이때 의지는 자신의 규정을 자기 자신으로서 인식하므로, 진정한 자유를 획득한다. 부정의 부정(synthesis) 단계로서, 자신이 낳은 규정(특수성)을 다시 자기 자신과 화해시킴으로써, 자유는 단순한 가능

성(an sich)이 아니라 '현실적 자유'로 완성된다.
② 전체 변증법적 운동 요약

단계	변증법적 성격	자유의 상태	의지의 형태
1st, 보편성	긍정 (즉자존재)	추상적 자유	사유 속의 의지
2nd, 특수성	부정 (대타존재)	한정된 자유	규정된 의지
3rd, 단독성	부정의 부정 (즉자대자존재)	현실적 자유	자기실현된 의지

③ 변증법적 해설
우리는 『정신현상학』의 변증법적 구조로 위의 내용을 설명할 수 있어야 한다. 이때 본문에 대한 이해가 원활하다.
먼저, 내 사유 속에 의지가 가만히 있는 상태를 즉자존재라고 한다.(참조: 여기서도 보면 헤겔은 사유와 의지를 구분함을 통해 정신과 의식의 이분법을 쓰고 있다. 그러나 이에 대한 해석은 앞으로도 그렇게 하면 안 된다.) 『정신현상학』에서는 바깥으로부터 주어진 '대상의식'이 즉자존재이다.
두 번째, 외부로부터 현실적 충격이 발생하며 이 '즉자존재'를 부정하는 '대타존재'가 출현한다.
세 번째, '즉자존재'가 '대타존재'에 의해 부정을 당하며, '즉자존재'는 내면화됨과 동시에 '대타존재'의 요소를 흡수하여 '대타존재'를 또 다시 부정하고, 자신의 의지를 실현한다.(챗GPT+필자)

일반적인 의식의 세계기에 대한 해설(특히 챗GPT)은 위와 같다.

[비판] 『정신현상학』과의 차이 발생하고 『논리학』과 유사한 변증법적 구조
"의지의 세계기"에 대해 일반적으로 인정된 해설(챗GPT의 위 본문)에 대해 『정신현상학』에서의 변증법을 적용해 볼 수 있다. 다소 위의 내용과 차이가 존재한다. 『정신현상학』에서 말하는 변증법과 『법철학』의 변증법에 대한 '일반적 해설'은 분명한 차이가 나는데, 『정신현상학』에서는 위의 대타존재가 즉자존재라야 한다. 그리고 그것이 의식 혹은 의지 속으로 내면화되어

들어온다. 그런데, 헤겔은 자유라는 정신의 외화라고만 말하고 있다. 『정신현상학』을 이용하여 설명하면 다음과 같다. 오히려 『법철학』은 『논리학』의 변증법적 구조를 따르고 있다.

① 『정신현상학』적 설명
먼저, 내 사유 속에 의지가 가만히 있는 상태는 그냥 무의 상태이다. 이제 여기에 외부로부터 자기규정적 사건이 발생하며 이것이 대상의식으로서의 '즉자존재'를 성립시킨다.
두 번째, '자유'의 본질을 가진 내 자아로부터 이 '대상의식'을 부정하는 '대타존재'가 출현한다.
세 번째, 이 '대타존재'로부터 '대상의식'이 부정을 당하며, 이 '즉자존재'는 내면화됨과 동시에 '대타존재'의 요소를 부정하면서 흡수하여 '대타존재'를 또 다시 부정하고, 자신의 의지를 실현한다.

② 『정신현상학』과 『법철학』의 차이
『정신현상학』에서는 즉자존재가 대상의식이므로 바깥의 사건이 내 안에 들어와서 내 '의식(사유)'과 내면화되어 그 안의 '자유'와 결합을 한다. 그리고 다시 외화 된다.
반면 『법철학』에서는 '정신'과 '자유'가 주체가 되어서 '대상의식(대타존재)'를 흡수하며 외화 한다. 전적으로 '정신'의 발현이다. 그런데, 『정신현상학』은 대상의식이 즉자존재로서 내 안에 내면화 되어 주체가 된다. 그래서 유물론이라는 비판을 받았던 것이다.

③ 『논리학』과 『법철학』의 일치
『논리학』은 "존재의 자기생성"으로서 "존재-무-생성"을 거치는데, 『법철학』은 "자유의 자기실현"으로서 "보편성-특수성-단독성"을 거친다. 『법철학』은 칸트의 『실천이성비판』을 모델로 삼은 것으로 보인다. 이때 도덕은 세상의 인과율적인 것이 없이 그냥 무차별적으로 흘러나온다. 아마 이런 개념에서 헤겔은 『논리학』에서의 변증법을 여기에 적용하는 것 같다. (필자)

1장 법의 지반 : 자유와 자유의지

헤겔의 변증법은 이와 같이 자체 모순을 가지고 있는 것으로 보인다. 너무 사변적이고, 어떤 발견에 기반을 둔 것이 아니라, 모든 흩어진 철학적 주제들을 한 데 모아서 짜깁기를 하는 듯한 인상이다.

나. 보편성 : 사유와 의지의 일치성

헤겔은 사유와 의지를 분리할 수 없다고 하면서도 사유를 일반성으로 보며, 의지를 그 사유의 특수성으로 본다. 따라서 사유에서 의지가 튀어나온다. 그런데, 아무런 의지가 없을 때에는 그 사유와 의지는 일치한다. 이것이 "의지의 보편성"의 단계이며, 이것이 첫 번째 요소이다. 의지가 자신 안에 머물러 있는 상태이다.

의지는 단순한 자기 내적 반성의 장일 뿐이다. 이때의 의지는 자기 자신에 대한 순수한 사유일 뿐이다. 이때 헤겔은 이 사유가 현실적인 형태를 띨 때, 의지가 나타난다고 말한다.

의지는 아무 내용도 없는 순수한 무규정성의 장이며 자아의 순수한 자기내적 반성의 장이다. 거기에서는 어떠한 제한도, 자연적인 욕구나 욕망이나 충동에서 직접 생겨나는 내용이나 그 밖에 갖가지 힘에 따라 주어지는 어떠한 특정한 내용도 모두 소멸된다. 결국 의지란 절대적인 추상 또는 절대적인 보편성이라는 제한 없는 무한성이며, 자기 자신에 대한 순수한 사유이다. (헤겔, 『법철학』, § 5)

이때는 사유 속에 의지가 나타나지 않은 상태이다. 이때는 사유와 의지가 서로 일치한다. 만약 이 상태에 변증법적 적용을 한다면, 이것은 '즉자존재'의 상태이며, 이때의 '즉자존재'는 '무'이다.

나. 특수성 : 부정으로서의 규정, 의지의 출현

자아는 이제 외부적인 자연에서 주어지는 어떤 것에 의해서이거나, 혹은 정신의 사유의 일반성에 대한 부정성과 지양으로서 의지가 나타나서 일상의 세계 속으로 들어간다. 그리고 자기 자신을 어떤 규정된 것으로 정립한다. 헤겔은 이것이 자아로 하여금 유한하고 특수한 존재가 되게 하는 의지의 절대적인 요소이다고 한다. 즉, 헤겔은 우리 안에 있는 정신의 일반적인 사유로부터 의지가 (밖으로 나가든, 그 안에서 고스란히 있든) 그 무엇인가를 정립한다고 말한다. 그런데, 이 특수한 것은 원래 그 보편적인 것(양식) 안에 있었던 것이라고 말한다.

① 대상의 정립으로 이행하는 자아
이런 가운데 자아는 또 구별 없는 무규정성에서 구별이나 한정이나 특정한 내용과 대상의 정립으로 이행한다. - 이때 자아의 이 내용은 자연에 의해 주어지거나 정신의 개념에서 산출되거나 그 어느 쪽이다.
② 일상의 세계 속으로 들어가는 자아
이렇게 자기 자신을 어떤 규정된 것으로 정립함으로써 자아는 일상의 세계 속으로 들어간다. - 이것이 자아로 하여금 유한하고 특수한 존재가 되게 하는 의지의 절대적인 요소이다.(헤겔, 『법철학』, § 6)
③ 자아의 두 번째 요소 : 첫 번째 요소와 같은 부정성 지양
자아를 규정하는 이 두 번째 요소도 또한 첫 번째 요소와 같은 부정성과 지양을 의미한다. - 즉 첫 번째의 추상적인 부정성을 지양하는 것이다. - 특수적인 것은 전적으로 보편적인 것 안에 포함되어 있으니, 이런 점에서 이 두 번째 요소도 첫 번째 요소 속에 이미 포함되어 있어서,
④ 두 번째 요소는 첫 번째 요소를 정립할 뿐
두 번째 요소는 첫 번째 요소가 이미 그 자체로 있는 그대로를 단지 정립할 뿐이다. 첫 번째 요소는 말하자면 첫 번째 것, 그것만으로는 참다운 무한성은 아니며 더 나아가 구체적인 보편성도 개념도 아닌, 오히려 단지 하나의 규정된 것, 일면적인 것일 뿐이다.…(헤겔, 『법철학』, § 6, 주해)

⑤ 첫 번째 요소와 대치하는 두 번째 요소
이 두 번째 요소는 대치하는 것으로 나타나는데, 이 요소는 그 보편적인 양식에서 파악되지 않으면 안 된다. 그것은 자유의 일부이긴 하지만 자유의 전체를 이루는 것은 아니다. 이 두 번째 계기에서 자아는 구별 없는 무규정성에서 구별을 짓는 데로, 즉 하나의 규정된 양식을 내용과 대상으로서 정립하는 데로 이행한다. 나는 단지 의지할 뿐만 아니라 뭔가를 의지하는 것이다. …(헤겔, 『법철학』, §6, 추가)

[본문 해설] 첫 번째 요소와 두 번째 요소
위의 본문에서 첫 번째 요소는 분명 '보편성'으로서의 '자유'이다. 두 번째 요소는 '대상적 사건'이 여기에 주어진 것이다. '특수성'으로서의 '자유'이다. 내 안의 자유가 이제 '대상'을 품은 '자유'로 나타나는 것이다. 헤겔은 이 '대상적 사건'이 내 사유와 자유의 주체가 되었다고는 말하지 않는다.

『정신현상학』에서는 '대상'이 '본질'이며 '진리'로서 '내 의식'과 결합하며 '내 의식'과 '대상'의 양자가 주체가 된다. 이때 '내 의식'은 '대상' 속에 모두 들어가 버린다. 그래서 '유물론' 혹은 '범신론'이라고 한다.

그런데, 『법철학』에서는 이 '사유(정신)' 속의 '자유'가 계속 주체가 된다. 자유가 외화하여 나타나는 것이다. 이와 같이 '정신'과 그 안의 '자유'가 주체가 되어서 '대상의식'들을 고양시키며, 밖으로 출현하는 것이 타당하다.

다. 개별성 : 보편과 특수의 동일성, 사변의 세 번째 요소
보편성으로서의 사유는 특수성으로서의 의지와 지속적인 교통을 이루는 선험적 능력으로 이 양자를 통일시켜 자기통합으로 나아간다. 아마 여기에서 정신적인 어떤 것이 작용하는 것 같다. 대체로 정신의 힘이 사물 내의 어떤 정신적인 요소에 영향을 미치고 영향을 받아서, 어떤 통일적인 것을 정립한다. 이렇게 하여 정신은 의지를 통해 뻗어나간 후, 다시 정신 속으로 돌아와서 자기와 통합을 이룬다. 이와 같이 하여 우리 안에 있는 사유로서의 정신과 모든 현실적인 사물들 속에 깃든 의지로서의 정신이, 정신 안에

서 그 통일성을 이룬다.

이때 헤겔은 이 일반적인 사유와 의지의 관계를 '자아(sich)'와 '자기(selbst)'라는 용어를 통해 구분하여 사용한다. 즉, 한 정신 안에 두 작용이 존재하고 있다. 이와 같이 하여서 통일된 '자기의식'이 형성된다. 그리고 이렇게 이루어진 통일성이 개별성이다.

① 두 요소의 통일체 : 개별성
의지는 이상 두 요소의 통일체로 - 즉 특수성이 자체 내로 반성, 복귀하고 이럼으로써 보편성으로 되돌려진 것으로 - 다름 아닌 개별성이다. 여기서 '자아'는 스스로를 결정하고 일개인으로서 '자기 자신'을 부정하면서 자기를 한정하고 제한하되, 그러면서도 여전히 자기를 고수하여 자기와의 동일성과 보편성을 간직한 채 한정된 내용을 받아들이면서 자기통합을 이어나간다.
② 자아의 독자성
자아는 자기와 부정적으로 관계하는 한에서 스스로 결정을 내린다. 자아는 자기와 부정적으로 관계하는 가운데서도 결정된 내용에 더 이상 개의치 않고 이를 자기가 결정한 관념적인 것으로 여기고 스스럼 없이 받아들인다. 말하자면 그렇게 규정된 것은 단지 하나의 가능성일 뿐이어서 자아는 거기에 구속받지 않으며, 자아가 스스로 그렇게 되기를 택했던 까닭에 그것이 의미가 있다는 것 뿐이다.
③ 이것이 의지의 자유, 의지의 개념
이것이 의지의 자유이며 이 자유야말로 의지의 개념이고 실체성이고 중력이다. 이때 의지의 중력이라는 것은 중력이 물체의 실체성을 이루는 경우와 마찬가지이다. (헤겔, 『법철학』, § 7)

3. 의지의 세 형태

가. "의지의 세 형태"에 대한 개략

1장 법의 지반 : 자유와 자유의지

의지의 세 계기는 자연스럽게 다음과 같은 의지의 세 형태를 띠게 된다. 헤겔 『법철학』에서 말하는 '의지의 세 형태'는, '의지의 세 계기(보편성-특수성-단독성)'가 현실 속에서 어떻게 나타나는가를 보여주는 구체적 단계이다. 즉, '의지의 세 계기'가 논리적 구조라면, '의지의 세 형태'는 그 구조가 현실적 인간의 자유로 어떻게 실현되는가를 설명하는 역사적·실재적 전개라고 보면 된다. 이에 대해 일반화된 정리(챗GPT)는 다음과 같다.

① 의지의 세 형태 개요

구분	기본 성격	자유의 형식
(1)자연적·직접적 의지	아직 반성되지 않은 욕구적·충동적 의지	자연적 자유(본능·기분)
(2)반성적·주관적 의지	자기 안으로 반성하며, 법칙과 의무를 세우는 의지	형식적 자유(도덕적자율)
(3)이성적·객관적 의지	자기의 자유를 객관적 제도 속에서 실현하는 의지	실재적 자유(윤리적 삶)

② 각 형태의 구체적 내용

(1) 자연적·직접적 의지

자유가 아직 자기 자신을 인식하지 못한 상태. 인간 욕구, 충동, 본능에 따라 움직이는 '즉자적 의지'이다. 이때 의지는 "하고 싶은 대로 하는 것"이라는 의미에서 '임의적 자유'를 가진다.

하지만 이 자유는 단순한 가능성일 뿐, 진정한 자유(자기합리적 의지)는 아니다. 대응되는 법철학 영역이 추상법이다. 즉, 외적 행위의 자유, 권리의 형식 등이다.

(2) 반성적·주관적 의지

의지가 자기 자신 안으로 반성하며, "나는 어떻게 행동해야 하는가?"를 묻는 단계이다. 욕망에서 벗어나 내적 기준(양심, 도덕법칙)을 세우려는 의지이다. 그러나 이 자유는 아직 형식적 자유이다. 왜냐하면 내면적 의지의 법칙이 외적 현실과 일치하지 않기 때문이다. 즉, "의무는 알지만, 현실에 실현되지 않은 상태"이다. 여기에 대응되는 법철학 영역은 도덕이며, 내적 의지의 자유와 도덕적 자율이다.

(3) 이성적·객관적 의지

의지가 자기 안의 원리를 외적 현실 속의 제도, 관습, 공동체 안에서 구현한 단계이다. 이때 의지는 더 이상 단지 '내 안의 도덕'이 아니라, 사회 제도(가족-시민사회-국가) 속에서 자기 자신을 인식한다. 자유는 "보편적 질서 속에서 자기 자신을 법으로 가지는 상태"이다. 즉 '객관적 자유'로 완성된다. 여기에 대응되는 법철학 영역은 윤리적 삶이며, 자유의 실재적 실현이다.

③ 세 형태의 변증법적 관계

변증법 단계	의지의 형태	성격	운동
즉자존재	자연적 의지	외적·본능적	자기 내면화를 향함
대타존재	반성적 의지	내적·도덕적	자기 외화로 나아감
즉자대자존재	이성적 의지	객관적·윤리적	자기실현, 자유의 현실화

즉, 자연적 의지는 자기반성(도덕적 의지)을 통해 부정되고, 그 도덕적 내면성은 다시 제도적 질서 속에서 통일되어 이성적 의지(객관적 자유)로 상승하는 것이다.

나. 자연적 의지

우리의 사유 속에는 의지도 또한 존재한다. 헤겔은 아무런 활동도 않는 그 상태를 즉자적인 상태의 의지로서 아직 현실적으로 존재하는 것은 아니다. 이것은 단지 사유 속에 충동·욕망·경향의 형식으로 존재한다. 이때의 그 의지는 "그 자신 속에 한정된 유한한 의지"이다.

아직 겨우 잠재적인 상태에 있는 자유의지는 직접적 또는 자연적인 의지이다. 자기를 규정하는 개념이 의지 속에서 정립하는 구별의 갖가지 규정은 직접적인 의지 속에서는 그저 거기에 있는 내용일 뿐이다. 그것은 충동이나 욕망이나 기호와 같은 것으로, 이때 의지는 자연의 지배 아래 있다. 이러한 내용은 거기에 곁들여진 갖가지 성질과 함께 이성적인 의지에서 유래하는 것이어서 본래는 이성적인 것이지만, 이렇듯 직접적인 형식으로 분출된 상태에서는 아직 이성에 버금가는 형식을 갖추었다고는 할 수 없다. 이 내용은 물론 내 나름으로 내가 결정한 것이긴 하지만, 여기서는 형식과 내용이 아직 별개의 것이므로, - 의지는 결국 그 자체로서의 유한한 의지이다.(헤겔, 『법철학』, § 11)

나. 반성적 의지 : 자의(恣意, 제멋대로 하는 생각)

헤겔의 자의에 대해, 강성화는 "자연적 의지가 즉자적인 의지라면, 자의는 대자적으로 자유로운 의지이다. 충동에는 여러 가지가 있고, 그 충족의 방법도 여러 가지이다. 여기에서 인간은 이들 충동 중에서 하나를 그 충족 방법과 함께 선택하지 않으면 안 된다. 자의는 이 선택 가능성이다."(강성화, 『헤겔 법철학』, 31)고 말한다.

의지의 자유는 선택이라는 점에서 보면 자의(恣意)에 따르게 되어 있다. 자의에는 두 가지 면이 포함되는데, 즉 일체를 사상(捨象)하는 자유로운 반성이라는 면과 안팎에서 주어지는 내용 및 소재에 의존한다는 면이다. 본래 목적으로서 필연적인 내용이 곧 일체의 것을 사상하는 반성 앞에 서는 하나의 가능한 내용에 지나지 않는 것이 되므로 자의란 의지가 제멋대로 작용하는 것을 말한다.(헤겔, 『법철학』, § 15)

그러나 위의 자의는 제약을 받게 된다. 내 자유는 무한하지만, 그것이 가지는 내용이 현실적으로 상응하지 않는다면, 이 자아는 내용에 의해 종속되고 말게 된다. 그래서 이 내용에 의한 종속으로부터 벗어나기 위해 의지의 내용을 보편성에로 향하게 해야 한다. 헤겔의 이러한 내용을 강성화는 다음과 같이 말한다.

그러나 자의가 가진 선택의 자유는 역시 형식적인 것에 그치는 것이요, 참된 자유가 아니다. 선택된 내용은 이성적 의지로서의 나의 의지의 본성에 의해 결정된 것이 아니기 때문이다. 비록 이 의지가 무한성의 측면을 형식적, 즉자적으로 가진다 하더라도 그것이 가지는 어떠한 내용도 이와 상응하지 않음으로서 이 자아는 내용에 의해 종속되고 말게 되며 이것이 바로 자의에서의 모순이다. 이 내용에 의한 종속으로부터 벗어나기 위해서는 의지의 내용을 보편성에로 향하게 해야 하는데 그 과정이 의지가 즉자 대자적으로 자유로운 의지이다. (강성화, 『헤겔 법철학』, 31-32)

다. 즉자 대자적 의지 : 자유의 이념, 법의 원리

즉자적으로도 자유로운 의지일 뿐 아니라, 동시에 대자적으로도 자유로운 의지가 참된 자유의 이념이다. 즉 "자유의 본질은 인간의 개별적, 우연적, 자의적인 것의 실현에 있는 것이 아니라, 만인에게 연관되어 있는 보편적인 것의 실현에 있다. 인간은 무엇보다도 자유로울 것을 욕구한다. 자유에 대한 욕구는 인간성에 보편적으로 존재하는 것이다. 부분적으로 바라는 자유, 또는 남에 의존하는 자유는 참된 자유가 아니다. 참된 자유는 인간이 보편성으로서 존재하는 자유를 자신의 본질로 알고, 이를 실현했을 때 비로소 구체적으로 현존하게 된다. 이것은 자유가 공동생활의 대자적인 지반이 됨을 뜻하는 것이다. 따라서 이 즉자 대자적으로 존재하는 의지는 공동생활을 유지하는 보편적, 이성적인 법칙에 따라서 자신을 규정하는 의미이며, 이미 현존하는 법, 도덕 등, 모든 사회제도가 인간의 자기의식에 의해 실현되는 자유의 척도를 반영하는 한에서, 이 객관적 현실에서 살아가려는 의지인 것이다."(강성화, 『헤겔 법철학』, 32)

그 무엇에도 얽매이지 않으면서 자기의 규정된 양식을 현실의 소재에서 발견하는 형식적인 보편성의 진리는 자기 자신을 결정하는 보편의지이며 자유로운 의지이다. 의지가 무한한 형식인 그 자신의 보편성을 의지의 내용이며 대상이며 목적으로 삼는 이상, 이제 의지는 잠재적으로 자유일 뿐만 아니라 자유를 자각한 의지로서 - 참다운 이념이 되어 있다. (헤겔, 『법철학』, § 21)

1장 법의 지반 : 자유와 자유의지

의지는 ㉠자기 자신을 자기의 목적으로 삼는 가운데 스스로의 개념에 합치되는 참다운 의지인 한에서 단적으로 객관적인 의지이다. ㉡그러나 객관적인 의지가 자기의식의 무한의 형식을 결할 때는 그 내용이 어떤 성질이건 자기의 객관적인 상태에 매몰된 의지로 - 이는 어린이 다운 앳된 의지, 습관적인 의지, 노예의 의지, 미신적인 의지 등으로 불린다. ㉢결국 객관성이란 주관적인 의지 결정과 대립되는 일면적인 형식으로, 외적으로 현존하는 직접적인 존재이다. 이런 의미에서 의지는 자기목적의 실현을 통하여 비로소 객관적인 것이 된다.(헤겔, 『법철학』, § 26)
자유로운 정신(헤겔, 『법철학』, § 21)의 절대적인 규정, 아니, 절대적인 충동이라고도 할 이 절대적인 것이란 정신의 자유가 곧 정신에게 대상이 되는 것이며 - 자유가 정신 그 자체의 이성적인 체계로 객관화함으로써 눈앞의 현실로 존재하는 것으로서(헤겔, 『법철학』, § 26), 이런 가운데 본래 있는 대로의 잠재적인 의지가 이념으로 현재화(懸在化)한다. 이로써 의지의 이념의 추상적인 개념은 요컨대 자유로운 의지가 자유로운 의지를 의욕하는 것이 된다.(헤겔, 『법철학』, § 27)

이와 같이 "무언가의 현실존재가 자유의지를 구현하는 것으로 있는 것, 이것이 바로 법(정의·권리)이다. 여기에서는 자유가 이념으로서 있게 된다.

> 무언가의 현실존재가 자유의지를 구현하는 것으로 있는 것, 이것이 바로 법(정의·권리이다. - 여기에서는 자유가 이념으로서 있게 된다.(헤겔, 『법철학』, § 29)

칸트의 규정(칸트, 『인륜의 형이상학』서론)이면서 또한 일반적으로도 받아들여지는 규정에 따르면 "나의 자유 또는 자의를 보편적인 법칙에 따라 각자의 자의와 함께 존립할 수 있도록 제한하는 것"이 기본 요점이 되어 있는데, 이 규정은 한편으로는 제한하는 쪽에 역점이 두어진 부정적인 규정을 담은 데 지나지 않는다. 다른 한편으로 긍정적인 면에 속하는 보편적인 법칙 또는 이른바 이성법칙, 즉 한 사람의 자의와 다른 사람의 자의의 일치성 문제는 결국 알려진 바대로의 형식적인 동일성과 모순율로 귀착된다. 지금 이야기된 법 또는 권리의 정의(定意)는 특히 루소 이래로 유포되어온 견해를 담고 있는데, 이에 따르면 의지이면서도 진정한 정신으로서가 아니라, 다만 특수한 개체로서의 정신 그리고 저마다 독자적인 자의 속에 깃들어 있는 개별적인 의지로서의 의지가 실체적인 기초를 이루는 으뜸가는 것이 되어 있다.

일단 이렇게 수용된 원리에 따르면 이성적인 것은 물론 이러한 자유에 단지 제한을 가하는 것으로밖에는 보이지 않을뿐더러 또한 내재하는 이성적인 것으로서가 아니라 단지 어떤 외적이고 형식적인 보편자로 밖에는 나타날 수 없다.…(헤겔, 『법철학』, § 29, 주해)

4. 자유이념의 발전단계 : 법, 도덕, 인륜, 국가

헤겔은 자유의 구현이 법이라는 것을 위와 같이 논증한다. 그리고 이제 이 법이 변증법적 방법으로 확대해 나가는데, 도덕, 인륜, 국가가 그것이다.

① 자유가 구현된 것으로서의 법
법이라는 것은 어딘가 신성한 데가 있는데, 그 이유는 법이란 바로 절대적 개념인 자각적인 자유가 구현되는 것이기 때문이다. - 그런데 법 또는 권리의 형식주의는 자유 개념의 발전의 차이에서 생겨난다. 더욱 형식적인, 즉 훨씬 더 추상적이며 따라서 좀더 제한된 법에 대립하는 것으로서 이념 속에 포함된 광범한 요소를 현실의 내용으로 하는 정신의 영역과 단계가 있는데, 이렇듯 더욱 구체적이고 내용이 풍부한, 참으로 보편적인 이 영역과 단계에는 바로 이런 까닭에 한층 고도의 법이 있게 마련이다. (헤겔, 『법철학』, § 30)
② 자유 이념의 발전에 따른 법 : 도덕·인륜·국가이익
자유의 이념이 발전해나가는 각 단계에는 저마다의 독자적인 법이 있다. 그도 그럴 것이, 어떠한 단계라도 그 속에는 자유가 저마다의 특유한

1장 법의 지반 : 자유와 자유의지

성질을 안고 현실로 구현된 모습을 띠고 있기 때문이다. 만약 도덕·인륜과 법 또는 권리와의 대립을 논의할 경우, 이때 법 또는 권리로 이해되는 것은 다만 추상적인 인격성이 주축을 이루는 최초의 형식적인 법 또는 권리일 뿐이다. 도덕·인륜·국가이익은 저마다 하나의 독자적인 권리를 이루는데, 왜냐하면 이들 형태는 모두가 자유의 규정이 구체화한 것이기 때문이다.(헤겔, 『법철학』, § 30, 주해)

③ 추상법

절대적인 자유의 이념이 단계적으로 발전해나가는 순서를 보면, 1) 직접적인 추상 개념으로서의 의지. 인격성과 의지의 현존재인, 직접 눈에 보이는 외적인 물건. - 추상적 또는 형식적인 법, 권리의 영역.

④ 도덕

2) 외적인 물건에서 자체 내로 반성, 복귀한 의지. 공동성에 반하는 주관적인 개별성으로서 규정된 의지. - 공동성은 한편으로는 내면적인 선(善)으로, 다른 한편으로는 외면적인 현실세계로 나타나는데, 여기서 이념의 두 측면은 다만 상호매개 되어 있을 뿐이다. 이념은 두 개의 특수한 존재로 분열된 채 주관적 의지의 법은 세계의 법과 관계하면서 또한 동시에 잠재적인 이념에 기초한 법과 관계한다. - 도덕의 영역.

⑤ 인륜성

3) 이 두 개의 추상적 요소의 진정한 통일. - 사유로 얻어진 선의 이념이 자체 내로 반성, 복귀한 의지 속에 실현되는 동시에 또한 그것은 외면적인 세계에서도 실현된다. - 그리하여 실체로서의 자유는 현실의 필연성으로서 존재하는 동시에 주관적인 의지로서도 존재한다. 완전무결한 공동성(보편성) 속에 존재하는 이념. 인륜성.

⑥ 가족-시민사회-국가

그러나 인륜적 실체는 다시금 셋으로 나누어진다. (1)자연적 정신-가족. (2)분열상태의 정신-시민사회. (3)특수한 의지의 자유로운 자립성 속에 공동의 자유와 객관적인 자유를 보유하는 국가 ㉠한 민족의 현실적이고 유기적인 정신은 ㉡갖가지 특수한 국민정신과의 관계를 거쳐 ㉢세계사 속에서 보편적인 세계정신으로 실현되고 계시되는데, 이 보편적인 세계정신의 권리가 최고의 법이다.(헤겔, 『법철학』, § 33)

2장 추상법 : 소유

1. 재산(소유) : 소유의 자유

가. "추상법 : 소유"에 대한 개략

헤겔 『법철학』의 첫 번째 큰 단락은 〈추상법〉이며, 이 가운데 가장 핵심적 주제가 바로 '소유'이다. 이 부분은 헤겔의 전체 법철학 구조 중에서 자유의 가장 기초적, 외적 형태를 다루고 있다. 이에 대한 일반적 정리(챗GPT)는 다음과 같다.

① 추상법의 위치: 자유의 "외적 실존형태"
『법철학』 전체는 자유의 전개과정을 "추상법-도덕-윤리적 삶"의 세 단계로 서술한다. 이 중 추상법은 자유의 첫 현실적 형식, 즉 "자유의지가 외적으로 존재하는 사물 속에서 자신을 확인하는 단계"이다.
② 추상법의 구조 개요 (§ 34-§ 104)
헤겔은 추상법을 다음 세 항목으로 구분해서 전개한다.

항목	내용 요약
소유	의지가 외적 사물을 통해 자기 자신을 실존시킴
계약	두 자유의지가 사물 매개로 상호인정하는 과정
불법	타인의 자유를 부정함으로써 나타나는 모순 (법의 부정)

그중 첫 번째, 소유가 추상법 전체의 출발점이자 토대이다. 이 단계에서 자유는 "자신의 외적 현실성"을 얻는다.
③ '소유'의 철학적 의미
헤겔은 § 41에서 말한다: "소유는 자유의 최초의 존재방식이다." 즉, 소유는 단순한 경제적 권리가 아니라, 자유의지가 세계 속에서 자신을 '객관적으로 현존시키는 방식'이다. 내 의지가 외적 사물 위에 '내 것'이라는 표지를 세움으로써, 나는 "나의 사유가 현실 속에 존재함"을 확인하는 것이다.

④ 소유의 세 계기 (내적 구조)

소유도 변증법적 구조를 지닌다. 의지가 외적 사물과 관계를 맺으며 자기 자신을 드러내는 3단계 운동이다.

계기	설명	대응적 의미
점유	사물을 자신의 의지로 포섭함. "내가 이것을 가진다."	자유의 외화 — 의지의 즉자적 외적 실존
사용	사물을 자신의 목적에 따라 활용함.	외화된 자유의 현실적 내용화
소유권	사물에 대한 나의 의지가 사회적으로 인정됨.	외적 자유의 법적 확정 — '권리'의 성립

이 운동을 통해 의지(주체)와 사물(객체) 사이의 관계가 단순한 물리적 점유를 넘어 법적 관계로 승화된다. 그것이 바로 '소유권'이다.

⑤ 소유의 본질적 성격

측면	내용
형식적	소유는 의지가 외적 사물을 매개로 자기 자신을 표현하는 형식이다.
주관적	"나의 것"이라는 표지에서, 의지는 자기의 개별성을 확인한다.
객관적	그러나 이 "나의 것"은 타인의 자유에 의해 인정되어야 법적 권리가 된다.
변증법적 운동	단독적 소유 → 타자와의 관계(계약) → 보편적 법(국가)로 발전한다.

즉, '소유'는 곧 "자유의 외적 자기실존", '계약'은 "자유들의 상호인정", '불법'은 "자유의 부정과 그 한계"를 보여주는 구조이다.

⑥ 예시로 이해하기

예를 들어보면, 한 개인이 "이 땅은 내 것이다"라고 주장할 때, 그 말은 단지 물건을 '점유'한다는 뜻이 아니라, "이 외적 대상 속에 내 의지가 실현되어 있다"는 의미이다. 내가 그것을 사용함으로써 내 목적을 현실화하고, 타인들이 그 사실을 인정해야 그것이 진정한 '소유'가 된다.

즉, 소유란 자유의 의지가 사물의 형태로 현존하는 것이며, 소유권이란 자유의 사회적 승인이다.

㉗ 변증법적 의의
즉자존재는 내 의지가 외적 사물에 존재하는 단계(점유)이다. 대타존재는 타인의 의지가 나의 소유를 제한하거나 인정하는 단계(계약)이다. 즉자대자존재는 자유가 보편적 법질서로 성립하는 단계(법적 권리의 확립)이다.
'소유'는 자유의 첫 실현이지만, 그 자체로는 불완전한 자유이다. 그래서 헤겔은 소유 이후 '계약'과 '불법'을 통해 주관적 자유와 타인의 자유가 상호인정된 윤리적 질서로 나아가도록 전개한다.(챗GPT, 추상법 : 소유, 2025.10.25.)

소유는 "자유의지의 최초의 외적 현존"이다. 즉, 자유가 사물을 통해 자신을 객관화하는 최초의 단계다. 그러나 이 자유는 아직 타자와의 관계 속에서 조정되지 않은 '추상적 자유', 따라서 '법적 형식의 자유'에 머문다.

나. 자연법의 근본규범
헤겔은 자연법의 근본규범에 대해서 "인격은 권리능력을 포함하고 있으며, 이것이 법 또는 권리의 개념을 성립하게 하는 추상적인 토대이다"고 말한다. 그리고 더 나아가서 이 인격이 이념으로 존재하려면 그의 자유를 누릴 수 있는 외적 영역을 마련해야 한다고 말한다.

인격은 권리능력을 포함하고 있으며, 추상적이고 따라서 형식적인 법 또는 권리의 개념을 성립하게 하는 추상적인 토대이다. 따라서 법의 명령은 "인격이 되어라. 그리고 타인을 인격으로서 존중하라"가 된다.(헤겔, 『법철학』, § 36)

[보충] "자연법의 근본규범"에 대한 개략
헤겔 『법철학』 제1편 〈추상적 권리〉 가운데 '소유' 항목에서 언급되는 '자연법의 근본규범'은 다음과 같은 맥락에서 등장한다. 이에 대한 일반적 정

리(챗GPT)는 다음과 같다.

① 위치 및 문맥
헤겔은 '소유'를 자유의 최초의 객관화로 다루면서, 개인이 자신의 자유 의지를 외적 사물에 실정화하는 과정을 분석한다. 이때 그는 소유권의 정당성을 단순한 사회적 합의나 관습이 아니라, 자유 의지의 본성 자체에서 도출한다.
'자연법의 근본규범'이라는 표현은 바로 이 소유의 정당화를 규정하는 핵심 원리로 등장한다. 즉, 자연법은 단순히 자연상태에서의 권리 규범이 아니라, 자유 의지의 개념으로부터 필연적으로 도출되는 법의 보편 규범이다.

② 원문 요지
헤겔은 다음과 같이 말한다(§ 44 부근): "자연법의 근본규범은 다음과 같다. '외적인 것은 나의 의지의 것일 수 있다.'"

③ 해석 및 의미
(1) "외적인 것은 나의 의지의 것일 수 있다"
이는 단순히 '물건을 가질 수 있다'는 경험적 사실이 아니라, 자유 의지가 자신의 외부 세계에 자신을 실현할 수 있는 권리를 원리적으로 진술한 것이다. 자유는 단순히 내적 상태에 머무르지 않고, 외적 세계 속에서 자신을 존재하게 해야 한다. 따라서 자유의지의 자기실현의 첫 단계는 '소유'다.

(2) 자연법의 '근본규범'으로서의 성격
자연법이란 이성적 의지의 본질에서 나오는 보편적 규범이다. 헤겔에게 '자연적'이라는 말은 '감각적'이 아니라 '이성적 필연성'의 의미를 가진다. 따라서 "외적인 것은 나의 것일 수 있다"는 명제는 모든 인간이 자유로운 존재로서 가지는 권리의 형식적 근거이다. 즉, 모든 인간은 자신의 자유를 외적 대상 속에서 실현할 권리를 본질적으로 가진다는 뜻이다.

(3) 소유의 정당성

소유권은 사회계약의 산물이 아니라, 자유의 개념 자체로부터 필연적으로 나오는 권리다. 개인이 어떤 대상을 자신의 것으로 '표시'하거나 '점유'할 때, 그는 단순히 사물을 가지는 것이 아니라 자기 의지를 외적 세계 속에 객관화하는 것이다.
⑤ 결론
따라서 『법철학』에서 말하는 "자연법의 근본규범"은 단순한 소유권의 선언이 아니라, "자유의 자기실현 가능성"에 대한 형이상학적 진술이다. 헤겔에게 '소유'는 자유의 최초의 현실화이며, "자연법의 근본규범"은 바로 이 자유의 실정화를 보편적 권리로 정식화한 것이다.(챗GPT, 자연법의 근본규범, 2025.10.25.)

[평가] 헤겔에 의하면, '소유의 자유'가 모든 '자유' 중에서 가장 중요하고, 가장 우선한데, 왜냐면 '자유'는 정신이 자신을 외적으로 표현한 최초의 것이기 때문이다. 그리고 이제 이 소유권 보장이 "자연법의 근본규범"이라는 것이다. 헤겔은 '소유'와 '자유'의 개념을 가장 잘 설명한 철학자로 보인다.

다. '자유'의 외적 영역으로서의 '소유'
인격이 이념으로 존재하려면, 그의 자유를 누릴 외적 영역이 마련되어야 한다. 재산을 소유할 때 비로소 인격은 비로소 이성으로서 존재한다. 내 자유의 최초의 실제성이다.

① 자유를 누릴 외적 영역
인격이 이념으로 존재하려면 그의 자유를 누릴 수 있는 외적 영역을 마련해야만 한다. 인격은 절대적으로 존재하는 무한한 의지이지만, 아직은 전적으로 추상적인 첫 번째의 정의를 받고 있으므로 의지와는 구별되는 자유의 영역을 이루는 것은 의지와는 직접 구별되는, 분리 가능한 존재로서 규정된다.(헤겔, 『법철학』, § 41)
② 재산소유를 통해 이성으로 존재하는 인격

자기 것으로서의 재산이 이성적인 점은 그것이 욕구를 충족한다는 데 있는 것이 아니라 인격이라는 단순한 주관성이 지양된다는 데 있다. 재산을 소유할 때 비로소 인격은 이성으로서 존재한다.

③ 내 자유의 최초의 실재성

예컨대 내 자유의 이 최초의 실재성은 외적인 물건 속에 깃들어 있어서 열악한 실재성이라고는 하지만, 추상적인 인격성으로서는 바로 이 직접적인 상태에서 직접성이라는 규정을 받는 존재 이외에 다른 어떤 존재도 차지할 수가 없다. (헤겔, 『법철학』, § 41 추가)

[평가] 헤겔에 의하면, 한 국가의 체제는 소유의 자유를 인정하는 체제라야 한다. 이것이 각 구성원들의 '자유'를 인정하는 출발점이기 때문이다. 그리고 국가는 이 '소유의 자유'를 보장하는 방향으로 작동하여야 한다.

라. 계약대상으로서의 물건

여기에서 이제 "계약대상으로서의 물건"의 의미가 도출되는데, 인격은 그 자체가 자연에 뿌리박힌 존재인 동시에 다른 한편으로는 외면계로서 있는 자연과 관계하는 존재이기도 하다. 이런 모든 것에서 소유의 문제가 대두된다. 그리고 소유의 문제는 이에 대한 외적 형식으로서 '계약'이라는 문제가 대두된다. 심지어는 정신적인 숙련, 그리고 발명 조차도 그것은 계약의 대상이 되고 매매가 이루어질 때는 공인된 물건과 동일시 된다.

① 인격 : 자연과 관계하는 존재

인격은 직접적인 개념으로, 따라서 또 본질적으로 개별적인 것으로 있기 때문에 한편으로는 그 자체가 자연에 뿌리박힌 존재인 동시에 다른 한편으로는 외면계로서 있는 자연과 관계하는 존재이기도 하다. — 인격이 갓 등장한 이 첫 단계에서 물건에 관해 논의되는 것은 자연물로서 거기에 있는 물건에 관한 것일 뿐, 의지에 매개되어 인격의 대상이 되는 그런 물건을 규정하는 것에 관한 것은 아니다. (헤겔, 『법철학』, § 43)

2장 추상법 : 소유

② 모든 행위가 계약 대상
정신적인 숙련, 즉 학문, 예술, 종교적인 행위(설교, 미사, 기도, 공납에 대한 축복) 그리고 발명 등등과 같은 것조차도 그것이 계약의 대상이 되고 매매가 이루어질 때는 공인된 물건과 동일시된다. …(헤겔, 『법철학』, § 43 주해)

마. 인간의 취득권 : 자유의지의 관념론
인간의 인격은 어떤 물건 속에라도 자신의 의지를 투입하여 이로써 그 물건을 내 것으로 삼을 권리인 취득권이 존재한다.

인격은 어떤 물건 속에라도 자신의 의지를 투입하여 이로써 그 물건으로 내 것으로 삼을 권리를 실질적인 목적으로 한다. 왜냐하면 물건은 그 자체 내에 목적이라고는 갖고 있지 않고 내 의지를 그의 본분이며 혼으로 받아들이기 때문이다. - 이것이 모든 물건에 대한 인간의 절대적인 취득권이다. (헤겔, 『법철학』, § 44)
모든 사물은 인간의 소유가 될 수 있다. 왜냐하면 인간은 자유로운 의지이며 이러한 의지로써 절대적으로 자기를 관철해 나갈 수 있는 존재인데, 이에 반하여 인간에게 대립되는 것은 이러한 성질을 갖고 있지 않기 때문이다. 따라서 인간은 누구나 자신의 의지를 물건으로 삼거나 자기 것으로 개조할 수 있는 권리를 갖는다. 왜냐하면 외면성을 띤 물건은 아무런 자기 목적도 갖지 않으며 자기 사신에 대한 무한한 자기관계를 지닌 것이 아니라 자기 자신이 곧 하나의 외면적인 것이 되고 말기 때문이다. 생물체(동물)의 경우라도 역시 그처럼 외면적인 것이라고 한다면 그런 한에서는 생명체도 어김없는 하나의 물건이다. 오직 의지만이 무한적이고 그 밖의 모든 것에 대하여 절대적인 데 반하여 그에 대비되는 다른 쪽은 상대적일 뿐이다. 따라서 자기 것으로 삼는다는 것은 필경 물건에 대한 내 의지의 존엄성을 선포하는 것이며, 이로써 사물이란 절대적이고 완전무결한 것이 아니며 자기목적일 수도 없다는 것을 나타내게 된다. 이를 명시하는 데는 물건이 직접 지녔다는 것과는 다른 목적을 내가 물건 속에 담아 주는 것으로 충분하다. 이때 나는 내 소유가 되어 있는 생명체에게 그것이 갖고 있던 것과는 다른 혼을 안겨준다. 즉 나는 거기에 나의 혼을 부여하는 것이다.

결국 자유로운 의지는 있는 그대로 온갖 사물을 완전무결한 절대적인 것이라며 받아들이지 않는 관념론이다. 이에 반하여 실재론은 이들 사물이 유한성의 형식을 띠고 있는 데도 절대적이라고 언명한다. 동물조차도 더 이상 이와 같은 실재론적 철학을 지니고 있지 않다. 왜냐하면 동물은 닥치는 대로 물건을 송두리째 먹어치우는 가운데 벌써 그 물건이 절대적으로 자립적이지 않다는 사실을 증명하기 때문이다. (헤겔, 『법철학』, § 44 추가)

바. 점유와 소유 : 수단과 목적으로서의 소유

여기에서 이제 점유 소유가 무엇인지가 나타난다. 헤겔은 재산을 자유의 으뜸가는 현실존재라고 한다. 재산 속에는 인격으로서의 내 의지가, 따라서 개별의지로서의 내 의지가 대상화되어 있기 때문에 재산은 사유재산의 성격을 띤다. 재산과 더불어 내 의지는 인격적이다. 그러나 인격은 한 사람의 것이다. 그러므로 재산은 이 한 사람의 의지의 인격체와 같은 것이다.

① 점유

내가 뭔가를 나라고 하는, 그 자체가 외적인 힘 아래로 거두어들이는 것이 점유이다. 또한 내가 뭔가를 자연적인 욕구나 충동이나 자의에 따라 내 것으로 삼는다는 특수한 면이 점유에 따라붙는 특수한 관심을 나타낸다. 그러나 자유로운 의지로서의 내가 점유 속에 대상화하고 그럼으로써 내가 비로소 현실적인 의지가 된다는 이 측면이야말로 진실하고 정당한 것으로서의 재산이 무엇인지를 말해준다. (헤겔, 『법철학』, § 45)

② 재산 : 자유의 으뜸가는 현실존재

재산을 소유하는 것은 욕구 면에서는 바로 이 욕구가 으뜸가는 것이 되는 이상 수단으로 나타난다. 그러나 참다운 입장을 놓고 자유의 견지에서 본다면 자기 것으로서의 재산이야말로 자유의 으뜸가는 현실존재로서 본질적인 목적 그 자체이다.(헤겔,『법철학』, § 45, 주해)
③ 사유재산
재산 속에는 인격으로서의 내 의지가, 따라서 개별의지로서의 내 의지가 대상화되어 있기 때문에 재산은 사유재산의 성격을 띤다. 그런가하면 공유재산은 그 본성상 개개인에게 점유될 수 있는, 본래 해체 가능한 공동성에 기초한 것이어서 거기서 내 몫을 차지하느냐 안하느냐는 자의에 달린 문제이다.(헤겔,『법철학』, § 46)
④ 재산과 더불어 인격적이 되는 내 의지
재산과 더불어 내 의지는 인격적이다. 그러나 인격은 한 사람의 것이다. 그러므로 재산은 이 한 사람의 의지의 인격체와 같은 것이다. 나는 재산의 소유를 통하여 내 의지가 현재 속에 구현되도록 하는 까닭에, 여기서 재산의 소유 또한 이것, 내 것이라는 규정을 받지 않을 수 없다. 이것은 사유재산의 필연성을 뒷받침하는 중요한 학설이다.…(헤겔,『법철학』, § 46 추가)

[평가] 헤겔은 소유의 자유가 한 인격이 성립하는 최초의 지점이다. 그래서 소유의 자유가 인정되지 않으면, 자유가 말살을 당한 것이다. 공산주의는 한 나라에서 가장 핵심적인 소유인 '생산수단'을 국유화 혹은 사회화한다. 이 소유의 자유에서 모든 정신의 활동 곧 창의성이 나오는데, 이것을 인정하지 않는다.

사. 소유권의 실현 : 점유취득, 물건의 사용, 소유의 양도
헤겔은 "소유를 물건에 대한 의지의 관계 속에서, 점유취득, 물건의 사용, 소유의 양도의 세 가지 규정을 받는다"고 말한다.

소유를 물건에 대한 의지의 관계 속에서 보면 다음과 같은 세 가지 규

정을 받는다. ①의자가 물건에 적극적인 가치를 부여하여 그것을 자기 것으로 삼을 때, 소유는 직접적인 점유취득이다. ②물건이 의지의 부정체가 되어 의지가 스스로 부정되어야 하는 것으로서 물건 속에 자기를 투영할 때 - 이것이 물건의 사용이다. ③의지가 물건의 곁을 떠나서 자기에게 복귀할 때 - 이것이 양도이다. - 이상 세 가지의 경우는 각기 물건에 대한 의지의 긍정판단 · 부정판단 · 무한판단에 해당한다고 할 수 있다.(헤겔, 『법철학』, § 53)

2. 계 약

어떤 존재하는 그 무엇이 있다고 가정해보자. 그런데 이 물건은 나 혼자만의 인격과 연루된 것이 아니라, 다른 인격과도 연루되어 있다. 이제는 이 공동의 연계성 앞에서 계약이라는 것이 성립한다. 이것은 서로가 서로를 소유자로서 인정한다는 행위이다. 이것을 통해 주관적인 의지가 더욱 보편적이 되어 간다.

① 대타존재와의 연계된 소유의 자유 : 계약의 영역
특정한 존재로서 눈앞에 있는 것은 본질적으로 타자에 대한 존재(대타존재)이다. 자기 것으로서의 소유는 어떤 하나의 존재를 외적인 물건으로 갖는다는 면에서 보면 다른 외적인 물건과 관계하면서 그들과 필연적 또는 우연적으로 연계되어 있다. 그러나 의지가 타자에 대해 있다고 할 때 이는 오직 타자의 인격 의지에 대해서 있다는 것을 뜻할 뿐이다. 의지와 의지와의 이 관계야말로 자유가 제 모습을 드러내는 고유한 진실한 토대이다. 이 매개, 즉 하나의 물건과 내 주관적인 의지가 매개되는 데 그치지 않고 타인의 의지마저도 여기에 관계함으로써 공통의 의지를 바탕으로 소유가 성립되게 하는 것이 계약의 영역이다.(헤겔, 『법철학』, § 71)
② 계약 : 서로의 인격과 소유에 대한 인정

…계약은 계약 상태로 들어가는 사람들 서로가 인격이며 소유자로서 서로 인정한다는 것을 전제로 한다. 계약이란 객관적 정신에 따른 하나의 관계이기 때문에 그 속에는 인정의 계기가 벌써 포함되어 있고 또 전제되어 있다.(헤겔,『법철학』, § 71 주해)

③ 계약 : 공통의 의지

계약과 함께 나는 내 것으로서의 소유를 공통의 의지를 통해서 지닌다. 즉 주관적인 의지가 더욱 보편적이 되어 이것을 실현하도록 고양시켜 나가는 것이 이성의 관심사인 것이다. 그리하여 계약 속에는 여전히 주관에 기초한 바로 이 의지의 규정이 돈속하지만, 그것은 다른 의지와의 공통성 속에 깃들어 있다. 그에 반하여 의지는 여기서는 다만 공통성이라는 형식과 형태를 띠고 나타날 뿐이다.(헤겔,『법철학』, § 71 추가)

3. 불법 등

헤겔은 계약에 대해서, 그리고 불법에 대해서 말하는데, 이것은 실무적인 법 개념으로 들어간다. 그래서 여기에서는 그 내용을 생략하고, 그 제목만 열거하면 다음과 같다.

① 계약의 변증법적 구조
§ 72 타인의 의지에 따라 매개된 소유, § 73 계약에서 두 의지 사이의 통일과 차이, § 74 물건의 외화와 취득의 매개.
② 계약의 규범적 재구성
§ 75 계약모형의 적용조건: 계약으로서의 결혼, 국가계약, § 76 증여와 교환으로서의 계약, § 77 물건과 그의 가치: '법외의 손해'로 인한 계약의 무효, 무효화 근거로서의 약정상의 과오, § 78 합의와 급부: 합의와 약정, 계약의 종류와 구분.
③ 불법론 세목,
범의 없는 불법과 권리의 내적 관계, § 84 권리충돌의 가능성, § 85 사

법상의 불법, § 86 권리 그 자체의 출현.

사기, § 87 불법 그 자체의 출현, § 88 사기에 의한 불법, § 89 법, 그 권리 그 자체에 대한 요구

④ 강제와 범죄

§ 90 강제의 가능성, § 91 자유와 강제, § 92 강제의 자기지양과 그 불법성, § 93 강제의 정당성, § 94 강제법으로서의 추상법

⑤ 범죄와 형벌

§ 95 형법의 영역, § 96범죄의 무게, § 97 범죄의 허망함을 현시하는 것으로서의 형벌, § 98 손해배상, § 99 법·권리의 회복, § 100 형법의 기초, § 101 형벌의 정도, § 102 복수로서의 보복, § 103 형벌적 정의에 대한 요구.

3장 도덕과 인륜성

1. 도 덕

가. 법에서 도덕으로의 이행

헤겔에 의하면, 우리 안에 있는 자유가 외부의 물건들에 대해 반영됨을 통해서 법을 생산하였다. 그런데, 여기에는 타인과의 공통적인 영역 속에서 불법적인 요소들이 등장한다. 이것은 다시 내 내부로 반성 복귀하고, 궁극적으로는 자기 동일적인 것으로 극복된다. 이 극복의 내면적인 요소가 곧 도덕이다. 법에서 의지는 그의 현존하는 모습을 외면적인 것 속에 담아 놓고 있지만, 더 진전된 상태에서는 의지가 그의 현실존재를 자기 자신 속에, 즉 어떤 내면적인 것 속에 지닌다.

범죄와 정의에 기초한 복수는 의지의 발전형태가 본원적인 공동의지와 여기에 대치되는 자기 위주의 개별의지로 구분되어 가는 모습을 나타내며, 나아가 본원적인 의지가 이 대립을 극복하는 가운데 자체 내로 복귀하여 스스로를 자각하는 현실적 의지가 되어가는 모습을 보여준다. 이로써 법은 단지 자기 위주로만 있는 개별의지에 대립되는 것으로 확증되는 가운데 그의 필연성에 따라 현실적이 되는 것으로 간주된다.
또한 이와 같은 형태의 발전은 동시에 의지 개념이 더욱 내적으로 형성·발전된 모습을 드러내주기도 한다. 의지의 개념에 따르면 의지의 자기실현은 다음과 같은 모습을 띤다. 애당초 의지는 추상법의 형태를 띤 본원적이고 직접적인 형식의 의지이지만, 이 형식을 지양하는 가운데 (§ 21) 일단 본원적인 공동의지와 자기 위주의 개별의지의 대립이 정립되고, 그런 다음 이 대립의 지양, 즉 부정의 부정을 통하여 의지가 현실로 존재하기에 이른다. 이렇게 되면 의지는 단지 본원적인 자유의지로만 그치는 것이 아니라 자각적으로 존재하는 자유의지로서 자기와 부정적으로 관계하는 의지이기도 한 것이다.
추상법 영역에 있는 의지는 단지 인격으로서 있는 데 지나지 않지만,

이제는 그의 인격성이 의지의 대상이 된다. 자유의 주관성이 스스로의 무한성을 자각하는 것이야말로 도덕적 입장의 원리를 이룬다.(헤겔,『법철학』, § 104)

자유의 개념은 애초에는 추상적인 의지의 규정성에서 의지가 스스로 자기 자신에 관계하는 양식으로, 그리하여 주관성의 자기규정 단계로 계속 형성되어 왔는데, 이제 그 거쳐 온 단계를 꼼꼼히 되돌아보면 의지의 규정된 양식은 ①소유에서는 추상적인 나의 것이므로, 어떤 외적인 물건 속에 있고, ②계약에서는 두 당사자의 의지에 따라 매개된, 어디까지나 공통적인 나의 것이다. 그 다음 ③불법에서는 법의 영역에 속해 있는 의지, 즉 이 의지의 추상적인 본원적 존재 또는 직접성이 우연성에 지배되어 그 자신이 우연적인 개별의지에 따라 정립되어 있다. ④도덕적 입장에서는 위에서와 같은 우연성이 극복되어 있으니, 즉 이 우연성 그 자체가 자체내로 반성 복귀하여 자기 동일적인 것으로서 의지의 우연성 그 자체에 내재하는 무한한 우연성이며 의지의 주관성이 되어 있다.(헤겔,『법철학』, § 104 주해)

진리를 성립시키는 기본요건은 개념이 존재한다는 것, 그리소 그 현실로 존재하는 모습이 바로 이 개념에 합치되어야만 한다는데 있다. 법에서 의지는 그의 현존하는 모습을 외면적인 것 속에 담아 놓고 있지만, 더 진전된 상태에서는 의지가 그의 현실존재를 자기 자신 속에, 즉 어떤 내면적인 것 속에 지닌다. 의지는 독자적으로 존재하고 주관성을 띠어야만 하며 스스로를 자기 자신 속에 대치시켜 놓아야만 한다. 자기에 대한 이러한 태도는 확신에 찬 긍정적인 것이지만, 의지가 여기에 도달할 수 있으려면 오직 그의 직접성을 지양해야만 한다. 이런 의미로 범죄에서 지양된 직접성은 형벌을 통해서, 다시 말하면 범죄라는 무실함을 무실화함으로써 긍정으로, 즉 도덕으로 진전되는 것이다.(헤겔,『법철학』,§ 104 추가)

[보충] 도덕에서 법이 아닌, 법에서 도덕으로 이행

3장 도덕과 인륜성

헤겔은 도덕에서 법이 아닌, 법에서 도덕으로 이행한다. 이것이 헤겔 『법철학』의 핵심 구조적 특징 중 하나이다. 일반 인식(칸트적 체계 포함)과 비교해보면 이 차이가 아주 선명해진다. 이에 대해 일반화된 정리(챗GPT)는 다음과 같다.

① 일반적(칸트적) 전개: 도덕 → 법

구분	내용
출발점	도덕적 주체(내적 자율성) — "선의지" 또는 "도덕법칙에 대한 존경"
전개 방향	내면의 도덕 법칙 → 외적 법 제도
논리 구조	도덕이 근원이고, 법은 그 외적 표현 또는 적용 형태
전제	도덕은 자유의 내면적 규정, 법은 그것의 사회적 외화
대표 예	칸트 『실천이성비판』·『도덕형이상학의 기초』: "도덕법칙이 법의 근원이다."

즉, 칸트에게 '법'은 도덕적 자율성의 외적 표현일 뿐이다. '법'은 외적 강제력을 통해서만 작용하며, 내면의 도덕적 자율성보다 낮은 층위로 놓인다.

② 헤겔의 전개: 법 → 도덕 → 윤리

헤겔은 이 전통을 거꾸로 세운다. 『법철학』 전체 구조는 바로 다음과 같은 3단계 변증법적 운동으로 짜여 있다.

단계	명칭	성격	대응되는 자유의 형태
제1편	추상적 법	외적 행위의 합법성, 소유·계약·불법	외적 자유
제2편	도덕	내면적 의도, 선·악의 주체적 판단	내적 자유
제3편	윤리	개인·가족·시민사회·국가의 통일	객관적 자유

이 흐름은 단순히 "법 → 도덕 → 사회"가 아니라, 자유가 점점 더 구체화되어 가는 변증법적 운동이다.

③ 왜 헤겔은 '법 → 도덕' 순서를 택했는가?

(1) 자유의 형식적 단계에서 출발

헤겔은 인간의 자유를 추상적·보편적 형태("나는 자유로운 의지다")에서 시작해야 한다고 본다. 도덕은 이미 '내면화된 의지'의 단계이므로, 도덕으로부터 출발하면 자유의 외적 현실성(법)이 설명되지 않는다. 따라서 자유의 실정화 과정은 이렇게 "의지의 개념 → 외적 현실화(법) → 내적 확신(도덕) → 객관적 제도(윤리)"가 된다.

(2) 도덕은 법의 부정이 아니라 내면화된 법

헤겔에게 '도덕'은 단순히 법의 반대가 아니라, 법의 내면적 차원으로 이행한 자유의 단계이다. 즉, 도덕은 법의 '부정'이 아니라 법의 '상위 통합'이다.

(3) 법과 도덕의 매개로서 윤리

헤겔은 도덕적 주체가 고립되어서는 안 된다고 본다. 도덕이 자기 안에만 머물면 '주관적 확신'으로 끝난다. 따라서 도덕은 반드시 윤리 ― 즉 가족, 시민사회, 국가 ― 로 넘어가야 한다.

④ 요약

칸트는 "도덕이 법의 근원"이라 본다. 자유의 내면성에서 출발하여 외적 규범으로 나아간다. 한편, 헤겔은 "법이 자유의 첫 현실태"라 본다. 자유의 외적 실정에서 출발하여 도덕적 내면성을 거쳐, 윤리적 전체성(국가)으로 나아간다. 즉, 칸트의 도덕은 법의 내적 근거이고, 헤겔의 법은 도덕의 외적 근거다.(챗GPT, 법과 도덕의 순서, 2025.10.25.)

나. 의지의 주체성에 따른 자유의 구현

도덕의 입장은 의지가 단지 본원적으로 무한하다는 것뿐만 아니라 무한을 자각하는 한에서의 의지의 입장이다. 여기에 자유를 실현하는 더욱 고차적인 토대가 마련된다. 이제야 자유라는 이념을 체현하는 실재적 요소인 의지의 주관성이 나타난다. 이것은 두 번째 영역으로서 도덕은 전체적으로 자유 개념의 실재적인 면을 나타낸다. 이런 면에서 보면, 도덕적 입장이 전개되어 가는 과정은 주관적 의지의 법이 발전해 가는 형태를 나타낸다.

3장 도덕과 인륜성

① 주관으로서의 자각적 의지
도덕의 입장은 의지가 단지 본원적으로 무한하다는 것뿐만 아니라 무한을 자각하는 한에서의 의지의 입장이다. 의지가 자체 내로 반성하여 본래 있는 그대로의 직접적인 의지와 그 속에서 전개되는 갖가지 내용과의 동일성을 자각하게 될 때 인격은 주체로 규정된다.(헤겔, 『법철학』, §105)
② 의지의 주체성에 따른 자유의 구현
이제부터는 주관성이 개념의 규정을 이루면서 그것이 개념 그 자체에 따른 본래적인 의지와는 구별된다. 이때 주관성은 주관의 의지로서 저마다의 개별적인 의지라는 구실을 하면서 (아직 직접성을 띠고 있는) 개념의 현존재를 이룬다. ─ 여기에 자유를 실현하는 더욱 고차적인 토대가 마련된다. 이제야 자유라는 이념을 체현하는 실재적 요소인 의지의 주관성이 나타난다. 오직 주관적인 의지 속에서만 자유에 다름 아닌 본원적인 의지가 현실적일 수 있는 것이다.(헤겔, 『법철학』, §106)
따라서 두 번째 영역으로서 도덕은 전체적으로 자유 개념의 실재적인 면을 나타낸다. 이 영역에서 펼쳐지는 과정은 일단은 다만 잠재적으로만 본원적인 공동의 의지와 직접 일체화되어 있는 자각적인 의지를 자체내로 심화함으로써, 이렇게 깨우쳐진 구별 속에서 유아적인 의지를 지양하고 이 의지를 다시금 본원적인 의지와 자각적인 위에서 일체화되도록 정립하는 것이다. 그러므로 도덕 장에서 펼쳐지는 이 운동은 이제 막 정초된 자유의 토대로서의 주관성을 꼼꼼히 다져 나가는 것이 된다.…따라서 참으로 구체적인 의지로 규정하는 가운데 이념으로 하여금 참다운 실현에 이르게 하는 것이다.(헤겔, 『법철학』, §106 주해)
③ 주관적 의지의 법으로서의 도덕
…그러므로 도덕의 입장은 그의 형태에서 주관적 의지의 법을 체현하고 있다.…(헤겔, 『법철학』, §107)
④ 주관적 의지의 법이 발전해가는 형태

이런 면에서 보면 도덕적 입장이 전개되어가는 과정은 주관적 의지의 법이 발전해가는 형태 - 다시 말하면 주관적 의지가 구체화해가는 양식을 나타낸다. 그리하여 주관적 의지는 자기 대상 속에서 바로 자기 것으로 알고 있는 것을 더욱 상계히 규정해나감으로써 그것이 스스로의 참다운 개념이며 또한 스스로의 보편성을 나타내는 객관적인 것이 되게 한다. (헤겔, 『법철학』, § 107, 주해)

다. 도덕의 계통적 분류

우리 안에 주관적인 어떤 도덕적인 의지로서 '기도'라는 것이 존재한다. 이것은 주관적 의지로서의 즉자존재의 상태이다. 이제 여기에 '의도'가 작용하는데, 그것은 '복리와 복지'를 향한 의도이다. 그리고 여기에서 궁극적인 '선'이 나타나는데, 그 '선'은 반성의 영역에서 '양심'에 비추어서 보편타당한 객관성으로 고양된다.

① 기도
도덕적 의지의 법은 세 가지 측면을 포함하고 있다. 먼저, 행동의 추상적 또는 형식적인 법. 행동이 일상생활 속에서 수행될 때, 행동의 내용은 통틀어서 내 것이며 따라서 행동은 주관적 의지의 '기도'라는 것.

② 의도
두 번째, 행동의 특수성은 행동 내면의 내용이 되어 나타난다. a. 나에게서 행동의 내용이 어떤 성격을 띠고 행동이 어떠한 가치를 지니며 행동의 옳고 그름은 어떠한지를 판단하는 기준, 그것이 '의도'이다. b. 특정한 주관적 존재로서의 내가 특수한 목적으로 삼는 내용, 이것이 '복리·복지'이다.

③ 선
세 번째, 내면에 깃들어 있는 내용이 동시에 공동성으로, 즉 보편타당한 객관성으로 고양되는 것이 의지의 절대적인 목적, 즉 선이다. 선은 반성의 영역에서는 주관적인 보편성과 대립하는 관계인데, 이 대립물이 하나

는 악이고 다른 하나는 양심이다.(헤겔,『법철학』, § 114)

어떤 행동이라도 도덕적이기 위해서는 무엇보다 먼저 내가 기도한 바와 일치하지 않으면 안 된다. 왜냐하면 도덕적 의지의 권리는 마음 속에 기도로 자리잡은 것만이 바로 그 의지가 구체화한 것으로 인정받기 때문이다. 기도라는 것은 다만 외면적인 의지가 또한 내면적인 것으로서 내 안에 있다는 형식적인 것과 관련될 뿐이다. 이에 반하여 두 번째 요소로는 행동의 의도가 문제가 되는데, 이는 곧 나와의 관계에서 본 행동의 상대적인 가치의 문제이다. 마지막 세 번째로는 행동의 단지 상대적인 가치만이 아닌 공동의 가치, 즉 선에 관한 것이 된다.

④ "기도-의도-선"의 변증법적 구조

행동이 자아내는 최초의 분열은 기도된 것과 현실로 표면에 드러난 것 사이의 분열이며, 두 번째 분열은 외면에 보편적인 의지로 존재하는 것과 내가 이 의지에 부여하는 내면적인 특수한 규정 사이의 분열이다. 끝으로 세 번째는 의도가 또한 보편적인 내용이기도 하다는 것이다. 선이란 의도가 의지의 개념으로까지 고양된 것이다.(헤겔,『법철학』, § 114, 추가)

라. 도덕에서 인륜으로의 이행

헤겔은 "참다운 양심이란 바로 즉자·대자적으로 선한 것을 의욕하는 심성이다"고 말한다. 헤겔은 스스로 이 심성을 인륜적 심성이라고 바꾸어 표현한다. 헤겔에 있어서 양심은 인륜의 입장에서 비로소 실현될 수 있는 것이기 때문이다. 선과 양심(주관적 의지)의 구체적인 동일성, 다시 말해 "이들 양자의 진리가 곧 인륜성이다."(강성화,『헤겔 법철학』66) 선과 주관적 의지가 구체적으로 일체화한 이 양자의 진리가 바로 인륜성이다. 인륜적인 것은 주체적인 마음가짐에 있지만, 이는 어디까지나 본원적으로 있는 법 또는 권리의 주체적인 마음가짐이다.

① 무규정적 선과 양심에 대한 규정의 필요성

자유의 실체적 보편자로서 아직 추상성을 띠고 있는 선에는 이제 선과 일체화한 갖가지 규정과 이들 규정의 원리가 요구되기에 이르렀는가 하면, 단지 추상적인 결정 원리인 양심에 대해서는 결정된 내용의 보편성과 객관성이 요구된다. 선과 양심은 저마다 독자적으로 총체성으로까지 고양되어 무규정적인 것이 되는데, 이 무규정성은 마땅히 규정되어야만 한다.

② 선과 주관적 의지가 구체적으로 일체화된 진리가 인륜성

그러나 저마다 상대적인 위치에서 총체성을 이루는 선과 양심을 절대적 동일성으로까지 통합하는 일은 그 자체가 벌써 실현되어 있다고도 하겠으니, 이제 순수한 자기 확신이라는, 자기만이 허공에 들떠있는 바로 그 주관성이 선의 추상적인 보편성과 일체화되었기 때문이다. - 그리하여 선과 주관적 의지가 구체적으로 일체화한 이 양자의 진리가 바로 인륜성이다. (헤겔, 『법철학』, § 141)

③ 현실성을 지니고 있는 추상적인 선의 실재성 획득

개념의 그와 같은 이행에 관한 좀 더 자세한 내용은 논리학에서 이해되도록 하였고, 여기에서는 다음 사항만 이야기해두고자 한다. ①제한적이며 유한한 것 - 여기서는 이것이 추상적인, 단지 당위적으로만 있는 선과 또한 마찬가지로 추상적인, 단지 선하게만 있는 주관성에 해당한다 - 의 본성은 그들 자신에게서 스스로의 반대물을 안고 있다. 즉 이 제한된 유한한 것이 지니는 추상적인 선은 본원적으로 현실성을 지니고 있으며, 또한 추상적인 주관성은 (즉 인륜적인 것의 현실성의 요소는) 본원적으로 선을 지니고 있다. ②그러나 이와 같은 주관성과 선은 일면적인 것이어서 그들이 본원적으로 있어야 할 바 그러한 것으로 정립되어 있지는 않다. ③ 결국 선과 주관성은 스스로를 부정하는 가운데 자기 정립에 도달한다. 즉 양자는 저마다 본원적으로는 갖추고 있는 것을 서로가 그 어느 쪽에서도 갖추고 있지 않은 것이 된다. - 말하자면 선에는 주관성과 결정력이 결여되어 있고 결정력을 지닌 주관성에는 본원적으로 있는 것, 즉 선이 결여되어 있는 것이다. 그런데 이렇듯 일면적인

방식으로 양자가 각기 저마다 전체성을 띤 것으로 자리매김 되면 이들은 또 저마다 곧바로 지양되고, 이로써 선과 주관성의 두 요소는 어느덧 개념의 두 요소로까지 격하된다. 그러나 이러한 부정의 운동 속에서 양자는 정립되기에 이르는 것이다. ④ 이제 양자의 통일체라는 점이 명백해진 이 개념은 바로 이와 같은 스스로의 두 요소가 정립되어 있으므로 해서 실재성을 획득하게 되는 바, 드디어 여기서 이 개념은 이념으로 있게 된다. - 여기서 개념은 그의 두 규정인 주관성과 선을 실재성으로까지 일구어내면서 동시에 양자의 동일성 속에 본원적으로 존재하는 그들의 본질임이 드러난다.

④ 자유-선-인륜성

자유의 존재는 직접적으로 법·권리로서 있던 것이 자기의식의 반성 속에서는 선으로 규정되어 있다. 세 번째로 그의 이행이 이루어지는 여기에 와서는 앞에서 이야기된 추상적인 선과 주관성의 진리이므로, 따라서 마찬가지로 이 주관성과 법 또는 권리와의 진리이기도 하다.

인륜적인 것은 주체적인 마음가짐에 있지만, 이는 어디까지나 본원적으로 있는 법 또는 권리의 주체적인 마음가짐이다.…(헤겔, 『법철학』, § 141, 주해)

2. 인 륜 성

가. 인륜성 : 자유의 이념이 살아 있는 선의 모습을 한 것

헤겔에 의하면, 인륜성이란 자유의 이념이 살아 있는 선의 모습을 한 것이다. 거기에서는 선이 자기의식 속에서 스스로를 알고 의욕하는 동시에 자기의식의 행동을 통하여 현실성도 획득하고 있다.

① 인륜성 : 자유의 이념이 살아있는 선의 모습을 한 것

인륜성이란 자유의 이념이 살아 있는 선의 모습을 한 것이다. 거기에서는 선이 자기의식 속에서 스스로를 알고 의욕하는 동시에 자기의식의

행동을 통하여 현실성도 획득하고 있다. 그런가하면 또한 자기의식은 인류적 존재를 스스로의 절대적인 기반이며 스스로를 이끌어가는 목적으로 삼고 있으니, 결국 인륜이란 자유의 개념이 현존하는 세계로서 눈앞에 있을 뿐 아니라 또한 자기의식의 본성이 되어 있는 것이기도 하다. (헤겔, 『법철학』, § 142)
② 의지의 개념과 특수한 의지의 존재의 통일
의지의 개념과 특수한 의지에 다름 아닌 의지의 존재의 통일은 지에 의해 얻어진 것으로, 이념의 이 두 요소의 차이는 명확히 의식된다. 그러면서도 이 두 요소는 각기 저마다 이념의 총체를 이루므로 이념을 토대이며 내용으로 하지 않으면 안 된다.(헤겔, 『법철학』, § 143)

나. 존재하는 법칙과 제도, 인륜

인륜적인 것은 주관성이라는 무한의 형식을 거친 구체적 실체이다. 인륜의 전체 속에는 객관적인 요소와 함께 주관적인 요소가 존재한다. 객관적인 입장에서 보면 인륜적 인간은 자신이 인륜적임을 의식하고 있지 않다고 할 수 있다. 이것이 뜻하는 바는 오히려 "법칙이란 사태의 본성에서 유출되는, 절대적으로 존재하는 규정이다"는 것이다.

다른 한편으로 인륜을 주관적인 측면에서 보면, 자연의 존재를 능가하는 절대적 권위를 갖춘 인륜이다. 인륜적 실체와 그 인륜의 법칙이나 권력은 한 개인에게 이질적인 낯선 것이 아니며, 오히려 그들이 자기 자신의 본질을 이룬다는 정신의 증언을 받아들이고 있으며, 거기에 자기감정을 깃들게 하며, 자기와 구별되지 않는 스스로의 경지로 여기면서 거기에 살아 있다. 결국 한 개인과 인륜적 실체의 관계는 그토록 밀접하여 이는 신앙이나 신뢰보다도 더욱 일체화한 관계에 있다.

① 구체적 실체인 법칙과 제도로서의 인륜
추상적인 선을 대신하여 등장한 객관성을 띤 인륜적인 것은 주관성이라는 무한의 형식을 거친 구체적 실체이다. 그리하여 이 실체는 자체 내

에 구별을 정립하지만 이들 구별은 개념에 따라 규정되어 있으므로, 이 구별을 통하여 인륜적인 것은 그 자체가 필연적이고 주관적인 사견이나 제멋대로의 의향을 넘어서서 존속되는 확고한 내용을 갖추고 있다. 이것이 절대적으로 존재하는 법칙이며 제도이다.(헤겔,『법철학』, § 144)

② 객관적 입장 : 법칙으로서의 인륜

인륜의 전체 속에는 객관적인 요소와 함께 주관적인 요소가 존재한다. 그러나 이 두 요소는 단지 인륜의 형식에 지나지 않는다. 여기서 선은 실체, 즉 객관적인 것이 주관성으로 충만 되어 있음을 뜻한다.

인륜성을 객관적인 입장에서 보면 인륜적 인간은 자신이 인륜적임을 의식하고 있지 않다고 할 수 있다. 이런 의미에서 안티고네는 "법칙이라는 것이 어디에서 생겨나는지는 아무도 모른다. 법칙은 영원하다"고 언명했는데, 이것이 뜻하는 바는 법칙이란 사태의 본성에서 유출되는, 절대적으로 존재하는 규정이라는 것이다. 그러나 또한 못지않게 이 실체적인 것도 의식을 지니고는 있지만, 다만 이 의식에는 언제나 단지 하나의 요소라는 지위가 안겨질 뿐이다.(추가)

③ 주관적 입장 : 자연의 존재를 능가하는 절대적 권위를 갖춘 인륜

인륜적인 소명을 담지하는 실체는 그것을 의식하는 현실의 자기의식 속에서 스스로를 알게 되면서 지의 대상이 된다. 이제 주관에서 인륜적 실체와 그의 법칙 그리고 권력은 한편으로는 대상이면서 최고의 독립성을 지니는 가운데 자연의 존재를 훨씬 능가하는 무한히 견고한 절대적 권위와 위력을 갖추고 있다.(헤겔,『법철학』, § 146)

④ 주관(인식의 주체)과 인륜적 실체의 관계

다른 한편으로 인륜적 실체와 그의 법칙이나 권력은 주관에 이질적인 낯선 것이 아니며, 오히려 주관은 그들이 자기 자신의 본질을 이룬다는 정신의 증언을 손에 넣고 거기에 자기감정을 깃들게 하는 가운데 자기와 구별되지 않는 스스로의 경지로 여기면서 기기에 살아 있다. — 결국 주관과 인륜적 실체의 관계는 그토록 밀접하여 이는 신앙이나 신뢰보다도 더욱 일체화한 관계에 있다.(헤겔,『법철학』, § 147)

다. 정신으로서의 인륜적 실체

헤겔에 의하면, 개개인의 현실과 일체화한 인륜적 정신은 개개인의 일반적인 행동양식, 즉 습속(習俗)으로 나타난다. 자연에는 법칙이 있듯이, 인간 사회에서는 습속이 존재하는데, 이것은 자유 정신의 발현이다. 인륜에는 의지가 정신의 의지로 존재하며, 그에 상응하는 실체적 내용을 지니고 있다. 한편, 교육학은 인간을 윤리적으로 키워나가는 요령의 학이다. 그것은 인간을 자연적인 것으로 간주하여 그로 하여금 새로이 태어나게끔 하는 길을 제시해준다. 즉 인간의 제1의 자연을 제2의 정신적인 자연으로 전환함으로써 이 정신적인 것이 인간의 내면에서 습관이 되는 길을 제시한다. 이렇게 다져진 습관 속에서 자연적인 의지와 주관적인 의지의 대립이 사라지고 주관의 내적 갈등이 극복된다.

① 습속 : 개개인의 현실과 단적으로 일체화한 인륜적 정신
개개인의 현실과 단적으로 일체화한 인륜적 정신은 개개인의 일반적인 행동양식, 즉 습속(習俗)으로 나타난다. - 그러한 행동양식이 습관으로 정착되면 단지 자연 그대로의 의지를 대신하는 제2의 자연이 되어 개인의 생활을 관통하는 혼이며 의미이며 현실과도 같은 것, 즉 하나의 세계로서 생명이 깃들어 있는 정신이 된다. 정신의 실체는 이때 비로소 정신으로 존재한다. (헤겔, 『법철학』, § 151)
② 습속은 자유의 정신에서 나타난 법
자연에는 법칙이 있고 여기에 맞추어 동물, 수목, 태양이 그들의 법칙을 완수해나가지만, 습속은 자유의 정신에 속한다. 아직 법과 도덕으로 자리잡혀 있지 않은 것, 그것이 습속, 즉 정신이다. 왜냐하면 추상법에서 특수성은 아직 개념의 특수성이 아닌 단지 자연적인 의지의 특수성에 지나지 않기 때문이며, 마찬가지로 주관적 도덕의 입장에서 자기의식은 아직 정신적 의식이 아니기 때문이다. 도덕의 입장에서는 오직 주관이 자기 내면에 지니는 가치만이 중요하다고 하겠는데, 이는 곧 선에 따라

3장 도덕과 인륜성

악에 항거하는 쪽으로 가는 주관이 아직은 자의의 형식을 띠고 있다는 것을 뜻한다. 이에 반하여 인륜의 입장에서는 의지가 정신의 의지로 존재하며, 자기에게 상응하는 실체적 내용을 지니고 있다.
③ 교육학 : 인간을 윤리적으로 키워내는 요령의 학
교육학은 인간을 윤리적으로 키워나가는 요령의 학이다. 그것은 인간을 자연적인 것으로 간주하여 그로 하여금 새로이 태어나게끔 하는 길을 제시해준다. 즉 인간의 제1의 자연을 제2의 정신적인 자연으로 전환함으로써 이 정신적인 것이 인간의 내면에서 습관이 되는 길을 제시한다. 이렇게 다져진 습관 속에서 자연적인 의지와 주관적인 의지의 대립이 사라지고 주관의 내적 갈등이 극복된다. …(추가)

라. 가족정신과 민족정신

인륜적 실체가 독자적인 자기의식으로서 나타날 때 그것은 하나의 가족 그리고 하나의 민족을 이루는 현실적인 정신이다. 인륜적인 것은 선처럼 추상적이지 않으며 오히려 내밀적인 의미에서 현실적이다.

① 가족 : 인륜적 실체의 현실적인 정신
인륜적 실체가 그의 개념과 하나가 된 모습을 하고 독자적인 자기의식으로서 나타날 때 그것은 하나의 가족 그리고 하나의 민족을 이루는 현실적인 정신이다. (헤겔, 『법철학』, § 156)
② 추상적이지 않고 현실적인 인륜
인륜적인 것은 선처럼 추상적이지 않으며 오히려 내밀적인 의미에서 현실적이다. 정신은 현실을 거머쥐고 있는데, 여기서 정신의 우유성으로 나타나는 것이 개개인이다. 따라서 인륜의 문제를 다루는 데는 언제나 두 개의 관점만 있을 수 있는데, 즉 공동성에 바탕을 둔 실체를 기점으로 하든가 아니면 원자론적으로 접근하여 개별성을 기초로 여기로부터 상승하든가 둘 중의 어느 한쪽이다. 그런데 여기서 후자의 관점에는 정신이 결여되어 있다. 왜냐하면 그것은 무언가 합성하는 쪽으로 나아갈

뿐이지만, 정신은 개별적인 것이 아니라 개별적인 것과 보편적인 것의 통일체이기 때문이다. (추가)

3. 가족, 시민사회, 국가

가. 가족, 시민사회, 국가

인륜적 실체의 이념은 정신으로만, 즉 스스로를 아는 현실적인 것으로만 존재한다. 왜냐하면 정신은 자기 자신을 객관화하는 것이며 그 온갖 요소의 형식을 거쳐나가는 운동이기 때문이다. 정신은 가족으로, 시민사회로, 국가로 이행한다.

① 인륜적 정신의 자기 전개
인륜적 실체의 이념이 뜻하는 개념은 정신으로만, 즉 스스로를 아는 현실적인 것으로만 존재한다. 왜냐하면 정신은 자기 자신을 객관화하는 것이며 그 온갖 요소의 형식을 거쳐나가는 운동이기 때문이다. 정신은 다음과 같이 전개된다.
② 가족 : 직접적이며 자연적인 인륜적 정신
a. 직접적이며 자연적인 인륜적 정신 - 가족. 여기서 실체성은 그의 통일성을 상실하여 분열과 상대성의 입장으로 이행한다.
③ 시민사회 : 외면적인 국가
b. 여기서 시민사회가 나타난다. 시민사회의 성원은 자립적인 개인으로서 형식적 보편성을 띠고 서로가 결합해 있다. 이렇게 결합하는 것은 개개인의 욕구나 인격과 재산의 안전을 보장하는 수단으로서의 법제도 그리고 특수이익과 공동이익을 조정하는 외적 질서 등이다. 시민사회는 개인에게서는 외면적인 국가이다.
④ 국가
c. 외면적 국가는 실체적 보편자의 목적과 현실성 그리고 실체적 보편자에 헌신하는 공공생활의 목적과 현실성으로, - 즉 국가체제 또는 헌

3장 도덕과 인륜성

법으로 회귀하여 안으로 결집된다.(헤겔, 『법철학』, § 157)

나. 자연적 인륜, 가족

헤겔은 가족을 인륜적 원리의 첫 단계, 즉 직접적 혹은 자연적 단계를 이루는 것으로 파악한다. 가족은 사랑을 기초로 하고, 두 인격의 통일을 내용으로 하며, 자산 및 자식에 있어서 이 통일의 실체적 현존재를 갖는다. 헤겔은 가족을 세 가지 측면으로부터 고찰해 나간다. 즉 그에 따르면, 가족은 다음 세 가지 면에서 완결 상태에 이른다. 이는 '혼인', '가족의 재산', 그리고 "자녀의 교육과 가족의 해체"라는 핵심어로 구분될 수 있겠다. 그 내용을 강성화는 다음과 같이 정리한다.

① 가족: 인륜적 원리의 첫 단계
헤겔은 가족을 무엇보다도 인륜의 관계로 파악한다. 바꿔 말하면, "공동=자유"라는 인륜적 원리의 첫 단계, 즉 직접적 혹은 자연적 단계를 이루는 것으로 파악한다. 가족은 사랑을 기초로 하고, 두 인격의 통일을 내용으로 하며, 자산 및 자식에 있어서 이 통일의 실체적 현존재를 갖는다. 이리하여 헤겔이 그려내는 가족상은 루터주의를 바탕으로 한 가부장적인 가족관이 잔존해 있긴 하지만, "두 인격의 자유로운 동의"(헤겔, 『법절학』, 162절)를 객관적인 출발점으로 하고, 부부와 자식을 가족 "본래의 핵심"(헤겔, 『법철학』, 172절 보)으로 설정하는 점에서 근대적인 핵가족이다.

② 가족의 본질: 사랑
가족은 "정신의 직접적 실체성"으로서 "정신의 자기감정적 통일, 즉 사랑을 자신의 규정으로 하고 있다."(헤겔, 『법철학』, 158절) 요컨대 가족의 본질은 사랑인 것이다. 개인은 개체성의 자기의식을 이와 같은 통일 속에서 가지게 됨으로써 한낱 독립된 인격으로서가 아니라 가족의 구성원으로서 존재한다. 헤겔에 따르면, 사랑이란 "도대체가 나와 타자 사이에 통일이 이루어져 있다는 데 대한 의식을 뜻하는 것"(헤겔, 『법철학』,

- 425 -

158절 보)이다.

③ 가족의 세 측면 : 혼인, 재산, 자녀교육

헤겔은 가족을 세 가지 측면으로부터 고찰해 나간다. 즉 그에 따르면, "가족은 다음 세 가지 면에서 완결 상태에 이른다. a) 혼인이라는 가족의 직접적 개념형태에 의하여, b) 소유와 재산이라는 가족의 외면적 현존재와 그의 관리에 의하여, c) 자녀의 교육 및 가족의 해체에 의하여"(160절) 등이다. 이는 '혼인', '가족의 재산', 그리고 '자녀의 교육과 가족의 해체'라 는 핵심어로 구분될 수 있겠다.(강성화, 『헤겔 법철학』, 74)

[보충] "『법철학』의 가족"에 대한 일반적 정리

헤겔 『법철학』 제3편 〈윤리성〉 제1절에서 다루는 〈가족〉은, 헤겔 전체 체계에서 윤리적 삶의 첫 번째 현실태, 즉 자유의 객관적 실현의 출발점이다. 그는 가족을 단순한 자연적 결합이나 감정의 공동체로 보지 않고, 자유의 의지들이 사랑을 매개로 한 윤리적 통일체로 파악한다. 다음은 헤겔의 '가족'에 대한 일반적 정리(챗GPT)이다.

① 가족의 위치 ― 윤리성의 첫 단계

『법철학』의 구조에서 윤리성은 다음과 같이 세 단계로 나뉜다.

단계	항목	핵심 내용	자유의 형태
1	가족	사랑과 신뢰의 공동체	자연적-직접적 윤리성
2	시민사회	개인 이익의 상호의존	매개된 윤리성(필요의 체계)
3	국가	보편적 의지의 실체적 통일	완전한 윤리성 (객관적 자유)

즉, 가족 → 시민사회 → 국가는 윤리적 삶이 점점 더 보편화·객관화·제도화되는 변증법적 전개이다. 그 중 가족은 자유가 자연적 사랑 속에서 최초로 실정화된 형태이다.

② 가족의 본질 개념

헤겔의 정의는 명확하게 "가족은 사랑을 본질로 하는 윤리적 단일체"이다. 즉, 가족은 혈연적 단체가 아니라, 자유로운 인격들이 사랑을 통해 하나의 윤리적 주체로 통일되는 공동체이다. 사랑은 단순한 감정이 아니라, 자아가 자기 자신을 타자 속에서 발견하고, 그 타자 안에서 자신을 포기함으로써, 자기부정과 자기일치가 동시에 일어나는 윤리적 관계를 뜻한다. "사랑은 자기 자신을 타자 속에서 의식하는 의식이다."

이 점이 칸트의 "계약으로서의 결혼"과 완전히 다르다. 칸트는 결혼을 상호 권리관계로 이해했지만, 헤겔은 결혼을 윤리적 사랑의 제도적 실체로 본다.

③ 가족의 세 하위 구성

헤겔은 가족의 내적 구조를 다음 세 계기로 분석한다:

구분	내적구조	내용	핵심 개념
1	결혼	두 자유로운 인격의 윤리적 결합	사랑, 신뢰, 계약의 철폐
2	가족 재산	가족 전체의 단일한 의지의 외적 표현	공동소유, 관리, 부양
3	자녀 교육	가족의 윤리적 정신이 자녀에게 전달됨	보편성으로의 이행, 시민사회로의 준비

(1) 결혼

단순한 성적 결합이나 계약이 아니라, 윤리적 계약이다. 즉, "두 의지의 사랑 속 통일"이 본질이다. 따라서 결혼은 법적 계약이면서 동시에 그것을 초월하는 윤리적 결합이다. 결혼의 참된 의미는 자아의 상호부정(자기를 타자 속에 두기)이다. "결혼은 자유의 자기제한이자, 그 안에서의 자유의 실현이다."

(2) 가족 재산

가족은 하나의 윤리적 단일체이므로, 재산도 개인의 것이 아니라 가족 전체의 의지의 외적 존재형태다. 남편·아내의 개별적 소유는 '공동체의 목적'에 종속된다. 따라서 재산은 가족의 유지와 자녀의 양육을 위한 윤리적 수단으로 존재한다.

(3) 자녀 교육

자녀는 가족의 자연적 산물로 태어나지만, 교육을 통해 보편적 인간으로서의 자아를 형성한다. 이 과정은 "자연적 사랑 → 보편적 사랑"으로의 이행이며, 바로 여기서 가족은 시민사회로 넘어가는 변증법적 계기를 완성한다. "교육의 목적은 인간을 자연적 존재로부터 해방시켜, 자유의 의식에 이르게 하는 것이다."

④ 가족의 해체와 이행

자녀가 성장하면 가족의 윤리적 단일체는 해체된다. 각 개인은 독립된 인격으로서 시민사회에 들어간다. 그러므로 가족은 영원한 단체가 아니라, 윤리적 삶이 자연적 단계에서 사회적 단계로 이행하는 매개이다.

⑤ 요약

요약하자면, 가족은 자유가 사랑을 통해 자기 자신을 타자 속에서 인식하고, 그 타자와 하나가 되는 윤리적 통일체이다. 그것은 윤리적 삶의 출발점이자, 국가로 가는 첫 번째 계단이다.

다. 인륜의 분열, 시민도시

헤겔은 시민도시를 인륜의 체계에서 가족의 직접적이고 무매개적인 보편성이 국가 속의 참다운 보편성으로 고양되는 데 있어서 그 매개 역할을 하고 있다고 말한다. 헤겔은 시민사회를 구성하는 요인은 자립적인 개인이고, 이 개인의 구체적인 내용을 이루는 것은 여러 가지의 욕망이라고 본다. 이러한 특수성이 시민사회의 첫 번째 원리이다. 그러나 시민사회에 보편성의 원리가 없는 것은 아니다. 왜냐하면 각 개인은 타자와의 관계망에 끼어들지 않으면 자신의 욕망조차도 충족시킬 수가 없기 때문이다.

시민사회의 제1의 원리는 '구체적인 인격'이다. 그러나 이 특수한 인격은 다른 특수자와 관계맺음으로써 '보편성의 형식'을 띤 매개관계 속에 놓이게 되는데, 이런 보편성의 형식이 시민사회의 제2의 원리가 되는 것이다. 시민사회가 이처럼 자신의 특수성을 연마해 가는 과정을 헤겔은 세 가지 계기를 통해 설명해 나간다. 이는 '욕망의 체계', '사법(司法)', 그리고 '경찰행정 및 직업단체'라는 핵심어로 구분될 수 있다. 그 내용을 강성화는 다음과 같이 정리한다.

① 가족에서 시민사회로

역사적으로 보면 가족이 다른 원리로 이행, 확장하는 것은 가족이 하나의 민족으로, 따라서 하나의 공동적인 자연발생적 기원을 지니는 국민으로 '평온하게 확대되는 것'이거나, 아니면 하나의 분산된 가족 공동체가 지배적 권력에 의해서든 '여러 갈래로 얽혀 있는 욕망 및 욕망충족을 위한 상호작용에서 발단된 자유 의지적 융합에 의해서이건' 하나의 결집을 형성하는 것이다(181절). 요컨대 가족은 역사적 사실로서는 민족 혹은 국민으로 확대되거나 아니면 여러 이질적 가족의 집합이 되는데, 이 후자는 지배적 권력에 의한 것이거나 욕구의 충족에 연유된 자유 의지적 계약에 의한 것이다. 여기서 시민사회가 성립하게 된다.

② 특수성: 자립적인 개인의 욕망

인륜의 체계에서 시민사회는 가족의 직접적이고 무매개적인 보편성이 국가 속의 참다운 보편성에로 고양되는 데 있어서 그 매개 역할을 하고 있다. 이 보편성의 발전에 부정적 필연성의 요소로 끼어드는 것이 특수성인데, "개개인마다 자기의 특수성을 간직할 수 있는 권리란 것도 역시 인륜적 실체성 속에 포함되어 있다."(154절) 헤겔은 시민사회를 구성하는 요인은 자립적인 개인이고, 이 개인의 구체적인 내용을 이루는 것은 여러 가지의 욕망이라고 본다. 이러한 연유로 시민사회는 특수성을 첫 번째 원리로 한다.

③ 보편성 : 타자와의 관계망 속에서 욕구실현

그러나 헤겔은 시민사회가 오직 특수성만을 그 요소로 하고 있다고 말하지는 않았다. 그러므로 헤겔은 그때까지만 해도 인륜의 발전에서 등장히지 않았던 특수성의 계기가 시민사회에서 비로소 나타났음을 지적하고 있다고 해야 할 것이다. 요컨대 시민사회에 보편성의 원리가 없는 것은 아니다. 왜냐하면 각 개인은 타자와의 관계망에 끼어들지 않으면 자신의 욕망조차도 충족시킬 수가 없기 때문이다. 아니 도리어 각 개인은 사회적 연관을 통하여, 또한 그와 더불어 경제적 법칙이나 법률적 권리들이라고 하는 "보편성의 형식이라고 하는 또 다른 원리"에 의하여 매개되고 제약됨으로써만이 비로소 자기의 욕망을 실현시킬 수 있다.

요약하자면 이렇다. 시민사회를 지배하는 변증법적 대립의 원리적 요소는 특수성과 보편성이다. 시민사회의 제1의 원리는 "온갖 욕망의 전체를 간직할뿐더러 또한 자연 필연성과 자의가 혼합되어 있는 상태"에 있는 '구체적인 인격'이다. 그러나 이 특수한 인격은 다른 특수자와 관계맺음으로써 '보편성의 형식'을 띤 매개관계 속에 놓이게 되는데, 이런 보편성의 형식이 시민사회의 제2의 원리가 되는 것이다.

④ 세 가지 계기 : 욕망의 체계, 사법, 직업단체

…한편, 시민사회가 이처럼 자신의 특수성을 연마해 가는 과정을 헤겔은 세 가지 계기를 통해 설명해 나간다. 이는 '욕망의 체계', '사법(司法)', 그리고 '경찰행정 및 직업단체'라는 핵심어로 구분될 수 있을 터인데, 이것들은 『법철학』 제3부 「인륜」 편의 제2장 '시민사회'의 각 절을 구성하는 것들이기도 하다. '욕망의 체계'는 189절에서 208절까지, '사법'은 209절에서 229절까지, 그리고 '경찰행정 및 직업단체'는 230절에서 256절까지로 이루어져 있다. (강성화, 『헤겔 법철학』, 79-82)

[보충] "『법철학』의 시민도시"에 대한 일반적 정리

헤겔 『법철학』에서 '시민사회'는 전체 체계의 중심적 매개 영역으로, '개별자(특수적 의지)'와 '보편(국가)' 사이를 연결하는 중간 단계에 위치한다. 헤겔은 이를 "가족-시민사회-국가"라는 세 단계의 윤리적 삶(도덕적 공동체적 삶)의 구조 속에서 제시한다. 이에 대한 일반화된 정리(챗GPT)는 다음과 같다.

① 시민사회의 위치: '윤리적 삶'의 세 번째 단계 중간 고리

단계	내용	특징
가족	자연적·정서적 단결의 공동체	사랑과 신뢰에 기초한 "즉자적 보편성"
시민사회	개인의 특수이익과 사적 자율성이 실현되는 영역	'특수성의 체계'
국가	특수와 보편이 통일된 윤리적 실체	'현실적 자유의 체계'

시민사회는 가정의 자연적 공동체성이 해체된 후, 개별적 욕구와 노동, 재산, 계약이 중심이 되는 "근대 사회의 경제적·법적 체계"로 등장한다.

② 시민사회의 본질: "욕구의 체계"

헤겔은 시민사회를 욕구(needs)의 체계, 곧 사적 이익이 서로 매개되는 경제적 조직체로 규정한다. 개인은 자신의 욕구를 충족하기 위해 타인의 노동과 생산물에 의존해야 한다. 이 상호의존성 속에서 노동의 분업과 교환, 시장과 계약의 법적 질서가 형성된다. 그러나 이 질서는 단순한 "자연적 상호의존"이 아니라, 보편적 법과 제도를 통한 합리적 질서이다. "시민사회는 욕구의 체계이며, 외적 법과 제도를 통해 자신을 보편화하는 특수성의 영역이다." - 『법철학』 § 182 이하

③ 시민사회의 세 하위 구조

헤겔은 시민사회를 다음 세 가지 하위 체계로 나눈다:

하위체계	설 명	대응되는 제도
(1) 욕구의 체계	분업, 생산, 교환, 시장 등 경제 영역	경제·산업 구조
(2) 법과 경찰, 사법	계약과 재산 보호, 공정한 분배 유지	사법제도, 경찰, 행정
(3) 사회집단 및 조합	개별자가 공동 이익을 위해 결집하는 조직	조합, 길드, 협회 등 중간단체

즉, 시민사회는 단순히 '경제 영역'이 아니라, 법적·제도적·조직적 구조를 갖춘 전체적 체계이다.

④ 시민사회의 모순

헤겔은 시민사회가 "보편의 결핍 속에서 특수성만을 추구하는 체계"라는 점에서 본질적 모순을 지닌다고 본다.

먼저, 부의 불평등으로서 분업과 경쟁은 빈부격차를 심화시킨다. 두 번째, 도덕적 해체로서, 가족의 유대가 약화되고, 개인은 사적 이익만 추구한다. 세 번째, 범죄와 빈곤으로서, 체계 내부에서 "법 밖의 계층"이 발생한다. 이 때문에 시민사회는 "보편성의 보충 장치"로서 국가의 개입을 필요로 한다.

⑤ 국가로의 이행

시민사회는 그 자체로 완결되지 않는다. 그 모순을 극복하기 위해 시민사회는 보편적 이성의 현현으로서의 '국가'로 상승한다. "시민사회는 국가의 외피가 아니라, 국가의 한 단계이다. 국가는 시민사회의 단순한 결과가 아니라, 그 진리이다." - 『법철학』 § 256 주석

즉, 시민사회는 자유의 특수적 현실태, 국가는 그 자유의 보편적 현실태이다.

⑥ 요약 도식

[가족] → 자연적 단결

  ↓ (분리, 자립)

[시민사회] → 특수성의 체계 (욕구, 노동, 법, 경찰, 조합)

  ↓ (보편의 회복)

[국가] → 보편적 윤리적 실체 (헌법, 입법, 행정, 군주)

⑦ 현대적 함의

헤겔의 시민사회 개념은 오늘날 "경제적 시장 + 시민적 제도 + 중간조직(시민단체, 조합)"을 모두 포괄하는 근대 시민사회의 철학적 원형으로 해석된다. 이 개념은 마르크스의 "시민사회=경제적 토대" 비판의 출발점이 되며, 부르주아 사회라는 개념으로 이어진다.

라. 인륜의 완성, 국가

헤겔에 의하면, 인륜의 마지막 단계가 곧 국가이다. 인륜의 이념은 보편성과 개별성이 직접적이고 자연적인 통일을 이루던 단계를 가족에서 출발하여, 이 통일이 부정된 양극분열을 통해 성립하는 특수성의 단계인 시민사회

3장 도덕과 인륜성

를 넘고 마침내 특수성과 보편성의 즉자・대자적인 통일로서의 국가에 이른다.

① 인륜의 마지막 단계 : 국가
인륜의 마지막 단계가 곧 국가이다. 인륜의 이념은 보편성과 개별성이 직접적이고 자연적인 통일을 이루던 단계를 가족에서 출발하여, 이 통일이 부정된 양극분열을 통해 성립하는 특수성의 단계인 시민사회를 넘고 마침내 특수성과 보편성의 즉자・대자적인 통일로서의 국가에 이른다. 『법철학』 257절에서 마지막 절인 360절(제2부 「인륜」 편의 '국가' 장)에 걸쳐 이루어지고 있는 국가에 대한 논의는 『법철학』에서 가장 핵심적인 부분이라고 할 수 있다.

② 국가란 무엇인가? 인륜적 이념의 현실태
헤겔에 있어 국가란 무엇인가?… 여기서는 본격적인 국가 논의에 앞서 서론적인 차원에서 인륜 및 자유(의지)와 관련해서 헤겔이 국가를 어떻게 이해하고 있는가 하는 점만을 직접 인용을 통해 간략히 살펴보고자 한다. "국가는 인륜적 이념의 현실태로서 ― 즉 그것은 자기를 사유하고 인식하며 또한 그가 알고 있는 것을 오직 알고 있는 한에서만 수행하는 계시적이고도 자명한 실체적 의지로서의 인륜적 정신이다.(257절)
국가는 실체적 의지가 그의 보편성에로 고양된 특수적 자기의식 안에 간직하고 있는 이 의지 자체의 현실태로서 이것은 즉자・대자적으로 이성적인 것이다. 이러한 실체적 통일은 절대적인 부동(不動)의 자기목적이며 그 안에서 자유는 최고의 자기권리에 다다르는가 하면 또한 마찬가지로 이 궁극 목적은 개별자에 대하여 국가의 성원임을 최고의 의무로 하는 최고의 권리를 지니는 것이다.(258절)
즉자・대자적인 국가는 인륜적 전체이며 자유의 실현으로서 이렇듯 자유가 현실화된다는 것은 곧 이성이 절대적 목적이기도 하다. 국가란 세계 속에 자리를 잡고 그 속에서 의식의 힘으로 스스로가 실현되는 정신이기도 하지만 이와는 달리 자연 속에서는 이 정신이 오직 자기의 타자로서, 즉 잠들어 있는 정신으로서 실현되어 있는 데 지나지 않는다. 그리하여 정신은 오직 의식 안에 현존하는 것, 그리고 자기자신을 실존적인 대상으로 깨우치는 것으로서의 다름 아닌 국가이다. 자유를 생각하면서 결코 우리는 개별성 또는 개별적 자기의식에서가 아니라 오직 자기의식의 본질로부터 출발해야 하는 바, 왜냐하면 인간이 그것을 알거나 모르거나 간에 그러한 본질은 자립적인 힘으로써 스스로를 실현하는 것이며 또한 이러한 힘 속에서 개별자로서의 개인은 한낱 계기에 지나지 않기 때문이다. 결국 국가의 존재란 곧 세계 내에서의 신의 발자취를 나타내는 것으로서 또한 이 국가의 근원은 자신을 의지로서 실현시키는 이성의 힘인 것이다.(258절 보)

④ 구체적인 자유의 현실태

국가는 구체적인 자유의 현실태이다. 그러나 이 구체적 자유란 인격적 개별성이나 그 특수적 이익이 완전히 발양, 전개되고 그 권리가 전체로서(가족과 시민사회의 체계 내에서)인정받을 뿐만 아니라 또한 이 모든 것이 한편으로는 자기자신을 통하여 보편자의 이익에로 이행하고 또 다른 한편으로는 지와 의지에 힘입어서 바로 그 보편자의 이익을 더욱이 이들 자신의 실체적 정신으로 인정함으로써 그 궁극목적으로서의 보편자의 이익을 위하여 작용하는 데 있다.(260절)

⑤ 사법 및 사적인 복지의 영역

사법(私法) 및 사적인 복지의 영역, 즉 가족이나 시민사회의 영역에 대하여 국가는 한편으로는 외적인 필연성, 강제성을 띤 채 이들에 대한 좀더 고차적인 지배력을 행사하는 것으로서, 이러한 지배력의 본성은 그들의 법률과 이익을 다 같이 종속시키며 또 의존토록 한다. 그러나 다른 한편으로 국가는 바로 그 가족이나 시민사회의 내재적 목적이며 또한 국가의 보편적 궁극목적과 개인의 특수적 이익이 통일되는 곳에서, 즉 개인도 어디까지나 권리를 지니는 한에서만 국가에 대한 의무를 지닌다고 하는 바로 이 점에서 스스로 힘을 지니는 것이다.(261절)"

⑥ 국가는 인륜적 이념의 현실태

헤겔에 있어 국가는 우선 "인륜적 이념의 현실태"로 이해된다. "국가는 실체적 의지가 그의 보편성에로 고양된 특수적 자기의식 안에 간직하고 있는 이 의지 자체의 현실태로서 이것은 즉자・대자적으로 이성적인 것이다." 요컨대 국가는 보편과 특수의 참된 통일, 곧 즉자・대자적인 통일의 실현인 것이다. 나아가 이러한 통일은 "절대적인 부동의 자기목적이며 그 안에서 자유는 최고의 자기권리에" 이르게 된다. 절대적인 부동의 궁극목적으로서의 국가 안에서 진정한 자유가 실현될 수 있다는 것이다. "자유가 현실화된다는 것은 곧 이성의 절대적 목적"이다. 자유는 개별적 자기의식에서가 아니라 자기의식의 본질로부터 나오는 것이며, 이 본질은 "자립적인 힘으로써 스스로를 실현하는 것"이기에 "개별자로서의 개인은 한낱 계기"에 불과하다. 다시 말하면 국가는 객관적 정신이므로 개인은 국가의 일원으로서 보편적인 생활을 영위할 수 있어야 그 자신 객관성과 진리, 인륜성을 지닐 수 있는 것이다.

⑦ 국가 안에서 실현되는 개인의 자유

개인의 자유는 "구체적인 자유의 현실태"인 국가 안에서 실현된다. 여기서 말하는 이 구체적 자유란 인격적 개별성과 그의 특수한 여러 이익이 한껏 발전하여 그 권리가 그 자체로서 가족 및 시민사회의 체계에서 인정되는 동시에, 그것들이 한편으로는 자기자신을 통하여 보편적인 이익으로 변하고, 다른 한편으로는 스스로 이 보편적인 것을 자신의 "실체적 정신으로 인정함으로써" 궁극목적으로서의 보편자의 이익을 위해 봉사하는 것이다. 국가는 한편으로 외적인 힘으로써 강제성을 띠지만, 다른 한편으로 국가는 가족이나 시민사회의 내재적 목적으로 "보편적 궁극목적과 개인의 특수적 이익이 통일되는 곳에서, 즉 개인도 어디까지나 권리를 지니는 한에서만 국가에 대한 의무를 지닌다고 하는 바로 이 점에서 힘을 지니는 것이다."(강성화, 『헤겔 법철학』82-84)

[보충] "『법철학』의 국가"에 대한 일반적 정리

헤겔 『법철학』에서 '국가'는 그의 전체 철학체계의 핵심이자, 자유의 현실태(Vernunft의 실체화)로서 윤리적 삶의 최종 단계를 이룬다.

① 국가의 위치: 윤리적 삶의 정점
헤겔은 『법철학』 전체를 다음 세 단계로 구분한다:

단계	내용	특징
(1)추상법	외적 자유의 형식(소유·계약·불법)	개인의 법적 인격
(2)도덕	내적 자유의 형식 (의도·목적·선)	주관적 양심
(3)윤리적삶	내외의 통일 (가족-시민사회-국가)	객관적 자유

이 중 국가는 윤리적 삶의 최종 단위로, 가족의 '즉자적 보편성'과 시민사회의 '특수성'을 통일하는 보편적 실체이다. "국가는 윤리적 정신의 현실이며, 이성의 의지로서, 그 자신이 현실태이다." - 『법철학』 § 257

② 국가의 본질: '이성의 현실태'
헤겔에게 국가는 단순한 '통치기구'나 '계약의 산물'이 아니다. 그는 국가를 자유의 객관적 현현, 윤리적 정신의 실체적 형식으로 본다.
먼저, 헤겔은 국가의 '자연적 기원설(사회계약론)'을 거부한다. 국가는 인간들의 계약으로 생긴 인위적 결합체가 아니라, 정신이 역사 속에서 자기 자신을 실현한 결과물이다. 두 번째, 국가는 목적이 아니라 자기목적적 실체이다. 개인은 국가의 수단이 아니라, 국가 속에서만 자신의 자유를 현실적으로 성취한다. "국가 안에서 자유는 객관적 실체를 얻으며, 개인은 진정한 자기 자신이 된다." - § 258 주석

③ 국가의 구조 : 보편성과 특수성의 변증법적 통일
헤겔은 국가를 '보편적 의지(일반이성)'와 '특수적 의지(시민사회의 개인적 이해)'가 통일된 조직적 전체체(全體體)로 본다. 그는 이를 세 개의 하위 체계로 나눈다.
(1) 국가 헌법 내의 세 권력(§ 260-§ 320)

구성요소	내용	철학적 의미
입법권	보편적 의지의 규정화, 즉 법률 제정	보편성
행정권/정부권	법을 구체적 사정에 적용하고 집행	특수성
군주권	최종적 결정과 통합의 단일성	개별성

이 세 권력은 '삼권분립'과 유사하지만, 헤겔은 "분립이 아니라 유기적 통일"로 이해한다. 국가는 논리학의 개념(보편-특수-개별) 구조를 현실화한 것이다.

(2) 헌법

헌법은 국가의 정신적 조직도, 즉 "국가의 자기인식"이다. 헤겔은 입헌군주제를 옹호했으며, 군주권(결정), 정부(집행), 의회(토의)의 조화 속에서 국가정신이 구체화된다고 본다. "헌법은 단순한 문서가 아니라, 국가의 살아 있는 정신의 체계이다."- § 273

(3) 시민사회의 매개와 국가의 보편성

시민사회는 사적 이익의 체계이지만, 국가는 그 위에 보편적 질서와 목적을 부여한다. 즉, 국가는 개인의 자유를 억압하는 외적 권력이 아니라, 개별적 자유가 보편적 질서 속에서 실현되는 제도적 틀이다. "국가는 개인의 자유를 억누르는 것이 아니라, 자유의 현실태 그 자체이다."- § 260

④ 외교적 차원: 세계사적 국가

헤겔은 국가가 내부적으로 완결된 윤리적 실체일 뿐 아니라, 다른 국가들과의 관계 속에서 '세계사적 이성'의 도구로 작용한다고 본다 국제법은 완전한 법이 아니다. 국가의 주권은 외부에서 제한받지 않는다. 따라서 '전쟁과 평화' 역시 이성의 역사적 운동의 한 양태다. "세계사는 세계정신의 심판의 장"이다.

⑤ 국가의 변증법적 의미 요약

단계	내용	대응되는 개념
가족	자연적 단결 — 즉자적 보편성	"유기적 전체"
시민사회	개인적 특수성의 체계	"자연적 분열"
국가	보편성과 특수성의 합일 — 객관적 자유의 현실태	"이성의 실체 화"

⑥ 핵심 구절 요약 (조항 번호 기준)

§ 257: 국가는 윤리적 정신의 현실이며, 이성의 의지의 형식이다.

§ 258: 국가는 자기목적이며, 개인은 국가 속에서 참된 자유를 얻는다.

§ 260: 국가는 가족과 시민사회의 통일된 실체이다.

§ 272-§ 275: 헌법은 국가정신의 자기인식이며, 제도적 현실이다.

§ 279-§ 286: 군주권은 결정의 통일성으로서 필수적이다.

§ 330-§ 340: 세계사는 국가들의 투쟁 속에서 이성의 목적이 실현되는 장이다.

한편, 위의 헤겔의 국가론을 보면 전체주의적인 요소가 깃들어 있다. 그러나 헤겔의 국가관은 전체주의가 아니라, '자유의 현실태', 곧 이성의 실체화였다. "국가는 윤리적 정신의 현실이며, 자유의 객관적 의지다."(§ 257) 즉, 국가는 개인의 자유를 억압하는 외적 권력이 아니라, 개별자들이 진정한 자유를 실현할 수 있는 보편적 제도적 조건이다. 이것이 실제 오늘날 국가의 모습이다. 그래서 그는 국가를 "자유의 실체"로 보지, "권력의 실체"로 보지 않는다. 그럼에도 불구하고 다음의 요소로 인하여 전체주의로의 오해의 소지를 담고 있다. 이에 대한 일반적 정리(챗GPT)는 다음과 같다.

① "국가는 절대정신의 현실이다"는 표현

헤겔은 "국가는 이성의 현실태"라고 했기 때문에, 후대 독자들은 "국가가 절대적 권위를 갖는다"는 식으로 읽었다. 특히 다음 구절이 자주 오해되었다: "국가는 신의 행진(march of God)이다." - § 258 주석. 그러나 이 문장은 국가를 '신성시'하려는 의도가 아니라, 국가가 인간의 이성이 역사적으로 자신을 실현하는 과정임을 뜻한다. 즉, 신이 현실 속에서 이성으로 나타나는 장(場)이 바로 국가라는 뜻이다.
② 개인보다 국가가 우선한다는 문장
헤겔은 "개인은 국가 속에서만 자유롭다"고 말했다. 이것은 개인의 권리를 무시하자는 뜻이 아니라, 개인의 자유가 공동체적 질서 속에서만 실현될 수 있다는 논리다. 그에게 '자유'는 단순한 자의적 선택이 아니라, 이성적 제도 속에서의 자기실현이기 때문이다.
③ 나치나 전체주의적 해석은 '후대의 왜곡'
20세기 초, 특히 독일 제국주의 및 나치 시대의 사상가들은 헤겔의 국가론을 "국가의 절대화" 근거로 오용했다. 하지만 이건 원문적 의미와는 다르다.(챗GPT, 헤겔은 전체주의인가, 2025.10.26.)

그럼에도 불구하고 헤겔의 국가관은 전체주의적 개념을 가지고 있다. 그런데, 이것은 오늘날 피할 수 없는 국가의 현실적 모습이기도 하다.

최 환 열 (崔 煥 烈)

〈학력 · 약력〉
한양대학교 졸업(학사), 아세아연합 신학대학원 M.A. in Missiology 수료, 횃불트리니티 신학대학원 목회학 석사, 백석대학교 신학대학원 구약학 박사
현) 공인회계사(회계법인 대표), 현) 한국금융시장연구원 대표

〈저 서〉
(신학)『아브라함의 언약』, 『모세오경의 언약』, 『예수 그리스도의 새 언약』, 『창세기 원역사 해설』, (철학)『칸트 철학』, 『생철학과 현상학』, 『실존주의 철학』, 『언어-구조주의 철학』, 『심리-구조주의 철학』, 『신화-구조주의 철학』, 『초기 분석철학과 논리실증주의』, 『중기 분석철학』, 『후기 분석철학』, 『마르크스사상 비판』, 『네오막시즘과 문화막시즘』, (경제)『국민연금과 사모펀드의 반란』, 『자유민주주의와 사회주의의 이론과 실제 : 러시아경제사와 대한민국 경제사』, (역사)『박정희의 산업화 유신』

『헤겔 철학』

초판 1쇄 발행 2025년 11월 11일
저　　자_ 최 환 열
펴 낸 이_ 김 동 명
펴 낸 곳_ 도서출판 창조와지식
인 쇄 처_ (주)북모아
출판등록번호_ 제2018-000027호
주　　소_ 서울시 강북구 덕릉로 144
전　　화_ 1644-1814
팩　　스_ 02-2275-8577
메　　일_ gvmart@hanmail.net
I S B N　979-11-6003-958-0
가　　격　21,000원
발행형태_ 무선제본

이 책은 저작권법에 따라 보호받는 저작물이므로 무단 전제와 무단 복제를 금지하며, 이 책 내용을 이용하려면 반드시 저작권자와 도서출판 창조와지식의 서면동의를 받아야 합니다. 잘못된 책은 구입처나 본사에서 바꾸어 드립니다.